주님의 교회, 일구기 가꾸기

주님의 교회, 일구기 가꾸기

박근원 · 김병국 · 박이석

도서출판 아침
Christian Home Books

머리말

이 책은 오래 전에 펴냈던 〈교역의 전문화 교육〉의 후속편이라 할 수 있다. 그러나 그 사이의 시간이 다른 만큼 그 내용도 다르고 성격도 다르다. 전자가 4년제 신학 교육이 지배적이었을 때의 한 실천 신학 교육 과정에서 나온 '자료 모음'이라면, 후자는 7년제 신학대학원의 산물이다. 앞의 책은 '교역 실기'(1974-1984)라는 학과목의 결과물을 모아 엮은 것이고, 이 책은 '교역 개발론'(1988-1993)과 '교회 행정 개발론'(1994-1999)의 교과 과정에서의 공동 작업 보고서들을 다듬어 엮은 것이다.

모두가 한 신학 교육 기관의 교과목 개편과도 관련이 있으나, 그럼에도 불구하고 실천 신학의 통전적인 교육 과정이라는 점에서 연속성이 있는 것이다. 이런 교육의 이론적 배경에 관해서는 따로 안내를 하겠지만, 몇 가지 점에서는 우리 나라 신학 교육에 있어서 독창적인 시도라고 말할 수 있다. 종래의 신학 교육에서처럼 지식 전수 위주의 교과 과정도 아니고, 따로 따로 세분화된 실천 신학 과목을 전제로 한 것도 아니다. '교역'의 과제 수행을 목표로 한 실천 신학적인 사고 훈련을 의도에 두었던 과정이다. 교육 방법으로서도 참여적인 공동 작업(workshop)을 위주로 진행하였다. 실천 신학적 사고 훈련이 전체 교과 과정의 '내용'(content)이요 '과정'(process)이었다.

오늘의 실천 신학 목표를 '교역 형성'(Ministerial Formation)에 두어 온 것은 이런 관점에서 교역과 교역자의 실천적 기능을 통합적으로 사고하도록 실천적 사고 능력을 함양하기 위함이었다. 이것이 곧 오늘 세계 교회의 현실에서 지배적인 실천 신학 교육의 성향이기도 하다.

'교역'에 초점을 둔 실천 신학 교육이란 어떤 것일까? 근간에 와서 그리스도교 교역론에 관한 세계 교회의 공감대도 형성되어 가고 있다(BEM). 교역의 출발점은 세계와 인류를 위한 삼위 일체 '하나님의 디아코니아'로서 그 어원도 여기에서 유출된 '섬김'의 의미를 지니고 있다. 하나님의 이런 의도가 구체적으로 예수 그리스도의 섬김으로서 이 역사에 계시되었고, 역대 그리스도의 교회는 바로 이 섬김의 사명을 위해서 부름받은 사람들의 공동체이다. 이 교회를 위해서 부름받은 교역자의 교역은 교회 공동체가 부여받은 이 섬김의 사명을 완수할 수 있도록 가르치고 훈련하는 일이다.

이 책에 엮어진 자료들은 이 교육 과정에 참여한 미래의 교역자들이 어떻게 이런 바람직한 교회——'주님의 교회'를 일구고 가꾸어 갈 수 있을 것인가를 공동 작업을 통해서 다듬어 본 미래 교회의 실천적인 비전들이다. 이 교육의 역점은 창조적인 발상이다. 독자들도 그런 발상에 주안점을 두었으면 한다. 또 보고서의 내용 가운데 다소 오래된 자료도 있으나, 시대적인 상황의 변화를 감안하여 살려쓴다면, 더없이 소중한 통찰을 제시해 주리라고 확신한다. 꿈과 같은 현실들, 그러나 이 과정을 통해서 창조적인 실천적 정열이 함양되고 있었다는 것이 이 교육 과정에 참여했던 우리 모두의 기쁨이고 보람이었음을 고백하지 않을 수 없다. 이 교육 과정에 오래 전의 경우처럼 조교들로서가 아니라, 현장 교역 경험의 검증인으로서 동료 교수의 자격으로 함께 참여해 준 박이석(제4부 주님의 교회 가꾸기)·김병국(제3부 주님의 교회 일구기) 두 분 목사님의 교육적인 공헌을 기억하지 않을 수 없다. 이 분들의 도움이 없었던들 이 교육 과정의 놀라운 성취는 어려웠을 것임을 돌아다보며 다시 한 번 감사를 드린다. 이 하나의 실천 신학 교육의 진솔한 보고가 오는 21세기 한국 교회의 발전에 다른 하나의 청량제가 되었으면 하고 기대해 본다.

1999년 창조절에

엮은이 대표 박근원

차례

Ⅳ. 주님의 교회 가꾸기/기존 교회를 어떻게 가꿀 것인가?

I. '주님의 교회'를 시작하려 할 때

교역자로 부름받은 사람이 장차 교역 현장에 나아가 하나님의 뜻을 실천할 수 있는 '주님의 교회'를 일구고 가꾸는 과제는 신학적 비전을 전제로 한 일이다. 이 신학적 비전의 형성이 실천 신학의 과제이다. 교회 공동체와 더불어 이런 비전을 일구고 가꾸는 일과의 관련성 속에서 그 이론과 실천을 터득하는 일련의 교육 과정을 '교역 형성'의 내용과 절차로 생각하고 실험적인 교육을 시도해 오고 있다.

이른바 '교역 형성'의 내용과 절차는 여러 차원의 검증(reflection)들을 통해서만 가능하다. 그런데 흔히 지금까지의 전근대적인 신학적 사고에는 이런 통념이 지배적이었다. 신학적인 규범(교의·성서)을 실천하면 된다는 직선적이고 단세포적인 사고에 사로잡혀 있는 셈이다. 적어도 지금 세계 교회 신학의 지평에서는 이런 사고가 옳지 않다는 공감대가 형성되어 가고 있다. 교역 실천의 전제로서 요청되는 실천 신학 내지 '실천의 지혜'(Phronetics)는 3차원의 검증 절차를 거쳐서 이루어진다는 것이다. 교회 전통과 신학 구조 안에서의 자체 검증, 관련된 인접 학문들과의 비판적 검증 그리고 문화와 교역 현장을 포함한 상황적인 검증이 그것이다.

우리는 여기 주어진 교과 과정에서 이런 검증 절차를 밟아가며 교역 실천의 비전을 함께 창출하는 시도를 해본 셈이다. 신학적 검증, 인접 학문과의 검증 그리고 현장 교역자들과의 대화를 통한 상황적 검증을 위해서 신학자와 현장 목회자, 그리고 미래의 교역자들과의 공동 작업을 여러 차례 시도해 보았다. 이 교육 과정에서 전제로 했던 '실천 신학 교육의 새 지평'과 종래의 강의식 내용 전달을 회피하기 위하여 '교역 형성'을 위한 '미니 특강'의 몸체만을 여기에 담아 둔다.

우리의 '교역 형성'을 위한 실천 신학 교육 과정의 실험이 벌써 20여 년의 역사를 지니고 있다. 전통적인 신학과 신학 교육의 개념을 해체하여 미래 지향적으로 재구성해 가려는 의도의 발상이 ─ 결코 어떤 개인적인 주장에서가 아닌 ─ 신학 교육의 지구촌적인 지평과의 호흡에서 온 창조적인 시도였음을 말하지 않을 수 없다. 얼마 전 우리 나라에서 '국제 실천 신학회'(International Academy of Practical Theology) 제3차 학술 대회가 열린 바 있다. 이 실천 신학에 관한 세계적인 석학들이 표방하고 있는 학문적이고 교육적인 지표가 곧 우리가 실험해 오고 추구해 가고 있는 것들과 질적으로 같은 것임을 확인하게 된다. 세계교회 실천 신학에 관한 새로운 이해와 그 교육의 새로운 기원을 가늠하기 위해서 이번 대화가 표방하는 자료의 내용을 거의 그대로 소개해 두고 싶다.

최근 몇 십 년 동안 실천 신학이라는 학문의 여러 가지 면에서 획기적인 변화를 겪어 오고 있다. 그 학문적인 독자성에 있어서도 그렇고 그 내용과 범위의 확대에 있어서도 그렇다. 이런 경향은 거의 지구촌적인 경향이라고 해도 과언이 아니다. 미국·캐나다·라틴 아메리카·유럽·남아프리카와 동아시아에 걸친 변화이다. 이런 현실이 '새로운' 실천 신학에 관한 국제적인 대화와 협의를 요청하기에 이르렀다.

이 '새로운' 실천 신학은 그 학문 자체를 단순히 어떤 응용이나 기술에만 메달리는 것으로 생각하지 않는다. 이 실천 신학은 더 이상 교회의 실천을 주도해 갈 수 있는 지배적인 원리들을 내용으로 한 응용 주석학이나 응용 교의학 같은 것으로 이해하지 않는다. 마찬가지로 오늘의 실천 신학은 심리학·교육학, 그리고 수사학과 같은 사회 과학의 연구 결과로서 교회의 실천을 지

주님의 교회를 시작하려 할 때

도하려는 그런 시도에 머물러 있으려고도 생각하지 않고 있다. 실천 신학은 신학과 사회 과학에 걸친 이론적 학문에 지나치게 의존하려는 지금까지의 경향성도 배제해 오고 있다.

나아가서 실천 신학의 범위도 종래의 목회 신학의 범위에 머물러 있지 않는다. 그것은 지금까지의 경우처럼 단순히 교회의 정치나 조직, 교역의 역할이나 기능들을 취급하지 않는다. 물론 이 모든 것들은 계속적으로 그것 자체의 주제에 소속되어 있다. 그러나 최근에 와서 실천 신학은 지금까지의 목회 신학의 범위를 훨씬 초월해서 학문적인 초점을 맞추어 가고 있다. 이 실천 신학은 교회 안에서 목회하는 교역자에게 적중하는 방법론 형성의 범위를 훨씬 초월해서 그 초점을 확대해 가고 있다.

대학의 학문으로서 실천 신학의 새로운 내용은 신학 전체의 실천적안 성격에 관한 기초적인 해석학적 조명과 밀접한 관련이 있다. 이런 사고는 그리스도인의 삶에 있어서 신학의 실천적 관심이 성서적이고 교의적인 전통들의 결과물로부터만 유출되는 것이 아니고 그리스도인의 삶이 어떻게 발전되어야 하겠는지에 대한 교회의 현재적이고 미래 지향적인 비전으로부터도 빚어진다는 사실에 근거를 두고 있다. 그리스도인의 삶에 새로 부상되고 있는 신학의 이런 관심은 실천 신학의 학문적 조명 안에서 그 학문적인 지원을 받게 된다. 이 분야가 학문적인 지원을 제공하는 것은 '실천-이론-실천'의 관계성을 숙고하는 방식을 통해서이다. 이 관계성이란 모든 신학적 작업이 함께 자리를 하는 그런 관계성을 의미한다. 실천 신학이 사회 안에서 교회와 신앙적인 실천을 위한 행동 지향적인 지침을 제공함과 동시에 신학의 자의식적인 각성에 실천적인 기반을 제공하는 것이다.

교회적 실천의 행동 지향적인 이론을 초월한 실천 신학의 범위의 확대는 또한 경험적-해석학적 관심에로의 그 자체의 '전환'에 근거를 두고 있다. 살아 있는 그리스도교를 포함해서 생명력있는 신앙은 교회의 삶과 그 교회가 소속된 지역 공동체에만 국한될 수가 있다. 바로 이런 산 신앙에 신학이 봉사하지 않으면 안 된다. 따라서 교회에 관한 학문적인 연구를 추구하는 것뿐만 아니

주님의 교회 일구기·가꾸기

라 현장적인 종교 문화에 관심을 갖는 학문 분야를 창출하는 것이 실천 신학 특유의 중심 과제가 되지 않으면 안 된다. 이런 목적을 성취하기 위해서 실천 신학은 아래 두 가지 내용을 필요로 한다. 그 하나는 문화와 사회의 사회 과학적인 이해에 기초를 둔 종교에 관한 폭넓은 이해와, 또 하나는 경험적-해석학적인 연구를 수행할 수 있는 방법론이다.

실천 신학에 의한 이런 '전환'은 사회 과학 자체 안의 변화에 의해서 지원을 받고 있다. 사회 과학들도 문화에 관한 학문적인 연구의 이해에 해석학적인 '전환'을 하고 있다. 이런 결과로 오랫동안 특성화되어 온 그런 상징적인 환원주의는 끝장이 난 셈이다. 사회 과학 분야들은 다시 한번 매일의 삶에 있어서 그 의미의 구성에 기여한 언어와 상징, 신화와 예식의 역할을 재발견하게 되었다. 그 기능은 이중적인 것인데, 도덕적이고 정치적인 제도에 동기를 부여하는 작용을 할 수도 있고 그것을 정당화하는 효과를 가져올 수도 있다. 일상 생활에 있어서 의미의 상징적인 암호의 영향을 중요하게 생각하고, 특히 종교적·형이상학적 차원과 근대 사회적 경향을 중요하게 받아들이는, 사회 과학의 이런 사고는 새삼스럽게 실천 신학에 변화를 가져올 수밖에 없다. 이런 일련의 사고에 가까워짐은 실천 신학으로 하여금 신앙의 교회적·사회적, 그리고 개인적 차원을 분석하고 진단할 수 있는 그런 능력을 확대해 가는 가능성을 열어 주었다.

더구나 지난 몇 년 동안에 실천 신학은 사회 과학과의 만남 안에서 일방적이지만은 않은 대화를 계속해 온 것이다. 이것이 오늘의 문화에 관한 해석학적인 이해에다 의미의 상징적 암호의 본질에 관한 실천 신학적 관점을 소개하기에 이르렀다. 특히 성서와 그리스도교 신앙 전통과의 관련에서 그렇다고 말할 수 있다. 신앙에 관한 사회 과학적인 연구와는 대조적으로 실천 신학의 특별한 관심은 실천적인 관심에 뿌리를 내리고 있다. 바로 이 독특한 문화 해석적 초점과 실천 신학의 확장이 교회의 문제들과 관심에 관한 그 전통적인 중심 과제를 포기하도록 유도하지는 않는다. 그것은 여전히 그런 것들을 강조한다. 어떤 것이 예배와 설교에 적절할 양식인지를 설명하고 또 교훈을 제공하

주님의 교회를 시작하려 할 때

며, 회중과 교역 안에서 지도력과 그리스도교 교육을 실천하는 일에 있어서도 마찬가지이다. 그러나 그 문화-해석학적 강조점의 빛 안에서 실천 신학은 이제 이런 행동 이론들을 보다 넓은 틀 안에서 제공하게 된다. 그것은 교회의 경향과 사건들을 그들의 사회-문화적 관계와 입장의 틀 안에서 이해하려고 노력한다. 이런 일을 함에 있어서 실천 신학은 보다 넓은 사회 과학적 이론들에 초점을 맞춘다. 예배와 설교가 상징과 예식 이론의 빛 속에서 분석된다. 그들의 주제인 신앙적 의미 전달에 있어서 신앙적 경험의 본질을 오늘과 같은 다원적이고 개체화된 사회의 입장에서 검증하면서 말이다. 이렇게 함으로써 실천 신학으로 하여금 보다 분명하게 그리스도교 예배의 본질을 설명할 수 있게 한다. 마찬가지로 교회의 지도력과 교역 활동이 사회 조직과 개인적 사람됨의 이론의 빛 안에서 분석됨으로써 강조점을 분명하게 해준다. 그 사회와 개인들이 형성된 일반적인 사회적 여건뿐만 아니라 그 교회와 회중의 독특한 기여에 관해서 말이다. 전통 교회의 가르침과 종교 교육 역시 사회화·교육·교육학의 이론의 빛 속에서 분석된다. 이 일을 함으로 개인과 공동체의 입장에서 행동으로 옮긴 사회적 여건들을 보다 잘 이해할 수 있게 한다. 이렇게 함으로써 실천 신학으로 하여금 학습(가르침과 배움)에 관한 작금의 최선의 이해의 빛 속에서 그리스도교 신앙 전통과 그 적용 가능성에 대해서 설명할 수 있게 한다.

이런 문화-해석학적 갱신과 실천 신학의 확장은 이 학문 분야를 교회 안의 실천에서 방향지워진 전통적인 지식의 작은 부분을 뛰어넘어서까지 이끌어 준다. 해석학적 관점에서 시작함으로 실천 신학은 내외적으로 복잡한 종교 현상을 어떻게 보다 잘 이해할 수 있는가 하는 배움 과정에 능동적으로 가담하게 된다. 나아가서 실천 신학은 경험에 관한 연구에로 안내된다. 그것은 바로 교회 공동체, 종교적인 기조 문화와 다른 집단들의 현실 세계를 알려 주는 의미의 구조들과 실제로 적용되는 의미론을 연구하는 일이다. 이 연구는 마찬가지로 개인에 관해서도 초점이 맞추어진다. 그것은 전기적이고 자서전적인 본문 안에서 발견되는 일련의 의미에 초점을 맞추게 된다. 실천 신학은 또한 문화들 상호간의 관계를 연구하도록 안내받는다. 그것은 바로 종교와 종교간의 관계를 검토하는 일이고 최근의 종교 혼합적인 표현들을 연구하는 일이며, 각종 에큐메니칼적인 종교 운동들을 연구하는 일이다. 아울러 종교적이고 문화적인 정체성을 보전하려는 소수 집단의 시도에 관해서도 연구한다. 여기서는 몇몇 가능성만 시사했지만 종교 연구에 대한 이런 경험-해석학적인 공헌은 사회 과학들과의 협력을 전제로 하고 있다. 그 이론 형성과 연구 방법론의 개발에 있어서 더욱 그렇다고 말할 수 있다. 그 결과로 실천 신학이 오늘 종교 문화의 학문적 창출에 있어서 본연의 위치를 알게 된다. 그런 문화의 학문이 실천 신학의 특수 관심 영역의 추구에 도움이 될 수 있다. 최근 문화적 도전에 직면한 교회들과 회중들에게 어떤 지침을 제공할 수 있다는 점에서 말이다.

이것이 오늘 지구촌 시대에 세계 교회 실천 신학자들이 스케치해 가는 실천 신학의 학문적인 위상이다. 우리의 실천 신학 교육의 실험도 이런 학문적인 스케치에 포괄될 수 있는 몇 가닥의 시도였음을 엿볼 수 있다.

주님의 교회를 시작하려 할 때

Ⅱ. 교역 형성을 위한 미니 특강

　전통적인 실천 신학 교육은 어떤 주제의 내용을 주입식으로 가르쳐서 그것을 실천하는 지혜와 방법론을 터득하게 하는 일에 주안점이 있었다. 그런데 오늘의 경향성은 좀 다르다. 주어진 과제를 우선 신학적으로, 그리고 인접 학문들과의 관련성에서 검증하고, 아울러 그 실천 현장과의 관계에 있어서 검증하게 함으로써, 통합적인 실천적 지혜를 터득하게 하는 데 초점을 둔다. 이 3차원의 검증을 본격적으로 유도하기에는 아직은 신학적으로나 인접 학문적으로 미흡함을 느끼기에 그 지름길을 선택한 것이다. 현장 검증과의 관계에 있어서는 더욱 그러하다.

　여기에서 각기 주제에 대한 검증의 눈을 띄우는 방법으로 '미니 특강'을 삽입해 본 것이다. '교역 형성'이라는 말 자체가 교역의 과제 실천을 위한 실천 신학적 안목을 터득하는 교육 과정이다. 이 교육 과정의 전체적인 흐름은 '공동 작업'(workshop)이었다. 강의 위주의 종래 학습 태도에 변화를 주기 위해서 전체 교과 과정의 양념으로 그때 그때 필요에 따른 개념 정리를 위해 15분 정도의 짧은 특강을 곁들였다. 사실 이 미니 특강의 내용은 책 한두 권의 내용이 되고도 남는다. 관념적인 종래의 학문 자세를 털어 버리기 위해 그 개념을 상징하는 그림 하나씩을 곁들여 설명하곤 하였다.

　아래 제시한 여러 항목의 상징적인 도표들에는 각기 기본 개념의 발상에 도움을 받은 출처를 밝혀 두었다. 그 출처에서 그 도표를 받아들인 경우도 없지는 않으나, 대부분은 그 개념 하나하나를 주관적으로 소화해서 표현해 본 것들이다. 신학의 개념들을 그림으로 터득하는 것이 '신학함'(Doing Theology)의 방편이 될 수 있음을 교육 경험을 통해서 감지해 온 바 있다. 말이나 원리보다도 설득력이 있고 또 분명한 동기 부여의 가능성이 있음을 여러 경우에 경험한 바 있다.

같은 맥락에서 '신학'이라는 학문은 '산문'이라기보다는 '시'여야 한다는 생각을 한 일도 있다. 어차피 신학이라는 학문이 '산문'이라면 그 내용이 '시'로써 이슬 맺혀야 실천적인 동기가 주어진다는 말을 하고 싶은 것이다. 그림을 통해서 실천 신학을 가르쳐 보려는 의도도 이런 생각과 관련이 있다.

교역 형성을 위한 미니 특강

미니특강 ① 교역의 기본 개념

　그리스도교 '교역'(ministry)이라는 말은 '섬김'(diakonia)이라는 헬라어 표현을 라틴어로 바꾸어온 데서 생긴 말이다. 그 말의 변천은 그렇다 하고 그 내용 개념의 변천은 어떠한가? 중요한 것은 이 세상에 오신 예수 그리스도의 섬김 행위였다. 그리스도께서 우리 인간의 구원을 성취하는 섬김을 위해서 이 세상에 오셨고, 그 일을 이루기 위하여 제자들을 부르셨고, 후에 그 제자들이 교회를 세웠다는 신앙을 가지게 되었다. 예수 그리스도의 성육신의 목표가 그

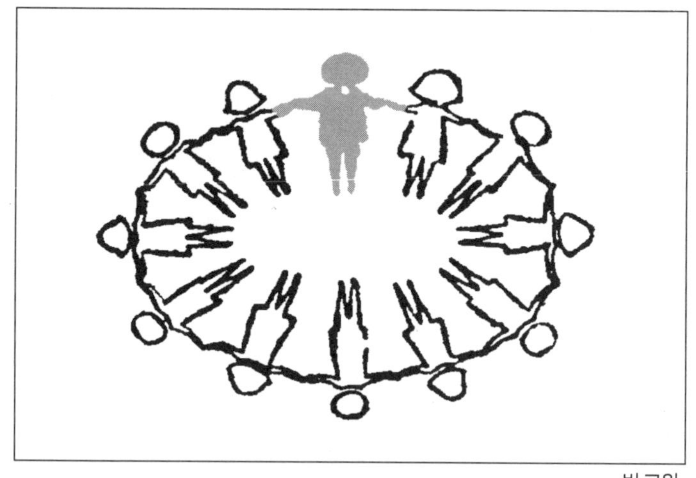

박근원

러했듯이 교회의 궁극적인 목적도 인간 구원의 역사라고 믿게 되었다. 이 과제를 핵심적으로 일구어 가기 위해 교회 공동체 안에 지도자들을 불러 세워서 그들을 중심으로 이 역사를 계속해 가고 있다.

　본래 이 섬김의 과제들은 사도들과 초대 교회에 주어졌고, 역사적으로는 우선적으로 교회 공동체의 사명이 되어 왔다. 그랬던 것이 긴 역사의 과정에서 그 섬김을 한 교회 공동체 지도자의 임무로 강조해 왔다. 그 발전사적인 맥락에서 그럴 만한 계기는 있었다 해도 '섬김'의 본래적인 의미에서는 멀어지게

되었다. 이 섬김이 교회 공동체 안에서 '사제'의 역할로 굳어지기도 했고, 그 공동체에 모여든 교인들, 그 양들을 목자적인 심정으로 보살피는 '목회자'의 과제가 되어 버리기도 하였다는 말이다. 그 섬김의 내용이 궁극적으로는 사람의 영혼을 구원하는 일 이상도 이하도 아니었다.

이런 '교역' 이해의 빗나감을 깨닫고 이론적으로나 실천적으로 바로잡아 가려는 신학적 자의식이 생기게 되었다. 교역론의 기반 정리가 새롭게 되어 가고 있다는 말이다. 교역의 말뜻이 담고 있는 '섬김'의 주체는 삼위일체 하나님이다. 이 '하나님의 섬김'이 예수 그리스도의 섬김의 삶과 죽음, 그리고 그분의 부활을 통해서 계시된 것이다. 역사적으로는 교회가 이 '그리스도의 섬김'을 위해 부름받고 그 일을 실행해 왔다. 이 섬김이 교회의 내적인 섬김으로, 그래서 한 교역자의 섬김으로 굳어져 버린 결과를 가져오게 되었다. 최근에 와서 이 '섬김'이 오고 있는 '하나님 나라의 섬김'으로까지 이해되기에 이르렀고, 이 땅에 있는 교회들이 여기에 참여하도록 '교역자의 섬김'의 지향성에서도 변화가 와야 한다는 공통 분모에 이르게 되었다.

여기서 우리가 사용해 온 '목회'나 '사목'이라는 용어를 쓰지 않고 굳이 '교역'이라는 말을 강조하는 데는 그 나름의 의미가 있다. 목회자나 사제, 개인적인 사명이 우선이 아니고 교회 공동체의 역할이 중요하다는 뜻이 담겨 있다. 그리고 교역자들은 전체 신도들과 함께 자기네 '교회'가 그 역할을 하도록 교회를 일구고 가꾸는 일에 초점을 맞춰 가야 한다. 이 일을 위한 실천 신학적인 준비 과정을 '교역 형성'이라고 부르고 있다.

교역 형성을 위한 미니 특강

미니특강 [2] 교회론의 전환

　우리가 너무나 잘 알고 있는 것 같지만, '교회'(教會)라는 말은 어떤 건물이나 종교 제도를 뜻하지 않는다. 동북 아시아에 그리스도교가 전파되면서 생긴 생소한 낱말인데, 한문의 뜻대로 '가르치는 모임'이 아니고 '그리스도교를 믿는 사람들의 모임'이라고 이해해야 된다. 이들이 모여서 하나님을 예배하고 전수받은 진리를 가르치며 그 밖의 하나님 뜻을 위해서도 봉사해 왔다. 그런 의미에서 교회란 예수 그리스도를 통해서 하나님을 예배하고 그 진리를 가르

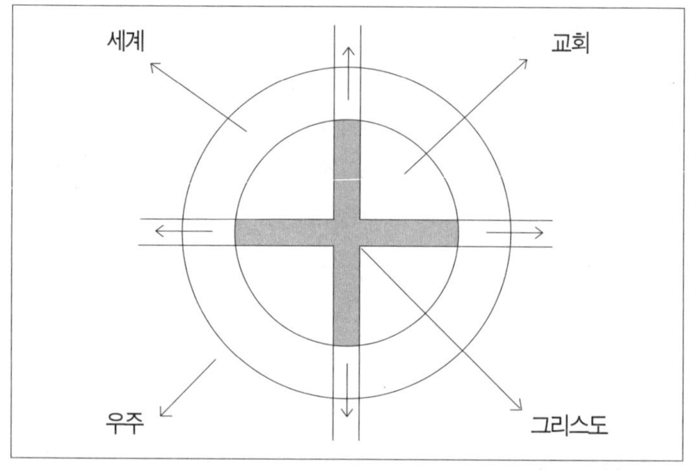

Jürgen Moltman

치며 그분의 뜻을 헤아려 섬기도록 부름받은 사람들의 모임이라고 할 수 있다.

　성서에 있는 교회라는 말의 배경을 살펴보아도 그것은 분명이 드러난다. 구약성서가 헬라어로 번역되면서 '카할'이라는 말은 '에클레시아'로, '에다하'라는 말은 '쓰네고께'로 표현되었다. 전자는 '부르다'라는 어원에서 나온 것인데 '부름받아 나온 사람들의 모임'이라는 뜻이 강하고, 후자는 '함께 나와 모인 사람들'이라는 의미가 있었다. 후자가 흩어진 유대인들의 종교적인 모임

주님의 교회 일구기·가꾸기

을 위한 건물들을 가리키는 표현이었음에 반해서, 전자 '교회'는 예수 그리스도를 따르고 믿던 사람들의 '모임'이라는 뉘앙스가 강했던 것이 분명하다.

그러나 그리스도교의 교회도 어의에 있어서나 현상학적으로 많은 변화와 굴절을 가져왔고 또 분열에 분열을 거듭해 왔다. 그러다가 금세기의 세속주의 도전 앞에서 두 가지 형태로 자세를 가다듬는 자성의 기회를 맞이하게 되었다. 밖으로는 교회 자체의 다양성에도 불구하고 '세상'과 어떤 관계를 유지할 것인가 하는 반성과, 대내적으로는 역대 교회 자체가 어떻게 일치를 구현해 갈 수 있을 것인가를 끈질기게 추구해 온 에큐메니칼 운동이 그것이다.

이 두 줄기의 끈질긴 추구가 계속되면서 역사적 지평에 새로운 가능성의 전환이 일어나고 있다. 창조론적이고 종말론적인 교회론의 재조명 속에서 지난날의 역사적이고 교리적이며 전통적으로 엉킨 곤혹을 뛰어넘어 세상과 창조 세계와 미래(오고 있는 하나님 나라)를 향한 교회의 실천에 있어서 공감대가 형성되어 가고 있다. 예수 그리스도의 십자가가 교회의 범주에만 의미있는 상징이 아니라 온 세계와 우주의 영역에까지도 신앙적이고 선교적인 의미가 있음을 함께 고백할 수 있게 된 것이다. 이 십자가의 의미 연장과 확대가 오늘 세계 교회의 자체 인식에 새로운 전환을 가져오고 있다. 아직도 교회 내적인 긴장과 갈등은 계속되고 있지만, 그 외면의 가능성 속에서 새로운 희망이 감돌고 있다. 우리 미래의 교역은 이 가능성을 구현하는 일에 힘을 모아 가야 한다.

교역 형성을 위한 미니 특강

미니특강 ③ 교회 변화의 기획

오늘 이 세계의 변화에 대한 신학적인 조명이 새롭게 시도되고 있다. 불가항력적인 변화 앞에서 그 변화를 건설적으로 대처하는 것이 그리스도교적인가 아니면 그 변화를 막고 현상 유지를 고수하는 것이 신앙적인가? 물론 바른 신학적 선자리는 전자라고 할 수 있다. 우리 그리스도인들이 이 변화를 바로 이해할 뿐 아니라 그 변화에 참여해서 바른 변화가 오게 해야 한다. 세계 교회는 지금까지 이 변화를 모른 척해 버리고 옛질서와 현상유지에 급급하다

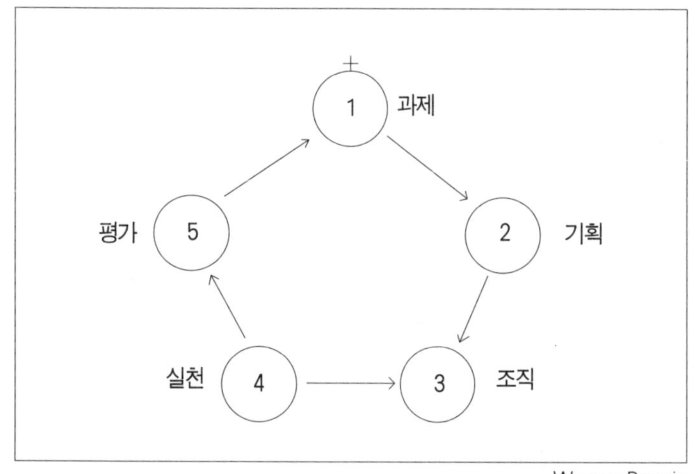

보니 변화 막심한 오늘의 세계에서 설 자리가 없어짐을 뒤늦게 의식하게 된 것이다. 오늘의 변화 속에서 일하시는 하나님의 손길, 하나님의 의지를 깨닫게 된 것은 최근의 일이다.

이념적으로 이런 변화를 미래 기획의 차원으로 물꼬를 열어 준 것은 에른스트 블로호의 '희망의 원리'였다. 그것을 신학화한 것이 위르겐 몰트만의 '희망의 신학'이고 '희망의 기획'이다. 여러 층의 인접 학문에서도 '변화의 기획'에 대한 연구가 쏟아져 나왔고, 세속 국가나 각종 기구에서도 기획처 · 기획

실 같은 기구가 신설되기에 이르렀다. 이런 흐름을 '교회 변화의 기획' 차원으로 수용한 것이 린그렌의 목적 지향적인 교회 개발 개념과 월러의 '교회의 조직 갱신'에 관한 실천 신학적 안목이다.

여기서 중요한 것은 구체적인 변화 기획의 방법론이 아니라 그 변화를 창조적으로 유도해 가는 발상이다. 변화하면 살고 변화하지 않으면 죽는다. 철저하게 개인 중심적이고 교회 중심적인 교역의 현실에는 희망이 없다. 이 현실에 파괴적인 폭탄을 던지거나 주체적인 의지가 전제되지 않은 수술 같은 것은 별로 도움이 안 된다. 아울러 그 공동체를 책임진 교역자나 몇 사람의 힘의 남용이나 조작으로써도 그 뜻을 성취하기가 어렵다.

여기서 참고가 되는 것은 행동 과학적인 연구 자료들이다. 전체 공동체가 달라붙어서 함께 변화의 과제를 인식하고, 그 변화를 기획하며, 함께 조직해서 함께 실천에 옮기는 절차를 밟아야만 그런 변화가 창출될 수 있다는 진리이다. 함께 실천에 옮긴 후에도 함께 평가해서 시정할 일은 시정하고 계속해야 할 일은 계속해 가는 자세가 중요하다.

이것은 조직체 변화를 주도하는 인접 학문의 체험적인 연구의 결과들이다. 교회 공동체의 변화 방편으로 수용하기에 앞서, 신앙적이고 신학적인 검증은 물론 그 교회 공동체의 상황적인 검증도 전제해야 할 것은 두말할 필요도 없다.

교역 형성을 위한 미니 특강

하나님의 뜻을 헤아려 이 시대가 요구하는 주님의 교회를 일구고 가꾸는 데
는 여기에 적중한 교역자의 지도력이 요청된다. 교역자의 지도력이 어느 때나
중요했지만, 그 인품이 모자라 일을 그르친 경우도 있었고, 그 공동체가 경험
하고 있는 여타의 환경이 시대적인 사명의 수행에 여의치 못한 경우도 있었
다. 이 점에서 오늘 인접 학문의 '지도력' 연구가 좋은 점을 시사할 수도 있다.

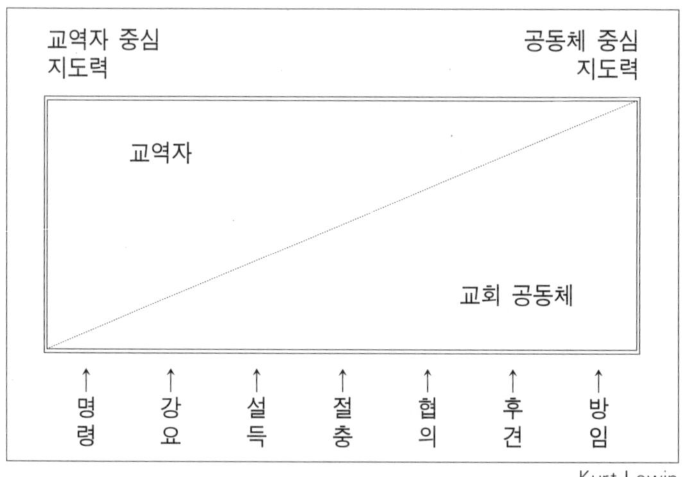

금세기의 초엽까지도 참된 지도력은 그 인간의 타고난 성품에 기인한다고
알고 있었다. 그러나 그 이후 인접 학문인 행동 과학의 연구 결과로서 지도력
은 훈련으로 연마될 수 있다는 사실이 밝혀지게 되었다. 그리고 이렇게 훈련
된 지도력은 상황의 산물임도 알려지게 되었다. '상황적 지도력'이란 표현이
여기에서 나온 말이다. 지도력이란 일반적인 권력의 행사일 수만은 없다. 상
대가 있고, 그 상대의 가능성을 최대한 발굴·동원해서 이 역사 속에서 하나
님의 섬김을 구현해 낼 수 있는 능력을 의미한다.

오늘의 행동 과학이 밝혀낸 교회 지도력의 시대적 표상은 권위적·계급적

· 교권적인 것과는 구별되는 민주적 · 참여적 · 세속적인 지도력이다. 여기서 '세속적'이란 말은 종교적인 직제를 빙자해서 군림하는 그런 지도력이 이젠 더 이상 먹혀들지 않는다는 표현이다. 다른 말로 표현해서 오늘 교회 안의 지도력은 교역자 중심의 지도력에서 교회 공동체 중심의 지도력으로 그 축이 달라져 가고 있다.

오늘 교역자의 지도자상을 행동 과학의 용어를 빌어서 'enabler'나 'facilitator'로 지칭하는 경우가 많다. 'change-agent'라는 말도 가끔 인용된다. 전통적인 교역자의 독주형 지도력이 이젠 더 이상 먹혀 들지 않고, 교회 공동체 전체를 동원해서 목적을 성취해 가야 한다는 의미의 지도자적 성격을 의미한다. 인접 학문의 연구 결과는 오늘 이 세상 모든 지도자의 자격 요건이 그런 변화를 요청한다는 것이다. 신학적으로도 그런 교회의 지도자상을 '협의적인'(conciliar) 지도자로 부상시켜 오고 있다. 교역자가 모든 일에 있어서 '협의적'이냐 하는 물음이 어떤 다른 자격 요건보다 중요하게 생각되는 시대에 우리가 살고 있다.

오늘의 교역 지도자들은 시대적인 자가 당착에 빠질 경우가 많다. 시대적인 흐름에 따라 회중의 뜻을 규합해서 과제를 성취하는 데 곤혹을 치르고 있는데, 그 과제의 성취가 눈에 띄지 않으면 자기네 교역자가 지도력이 없다는 편잔이다. 그러나 이런 자가 당착의 와중에서도 그 공동체의 상황적인 검증을 거쳐서 '협의적인' 지도자로서 자기를 점검해 가는 길만이 이 시대 '교역 형성'의 바른 길임을 망각해서는 안 된다.

교역 형성을 위한 미니 특강

미니특강 ⑤ 권위의 역학 관계

오늘의 시대적 상황에서 교역자들이 직면하는 다른 하나의 위기는 이른바 '권위'의 문제이다. 권위의 위기는 현대 사회의 급격한 변화가 몰고 온 부산물 가운데 하나이다. 대륙이나 국가에 따라서 그 차이가 있다면 그것은 현대 문명의 영향을 받은 정도 때문이다. 이미 이런 위기 현상은 지구촌적으로 나타나고 있다.

교회 안팎을 막론하고 권위의 상실을 뼈저리게 체험한 많은 사람들이 현대

	직책상 권위	인간적 권위
거룩성	I 성례전적 직책	II 개인의 신앙
전문성	III 교육 · 훈련	IV 실제적 능력

Max Weber

사회의 권위 개념에 대해서 연구하기 시작했다. 1960년대까지 인접 학문의 연구를 한마디로 요약하면, 전통적인 사회에서 권위는 직위(status)에 따라 좌우되었으나 오늘의 세속 사회에서는 기능(function)에 따라서 좌우된다는 것이다. 교역자의 권위 문제를 연구해 온 학자들도 같은 결론에 이르고 있다. 교역자 직위와의 관련성을 아주 무시해도 된다는 말은 아니나 작금의 경향성에 있어서 그것은 현실이다.

교역자의 권위를 기능적인 면에서 이해해 보면 세 가지 관점에서 집약해 볼

수 있다. 먼저 교역자의 권위는 주님을 섬기는, 교회 공동체를 통해서 성취하시고자 하는 하나님의 섬김을 대행하는 그 '섬김의 실천'(servanthood)에서 부여받는다. 교역자의 권위는 이런 섬기는 기능을 제대로 발휘할 때 생기는 것이지 그가 무엇인가를 가지고 군림할 수 있는 것이 아니다. 교역자의 권위와 관련된 다른 하나의 기능은 자기가 맡은 섬김의 과제를 잘 해낼 수 있는 능력(craftmanship)이다. 자기가 부름받아 맡은 일을 자신있고 슬기있게 해내는 기술을 의미한다. 이것도 직분에 따라 자동적으로 따라오는 것이 아니고 뒤에 어떤 방법으로든지 갖춰야 할 능력이다. 교역자의 권위가 주어지는 다른 한 차원은 그가 하고 있는 교역의 목표와 결과이다. 교회 공동체를 바로 일구고 가꾸는 전체 과정에서 그의 권위가 인정받는 것이다.

교역자의 권위를 이와 같이 어떤 직책이나 지위가 아니고 기능으로 이해하게 될 때, 그 위기를 극복할 수 있는 가능성은 오늘의 교역 현실에서 '섬기는 자'로서의 자세·능력, 그리고 목표를 가꾸어 가는 데에 있다. 위로부터 주어지는 어떤 영적인 권위를 부인하는 것은 결코 아니다. 이런 것은 오히려 위에 열거한 기능들을 충실하게 감당할 수 있을 때 인정받게 된다.

최근에 나온 교역자의 권위에 관한 종교 사회학적 연구의 결과에 주목할 필요가 있다(도표 참조). 권위는 교회 전통과 상황 문화에 따라서, 그리고 교역자 자신의 신앙적이고 신학적인 실존과 그가 부름받은 교회 공동체의 상대성에 따라서 그 역학 관계가 다를 수도 있다. 권위는 개인의 문제가 아니고 '하나님의 백성'과의 조화와 균형 속에서 생성되는 문제이다. 그리고 그것은 그들과의 관계에서 무사 안일을 유지하는 데서 그 위기를 극복할 수 없다. 오히려 그것은 그 공동체의 '섬김'의 성취를 통해서만 가능하다.

교역 형성을 위한 미니 특강

미니특강 6 인접 학문의 검증

　종래 교역 실천의 주제들은 교역자들의 실천 행위와 관련된 여러 가지 방법론 위주의 과목들이었다. 그 주제별 학문적·이론적인 연구들도 거의 독자적인 영토 안에서 되어 왔다. 이런 것들이 상관 관계의 원칙을 가지고 '관점'에 따라 구분 정리된 것은 1960년대부터였다. 설령 교역자의 실천 영역을 중심으로 한 것이지만 어떤 관점에 따라 통합해 갈 수 있는 가능성이 모색되기에 이르렀다. 신학 자체 안에서는 변증법적 신학에 상관관계적 신학에로의 전환

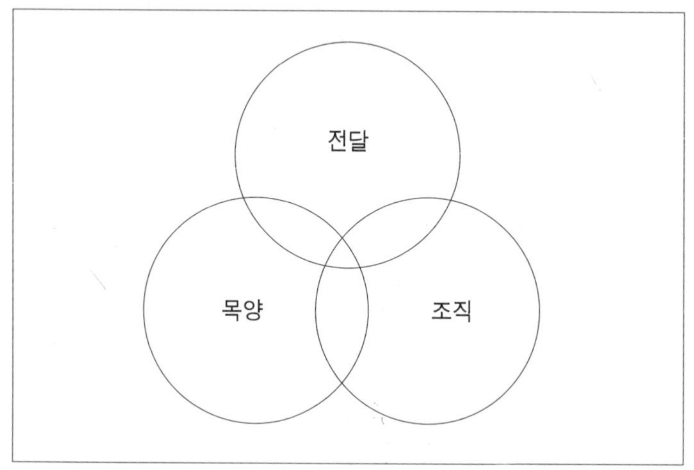

Seward Hiltner

을 의미하기도 하지만, 결정적인 계기는 인접 학문의 영향이었다고 판단된다. 교역 실천의 과목들을 우선 '관점'(perspective)에 따라 구분한다고 했을 때, 그 관점의 설명이 인접 학문의 '현장 이론'(field theory)으로 밑받침되고 있음이 이를 증명해 준다.

　비록 발상의 동기는 인접 학문들의 관점에서 신학 실천의 영역들을 설명해 보려고 했던 것일 수는 있으나, 역으로 오늘의 관점에서 생각하면, 해당 교역 실천의 신학적 주제들이 이와 관련된 인접 학문의 검증을 받을 필요가 있다고

말할 수 있다. 물론 이와 관련된 인접 학문의 과목들이 그 당시보다는 독자적이고 폭넓은 발전을 이루어 가고 있기 때문에 그것들 자체를 비판적으로 수용할 수밖에 없는 오늘의 현실이기는 하다.

오늘까지도 실천 신학 과목들을 독자적인 하나하나의 과목들로만 가르치고 있는데, 이는 거의 반 세기 전에 인접 학문의 연구를 반영해서 창조적으로 제시한 '관점' 중심의 신학 실천의 사고를 간과하고 있기 때문이다. 오늘 다시 그 연구의 파장이 물밀듯 도전해 오고 있음을 감지하면서 느끼는 소감이다.

교역 실천의 분야와 차원들은 날로 다양해 갈 수 있다. 그러나 그것들을 '복음의 전달,' '친교의 조직,' '인간의 목양' 등의 관점에서 정리할 수 있다는 것은 너무나 당연하다. 저마다 관점이 다르면서도 서로 엇물려 있다는 사실이 중요하다. 교역 실천의 어느 한 차원도 독자적으로 생각할 수 없다. '전달,' '조직,' '목양' 등이 저마다 다른 관점의 인접 학문들과의 관련성을 암시해 준다. 더욱더 중요한 것은 그 관점마다 '개념'으로 정리하는 것이 아니라 '행동'으로 정리하고 있다는 사실이다. 저마다 관점의 구분을 명사로 표시하지 않고 '동명사'(-ing)로 표시함으로써 그 의지를 밝혀주고 있다.

교역 실천의 내용들을 인접 학문의 시각에서 이렇게 정리하고 보면, 그것들이 굳이 교역자 중심의 실천 과목일 수가 없고, 교회에서나 세상 안에서 교회 공동체가 행동할 수 있는 가능성을 열어 주고 있다는 것에서, 이 힐트너의 사고는 좀더 발전시켜 갈 가치가 있다고 본다.

교역 형성을 위한 미니 특강

 여기서 말하는 '복음 전달'의 관점은 종래의 '예배,' '설교,' '교육'을 커뮤니케이션이라는 인접 학문의 관점에서 해체-재구성 해본 교역 실천의 분야이다. 역사적으로 각 분야가 너무나 독자적이어서 그 연결의 핵인 '복음'의 전달에 초점이 흐려진 교역 현실에 대한 비판일 수도 있고, 이 관점을 행동 지향적인 기능들(celebrating, realizing, instructing)로 표현한 점은 이런 실천 과목들이 이론이나 개념에 머물러 온 점을 전제로 실천 지향적인 방향 전

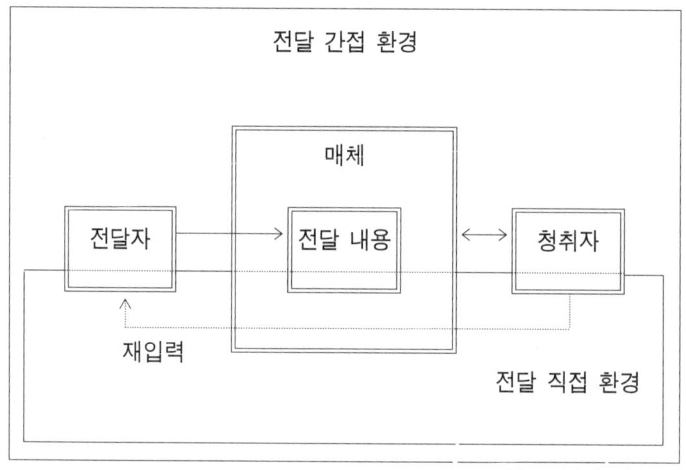

Kenneth Anderson

환을 주장한 강한 암시일 수도 있다.

 신학 실천의 분야로서 예배 · 설교 · 교육은 그 나름의 독자적이고 학문적인 위상이 있다. 어쩌면 교회 전통에 따른 지나친 입장 때문에 이 세 영역 사이의 괴리와 긴장이 있어 온 것도 사실이다. 설교를 전제하지 않은 예전의 발전, 예전이 없는 설교 위주의 예배가 그런 결과를 가져오기도 했다.

 교육만 해도 그렇다. 유럽의 전통적인 입교 문답 교육과 미국의 교회 학교 교육은 각기 그 나름의 높은 경지에로 이르렀으나 오늘의 시대가 요구하는 신

앙 형성이나 교역 형성과의 관련에서는 그 역할이 불투명하다. 더구나 예배와 설교와의 관련성 속에서 교육의 정당한 위상은 아직 학문적으로는 불투명한 현실이다. 이 모두가 전통적인 실천 학문들 사이의 독자성에 기인하고 있으므로 이를 극복하기 위한 실천 신학의 '관점' 형성은 높이 평가해야 한다.

바람직한 교역 형성을 위해서 이 세 영역의 과제나 프로그램이 '복음 전달'이라는 관점에서 함께 조명되어야 한다. 종래에는 이런 분야들이, 수사학·논리학·인간학·철학 분야 등의 기반 위에서 그 이론적 정당성을 다져 오기도 했다. 그런 기반을 털어 버릴 수는 없겠지만 이젠 커뮤니케이션의 관점에서 각 영역 사이의 벽을 헐고 교역 실천을 위해서 통전적인 기여를 할 수 있는 길을 모색해야 된다.

오늘 '커뮤니케이션'에 관한 학문적인 연구는 실로 놀라움을 금할 수가 없다. 이와 관련된 '매체'(media)의 조작 현실도 마찬가지다. 어쩌면 오늘의 교역 현장에서 자칫 잘못하면 이런 인접 학문에게 지금까지의 '복음 전달' 기능을 포기해 버려야 할 위기를 맞고 있는지도 모른다. 그 비판적인 수용과 검증이 중요한 것이다.

우리는 이 인접 학문의 연구에서 이젠 더 이상 가르치는 이와 배우는 이의 차별이 있을 수 없고, 설교자와 설교를 듣는 청중의 구별이 있을 수 없으며, 그것이 예배의 현실에서도 그렇다는 사실을 배워야 한다. 복음의 내용도 중요하지만 그것을 전달하는 매체와 그 전달 환경도 중요하다는 것을 재확인해야 한다. 어쩌면 오늘의 탈근대주의 문화 속에서 종래의 복음 전달 방식을 전폭적으로 재검토해야 할는지도 모른다.

교역 형성을 위한 미니 특강

미니특강 8 전인적인 목양

흔히 쓰이는 '목회'라는 말 대신에 '목양'(shepherding)이라는 표현을 사용해서 지금까지의 실천 분야와 구분하고 있음에 주의를 기울일 필요가 있다. 전통적으로 '인간의 영혼'을 치유하고 보살피는 과제는 교역자와 교회의 교역 실천에서 중요한 위치를 차지해 왔다. 그런데 종교 개혁 이후, 특히 지난 몇 세기 동안에 '목회'는 교역자의 교회 안에서의 실천 영역 모두를 가리키는 용어가 되어 왔다. 어떤 경우에는 '설교'의 분야도 여기에 포괄해서 말하는 경

Howard Clinebell

우가 있었다. 말씀 선포의 중요성을 감안해서 '설교'는 좀 독자적으로 생각하고 교역자가 담당하는 그 밖의 모든 활동을 목회 신학에 포괄해 버린 결과를 가져왔다.

이번 세기의 인접 학문의 발전, 특히 '심리학'의 놀라운 발전은 그리스도교 본래의 '인간 영혼의 보살핌'을 독자적인 실천 영역으로 생각하기에 이르렀다. 그래서 종래의 인습적인 '목회'라는 개념과 구분하기 위해서 '목양'이라는 표현을 사용한 것이다. 이렇게 달리 표현한다고 해서 개념적인 혼선이 없

주님의 교회 일구기·가꾸기

어진 것은 아니겠지만, '목양의 관점'에서 현대 교회에 있어서의 '목회 상담'의 기반을 정립한 것은 신학 실천에 있어서 큰 공헌이라 할 수 있다.

금세기의 심리학의 발전이 교역 실천의 여러 분야에 크게 기여했지만, 특히 인간의 심층적인 문제를 이해하고 돕는 데 크게 인접 학문적인 자원이 되어 주었다는 것은 획기적인 사실이다. 이를 다시 개념적으로가 아니라 실천 영역으로 구분해서 치유(healing), 지탱(sustaining), 인도(guiding)의 차원으로 '목양의 관점'에서 정립한 것은 신학적으로 일관성이 있는 발전이었다. 최근에 여기에 '화해'와 '양육'의 기능을 추가해서 실천 영역을 구분하는 경향이 없지 않으나, 앞에 말한 세 고전적인 관점으로 통합하는 것이 오히려 바람직하다고 생각한다.

심리학을 방편으로 한 '심리 치료'의 도구가 교회의 실천으로까지 수렴되어 '목회 심리 치료'의 영토가 확장되어 가고 있다. 이 목양을 병리학적인 접근으로만 생각했던 경향이 지금까지는 거의 지배적이었다. 그러나 최근에 와서는 그것이 '전인적 해방'의 상담으로까지 전환되어 가는 것은 성서적이고 신학적인 인간 이해에 좀더 접근하고 있음을 보여 준다. 인간을 환자로만 취급하는 것이 아니라 그 인간이 받고 태어난 잠재력과 가능성을 발굴해서 하나님의 영광을 위한 전인 해방의 길로까지 안내받을 수 있다는 것은 놀라운 발전이 아닐 수 없다. 이런 '전인 건강'은 도표가 시사하듯이 인간의 몸과 마음, 그가 하는 일과 놀이, 그가 살고 있는 세계와 관계성이 영성의 꽃술로 묘사되고 있다. 오늘의 교역 과제로서 목양은 이런 경지까지를 목표로 하고 있다.

교역 형성을 위한 미니 특강

미니특강 9 창조적인 조직 개발

교역 실천의 독자적인 관점으로서 '친교의 조직'이 부상된 것도 인접 학문의 기여라고 생각할 수 있다. 지난 몇 세기 동안은 이 과제도 '목회'의 일환이라고 간주하였다. '목양'이라는 관점으로서 전통적인 '인간 영혼의 돌봄' 영역이 독자적으로 확립되면서 이 조직의 기능이 신학 실천의 영역으로 부상하게 되었다. '친교의 조직화'라는 이 교역 실천의 과제들은 좀 풀어서 설명하자면, 교회 공동체의 힘을 모아가고(centerring), 그 영향력을 확대해 가

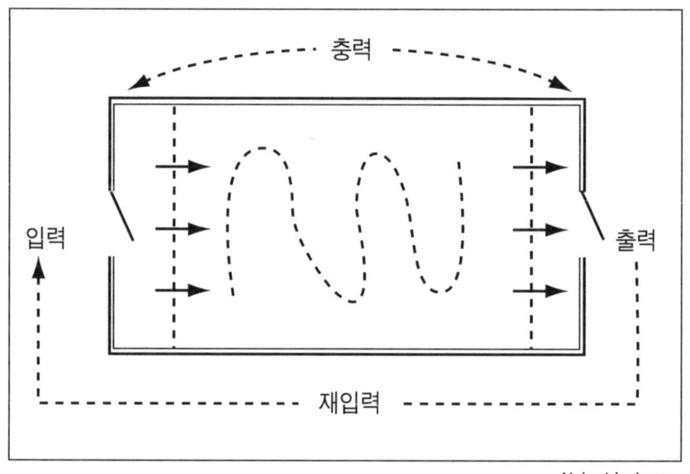

며(influencing), 그 몸체를 갖추어 가는 일(embodying)이다. 오늘 우리가 흔히 쓰고 있는 교회의 조직 개발 내지는 교회다운 교회 공동체 형성이다.

교회다운 교회를 일구고 가꾸어 하나님이 원하시는 교역 실천을 할 수 있도록 이끄는 관점의 영역을 의미한다. 교회 공동체가 없는 지역 사회에 그것을 일구려 할 때에도 이 교회다운 교회를 일구어야 하고, 이미 기성 교회가 있는 경우에도 교회다운 교회로 공동체를 가꾸어 갈 수 있어야 한다. 교회다운 교회 공동체가 어떤 것이냐 하는 것은 교회론에 대한 신학적인 검증 과정에서

밝혀져야 할 과제이다. 여기서는 인접 학문과 관련된 실천 원리가 관심의 초점이다.

오늘 인접 학문으로서 '조직체 이론'도 놀랍게 발전하고 있다. 이 학문의 복합성을 교회의 조직에 적용한다는 것은 한계도 있고 또 문제점도 있다. 교회는 세상 조직체와는 다른 아주 특유한 조직체이다. 그리스도를 믿는 신앙을 전제로 한 자원 단체이기에 세속적이고 이익을 추구하는 집단의 조직과는 다르다. 그러니까 아무리 좋은 조직 이론이라고 해도 교회 공동체에 적용할 수 있는 부분의 지혜만을 비판적으로 수용해야 한다.

교회 공동체 개발의 과제를 조직 이론의 상징 체계(cybernetics)의 관점에서 생각해 볼 수 있다. 모든 생명체도 그렇지만, 생명을 가진 모든 조직체에 적용되는 이론 체계이다. 어느 조직체에나 입력(input) 체계가 있고 출력(output) 체계가 있다. 중요한 것은 그 조직체 자체가 외부로부터 무엇을 받아들여 에너지를 형성하는 충력 체계가 있다. 이 세 체계가 균형을 유지해야 전체 조직이 건강할 수 있다. 입력된 부분을 걸러서 수용하는 스크린도 있고, 에너지를 걸러서 출력하는 스크린 장치도 있다. 또 출력된 에너지의 일부는 반드시 재입력으로 연결된다는 사실이 중요하다.

오늘과 같이 조직 이론이 일반화된 세계에서 기형적인 교회 공동체를 생각할 수 없다. 그 입력과 충력 그리고 출력의 체계에 균형잡힌 교회를 일구고 가꾸어 간다는 것은 전도·목회·선교의 균형을 생각하면서 교역 실천을 해야 한다는 사실을 의미한다.

●
교역 형성을 위한 미니 특강

바람직한 교역 형성을 위해서는 몇 가닥의 검증 절차를 밟아야 한다. 지금까지의 즉흥적이고 주먹구구식 교역 실천에서는 그런 절차가 중요하지 않았을는지도 모른다. 그러나 미래 지향적 교역의 준비를 위해서는 적어도 이런 검증 절차를 밟는 것이 그 실천 신학 형성의 정석임을 알아둘 필요가 있다. 교역 개념, 교회 이해 그리고 그 변화를 위한 신학적 이해 과정에서 신학 자체 안에서의 검증에 관해서 이야기했다. 교역자 스스로 자신의 지도력과 권위

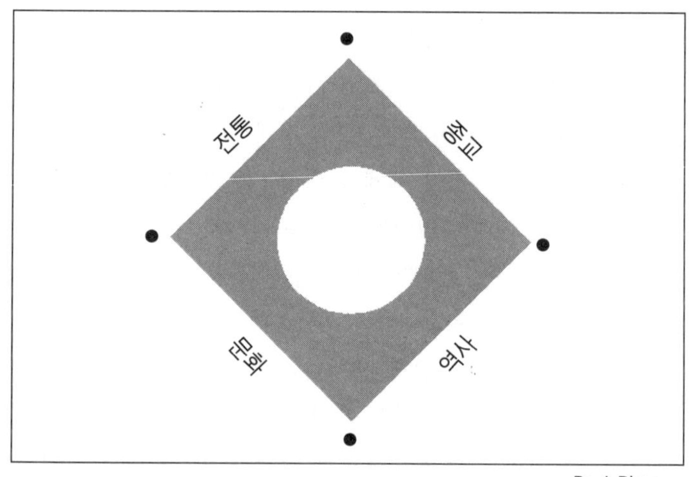

Paul Ricoeur

의 위기 상황에서 그 대상과의 관련에서 자기를 검증할 수 있는 지표를 생각해 보았다. 그리고 교역 실천과 관련된 여러 인접 학문들의 검증에 대해서도 개괄해 보았다. 그 실제에 있어서는 어렵고 복잡할 수 있겠으나 신학 실천의 고전적인 모델을 중심으로 방향성을 제시해 본 셈이다.

이제 우리에게 필요한 것은 '교역 상황'과의 관련에서의 검증이다. 교역 실천을 하기 전에 꼭 디디고 가야 할 중요한 과정이다. 흔히 이 마지막 단계의 검증을 그 교역 실천을 전제로 한 교역 현장이라고 축소해서 사고하기가 쉬우

나, 그 근시안적 안목 이전에 원시안적 통찰력이 요청된다. 상황적 검증을 단순화하기 위해서 그 검증의 차원을 역사·문화·종교·전통의 네 영역으로 집약해 보기도 한다. 그 밖에도 중요한 영역이 있을 수 있음을 배제하지는 않는다.

교역 형성의 마지막 절차로서 역사적이고 문화적인 검증은 그 교회 공동체를 그 역사와 문화에 뿌리내리고 정착시켜 가는 일에 아주 중요하다. 이 모든 검증 절차에서 중요한 것은 해석학이다. 그것을 실천으로 옮길 만한 가치가 있느냐는 물음을 물어야 한다. 지금의 상황에서 바로 이런 교역 실천이 역사적으로도 바람직하고 문화사적으로도 적절한 과제인가를 물어 보는 일이 중요하다. 상황 문화와의 관련성에서 주체적인 과제 정립을 해보는 일이 중요하다.

우리 역사나 문화적 측면 못지않게 종교 문제도 상황적 검증을 위해 중요한 과제이다. 좀 구체적으로는 심도있는 종교 체험에 관한 분석적 연구를 염두에 둔 말이다. 우리의 교역 상황에서 거의 이런 체험 연구가 검증 자료로 고려되지 않고 있으나, 장차는 이 종교 체험 자료가 중요한 교역 검증 자료로 부상될 것임에 틀림이 없다.

교역 상황의 검증 소재로 여기서 '전통'을 제시한 것은 앞서 교회론의 신학적 검증 이외에 교단적이고 민족 교회적인 전통의 비판적 점검과, 구체적으로는 그 교회 공동체 자체의 수평적이고 수직적인 비판적 점검 때문이다. 공동체 자체의 주체적인 상황 분석을 전제로 하지 않은 교역 실천은 시작부터 문제를 지니고 있다고 할 수 있다. 어떤 형태로든지 교역 상황의 검증을 체질화해 가는 교역 실천에 미래의 희망이 있다.

교역 형성을 위한 미니 특강

Ⅲ. 주님의 교회 일구기

〔'주님의 교회'를 어떻게 새롭게 시작할 것인가?〕

교회는 주님이 세우시는 것이므로 '주님의 교회'이다. 교역자로 부름받고 현장에 나아가 '주님의 교회'를 일구는 것은 신학의 최고 비전이라 할 수 있다. 모든 실천 신학은 '주님의 교회'를 일구고 가꾸는 과제를 돕기 위한 것이다. 특히 '주님의 교회'를 일구는 일은 이 세상에 예수 그리스도의 공동체를 새롭게 탄생시켜 그들로 하여금 하나님 나라를 이루어 가게 하는 것이다.

1. 교회는 주님이 세우시는 것이다

'주님의 교회' 일구기는 어떻게 시작되는가? 예수님은 '교회'라는 말을 직접 사용하신 경우가 있다. 예수님이 제자들을 향해 "너희들은 나를 누구라고 생각하느냐?" 라고 질문하셨다. 이에 베드로가 "주는 그리스도시요 살아 계신 하나님의 아들이시니이다."라고 대답을 하였다. 예수님은 베드로의 대답을 듣고 "그 반석 위에 교회를 세우리라"고 말씀하셨다. 이는 '주님의 교회'가 시작되는 가장 근본적인 사항을 말씀하신 것이다. 교회는 예수를 그리스도로 믿고, 하나님의 아들로 믿는 믿음의 고백 위에서 시작되어야 한다. 이 고백을 함께 한 모든 사람들이 하나님의 은총으로 예수 그리스도 안에서 부름받아 나아와 '택함받은 사람들의 모임'이 바로 교회인 것이다. 이러한 믿음의 고백 없이 '주님의 교회'를 일구는 작업은 또 하나의 교회 간판이 세워지는 것 이상의 아무 의미가 없다.

'주님의 교회'는 어떤 건물이나 종교적인 제도가 아니다. 예수를 그리스도로 고백하는 공동체이다. 그러기에 이 공동체는 곧 주님의 몸(에베소서 2:23)을 가리키며, '주님의 몸'인 교회 공동체의 머리는 예수 그리스도(에베소서 2:22)이시다.

그런 의미에서 우리는 '주님의 교회'를 일구려 할 때 처음부터 끝까지 '예수 그리스도는 진정으로 교회의 머리가 되시고 있는가?' 하는 질문을 쉬지 말아야 한다. 교회의 머리가 주님이시라는 것은 몸의 지체와 비교된 데서 하시는 말씀이다. 머리는 몸의 중심으로 온 몸을 주장하고 지배한다. 머리가 온 몸의 근본이 되는 것 같이 주님은 교회의 모든 것의 근본이 되셔야 한다(골로새서 1:18). 그리고 온 몸은 머리로 말미암아 마디와 힘줄로 공급함을 얻고 연합하여 하나님이 자라게 하심으로 자라는 것(골로새서 2:19)이다. 주님은 교회에서 자유하셔야 하며 그의 지체되는 공동체는 머리되신 예수 그리스도의 뜻에 따라 움직여야 한다. 오늘 많은 교회들이 예수 그리스도의 자리를 빼앗거나 예수 그리스도를 어느 한정된 영역에 가두어 두려 한다. 이러한 현상은 '주님의 교회'를 일구고 가꾸어야 하는 과제를 갖게 하는 요인이 된다.

2. 교회는 하나님 나라의 비전을 일구는 공동체이다

교회는 예수를 그리스도로 고백하고 이 땅에 하나님 나라의 비전을 일구어 가려는 백성들의 모임이다. 하나님의 백성으로서 교회는 하나님의 것이며, 하나님의 백성인 인간들의 공동체이고, 하나님의 목적이 담겨 있는 것이다. 하나님의 백성으로서 교회는 이 세상에서 하나님의 비전을 일구는 공동체이다. 하나님의 아들 예수 그리스도는 베드로의 고백 "주는 그리스도시오, 하나님의 아들이십니다."를 들으시고 그 반석 위에 교회를 세우실 것을 약속하셨다. 예수 그리스도를 머리로 한 공동체는 그의 지체가 되어 지금도 계속하시는 하나님의 창조 역사를 이루어 가는 것이다. 그런 의미에서 교회는 이 역사의 한 복판에서 살아가는 하나님의 순례하는 백성이다.

예수 그리스도를 섬기며 산다는 것은 세상에 속한 사람들과는 다른 세계관을 가지고 산다. 오고 있는 하나님 나라를 향하여 순례하는 백성으로서 미래 지향적인 신앙 생활을 해야 한다. 즉 하나님 나라의 비전을 가지고 사는 것이다. 그 하나님 나라의 비전을 이 땅에서 '주님의 교회'를 통하여 일구어 내는 것이다. 하나님 나라의 비전을 반대하는 악의 무리들과 씨름하면서 승리의 확신을 가지고 살아가는 것이다. 이는 우리가 땅에서 생명을 유지하는 한 책임적으로 살아가야 할 사명이다.

교회 공동체 삶의 가치 기준은 오고 있는 하나님 나라의 비전이다. 하나님 나라의 비전은 신념만이 아니라 몸으로 실천하는 삶이고 행동으로 옮겨지는 삶이다. 이를 위해서는 세계를 향해 열려진 자세로 다가가야 한다. 주님은 이 역사 속에서 우리를 부르고 계신다. 그리고 그 역사 속에서 하나님 나라의 비전을 일굴 것을 요구하신다. 하나님의 백성은 이 요청에 겸손하게 응답하고 충성해야 하는 것이다. 그래서 세상을 향한 하나님 나라의 비전을 구체화해야 한다. 이것을 '선교 헌장'이라고 한다. '선교 헌장'을 통해 세상을 향한 하나님 나라의 비전을 구체적으로 드러내는 것이다. 하나님 나라의 비전을 이루기 위해 서로의 뜻을 나누고 모으며 역할을 나누어 맡는 것이다.

3. 주님의 교회는 어떻게 일구어 가는가?

대략 세 가지 영역을 중심으로 공동 작업을 통해서 진행된다. 신앙 공동체 형성, 협의 공동체 형성, 교역 공동체 형성이다.

과거 실천 신학의 교과 진행은 신학적인 규범(교의, 성서)을 실천하면 된다는 직선적이고 단순 사고적 형태였다. 그러나 본 교과 진행은 3차원의 검증 절차를 거쳐서 이루어진다. 교회 전통과 신학 구조 안에서의 자체 검증, 관련된 인접 학문들과의 비판적 검증 그리고 문화와 교역 현장을 포함한 상황적인 검증이다. 이를 위해서 신학자와 현장 목회자, 그리고 미래 교역자(교역 후보생)들과의 공동 작업을 통해서 이루어진다. 단순한 미래 교역자(교역 후보생)들만의 워크숍을 넘어서서 학적인 이론을 제공하는 신학자, 교역 현장에서 실제적인 경험을 제공하는 현장 교역자, 그리고 '주님의 교회'를 창출해 내는 미래 교역자들이 함께 하는 것이다. 이는 지금까지 해왔던 과거의 교수 방법을 과감히 탈피하고 실천 신학의 새로운 지평을 창출해 가는 획기적인 교과 진행이라 할 수 있다. 그런 의미에서 앞으로 소개될 연구 결과물은 포괄적이고 창의적이고 생명력이 있는 것이다. 공동 작업 진행을 간략하게 소개한다.

(1) 교역 현장의 이해

현장 목회자로 하여금 교역 현장의 경험을 전해 듣는다. 교역자는 신앙 공동체, 협의 공동체, 교역 공동체 형성의 관점을 갖고 교역 현장의 경험을 전달한다. 전달되는 현장 경험의 영역을 간략하면 다음과 같다.

신앙 공동체 형성의 영역에서 전달하는 경험은 ① 교인들의 연령별 또는 생애 주기의 통과 의례에 따른 신앙 양육에 관한 사항(예를 들면, 연령별 신앙 교육·출생·첫돌·유아세례·견신례·관혼 상제 등과 같은 사항) ② 초신자의 신앙 성숙에 따른 신앙양육에 관한 사항(예를 들면, 기초 신앙 교육·학습·세례를 통한 신앙 고백, 제자 훈련 등과 같은 사항) ③ 공동체의 영적 성장을 위한 사항(영성 훈련을 위한 집회, 기도회 등과 같은 사항) ④ 그 외에 예배, 설교에 관한 사항이다.

협의 공동체 형성의 영역에서 전달되는 교역 현장의 경험은 ① 당회 운영 ② 제직회 및 각 위원회 운영(각 위원회를 통해 의사 결정하는 방법) ③ 각 기관 대표자들을 중심으로 한 협의체 운영 ④ 교회 내 간접 조직을 교회 협의체 구조에 참여시키는 방안 ⑤ 소그룹 형성 및 활성화에 관한 사항이다.

교역 공동체 형성의 영역에서는 ① 교역자의 목회 비전에 관한 사항 ② 목회 동역자와의 관계 형성 및 역할 분담에 관한 사항 ③ 평신도로 하여금 은

주님의 교회 일구기

사를 활용하여 교역에 참여하게 하는 사항 ④ 평신도로 하여금 교역에 참여케 하면서 지도력를 어떻게 형성하고 있는가 하는 사항이다.

물론 여기에서 교역 현장의 경험을 다 전달할 수는 없다. 계속되는 공동 작업을 통해 현장의 경험이 자연스럽게 또 구체적으로 전달된다.

(2) 교회 행정 이론의 재조명

교회 행정의 이론적 영역으로서 학적인 근거를 교수로부터 소개받는 단계이다. 중심되는 사항은 교회 공동체의 목적 성취를 위해 봉사하는 것으로서 교회 행정의 신학적 사고와 함께 교회 행정 이론 형성을 하게 하는 것이다.

신학자로부터 소개받은 강의 내용을 여기에서 간략하면 다음과 같다. 즉 인접 학문이 실천 신학의 영역에 합류할 때 신학적 사고(교회, 성서, 전통의 입장에서 사고하게 하는 것)와 비판적인 반성(Reflection)을 통해 이론을 형성하도록 하는 것이다. 교회 행정 이론 형성을 도표로 정리하면 아래와 같다.

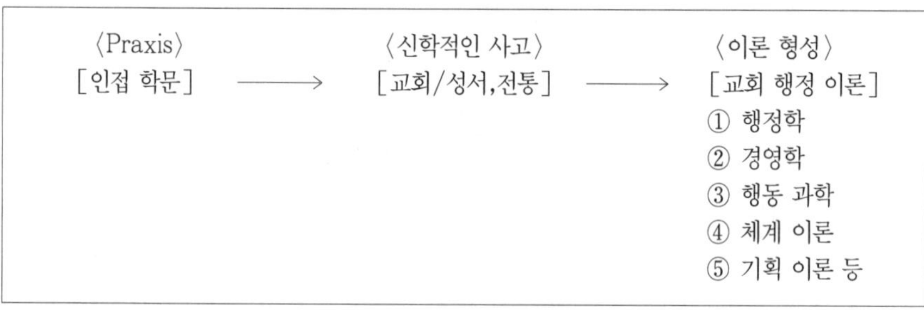

① 일반 행정학에서는 Administer라는 용어를 쓴다. 이 용어는 섬김이라는 의미를 담고 있는데 섬김의 개념에서 신학화할 수 있다. 그런 의미에서 교회 기구의 관료적인 면을 비판할 수 있다. 교회 행정가로서 목사는 하나님의 종의 종이다. 즉 하나님의 종으로서 교회를 섬기는 종이기 때문이다. ② 경영학에서는 MBO(목표를 세우고 관리하는 기능)과 PPBS에 대한 이론 구분이다. ③ 행동 과학은 인간 행동에 관한 연구로 그룹 개념 사고에 관한 리더쉽 분야 등이다. 교회에 그룹 개념을 적용한 학자가 린그렌(교역 개발론)

주님의 교회 일구기·가꾸기

이라 할 수 있다. ④ 체계 이론(Cybernetics)은 입력 출력의 체계를 말하며 인공 두뇌학이라고도 한다. 이 이론을 신학화한 학자는 로버트 윌리(교회 조직 갱신)이다. 모든 조직체는 입력하고 출력하는 시스템을 가져야 건강하다는 논리이다.

이런 관점에서 볼 때 한국 교회는 병리학적으로 입력은 잘하나 출력은 잘못하는 현상이 있다. 이러한 체계 이론을 정리한 것이 '교회 관리론'이다. ⑤ 기획(변화의 기획/planning of changing) 목표를 세우고→ 가치관을 세우고→ 일해 가는 구조로서 최근에 관심을 기울이는 부분이다. 커트 레윈이 아인슈타인의 양자 물리학을 에너지로 바꾼 사람이라면, 칼 로저스가 심리학을

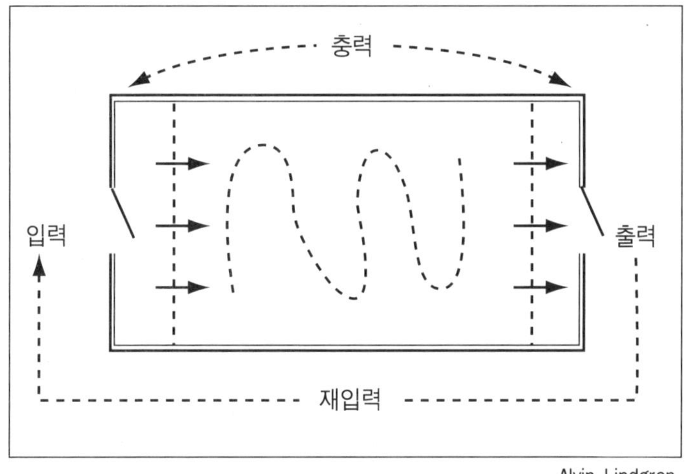

상담학으로 발전시킨 학자라면, 몰트만은 에릭스 블로흐의 희망의 철학을 신학화한 학자이다. 그리고 〈교회의 조직 갱신〉은 몰트만의 신학을 실천 신학적으로 발전시킨 책이다. 종말론적이라는 것은 오고 있는 하나님 나라의 빛 속에서 세상을 보는 것이다. 그런 의미에서 종말론적인 신학은 대단히 중요한 것이다. 물론 종말론적인 개념과 말세론적인 개념은 분명히 정리할 필요가 있다. 종말론이 이 세상에서 우리에게 주어진 사명을 감당하며 살아야 함을 강조(김재준)한다면, 말세론은 이 세상에 대한 무책임성이 강조(박형용)된 것

이라 할 수 있다. 신학을 미래로부터 보는 종말론적인 신학자가 몰트만이라면, 말세론적인 신학자는 피터 바이엘 하우스이다. 종말론적인 사고는 교회가 복음을 갖고 봉사할 틈바구니를 찾게 하는 것이라 할 수 있다.

(3) 그룹 형성 및 과제 이해의 단계

그룹 형성은 공동 작업을 위한 첫 작업이다. 그룹의 크기는 약 6-8명으로 구성한다. 구성 요건은 상황에 따라 정할 수 있으나, 가능하면 신앙 공동체 형성에 대한 관점이 같으면 공동 작업 진행에 도움이 될 수 있다. 우선 작업으로 서로를 이해하는 관계 형성 프로그램이 필요하다. 형성된 그룹원 사이의 인간 관계 형성은 공동 작업이 끝날 때까지 큰 영향을 미칠 수가 있다. 그 후 교회 명칭을 정하는 일, 선교적 과제를 찾는 일, 선교 헌장을 만드는 일, 그리고 선교적 과제를 위한 신앙 양육 작업을 진행한다. 위의 과제는 그룹원들의 충분한 토의를 통해 다루어지도록 배려한다.

특별히 교회 명칭에는 교회를 일구어 가는 그룹원들의 선교적 사명에 관한 토의 내용이 함축되도록 한다. 교회 명칭을 정하는 과정에서는 교회가 세워질 지역, 그리고 그 지역의 특징, 선교 대상의 특이성 등이 어느 정도 논의되어야 한다. 그룹원들이 그룹을 형성하고 교회의 전체적인 틀을 형성하는 과정이므로 많은 시간이 배려되어야 한다. 매주 공동 작업이 끝날 때는 매시간마다 다른 그룹들과 같이 모여 하루의 진행 과정과 다음주 과제를 간략하게(2-3분 정도) 보고한다. 그리고 다음주 공동 작업을 시작할 때는 지난주 진행된 사항을 전 그룹원들에게 문서로 보고하여 다른 그룹들이 서로 도움이 되도록 한다. 공동 작업이 피상적인 작업이 되지 않도록 하기 위해서 신학자와 현장 목회자는 그룹원들에게 매주 독서 과제를 제시한다. 독서 과제는 전체 그룹원에게 주어지며, 전 그룹원이 매주 간략한 책의 내용(A4용지 1-2매 정도)을 제출한다. 그리고 예정된 발표자는 좀더 자세하게 요약 발표하여 학적인 도움을 받도록 한다. 각 과정별 필독 도서는 각 단계에서 구체적으로 소개한다.

　신앙 공동체 형성을 위한 공동 독서 과제는 다음과 같다. ① 〈교회와 코이노니아〉(한국기독교교육학회 편)에 수록된 '코이노니아 교회의 실천적 과제' ② 기독교사상 93년 8월호에 수록된 '코이노니아 교회형성의 실천적 과제' ③ 〈교회와 선교〉(박근원 저)에서 1강에서 12강(소주제 : 교회란 무엇인가?, 하나님의 백성, 그리스도의 몸, 성도의 교제, 성만찬 공동체, 제사장 공동체, 계약 공동체, 흩어지는 교회, 가난한 자들의 교회, 평화의 교회) ④ 〈여성 신학이야기〉(안상님), 〈교회와 코이노니아〉(여성학회), 〈성차별과 신학〉(안상님) 들의 글 중에서 '어머니로서 교회' ⑥ 〈교회의 조직 갱신〉(박근원 역), ⑦ 〈교회 개발론〉(박근원 역) ⑧ '교역 형성'을 위한 미니특강 1 〈교역의 기본 개념〉 ⑨ '교역 형성'을 위한 미니특강 2 〈교회론의 전환〉 ⑩ '교역 형성'을 위한 미니특강 3 〈교회 변화의 기획〉 등이다. 위의 과제물은 약 3-4주에 나누어 보고 발표할 수 있도록 하였다.

(4) 신앙 공동체 형성의 단계

　공동 연구의 첫과정이다. 이 과정에서 이루어지는 주요 작업 내용은 교회 명칭 정하기와 명칭 해설, 선교 헌장 만들기, 선교 프로그램, 그리고 신앙 양육 프로그램이다. 이 과정은 약 14-15회 모이는 공동 작업 중에서 4회 정도에 걸쳐서 이루어진다. 매주 공동 연구의 시작 때는 독서 보고를 통해 교회 공동체의 여러 형태에 대한 학적인 지식 정보를 제공받는다.

① 교회 명칭 정하기와 명칭 해설

　교회 명칭은 지역적인 특성, 교회의 선교 헌장, 선교 프로그램, 신앙 양육의 과제 등이 담겨져 표현되도록 한다. 교회 명칭은 하나의 단어로 표현되므로 지역의 특성, 교회의 미래성, 선교적 과제, 그룹원들의 마음을 함께 표현하기가 참으로 어렵다. 때문에 하나의 명칭이 정해지기 전까지는 여러 명칭이 등장했다가 사라지기도 하고 많은 시간이 소요된다. 교회 이름이 정해지면 그 명칭의 설명을 신학적·신앙적·교회론적 입장에서 설명한다. 물론 명칭을 정하는 과정의 이야기도 첨가되어야 한다.

주님의 교회 일구기

② 교회 선교 헌장과 선교 프로그램 정하기

교회 선교 헌장은 교회가 하나님 앞에서의 선교적 신앙 고백이라 할 수 있다. '주님의 교회'가 선교 목적 없이 상황에 따라 교역한다면 생명력이 없는 교회가 될 것이다. 선교 헌장은 기도하는 가운데 교회를 세우시는 주님의 뜻을 찾아 그 뜻에 순종하고 그 뜻을 정리하여 문서화하는 작업이다. 이 선교 헌장은 '주님의 교회'에 등록하는 교인들에게 처음부터 밝혀서 모두가 같은 선교적 사명을 갖고 교회를 섬기도록 해야 한다.

'교회 선교 헌장'이 정리되면 이에 걸맞는 프로그램을 만든다. 선교 프로그램 제작의 초점은 '주님의 교회'가 선교 대상자인 이웃 그리고 세상과 어떻게 삶을 나눌 것인가에 대한 방법을 찾는 것이다. 이 프로그램은 너무 교회 중심이 되어서는 안 된다. 이웃 중심에서 찾아야 한다. 프로그램은 연속적인 것과 1회적인 것으로 분류되어야 하고, 선교 대상도 계층 · 관심의 영역별로 나누어 연구하도록 한다.

③ 신앙 양육 프로그램

이 프로그램은 교회의 성숙과 성장 그리고 교인들이 각자의 사역을 잘 감당할 수 있게 하는 데 목적이 있다. 프로그램은 크게 몇 가지 원칙으로 기획된다. 첫째, 연령별 성장에 따른 신앙 양육 프로그램이다. 즉 태아를 위한 예비 부모 · 영아 · 유아 · 아동 · 소년 · 청소년 · 청년 · 청장년 · 장년 · 노년 · 임종을 앞둔 자 등이다. 이는 각 연령에 따른 신앙 양육을 통해 바른 신앙 생활을 하도록 도울 뿐 아니라 그들의 삶의 현장에서 그리스도인으로서의 사명을 감당하게 하는 것이다.

둘째는 신앙적 성장 단계에 따른 신앙 양육 프로그램이다. 신앙적 성장 과정은 교회 공동체가 정한 직급에 따라 분류하거나, 또는 믿음의 성숙과정 곧 그리스도교 신앙을 처음 접한 교인이 주님을 위해 순교적인 헌신을 결단하기까지를 단계화한 것으로 구분할 수 있다. 먼저 교회 공동체의 직급에 의한 것으로 구분한다면, 초신자(이들 중 타종교에서 그리스도교로 전교한 경우와, 무교에서 그리스도교로 전교한 경우를 구분해야 할 것이다.) 믿기로 결단하고 세례받기 위해 준비하는 교인, 세례 교인, 봉사를 위해 준비하는 교인, 집사 임명 전 교인, 집사 임명받은 교인, 예비 권사, 권사, 장로, 교역자로 구분할 수 있다. 또한 초신자가 순교자적 신앙에 이르기까지도 여러 단계로 구분될 수 있다. 이런 신앙적 단계에 따른 신앙 양육 프로그램이 있어야 한다. 그들의 영역에서 최선을 다해 합력하여 주님의 교회를 가꾸어 가는 것이다.

셋째는 봉사 영역에 따른 신앙 양육 프로그램이다. 교회 공동체는 수많은 봉사 영역이 있다. 봉사 영역은 교회 내적으로나 교회 외적으로 구분하여 설명할 수 있을 것이다. 교회는 교회 공동체에서 이루어지는 수많은 봉사 영역을 위한 신앙 양육을 준비해야 한다. 훈련받은 신앙인이 체계적이고 전문적이면서도 신앙적으로 봉사할 때, '주님의 교회'는 주님의 몸으로서 역할을 온전히 감당하게 되는 것이다.

이러한 신앙적 양육은 교인들로 하여금 교역자와 함께 동역하기 위한 가장 기초적인 작업인 것이다.

다음에 이어지는 협의 공동체 형성을 위한 독서 과제는 다음과 같다. ① 〈교회 개발론〉(박근원 역), ② 〈헌법〉(총회 출판부), ③ 〈회의 진행법〉(박성기·송길원), ④ 〈노회 규칙 및 교회 내규 모음집〉(전남노회, 경인노회, 서울노회, 그 외 3개 교회 내규 편집), ⑤ 〈기초 공동체 건설〉(L. 콜만), ⑤ '교역 형성'을 위한 미니특강 4 (협동적 지도력) 등이다.

(5) 협의 공동체 형성의 단계

협의 공동체 형성은 교회 공동체를 역동적으로 운영하기 위한 것이다. 협의 공동체 형성에서는 기초 공동체 구성, 총회 헌법, 개교회 내규, 회의 진행법 등을 통해 교회 공동체에서의 리더십을 다룬다.

공동 작업시 그룹원은 기존 교회의 조직을 그대로 수용할 것인가, 아니면 독창적인 조직 운영을 할 것인가를 결정해야 한다. 물론 조직은 목표를 이루기 위한 수단이다. 기존 교회에는 협의 구조 조직이 있다. 즉 당회·제직회

·각종 위원회·기관·조직에 참여하지 않는 간접 조직 등이다. 이러한 조직이 서로 유기적인 관계를 통해 한 목표를 향해 저마다의 역할을 감당하는 것이다. 여러 기관(조직)이지만 한 몸으로 운영되는 되는 것이다.

협의 공동체가 잘 이루어지기 위해서는 기초 공동체인 소그룹의 형성에 대한 이해가 있어야 한다. 여기에 기본적인 내용을 소개한다.

첫째, 기초 공동체 대한 이해를 분명히 한다. 협의 공동체를 구성하려면 기초 공동체가 튼튼해야 한다. 기초 공동체의 출발은 먼저 자신부터 시작하는 것을 원칙으로 한다. 그후 벗의 동조를 받고, 모일 기회를 마련하고, 앞으로 이루어질 훈련 과정을 설명하고, 모임의 시간과 장소를 정한 후, 모임의 내용을 나누는 것으로 가장 기본적인 작업을 시작한다. 물론 공동체에 새로운 멤버가 참여될 수 있는 여지를 남겨 두어야 할 것이다.

이렇게 형성된 공동체가 행동으로 옮기려면 공동체 개개인의 성숙이 배려되어야 하고, 공동체원이 사랑과 신뢰 그리고 포용의 공동체를 이루고, 그 속에서 각자가 공동체의 지체임을 실감하면서 그리스도의 몸으로서 서로 봉사하는 데 초점을 두어야 하고 공동체의 목표가 분명해야 한다.

공동체가 역동적으로 운영되려면 공동체원 각자의 역량을 최대한 발휘할 수 있는 방법을 개발해야 한다. 가장 기본적으로 대인 관계가 원활해야 한다. 별일 아닌 것이 공동체를 경직시키거나 분열시킬 수 있다. 이를 위해서는 몇 가지를 유의해야 한다. 대화 도중 상대방의 이야기를 끊지 말아야 한다. 대화가 심문하는 듯한 태도가 되어서는 안 된다. 충고나 판단하려는 대화 방법도 금물이다. 더욱이 상대방 또는 자리에 있지 않은 다른 사람의 흠을 이야기하는 것도 나쁘다.

서로의 삶을 나누는 관계 훈련은 바람직한 대인 관계를 갖게 하고 서로를 인정하는 인격적인 만남이 있게 한다. 같은 목표를 갖기 때문에 동지라는 의식을 갖게 하고 서로가 돕고 섬기고 싶어하는 마음을 갖게 한다.

바람직한 대인 관계가 형성되면 영적 성숙을 위한 훈련이 필요하다. 말씀을 함께 나누고, 한 목적을 갖고 함께 기도하고, 서로가 중보의 기도자가 되어 주는 노력을 통해 영적으로 성숙해야 한다.

둘째, 협동적 지도력에 대한 이해를 갖도록 한다. 협동적 지도력은 교역자 중심의 지도력과 공동체 중심의 지도력과의 상관 관계에서 형성되는 지도력이다. 교역자 중심에서 공동체 중심으로 이어지는 지도력의 형태는 '명령-강요-설득-절충-협의-후견-방임'이다. 여기서 이상적인 목회자 스타일은 '협의'이다.

협의 공동체를 형성하려면 교역자와 교회 공동체와 기본적인 합의가 필요하다. 이 기본적인 합의는 곧 성서와 교회 전통 그리고 교회법이다. 교회법은 교회 헌법, 노회 규칙, 교회 내규 등으로 구분할 수 있다. 기본적 합의 위에서 협의를 통해 공동체를 구성하려면 서로의 의견을 나누고 모으는 기술이 필요하다. 이는 회의 진행법을 통해 도움을 받을 수 있다.

셋째, 합리적인 회의 진행을 통해 공동체의 중지를 모으는 방법을 훈련한다. 회의는 어떤 공통 과제를 놓고 회원들의 중지를 모아 최선의 답을 얻어낼 수 있는 좋은 방법이다. 회의는 '대화'를 방법으로 사용하여 여러 사람의 상이한 의견과 입장을 가지고 특정한 의제 또는 문제를 해결하기 위한 의사를 나누고 모으는 과정이다. 회의를 잘하므로 공동체는 대화를 통해 서로 협력하고, 서로의 능력을 개발 적용하므로 공동체가 건전하게 발전하고, 서로 다른 의사를 가지고 있지만 한 목적을 위해 함께 할 수 있는 기회를 마련하게 되는 것이다.

마지막으로 공동체가 같이 지킬 질서를 준비하도록 한다. 이를 위해 공동 작업을 위한 자료로 총회 헌법, 노회 규칙, 교회 내규 등을 제공한다.

위의 훈련 과정은 독서 보고와 토의를 통해 하도록 배려한다. 훈련받은 것을 기초로 하여 공동체를 조직하는 일, 협의 체계를 통해 의사를 결정하고 결정된 사항을 시행하는 일, 새로운 과제를 창출해 내게 하는 것이다.

다음에 이어지는 교역 공동체 형성을 위한 독서 과제는 다음과 같다. ① 〈오늘의 교역론〉(박근원 저), ② 〈평신도 교역론〉(강영선 역), ③ 〈목회 지도력〉(김남석 역), ④ '교역 형성'을 위한 미니특강 4 (협동적 지도력) 등이다.

(6) 교역 공동체 형성의 단계

교역 공동체 형성에서는 교회 공동체의 역할을 교역자와 평신도가 함께 교역하는 영역을 다루고 있다. 이를 위해서는 교역자의 지도력과 평신도의 지도자 훈련 또는 적절한 역할 맡김이 필요하다. 이를 위해서는 다음의 질문을 계속하면서 공동 작업을 한다. 교역자가 교역 현장에 어떻게 비전을 제시하고 추진할 것인가? 교역 동역자와 관계 형성 및 역할을 어떻게 분담할 것인가? 평신도로 하여금 은사를 활용하여 어떻게 교역에 참여시킬 것이가? 평신도로 하여금 교역에 참여케 하면서 어떻게 지도력을 형성할 것인가 등이다.

위의 질문을 정리하면 다음과 같다. 첫째, 교역자의 지도력이다. 교역자는 '통찰력과 비전'을 갖고 있어야 한다. 교역자의 지도력은 평신도들을 지시하거나 군림하는 지도력이기보다는 섬기는 지도력이어야 한다. 평신도들이 보지 못하는 교회 공동체의 전체성과 주변 상황을 통찰력으로 분석하고, 비전을 평신도들에게 제시하면서도 교인들에게 강요하지 않는 겸손함이 있어야 한다. 아무리 좋은 비전이라 할지라도 평신도에게 일방적이 되면 그 비전은 생명력을 상실하게 된다. 그 비전이 평신도들과 끊임없는 대화를 통해 또는 협의에 의하여, 평신도 자신들의 비전으로 수용되고 평신도들은 그 비전을 위해 결단할 때 비전을 향한 추진력은 크게 된다.

둘째, 평신도의 지도력 개발과 적절한 일 맡김이다. 목사가 혼자 모든 일을 다할 수는 없다. 평신도가 중간 지도자가 되어 자신이 맡은 역할을 책임있게 수행하여 합력하여 큰 공동체의 선을 이루는 것이다. 이를 위해서는 평신도를 위한 지도자 개발 프로그램이 필요하다. 평신도가 맡은 영역이 교회 공동체와 같은 고백을 하면서 교역할 수 있도록 정기적인 점검과 훈련, 서로가 조화있게 교역하므로 교회 공동체가 성숙하며 성장하게 하는 것이다. 지도력 개발과 적절한 일 맡김도 교역자의 일방적인 방법으로 되는 것이 아니고 협의에 의해서 이루어져야 하는 것이다. 적절한 일 맡김을 위해서 평신도가 성령으로 말미암아 받은 은사가 무엇인지를 확인해 두는 것이 필요하다. 이를 위해 〈은사확인서〉를 〔부록 1〕로 덧붙인다.

(7) 평가

　평가의 방법은 개인 평가와 그룹 평가로 구분한다. 개인 평가는 본 세미나에 참여한 개인이 얼마나 도움을 받았는지를 교과 과정의 단계별로 질문하였다. 그룹 평가는 개인이 그룹과 공동 작업 전체 그룹에 기여한 기여도를 질문하였고, 한국 교회 갱신과 본 학과목과의 연관성을 질문하였다. 〈평가서〉를 〔부록 2〕로 덧붙인다.

　주님의 교회를 일구어 가는 것은 큰 축복이다. 주님의 역사의 한복판에서 쓰임받는 일꾼이기 때문이다. 주님이 머리되어 이 땅에 일구어진 교회는 하나님의 능력 안에 있는 교회이다. 성령이 역사하는 교회이다. 세상을 향해 하나님 나라의 비전을 가슴에 품은 백성은 이 땅에 생명을 전하는 자이다. 하나님 나라의 비전은 이 세상이 온전할 수 있는 유일한 길이다. 세상을 향한 선교의 사명은 여기서부터 출발해야 한다. 교회는 공동체이므로 항상 협의적인 구조를 염두에 두어야 한다. 성령의 도우심을 받으면 온 회중이 한 마음으로 움직일 수 있다.

　예수님은 그가 택하신 열두 제자들에게 주님 자신의 권위와 능력을 주셔서 그들을 곳곳으로 보내셨다. 그들 역시 가는 곳에서 승리의 소식을 가져왔다(누가복음 9 : 1-6). 오늘도 교회에 불러 모으신 주의 백성들에게 권능을 주셔서 세상을 향해 내어 보낸다. 보냄을 받는 세상은 단순하지 않다. 복잡하고 전문화되어 있다. 목사 혼자서 이 모든 영역을 감당할 수는 없다. 여기에 서로가 하나님으로부터 받은 은사대로 역할을 나누어야 하는 과제가 있다. 역할을 나눔은 우리가 그리스도의 일에 소홀함이 아니다. 오히려 좀더 구체적이고 체계적으로 사역을 감당하는 것이다.

　여기에 제시되는 공동 작업 자료는 그룹원들이 고민한 흔적을 그대로 여과 없이 제시하였다. 어느 영역에서 많은 고민을 했는가가 구체적으로 드러나고 있다. 이 때문에 어느 영역은 시간적 배려가 되지 않아 단순하게 처리한 부분도 있으나 그대로 소개한다.

☐1 섬김으로 꿈을 일구어 가는 〔드림교회〕

당신은 꿈을 꾸고 계십니까?
십자가에 달려 고개 떨군 예수의 꿈은 어디에 있을까요?
오늘날 고개숙인 사람들의 꿈은 어디에 있을까요?
진리가 우리를 자유케 하듯이 꿈은 우리를 자유케 합니다.

꿈은 씨앗입니다.
희망의 씨앗입니다.
그것은 가능성의 씨앗입니다.
자유를 향한 우리의 열망이고 숨구멍입니다.

인자는 섬김을 받으러 온 것이 아니라 오히려 섬기러 왔으며,
많은 사람을 위해 자기 목숨을 대속물로 내주어
인류에게 꿈(희망)을 주었듯이
우리는 세상 가운데서 이웃을 섬김으로 우리를 드립니다.
우리의 내어줌, 곧 헌신 · 나눔 · 섬김으로 꿈을 일구어 갑니다.

● 우리 드림교회는 성서와 그리스도교 역사가 증언하는 공동체 신앙 전통

에 따라 영성 훈련을 쌓아 가는 믿음의 공동체입니다.

- 우리 드림교회는 하나님이 창조하신 인간과 자연의 생명이 근본적으로 파괴되어 가는 현실에서 새 하늘과 새 땅 곧 하나님의 뜻이 이 땅에 이루어지기를 기도하는 소망의 공동체입니다.
- 우리 드림교회는 배고프고, 목마르고, 병들고, 헐벗고, 감옥에 갇히고, 나그네된 사람들과 자신을 일치시킨(마태복음 25 : 31-46) 주님을 따라 저들을 돌보며 우리의 삶을 나누는 사랑의 공동체입니다.

1. 명칭 해설

오늘 교회가 세상 가운데서 꿈을 주는 것이 아니라, 꿈을 상실케 하고 죄책감으로 자신을 잃어 버리게 하는 상황 속에서 세상 끝까지 복음을 전하라는 교회의 머리 되신 예수의 말씀이 살아 숨쉬는 교회가 되고자 한다. 자본주의적인 영향으로, 장애우나 명퇴나 정년 퇴직자로, 무직인 노인의 소외로, 문제가 더욱 심각해져만 가는 정황들을 본다. 이런 상황 속에서 우리는 예수의 사랑의 계명에 종말론적인 자세로 대응해야만 한다. 예수에게 '당신이 사랑한 대상은 누구였습니까?'고 묻는다면 무어라 대답하실까? 우리는 성서의 내용을 통하여 그 대상들을 깨달을 수 있다. 그는 수난자, 즉 무시당하는 자(마태복음 18 : 10), 자기 자신에게서 절망한 자(마가복음 9 : 37), 소외자(누가복음 14 : 12-14) 등이라고 대답했을 것이다. 지금 우리는 '선한 사마리아 사람의 비유(누가복음 10 : 29-30)'를 통하여 스스로 던지는 '내 이웃이 누구냐?' 하는 질문에 진지하게 응답해야 한다. 어쩌면 이 질문은 그 자체가 잘못된 것이다. 왜냐하면 인간이라는 존재는 본래부터 '너와 더불어의 존재'이기 때문이다. 즉 마태복음 25장 31절 이하에 나타난 '세계 심판의 비유'에서 수난자를 도운 이들이 자기가 한 일의 가치를 의식하지 못한 것을 강조하듯이, 구체적으로 단지 너무나 자명하게 그 수난당한 자의 필요에 응해서 행동한 것뿐이다. 우리는 예수의 '이웃을 내 몸같이 사랑하라'는 명령을 구체적으로 실천하

주님의 교회 일구기

고자 한다. 우리의 교회는 밑바닥에 이기주의와 보상(응보)의 사상이 깔린 황금률적 사랑이 아니라, '거저 받았으니 거저 주어라!'라는 너무나 자명하고 철저한 무조건적 사랑의 행위를 지향하는 것이다. 지극히 작은 사람에게 한 행위가 곧 나에게 한 행위라는 사실과 축복을 받은 사람은 자기들의 한 행위를 전혀 의식하지 않고 했다는 사실을 기억하면서, 예수가 말하는 저 수난당하는 지체들의 고통과 아픔이 그리스도 안에서 한 몸인 우리의 고통과 아픔임을 고백함과 더불어 참 소망이 되시는 하나님의 자녀로서 이 세상에서 자신만이 할 수 있는 달란트(역할)를 온전히 감당할 수 있는 능력을 함양하는 역할을 감당하고자 한다. 즉 장애우들에게는 손과 발이 되어 줄 뿐만 아니라 재활의 기쁨(소망)을 주며, 인생의 허무감에 사로잡힌 노인들에게 인생의 참 의미와 기쁨을 선사하는 것, 그래서 그들 자신의 존재 가치의 소중함과 하나님 앞에 선 자녀(하나님의 나라를 일궈 가는 청지기)로서의 소망을 가지고서 하나님의 명령을 그들로 하여금 실천케 하고자 한다. 위와 같이 하나님의 명령에 순종하는 마음으로 겸손하게 그리스도의 몸된 교회를 '드림'이라고 칭하면서 하나님의 나라를 일궈 가고자 한다.

2. 선교 헌장(우리의 신조)

〈우리는 마가복음 12 : 28-34절 말씀과 누가복음 17 : 9-10을 신조의 기본으로 삼는다.〉

● 우리는 사람을 하나님 앞에서 이웃과 더불어 사는 존재로 믿습니다.

● 그리스도의 뜻을 충실히 따를 때에 비로소 참 사람, 참 교회, 참 민족 공동체가 이루어진다고 우리는 믿습니다.

● 그러기에 "나를 따르라, 나를 따라 오려거든 자기를 버리고 제 십자가를 지고 나를 따르라."고 하신 말씀에 귀를 기울입니다.

● "내게 오는 사람은 자기 아버지나 어머니나 자식이나 형제나 자매를 버려야 한다."고 하신 말씀을 우리에게 주신 말씀으로 받아들입니다.

- 우리는 참 교회를 그리스도의 몸으로 고백합니다.
- 그리스도 공동체의 형제 자매는 기쁨과 슬픔, 즐거움과 괴로움을 서로 나누면서 함께 그리스도의 몸을 이루어야 한다고 믿습니다.
- "서로 사랑하라."는 예수님의 말씀을 우리에게 주신 지상 과제로 믿습니다.
- 이웃을 사랑하지 않으면서 하나님께서 가는 길은 없습니다.
- 예수님은 가난한 이, 병든 이, 눌린 이들의 친구가 되시고 그들에게 생명을 내어줌으로써 이웃의 본을 보여 주셨습니다.
- 우리는 고난받는 이들과 함께 고난받으며 그들과 더불어 사는 사람이 참 이웃임을 믿습니다.
- 그러기에 고통당하는 이들의 참된 이웃으로 살아 가는 것이 곧 예수 그리스도를 섬기는 드림 공동체의 삶임을 믿고 고백합니다.

3. 선교 프로그램

우리 드림교회는 공동체 신앙과 삶을 함께 나누는 사랑의 생활을 한다. 이를 구체적으로 실현할 선교 사업은 두 부분으로 나누어서 실행하는데, 그 첫째는 장애우와 노인이 함께 가정을 이루어 생활하는 공동체 마을 안의 사업이고, 둘째는 이 공동체 마을을 지원하는 드림센터의 사업이다.

● 공동체 마을 프로그램

① 독거하는 노인들과 장애 아동이 함께 생활하는 공동체 마을을 형성하여 독거 노인 또는 노후를 이 공동체에서 참여하기를 희망하는 노인들과 정도가 심한 장애우들이 함께 3명 정도의 규모로 한 가정을 만들고, 공동체 마을 안에 소규모의 가정들이 생기게 하고, 소규모로 생긴 공동체 가정들은 각 단위별로 그 자치권을 인정하고 그 가정들은 다시 본래의 가족들과 보다 큰 가족 의식을 갖게 한다.

주님의 교회 일구기

② 가족 되기 프로그램

애초에 이 공동체의 성격을 알고 온 노인들을 대상으로 장애우들과 가정을 이루어 살게 될 경우, 필요한 상식과 가정 공동체 생활의 의미를 교육한다. (교육 1주, 기존의 형성된 가정에 들어가 함께 체험해 보는 예비 체험 1달)

③ 큰 가족 한마당

공동체 마을에서 이루어진 가족들과 그 가족 구성원들의 본래(혈육) 가족이 보다 큰 공동체를 형성하게 한다.(정기적인 주말 만남, 분기별 1회 정도의 공동체 전체 만남)

● 실천 모양

① 가족 형성

㉮ 대상자 모집

- 노인들 중 자식으로부터 독립하여 새로운 삶을 희망하는 사람을 모집하여, 장애우들과 함께 생활하는 생활 공동체 마을이라는 것을 설명하고 그 가족으로부터 일정한 기탁금을 받는다.

- 장애우를 가족의 구성원으로 둔 부모들을 만나서 공동체에서의 새로운 생활과 이 공동체에서의 생활이 장애우들의 재활에 미칠 영향들을 설명하고 장애우의 장애 정도를 측정하여 공동체 생활에 적합한 장애우를 선별하며, 가입시 일정한 기탁금을 받는다.

㉯ 대상자 가족 교육

- 대상자들의 가족 교육을 실시하여 주말 모임 배경·가족 공동체 형성의 의미·드림교회 전체의 선교 방침과 운영 방침·공동체 수칙을 설명하고, 대상자들을 공동체 마을로 보내고 나서 가족들이 가져야 할 마음가짐과 지켜야 할 행동 수칙을 조언한다.

- 대상자 가족들간의 모임을 조직하여 대상자들(노인과 장애우)의 가족들로 구성된 집단 상담 프로그램을 실시하여 가족들의 그간의 경험

과 공동체에 임하게 된 소감 등을 솔직하게 나누게 하여 연대감을 형성하게 한다. 이 집단 상담 프로그램은 이후 매주 지속적으로 갖도록 한다.

㉑ 대상자 교육
- 장애우들과 대상 노인들간의 만남을 주선해 주고 그들이 서로 친해질 수 있는 친교 프로그램을 실시하며, 일정 기간의 친교 프로그램이 끝나면 상호 가족이 되고 싶은 희망자를 선택하게 한다. 가족 결정은 주최측에서 결정하도록 한다.

② 가족 되기
처음 가족을 형성한 노인들과 장애우들은 공동체 초기에 매우 돌발적인 문제들과 대면하게 된다. 그들이 문제들을 해결해 나가고 이후 나름의 자율이 형성되면 그 후에는 새로운 공동체 희망자들이 공동체 예비 경험을 통해 공동체에 적응, 참여하게 한다.
- 지속적인 가정 공동체 상담──각 가정마다 전문 상담원을 배치하여 지속적으로 그 가정 공동체가 어떻게 진정한 가정으로서 자리를 잡게 되어 가는지를 관찰하게 하고, 상담원은 적극적으로 함께 개입하여 노인과 장애우가 함께 가족을 형성해 나가는 과정에서 만나게 될 다양한 심리적·물리적 문제들을 같이 해결해 나가도록 한다.
- 공동체 마을 내부 노인들의 집단 대화·상담 프로그램을 정기적으로 가짐으로 가정 공동체를 형성해 나가는 중에 느끼는 느낌들을 서로가 나누게 한다.
- 장애우들은 장애우들끼리 정기적인 집단 상담 프로그램을 가짐으로 서로의 심정과 문제점에 대한 인식을 공유하게 한다.
- 공동체 마을에 함께 한 가정 공동체들이 정기적으로 모여 전체 모임을 갖게 한다.(예배, 잔치)
- 장애우 부모 상담──장애우를 둔 부모의 마음을 공감하면서 그 누구의

주님의 교회 일구기

책임으로 말미암음이 아님을 깨닫고 현실 그대로를 인정하면서, 자녀와 부모의 소중함을 일깨우며 재활의 소망을 준다.

● 노인과 노인 가족(자녀) 상담── 노인의 고독을 이해하고 위로하며 그 모습 그대로를 인정해 줄 수 있는 기회를 마련해 준다.

● 부부 상담(부부간의 갈등 해소의 역할)

● 가족 단위의 여행, 교회 공동체 여행, 체육 대회(친밀한 대화의 자리 마련)

● 치유 성장 상담── 가정, 사회, 기타 집단 속에서 겪은 여러 가지 시련과 고통을 치유

● 영세 가정의 자립을 위한 각종 지원 사업(의료비 지원 및 자녀의 학자금 지원)을 진행

③ 큰 가족 되기

● 일정 기간이 지난 후 본래의 가족과 공동체 가족간의 만남을 갖도록 한다.

● 공동체 안에서 새롭게 한 가정을 이루게 된 노인과 장애우의 본래 가족 간의 만남을 주선하되, 그들간의 만남을 담당 상담원이 주선하고 인도하도록 한다.

● 공동체 가족과 본래 가족간의 가족 단위 여행을 주선해 준다.

● 전체 가족 모임에서 가족간의 유대 형성 사례를 발표하고 서로간의 소감을 나누게 한다.

● 예수님의 사랑을 실천하는 사회 복지 법인체(드림센터) 운영

드림 공동체 마을을 외부에서 지원하는 센터를 운영, 후원회와 자원 봉사단을 조직하고 교육하여 드림 공동체 마을에 파견하고 드림센터의 운영을 위한 수익 사업과 선교 사업, 기타 문화·사회 사업을 도모한다.

① 출판 사업

우리 공동체 마을의 사례(집단 상담 사례, 마을 가정 사례, 보호자 가족 상담 사례)를 모은 자료집을 편찬하여 공동체 마을의 기록을 축적한다.

② 후원회 모집 사업

공동체 마을에 관련한 출판 자료를 통해 이 사업을 지지하고 후원하는 회원을 모집하여 이 운동을 알리고 이를 통해 한국 사회의 복지 사업 현황의 문제점을 인식하게 하고 이를 지역 사회 공론의 장(시의회, 각종 지역 시민 단체)에 알려내는 사업의 기초로 삼는다.

③ 자원 봉사단

공동체 마을에 자원 봉사자로 활동할 인재를 확보하고 이들을 훈련하여 공동체 마을에 파견하고, 드림센터에서 주최할 각종 문화 사업에 주체가 될 자원 봉사자를 양성한다.

④ 수입 사업

드림센터의 공간을 확보·확장하여 수화 교실, 각종 출판, 전문 상담원 학교, 지역 사회 장애 아동 놀이 교실, 놀이 프로그램 지도자 학교 등을 기획·실행한다.

⑤ 문화 사업

지역 사회 장애자 축제, 노인 축제, 상담원 축제, 평화 가정 축제, 수화 찬양 발표회, 바자회, 공연, 전시회, 수지침, 예배춤(Worship Dance) 등을 기획·실행한다.

⑥ 사회 사업

지역 사회의 장애우와 노인에 대한 시 예산 집행을 감시하고 장애우와 노인에 대한 시 행정의 개선을 추진할 여론 형성을 위한 각종 토론회, 심포지움을 기획·집행한다.

⑦ 선교 사업

지역 사회에서 자원 봉사 활동을 중심으로 하는 건전한 신앙인을 양성한다.

4. 드림 공동체 생활 수칙

- "그리스도인의 사귐은 이상이 아니고, 하나님께 속한 현실이다." 드림 공동체는 나눔과 섬김, 그리고 사귐을 통한 하나님의 꿈을 실현합니다. 이 꿈의 실현을 위하여 우리는 다음과 같은 나눔과 섬김의 영성을 익힙니다. "자기의 혀에 굴레를 씌우는 사람은 마음과 몸을 다스리는 것입니다."(야고보서 3 : 3)

- 우리의 악한 생각을 잘 정복하는 길은 그 생각을 말로 표현하지 않는 것입니다. "사랑하는 형제들아, 서로 헐뜯지 말라."(야고보서 4 : 11), "입에서 더러운 악담을 쏟아내지 말라. 오직 덕을 세우는 데 필요한 착한 말을 하여 듣는 사람에게 축복이 되게 하라."(에베소서 4 : 29) 우리에게 형제를 주신 것은 우리로 그를 지배하게 하려는 것이 아니고, 그의 머리 위에서 창조주를 발견하게 하기 위함입니다.

- 온유한 섬김——우리는 형제의 사랑으로 남의 죄를 덮어 줍니다. 그러나 나의 죄에 대해서는 변명이 있을 수 없습니다.

- 귀를 기울이는 섬김——우리가 하나님의 말씀을 들어서 그를 사랑하게 되듯이 형제의 말에 귀를 기울여 주는 습성을 얻는 것이 형제를 사랑하는 처음 단계입니다. 형제에게 귀를 기울이지 못하는 사람은 하나님에게도 귀를 기울이지 않게 될 것이요, 하나님을 향해서 언제나 지껄이기만 할 것입니다.

- 돕는 섬김——우리의 손이 너무 도도해서 일상 생활에서 남을 도와 사랑과 자비의 일을 할 수 없다고 하지 않게 되어야, 우리의 입이 하나님의 사랑과 자비의 말씀을 기쁘고도 믿을 만하게 선포할 수 있는 것입니다. 우리는 이 것으로 겸손의 훈련을 받습니다.

- 서로 짐을 지는 섬김──"서로 남의 짐을 지라. 그리하여 그리스도의 법을 이루라."(갈라디아서 6 : 2), "홀로 있는 사람은 불행합니다. 그가 넘어졌을 때 그를 도와 줄 사람이 옆에 없기 때문입니다."(전도서 4 : 16)

  - 장애우를 위한 자원 봉사자의 자세(비장애우와 장애우와의 바람직한 관계를 위한 교육 시행)

- 장애우 선교의 기초는 인격이다.(사역자의 올바른 인격이 있어야 한다.)
- 장애우 선교의 본질은 봉사와 전문성이다.(우리가 가진 모든 은사, 모든 재능, 모든 경험, 모든 훈련은 타인을 섬기는 일에 사용되어야 한다.)
- 장애우 선교의 동기는 사랑이다.(사랑은 주는 만큼 느끼고 받는 것이다.)
- 장애우 선교의 척도는 희생이다.(아무 희생도 치루지 않는 장애우 선교는 아무것도 이룰 수 없다.)

5. 신앙 양육 프로그램

- 우리 드림교회는 기도, 학습, 노동을 통하여 영성을 키워 가는 공동 생활을 한다. 지도자들 중심으로 자원 봉사자들과 함께 매일 아침, 점심, 저녁 기도 생활을 한다. 성서와 신학, 그리고 공동 생활에 필요한 학습 생활을 한다.
- 장애우나 노인들과 함께 하는 예배와, 살림이나 농사 그리고 기타 수목 관리 등의 노동 생활을 통한 영성을 키워 나간다.

  - 드림교회의 사귐

- "구원의 축제로서의 예배(주일날 드리는 예배를 중심으로 한 친교 모임!)" 예배는 그 전체로 구원의 역사를 보존하는 것이요, 요약하는 것이다. 이러한 예배가 구원의 역사가 되기 위해서 그리스도교의 예배는 성령

의 개입을 필요로 한다.

● 또한 그리스도교 예배는 하나님이 세상의 구원을 향해 행하셨고, 행하실 것이며, 행하시는 그것을 찬양하는 것이다. 따라서 그것을 있게 하고, 작용하게 하는 것이다. 바로 그곳에 예수의 삶과 죽음을 간직한 본질적인 예배가 있으며, 그 예배를 통해 하나님 나라의 꿈을 실현하기 위한 축제 마당을 여는 것이다.

● 드림공동체의 예배는 주님의 날을 감사와 찬양과 사귐의 기쁨으로 온전히 드린다.

● 예배 참여자는 공동체 내의 장애우와 노인, 그리고 그 가족들과 호흡하는 모든 이들에게 열려 있다.

● 드림공동체의 예배는 구성원의 특성(장애의 정도)을 고려하여 다양한 시청각 자료와 문화 활동(수화 찬양, 연극, 예배춤) 등을 통하여 진정으로 말씀이 살아 숨쉬며, 함께 참여하여 하나 되는 사랑의 고백으로서의 예배를 드린다.(하나님과의 만남, 가족과의 만남)

● 드림공동체는 사귐을 통해 존재하시는 그리스도를 고백한다. 따라서 구원의 축제를 통한 성도의 사귐 속에서 실제로 체험되는 그리스도를 만난다. 그 사귐을 통하여 뿌려진 씨앗들의 꿈이 영글어 가는 것이다.

● 식탁을 둘러싼 사귐(친교-시편 127 : 2 ; 전도서 9 : 11 ; 8 : 15) — 식탁을 중심으로 하는 사귐을 가질 때마다 그리스도인은 임재하시는 주 하나님, 예수 그리스도를 향한 감사로 충만하게 된다. 이러한 사귐은 축제와도 같다. 한 주간의 노고의 뜻과 목적인 안식일을 생각하게 해주는 것이다.

● 우리가 먹는 것은 우리의 일용할 양식이다. 그것은 나 혼자의 것이 아니다. 그것은 나누어 먹는 것이다. 우리는 영으로만 하나가 되는 것이 아니다. 우리의 몸 전부를 가지고 끊을 수 없이 서로 얽혀져 있는 것이다. 우리의 사귐을 위해서 주신 떡 '한' 덩어리가 튼튼한 계약으로 우리를 묶으며 우리의 꿈을 이루어 간다.

● 드림교회의 교육

　교육은 이원화한다. 첫째는 공동체 내에 거주하는 성도들을 위한 자체 프로그램을 계발, 특성에 맞추어 진행한다. 교육이라는 개념보다는 사귐의 개념에 근거한 깨달음에 초점을 맞춘다. 둘째는 장애우들의 부모와 노인들의 자녀들은 시내에 거주하는 관계로 컴퓨터 통신과 드림 소식지(주간지)를 통한 말씀 교육과 다양한 정보를 제공한다. 또한 도심에 드림센터를 설치하여 만남의 공간을 제공하고, 그곳을 통하여 그들의 고민과 신앙 상담을 통한 사귐을 일구어낸다.

● 일반 평신도(자원 봉사자-간사들)를 위한 교육

　-성서와 신학, 그리고 공동 생활에 필요한 학습 생활을 한다.

　-각자 맡은 역할에 합당한 실제 교육을 실시한다.(수화 · 예배춤 · 수지침 등)

● 그룹, 가정 내에서의 노인과 장애우를 위한 교육

　모든 사람에게 그리스도의 복음을 전하고 신앙으로 교육하겠다고 외치고 있는 교회마저도 그들을 위한 선교와 교육, 복지에 대해서는 외면해 왔다. 장애우들도 노인들도 비장애인과 똑같이 하나님의 영광을 드러내기 위한 주체적인 인격체이며, 한 세례를 받은 동등한 지체이며, 하나님의 형상대로 지음 받은 존엄한 인격체임에도 불구하고 이 땅의 수많은 노인들과 장애우들은 부당한 대우와 멸시를 한 몸에 받고 살아야 했던 가슴아픈 그리스도의 지체들이었다.

　이렇게 소외를 당한다는 공통점을 가지고 만나 하나의 가정을 이룬 노인들과 장애우들이 서로에게 필요한 존재가 될 수 있다는 것을 느끼게 해주는 이 공동체 안의 신앙 양육은 일반 가정이나 교회의 교육과 내용은 일치할 수 있겠지만 특수한 상황을 고려해 적용되어야 한다. 삶이 변할 수 있다는 가능성과 희망을 가질 수 있도록 도와주는 적절한 신앙 교육과 재활 교육이 필요한 것이다.

· 목적 : ① 하나님의 말씀을 확신하고,
　　　　　② 말씀에 비추어 삶을 긍정적으로 살도록 희망을 주고,
　　　　　③ 모두에게 필요한 존재임을 깨닫도록 도와준다.
· 목표 : ① 말씀 교육은 장애의 정도에 따라 (구성원) 개인의 차별화와
　　　　　특성화를 염두하여 모두가 이해할 수 있는 수준에서 철저하게
　　　　　준비되어야 한다.
　　　　② 장애 학생용 공과를 자체 제작하여 말씀과 실생활이 연결되도
　　　　　록 한다.(보충 교재, 시청각, 비디오, 컴퓨터 학습 자료 등을
　　　　　개발, 이용)
　　　　③ 노인과 장애우의 경우 몸으로 움직이며 실제적으로 경험해 볼
　　　　　수 있는 것으로 한다.
· 교육 운영 : 노인과 장애우 약 5인으로 만들어진 가족 중 신앙 교육을 할
　　　　　수 있는 이가 주체가 되어 꾸려 간다. 장애의 정도와 특수성
　　　　　에 따른 교안과 교구가 만들어져야 한다.

● 교육안 실례(충현교회 농아인 교육안 참고)

(1) 교육 기간 – 12주

(2) 교육 목표

● 청각 장애로 인하여 의사 소통의 장애를 겪고 있는 드림교회의 농아인 형제
자매들에게 효과적으로 그리스도교 진리의 핵심을 전하고 가르친다.
● 그리스도교 진리(복음)를 보다 쉽게 이해하도록 도움으로써 농아인 스스로
말씀의 생활화, 행동화가 되도록 지도한다.
● 교리 교육을 통해 신앙의 성숙이 꾀해지며 자신들의 장애를 극복하도록 돕
는다.

주님의 교회 일구기·가꾸기

(3) 교육 내용과 계획

중심 교재-〈성서〉와 〈칼빈의 신앙 교육서〉를 중심 교재로 한다.
〈1주〉
• 교육 내용
제1과 ; 인생의 주된 목적(창세기 1-2장 연구, 〈칼빈의 신앙 교육서〉 1-7
문)
• 교육 활동
천지 창조 비디오 감상(중간 중간 수화로 설명해 준다), 성경 연구(창세기
1-2장), 7일간의 창조 과정을 그림으로 표현, 〈칼빈의 신앙 교육서〉(1-7
문)을 궤도로 만들어 하나하나 차근히 설명.
• 토의
하나님의 창조와 인간의 책임, 합심 기도(주의 영광을 위해)
• 준비물
성서, 천지 창조 궤도, VTR과 비디오 테이프
〈2주〉
• 교육 내용
제2과 하나님에 대한 신뢰, 찬송가 455장 부르며 가사 음미(수화 찬양),
〈칼빈의 신앙 교육서〉 8-16문, 영화 '나사렛 예수' 비디오로 시청(60분,
자막 나오는 테이프 필요)
• 교육 활동
다같이 찬송가 455장을 부른 후 각자 하나님의 은혜에 감사하며 섬기고 있
는지 깊이 생각하는 시간을 갖는다.(눈 감고 2분 정도) 〈칼빈의 신앙 교
육서〉를 간단하게 강의한다.(궤도 사용) '나사렛 예수' 영화를 상영한다.
(다소 시간이 길지만 영화이므로 지루하지는 않을 것이다.)
• 토의
하나님과 예수님의 사랑과 은혜에 대한 일상 생활 속의 우리 자세는 어떠한

주님의 교회 일구기

가?
- 준비물

성서, 찬송가, 궤도, VTR과 비디오 테이프, 필기 도구

〈3주〉

- 교육 내용

제3과 사도신경의 구성과 내용, 〈칼빈의 신앙 교육서〉 17-24문

- 교육 활동

사도신경의 내용을 궤도에 담아 차근차근 설명해 준다. 사도신경의 내용을
즉석 무언극으로 해본다.

- 준비물

성서, 궤도, 자휘봉, 필기 도구

〈4주〉

- 교육 내용

제4과 하나님, 〈칼빈의 신앙 교육서〉 25-29문

- 교육 활동

창조주이신 하나님, 보호하시고 사랑해 주시는 하나님에 관해 강의한다.

- 토의

보호하시고 사랑해 주신 하나님에 대한 체험을 토의한다.

- 준비물

성서, 찬송가, 필기 도구

〈5주〉

- 교육 내용

제5과 예수 그리스도, 〈칼빈의 신앙 교육서〉 30-39문

- 교육 활동

예수님의 어린 시절과 구약에 나타난 메시아의 예언을 함께 연결하여 강의
한다. 강의한 내용을 공부가 끝난 후 간단히 테스트한다.(시험지에 문제를
내고 간단히 답할 수 있도록 준비)

- 준비물

성서, 궤도, 칠판, 시험 문제지, 필기 도구

〈6주〉

- 교육 내용

제6과 그리스도와 그리스도의 직분, 제7과 하나님 독생자와 성육신, 제8과 성령에 따른 탄생과 빌라도에 의한 고난, 〈칼빈의 신앙 교육서〉 40-59문

- 교육 활동

예수님의 생애, 강림 이유 등을 집중적으로 강의한다. 실험해 본다.

실험 물컵에 주전자로 물을 담는다. 그리고 그 물에 주사기로 잉크를 몇 방울 떨어뜨린다.

실험 물을 버리고 새 물을 붓는다.

물컵은 우리 인간의 모습, 물은 인간의 마음이며 깨끗한 물은 성령이 충만한 모습, 잉크는 죄, 주사기는 마귀를 의미한다. 주전자는 예수 그리스도를 나타내는 상징물이라는 것을 간단히 설명한다.

- 토의

예수님이 왜 필요한가?

- 준비물

성서, 궤도, 잉크, 물컵, 주전자, 주사기, 필기 도구

〈7주〉

- 교육 내용

제9과 십자가의 고난과 죽음, 제10과 지옥으로 가신 그리스도, 〈칼빈의 신앙 교육서〉 60-70문

- 교육 활동

역할극을 한다. 예수 1명(나무 십자가를 메고 간다), 군인 3명(채찍으로 때리고 예수를 십자가에 못박는다), 다른 사람들(그 광경을 지켜보고 있다) 등. 분위기를 엄숙하게 인도한다. 간단히 강의한다. 결단과 기도의 시

주님의 교회 일구기

간

- 준비물

성서, 몇 가지 의상, 나무 십자가, 채찍, 조명, 궤도

〈8주〉

- 교육 내용

제11과 그리스도의 부활, 제12과 그리스도의 승천, 제13과 그리스도의 최후 심판, 〈칼빈의 신앙 교육서〉 71-87문

- 교육 활동

중요한 것을 중심으로 궤도를 활용하여 강의한다. 이단의 모습을 담은 사진들을 슬라이드로 보게 한다. 간단히 정리한다.

- 토의

이단에 빠져든 농아인들을 어떻게 이끌어 낼 것인가에 대해 토론하며, 예수 그리스도의 재림을 준비하면서 우리가 가져야 할 마음가짐과 생활 태도에 대해 구체적으로 이야기한다.

- 준비물

궤도, 슬라이드, 성서, 필기 도구

〈9주〉

- 교육 내용

제14과 성령(사도신경 제3항), 〈칼빈의 신앙 교육서〉 88-91문

- 교육 활동

성령의 아홉 가지 열매에 대해서 이야기를 나눈다. 성령 충만한 생활에 대한 간증을 듣는다. 강의한다. 성령의 의미와 역할에 대해 설명한다. 찬송과 기도회

- 준비물

성서, 찬송, 궤도, 필기 도구

〈10주〉

- 교육 내용

제15과 교회, 제16과 교회의 거룩성, 〈칼빈의 신앙 교육서〉 92-105문
- 교육 활동
  본 교회 모습을 담은 비디오를 보여 준다.(겉모습이 아니라 구체적인 성전의 활동 내역을 보여준다.)
- 토의
  바람직한 교회상은 무엇인가? 다과를 놓고 성도들과 교제를 나눈다. 교회란 무엇인가에 대해 설명해 준다.
- 준비물
  비디오, 궤도, 성서, 필기 도구
  〈11주〉
- 교육 내용
  〔정리 1〕 그리스도인의 사명(〈칼빈의 신앙 교육서〉를 정리하면서 적용), 양식과 하나님(양식을 주신 하나님에 대해 배운다.), 세상을 변혁시키는 하나님
- 교육 활동
  곡식이 만들어지는 과정을 연구(그림 · 도표로 설명), 농산물의 유통 과정을 조사한다. 가게에 있는 식료품의 유통 과정을 조사한다. 성서에서 곡식 및 음식에 관한 구절을 조사하며 그 의미를 연구한다. 타락한 세상의 모습을 제시한다.(신문 스크랩) 현대인을 향한 하나님의 뜻에 대해 하나님에 관한 지식과 연결하여 살펴본다.
- 토의
  그리스도인의 사명에 대해서
- 준비물
  궤도, 그림, 농산물 유통 과정에 대한 자료(신문 잡지 기사), 신문 스크랩
  〈12주〉
- 교육 내용
  〔정리 2〕 그리스도인의 사명, 견학(농아 고아원 방문)

- 교육 활동

  농아인 고아들과 즐거운 시간을 갖는다. 함께 예배를 드린 후에 다과를 나누며 교제한다. 개인 감상문을 쓰도록 한다.

- 준비물

  놀이 기구, 성서, 찬송, 다과, 필기 도구

● 드림교회의 영성 훈련

영성 훈련은 단순한 기도 생활이 아니다. 영성 훈련은 우리들의 모든 삶을 통하여 하나님과 깊은 만남을 갖는 일이다. 드림교회는 공동체의 모든 생활을 통하여 참다운 하나님과 이웃과의 온전한 사귐을 갖는다. 자신을 비우고 하나님을 그 자리에 채우는 영적 성숙을 이룬다. 드림교회는 자연과 벗하고, 땅에 발을 딛고 땀을 흘리며, 삶의 진실한 의미와 깊이를 배우는 영성 훈련의 장을 마련한다. 절망에서 희망으로, 소외에서 사귐으로, 새로이 거듭나는 삶의 기쁨을 맛보는 꿈과 희망의 영성을 이루어 간다.

(1) 노동을 통한 영성 훈련

사람은 노동을 통해서 자신의 가치를 확인하고 다른 사람과 공동체에 유익을 끼친다. 드림교회는 노인, 장애우와 그들의 가족, 그리고 봉사자로 이루어진 공동체이다. 공동체 생활을 위해 필요한 일들은 저마다 힘이 허락하는 한에서 모든 사람이 함께 해나간다. 식사 준비, 청소, 빨래 등 가사 분담에서부터 전원 일구기까지 실생활에 필요한 일들을 함께 한다. 자신이 하는 일들을 통해서 다른 사람을 섬기는 훈련을 한다. 아무리 사소한 일이라도 기도하는 마음으로 임하며, 일하는 기쁨을 함께 나눈다.

(2) 놀이와 체조를 통한 영성 훈련

① 놀이―노동과 정상적인 영성 훈련을 할 수 없는 정도가 심한 장애우들

은 놀이를 통해 하나님을 만날 수 있도록 돕는다. 구체적인 방법은 많은 연구를 통해 개발해야 한다.

② 체조 – 그리스도교는 몸을 움직여서 하는 영성 훈련이 부족하다. 불교에서 하는 일천배(一千拜)는 온몸으로 하는 기도이다. 요가도 수련 방식이다. 요가와 체조 동작은 몸을 움직이는 운동일 뿐만 아니라 자연과 몸이 하나되는 작업이다. 우리의 몸은 하나님의 성전이며 소우주이다. 우리의 몸은 끊임없이 우리 자신과 대화를 나누고자 신호를 보낸다. 자신의 몸의 소리에 민감한 사람은 생명에 민감하다. 자신의 몸에 귀를 기울일 수 있는 사람은 다른 사람의 아픔에도 진지하게 응답할 수 있다. 이른 아침 대지의 기운이 우리의 온몸을 감쌀 때 자연과 하나되어 체조와 적절한 육체적 훈련을 통한 영적 훈련을 갖는다.

● 일반 평신도들을 위한 영성 훈련의 실례

(1) 기도와 명상의 영성 훈련

매일 아침과 저녁에 말씀을 묵상하며 기도하고 명상하는 시간을 갖는다.

"우리가 기도하는 데에 가장 도움이 되는 것 중의 하나는 기도의 장소입니다. 기도하기에 알맞은 장소는 삶이 '진동'하는 곳입니다. 그러나 또 그런 장소와는 달리 아름다운 일출이나 일몰을 바라보는 것이 우리가 마음을 모으고 기도하는 데 얼마나 도움이 되는가도 경험했을 것입니다. 또 칠흑 같은 밤하늘에 밝게 반짝이는 별들을 바라보는 것, 아니면 나무 사이로 밝게 비치는 달빛을 바라보는 것, 이렇게 자연과 가까이 하는 것은 대부분의 사람들에게 도움이 됩니다. 그러기에 더더욱 기회가 있을 때마다, 기도하는 데에 도움이 되는 장소에 가서 오래 머물러 그곳을 사랑스럽게 바라보십시오. 별이 총총한 밤하늘이나 달빛어린 밤하늘을 바라보십시오. 해변가나 산꼭대기나 어느 곳이든 시간을 갖고 바라보십시오. 그러고 나면 이 장소를 자기 마음속에 간직하고 다닐 수가 있으며, 비록 지리적으로는 그런 곳에서 멀리 떨어져 있다 하더라도 기억 속에 생생하게 남아 있기 때문에 공상 속에서 다시 그곳으로 돌아갈 수 있게 됩니다.

지금 당장 이것을 시험해 보십시오.

잠시 자신을 고요하게 한 다음, 기도하는 데에 도움이 되었다고 생각되는 장소로 공상을 통해 돌아가십시오. 바닷가, 강변, 산꼭대기, 조용한 교회당, 별이 총총한 밤하늘이 보이는 테라스, 달빛이 넘치는 정원 등…… 그 장소를 될 수 있는 한 생생하게 그려 보십시오. 모든 색깔을 …… 모든 소리를 들으십시오.(파도 소리, 나무 사이로 부는 바람 소리, 밤에 우는 벌레 소리……) 이제 마음을 하나님께 향하고(말씀을 묵상하면서) 그분께 무언가를 말씀드리십시오.”

(2) 고독을 통한 영성 훈련

고독은 단순히 홀로 있음을 뜻하지 않는다. 고독은 고립과 불안도 아니다. 고독은 어떤 빈 공간이 아니라 정신과 마음의 상태며, 하나님을 향해 절규하는 심령의 부르짖음이다. 고독은 이 세상의 어떤 것에도 잡히지 않고 절대자를 향하여 나아가는 자유이다. 하나님께 보다 가까이 가기 위해 크리스천들은 바쁘게 돌아가는 일상 속에서 사람과 일로부터 떠나 한적한 곳에 머물 수 있어야 한다. 드림교회는 이 한적한 곳에서의 고독을 통한 영성 훈련의 장이 된다. 분주한 생활로 거룩한 쉼을 갖지 못하는 사람들에게 사막과 광야를 마련해 잠깐씩이라도 그곳에 머물며 깊은 영적 성숙을 이룰 수 있도록 이끌 수 있다면 더없이 좋은 경험이 될 것이다.

〔사막 체험〕

• 목적

이 세상의 모든 것으로부터 떠나 자신의 실존을 들여다 보고 고독한 자신과 언제나 함께 계시는 하나님의 현존을 깨닫는다.

- 성서본문 : 마태복음 4 : 4-11, 마가복음 1 : 35
- 대상 : 도시에서 생활하며 주일에 함께 예배드리는 드림교회 교인
- 소요 시간 : 3-4시간 정도
- 장소 : 교회 주변에 있는 한적한 장소
- 진행

① 찬송을 함께 부른 후 인도자가 성령의 도우심을 구하는 기도를 드린다.

② 인도자가 '사막 체험'의 목적을 잘 설명한 후 참가자 중 한두 사람이 성경 본문을 봉독한다.

③ 잠시 성경 말씀을 묵상한 다음 인도자가 사막 체험 과정을 설명해 준다.

④ 모든 참가자는 1시간 이내로 도착할 수 있는 가장 황량한 장소, 곧 사막의 느낌을 받을 수 있는 곳을 찾아 떠난다. 성경이나 찬송가, 필기 도구를 가지고 갈 수 있다.

⑤ 적당한 위치를 정해 앉아서 그곳이 사막 한가운데라고 가정한다. 아는 사람도 전혀 없고, 머물 곳도, 돌아갈 곳도, 더 이상의 음료나 식품을 구할 곳도 없다고 생각한다. 오직 강열한 햇빛과 뜨거운 열풍 그리고 온갖 위험이 도사리고 있는 곳에 홀로 있는 자신을 바라본다.(약 1시간 정도)

⑥ 이 때 일어나는 마음의 변화를 주시하고 내면의 소리에 귀기울인다.

⑦ 하나님과 나와의 관계를 생각한다.

⑧ 생각과 느낌을 글로 쓰고, 그 내용을 요약하여 기도문을 작성한다.(30분 정도)

⑨ 약속된 장소로 돌아와 불을 밝힌 부활초를 중심으로 둥그렇게 앉는다.

⑩ 돌아가면서 차례로 작성한 기도를 드린다.

⑪ 돌아가면서 소감을 나눈다.

주님의 교회 일구기

6. 드림 공동체 조직

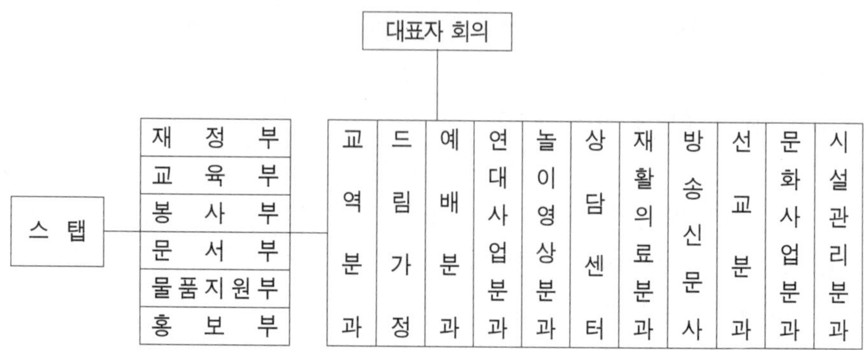

• 교역 분과

• 드림 가정

　노인 2-3명과 장애아 2-3명으로 구성된 가정들이 집집으로 흩어져 공동체
　를 꾸려 간다.

• 연대 사업 분과

　공동체를 운영하기 위해 각 기업, 정부 등과 연계하여 일자리를 제공, 법률
　제공, 복지에 필요한 자재 구입, 재정에 필요한 후원을 모으는 데 힘쓴다.

• 상담 센터

　노인 상담, 장애우 상담, 장애 부모 상담, 부부 상담, 가족 상담⋯⋯

• 방송 신문사

　대외적으로 공동체 홍보, 선전, 외부 가족을 위한 교육 프로그램⋯⋯

• 문화 사업 분과

　공동체 내의 문화와 대외 문화 사업에 힘쓴다.

7. 운영 원칙

① 본 공동체의 조직은 다양한 구성원의 특성상 가정이라는 고유의 상황에 맞추어 불필요한 계층 구조를 과감히 파괴하고 각 부서의 독립을 최대한 보장한다.
② 수직적 계층의 최소화로 원활한 의사 소통과 효율적인 의사 결정을 이룬다.
③ 수평적 분화를 통하여 공동체 구성원들의 다양한 욕구를 충족시킨다.
④ 각 분야의 전문성을 최대한 보장한다.
⑤ 각 부서에서 자체적인 계획을 수립하고 대표자 회의를 통하여 승인을 얻는다.

● 기본 원칙

① 각 부서의 독립과 평등한 인간 관계를 도모한다.
② 한 개인에 의한 독재적 형태가 아닌 전 공동체 구성원 모두의 참여와 협의를 꾀한다.
③ 각 가정의 울타리를 소중히 여기며 이 가정들이 모여 하나의 커다란 공동체를 이룬다.

주님의 교회 일구기

2 생명의 기운이 늘 넘치는 〔늘푸른교회〕

우리는 교회 명칭을 통해서 우리가 지향하는 교회의 성격이 분명히 드러나기를 기대했다. 지역 이름을 그대로 교회 이름으로 택하는 것이 무난하겠지만, 다가올 시대에는 거주지를 중심으로 하는 교회보다는, 교회가 추구하는 신앙 고백과 영성 및 복음적 실천의 방식을 보고 그리스도인들이 '찾아서 모이는' 경향이 강하게 나타나리라는 생각에서, 일차적으로 교회 명칭을 통해 교회의 특성을 분명히 드러내고자 한 것이다. 그러나 그리스도인들이 교회의 이름에서 벌써 부담을 느끼고 선입견을 가져서는 안 될 것이라는 점 또한 고려해야 했다.

그래서 부담없고 정다우면서도 우리가 지향하는 신앙, 즉 언제나 처음 같은 푸르름이 살아 있으면서 생동감이 넘치는 푸른 신앙의 고백과 우리가 체득하고자 하는 영성, 즉 푸른 소나무처럼 생명이 충일하고 색이 바래지 않은 채 자신의 삶을 살아내는 생명의 기운을 잘 드러낼 수 있는 이름, '늘푸른'을 택하였다.

1. 명칭 배경 및 해설

1983년 〈타임〉지는 통례를 깨고 당 해의 인물로 컴퓨터를 선정한 바 있다. 인간이 아닌 기계가 인류 발전의 최고 공헌 매체로 인식되었다는 사실은 이제 우리 사회가 전대 미문의 과학 기술 시대로 진입하고 있음을 예고한 것이라 할 수 있다. 시속 수백 km의 자기 부상 열차와 세계를 한나절의 생활권으로 만드는 음속 비행기의 등장, 유전자 조작으로 가능하게 된 생명 공학의 발전과 유전병으로부터의 해방, 신소재 발견으로 인한 전자 기술의 혁신 등은 21세기 초엽쯤 우리 인류가 경험할 수 있는 현실이 될 것이다. 더욱이 오염된 지구 환경으로부터 벗어날 목적으로 제2의 생명권으로 불리는 인공 우주가 미래 주거의 차원에서 낙관적으로 실험되고 있다는 소식도 접하고 있다. 그러므로 다가온 21세기를 전망할 때 분명한 사실은 사회 변동의 가장 큰 동인은 가속화되는 과학 기술의 발전으로부터 나오게 될 것이며, 인류는 이러한 급격한 변화로 인해 미래 충격을 감당할 수밖에 없다는 것이다.

그러나 과연 이러한 미래의 충격이 낙관적으로만 경험될 수 있는 성질의 것인가? 자연의 오랜 진화 과정을 조작하여 인간 생활 양식을 뒤바꾸어 놓은 과학 기술 문명이 오히려 인류의 미래를 인간의 지혜로서는 풀 수 없는 비관적인 상황으로 이끌어 가지는 않을 것인가? 즉 인간의 통제로부터 벗어난 자율화된 기술 권력 내지 기술 자체의 이데올로기적 사용 등이 결국 인간에게는 번영과 더불어 결코 벗어날 수 없는 불안을 가져다 줄 수도 있다는 말이다.

물질적 삶의 진보를 최고의 덕목으로 생각하는 생활 양식들, 핵겨울의 위협, 기술 전쟁, 물질적 진보와의 평형을 잃어 버린 인간의 정신적·윤리적 미성숙 등. "19세기에 버스·철도·전차가 발달하기 이전에는 사람들이 서로 한 마디도 교환하지 않고 수십 분 아니 수 시간 동안이나 바라보지 않을 수 있는 일이라곤 없었다."고 게오르크 짐멜은 말하였다. 그러나 요즘은 비행기 같은 데서 자리를 함께 해도 열 시간 이상 말 한 마디 교환하지 않는 것이 예사이게 되었다.

21세기를 맞이하는 이러한 시점에서 교회 개척을 준비할 때, 우리가 무엇보다 먼저 고려해야 하는 것은 교회 역시 이러한 후기 산업 사회의 시대 징후들로부터 자유로울 수 없을 것이라는 점이다. 사회는 갈수록 정보화되고 기계

주님의 교회 일구기

화되어 갈 것이며, 그 속에서 사람들은 더욱 왜소하게 변할 것이고 단지 대중이라는 이름 하에서만 자신의 정체성을 찾을 수 있게 될 것이다. 도시는 놀라운 속도로 확장되어 갈 것이고, 땅은 콘크리트 아래 사라지게 될 것이다. 생태계의 위기—사실적 종말은 이미 시작되고 있다.

물질적 진보와 소비를 미덕으로 삼는 사회 속에서 교회는 어떤 모습으로 존재할 수 있을 것인가? 교회는 하나님의 자녀를 어디에서 발견할 수 있을 것인가? 오직 대중으로서만 정체성을 획득하는 시대 속에서 내적인 회심과 외적인 뒤따름의 삶을 살아가고자 하는 '한 생명'을 발견할 수 있을 것인가? 생태계의 위기 속에서 사실적 종말의 시대를 살아가는 이들에게 교회는 어떤 영성을 가르칠 수 있을까? 정보화 사회 속에서 인간의 존엄성은 어느 정도로 지켜질 수 있으며, 교회는 하나님의 형상을 가진 인간의 모습을 어떻게 보호할 수 있을 것인가?

하나님의 선교 역사에 책임적으로 참여하고자 하는 늘푸른 교회는 이러한 물음들이야말로 교회 앞에 놓인 선교적 과제라고 고백하며, 이러한 물음에 책임적으로 응답하기 위해 다음의 같은 청사진을 그려 보았다.

① '한 생명'의 통전성과 거룩함(wholeness and holiness)이 어우러지는 푸른 생명의 공동체(과학 기술 문명의 전일성 속에서 생명의 신선함과 신성함을 확보할 것!)

② 탁하고 차가운 세상 속에서 삶의 영·생명의 영을 불어넣는 푸른 영성의 공동체(오순절 영성과 해방의 영성을 통일시킬 수 있는 새 시대의 새로운 영성을 확보할 것!)

③ 세상을 향한 사도적 섬김의 부름에 응답하는 푸른 사도 공동체(푸르고 아름다운 창조 세계의 회복을 위한 사도적 섬김!)

2. 늘푸른교회 선교 헌장

● '늘푸른교회'는 다음과 같은 공동체를 지향한다.

첫째, 늘 처음처럼 싱싱한 푸른 영성을 수련하는 푸른 영성 공동체(늘푸른 영성 공동체는 푸른 영성을 통해 하나님의 세계를 경험하고 하나님의 사람으로 새롭게 성장하고자 합니다.)

둘째, 창조 세계와 어울어지는 생명 공동체(늘푸른 생명 공동체는 하나님의 창조 세계 회복을 위한 푸른 생명의 청지기로서의 제자직을 수행하고자 합니다.)

셋째, 평신도 중심의 공동체(늘푸른 공동체는 예수 그리스도만이 교회의 머리되시며, 모든 성도들은 교회의 지체됨을 고백합니다.)

넷째, 사랑·나눔·섬김의 코이노니아 공동체(늘푸른 코이노니아 공동체는 생활·문화·함께 하는 공간을 통하여 그리스도 안에서 사귀며 친교하는 살맛나는 삶, 아이·어른이 함께 하는 삶의 문화·생명의 문화를 만들어 갑니다.)

다섯째, 지역 사회와 연대하는 사도적 섬김의 공동체(늘푸른 사도 공동체는 하나님께서 선교의 주체임을 고백하며, 지역 사회의 선교를 위한 사도적 섬김의 부르심에 적극적으로 응답합니다.)

3. 늘푸른 영성 생활

21세기는 자본과 물질만능주의가 더욱 첨예하게 우리들 앞으로 다가올 것으로 보인다. 영성의 고갈은 사람의 참 기쁨을 사라지게 하고 생명의 위대함을 잊어 버리게 하며 사람을 자본과 물질의 노예로 전락시킬 것이다. 늘푸른 영성 생활은 하나님의 형상을 닮은 사람의 본성인 영성을 회복시켜 하나님의 자녀들이 하나님의 생명 기운을 되찾고 생명의 주이신 하나님의 동역자로서

주님의 교회 일구기

본래의 자리를 회복하는 생활 운동이다.

늘푸른교회는 21세기 한국 사회 내에서 파편화되고 익명화되어 버린 '한 생명'의 통전성과 거룩성을 회복하고 존재의 참된 깊이를 깨달을 수 있는 늘푸른 영성의 체득을 위해 오순절 영성과 해방의 영성이 통일되는 새로운 영성에 관심을 기울인다. 이를 위해 전통적으로 전해져 오는 그리스도교 고유의 영성 수련 방법뿐만 아니라 현대의 다양한 수도원 공동체의 영성을 창조적으로 수용하고자 한다.

(1) 늘푸른 영성의 정의

- 늘푸른 영성은 우리 속에 이루어지는 어떤 성품이라기보다는 하나님과 교제하는 삶의 과정이요, 성령께서 고쳐 나가는 과정이요, 예수 그리스도와 함께 자기 십자가를 지고 고난받는 형제들 속으로 나아가 그들의 삶에 참여하고 그들을 구원하시는 구원 사역에 함께 참여하는 것이다.
- 늘푸른 영성은 하나님의 현존을 체험하면서 마음과 몸을 피조물의 존재 양태로 지닌 인간이 이 세계의 고난과 투쟁 속에서 사람답게, 하나님의 형상을 지닌 피조물답게 살아가게 하는 것이다.
- 늘푸른 영성은 그리스도를 통해서, 그리스도 안에서 하나님의 형상을 형성해 가면서 끊임없이 구체적으로 그리스도 형상을 개체 생명과 공동체 생명 속에 형성해 가는 과정이며, 하나님과 이웃을 향해 열려 있는 영성이다.
- 늘푸른 영성은 한 인간의 삶과 공동체의 삶 속에 그리스도를 형성해 가는 것이다. 그것은 성령의 능력과 은혜의 빛 안에서 사는 삶이다.

(2) 늘푸른 영성의 수련

- 늘푸른 영성의 수련은 살아 계신 하나님의 아들 예수 그리스도의 정신을 따라 그분의 형상을 본받으려는 삶의 과정이다.
- 예수 그리스도 안에 나타난 하나님의 형상을 우리 속에 이루는 것은 우리

주님의 교회 일구기·가꾸기

가운데 임재하신 성령의 역사이다. 따라서 늘푸른 영성의 수련은 성령 하나님과의 인격적인 교제를 통해서 이루어지는 삶의 양식이다.

● 늘푸른 영성의 수련은 임재하신 하나님께 기도·묵상·찬양·예배 등의 응답을 통하여 계속적인 훈련을 쌓아 나가며 우리 속에 창조의 역사를 행하실 수 있도록 자신을 내어 놓는 연습이다.

● 늘푸른 영성의 수련은 예수 그리스도를 따라 병든 이, 귀신들린 이, 가난한 이, 눌린 이, 고통당하는 이를 위해 십자가를 질 수 있도록 우리를 고쳐 나가는 성령의 활동에 능동적으로 참여하는 의도적이고도 계획적인 수련 과정이다.

(3) 영성 수련의 영역

-침묵 수련	-금식 수련	-극기와 절제 수련
-고독 수련	-청빈 수련	-회개와 고백 수련
-기도 수련	-순종 수련	-예배 수련
-묵상 수련	-섬김 수련	-느낌 수련

(4) 영성 수련의 실제(침묵 수련과 기도 수련 사례)

① 침묵 수련

많은 소음 속에서 살아가고 있는 현대인들은 침묵을 두려워하는 것 같다. 사람들이 모이는 곳이면 그곳이 어디든지 끊임없이 이야기를 나누고 홀로 있을 때도 TV나 신문·잡지 등을 보며 시간을 보낸다. 그뿐 아니라 기도를 열심히 하는 사람들 가운데도 침묵의 필요성이나 가치를 충분히 인정하지 않는 사람들이 있다. 침묵의 필요성을 깨닫고 인정하는 사람들도 필요할 때 잠시 침묵을 지키는 것은 좋을지 몰라도 며칠씩 지속적으로 침묵을 지킨다는 것은 상당히 어렵고 별로 도움이 되지 않을 것이라고 말한다. 그러나 기도를 보다 잘하기 위해서는 침묵이 절대적으로 필요하다. 기도는 하나님과의 대화라는

주님의 교회 일구기

가장 상식적인 설명에서도 침묵의 필요성이 충분히 함축되어 있다. 하나님과 대화하기 위해서는 우리의 마음과 간구를 올리는 것뿐 아니라 하나님의 마음과 말씀을 들어야 한다. 세밀한 음성으로 말씀하시는 하나님의 말씀을 듣기 위해서는 무엇보다도 몸과 마음을 하나님께로 향하고 고요히 귀를 기울여야 한다. 이처럼 고요히 귀 기울이며 기다리는 것이 침묵이다.

● 침묵의 풍요로움 체험 – 말로부터의 자유 수련

• 목적 :

　이 수련은 침묵의 기초 단계로써 말을 하지 않고 고요히 머무는 연습을 하는 데 목적이 있다. 말을 안한다는 것은 그만큼 생각을 하는 것이고 자기 이외의 존재나 상황 등에 대해 관심을 덜 갖게 됨을 뜻한다. 그러므로 말을 중단하고 가만히 않아 있으면서 자기 내부에서 일어나는 소리와 자기 바깥에서 들려오는 소리에 주의를 기울이는 연습을 할 필요가 있다.

• 대상 : 영성 수련에 참가하는 모든 사람

• 인원 : 25-30명

• 소요 시간 : 1시간 정도

• 준비물 : 성서

• 장소 : 교회 예배실(반드시 대예배실일 필요는 없다)

• 기대되는 효과

　-침묵의 풍요로움을 깨닫는다.

　-자기 안팎의 소리를 들을 수 있다.

　-모든 사물의 말없는 말을 민감하게 들을 수 있다.

　-성령을 통해 들려 주시는 하나님의 말씀을 경청할 수 있다.

• 진행 :

　▷ 찬송가를 부른다

　▷ 각자 편안한 자세를 취한다.

▷어깨를 바르게 펴고 양손을 무릎 위에 살며시 놓는다. 이 때 손바닥은 하늘을 향하게 한다.

▷눈은 감을 수도 있고, 뜰 경우에는 특별한 초점을 맞추지 않는 것이 좋다.

▷호흡을 가다듬고 차츰 고요 속에 들어간다.(약 10분 동안)

▷말을 하지 않고 가만히 있을 때 자기의 내부에서 일어나는 소음들에 대해 주의를 기울인다.

▷말없이 앉아 있을 때의 어색함에 주의를 기울인다.

▷10분이 지나면 진행자는 작은 종 등을 이용해서 정해진 10분이 흘러 갔음을 알려 준다.

▷인도자는 교인들이 침묵하는 동안의 느낌을 정리해 보게 한다.

▷이와 같은 방법을 시간과 형편에 따라 반복한다.

▷반복한 후 진행자는 체험의 의의를 설명한다.

▷찬송가를 함께 부른 후 인도자의 기도로 마친다.

● 침묵의 풍요로움 체험 – 일상 속에서 침묵

· 목적 :

인도자의 도움을 받아 일정한 시간과 장소를 정해 침묵 수련을 하는 것은 꼭 필요하고 좋은 방법이긴 하지만, 늘 누군가의 인도를 받으며 수련할 수는 없다. 그러므로 어느 정도 침묵 수련의 기초를 닦은 사람은 스스로 자기 삶의 현장에서 홀로 침묵 수련을 쌓아 가야 한다. 이 수련은 개인 침묵 수련을 목적으로 한다.

· 대상 : 영성 생활을 하는 모든 사람

· 인원 : 개인별

· 소요 시간 : 각자 사정에 따라

· 준비물 : 성서

• 장소 : 각자가 생활하는 곳
• 기대되는 효과 :
  - 일상 생활 속에서 하나님을 향해 시시 때때로 초점을 맞추는 습관을 들인다.
  - 진정한 침묵에 장애가 되는 요인들을 제거하는 힘을 기른다.
  - 일상 생활 속에서 하나님과의 깊은 대화에 잠길 수 있다.
  - 묵상이나 기도를 깊이 할 수 있게 한다.
• 진행 :
  - 자기 자신을 조용히 돌아보며 하나님을 향해 마음을 모으는 데 가장 방해가 되는 것들을 확인해 본다.
  - 삶의 자리에서 침묵의 시간을 마련하고 자연이나 삶의 정황들, 성서나 사건들을 통해 들려 주시는 하나님의 말씀을 들으려 노력한다.
  - 이와 같은 노력을 반복한다. 이런 침묵은 단순한 일을 계속하면서도 지킬 수 있으며 하나님의 현존에 깊이 잠길 수 있다.

② 기도 수련

기도 수련은 영성 수련의 가장 핵심적인 수련이라고 볼 수 있다. 기도 없이는 영성 생활을 해나갈 수 없기 때문이다. 그러므로 그리스도 안에서 살아가게 된 모든 사람들은 확고한 믿음 속에서 끊임없이 기도함으로 하나님께 더욱 가까이 나아가며 그분의 현존 안에서 은혜로운 삶을 살아가야 할 것이다.

● 음성 기도 수련 – 성서 말씀을 통한 수련

• 목적 :
  외적 침묵에 잠긴 상태에서 성서 말씀을 통해 기도함으로 하나님의 현존을 느끼며 사랑과 감사에 넘치는 마음으로 그분 안에 머문다.
• 성서 본문 : 상황에 맞게 선택한다.
• 대상 : 영성 수련을 하는 모든 사람

- 인원 : 15-30명
- 소요 시간 : 40-50분
- 준비물 : 성서, 찬송가
- 장소 : 예배실이나 기도실
- 기대되는 효과 :
  - 성서 말씀을 읽고 느껴지는 감사나 사랑을 표현할 수 있다.
  - 성서에 자기 이름을 넣어서 읽음으로 그 말씀을 하나님께 기도하는 이에게 직접 주시는 개별적인 말씀으로 느낄 수 있다.
  - 보다 잘 기도하려는 긴장에서 벗어나 단순한 마음으로 기도할 수 있다.
  - 서로를 위하여 기도해 주는 친구가 있음을 감사하게 된다.
- 진행 :
  ▷ 조용히 앉아 몸과 마음의 긴장을 풀고 외적·내적 침묵에 잠긴다.
  ▷ 찬송가를 선택하여 부른 후 성령께 도움을 구하는 기도를 드린다.
  ▷ 참가자들이 성서 내용의 인칭 대명사 또는 고유 명사에 자기 이름을 넣으면서 성서를 옮겨 적는다.
  ▷ 성서를 다 적고 나면, 두 사람씩 기도를 드린 후 서로에게 읽어 준다.
  ▷ 성서 읽어 주기를 마친 후 손을 잡고 서로를 위해서 기도해 준다. 기도하기 전에 구체적인 기도 제목을 서로 이야기하면 더욱 실제적인 기도를 드릴 수 있다.
  ▷ 읽기를 마친 후, 성서 본문을 넣어 기도한 다음에 기도문을 글로 쓴다.
  ▷ 찬송가를 부른 후 기도를 마친다.

4. 신앙 양육 프로그램 – 늘 푸르게 자라는 사람들

현대 교회의 주된 관심은 '어떻게 교인들을 모으고 또 그렇게 모인 교인들을 어떻게 유지할 수 있을까?'라는 문제이다. 이 난제를 풀기 위해 대부분의 교회는 예배 시간을 조정하고 예배 자체의 분위기도 바꾸어 보곤 한다. 현대인들의 정서에 맞게끔 교회의 제의도 변화되어 가고 있는 것이다. 그런데 교회가 맞추어 가고 있는 '현대'라는 시대 자체는 더욱 빠른 속도로 변화하고 있다. 사회는 엄청난 소용돌이와 급류 속에 자신의 현주소도 모른 채 휩쓸려 가고 있다. 교회는 어쩌면 달리는 호랑이 등에 타고 있는 포수 신세와 비슷하다. 과연 교회는 급변하는 시대 속에서 어떻게 자신을 변화시킬 것인가?

늘푸른교회는 이렇게 변화하는 시대 속에서 교회가 단지 '변화'만을 추종해서는 안 된다고 고백한다. 새로운 시대가 교회에 요구하는 복음의 변증에 대해 책임적으로 응답하는 일은 교회의 시대적 사명이지만, 변화의 시대 속에서도 결코 변해서는 안 될 것이 여전히 그리스도인들에게는 주어져 있는 것이다.

늘푸른교회는 교회의 일차적인 사명은 예수 그리스도에게서 주어진다고 본다. 예수는 모든 사람이 빛과 소금이 되는 삶을 살기를 원하셨고, 또한 세상 속에 나가서 적극적으로 당신의 제자가 되길 원하셨다.

늘푸른교회는 자신의 삶의 변화는 물론이고, 세상 속에 나아가서도 생명과 평화의 주이신 예수 그리스도의 제자로 살아갈 수 있도록 성서의 말씀을 가르치고자 한다.

늘푸른교회의 신앙 양육 프로그램은 말씀과 삶이 분리되지 않고, 세상 속에서 그리스도의 제자로서 늘 푸르게 살아갈 수 있는 예수 그리스도의 제자를 양육하는 것에로 정향되어 있다.

(1) 새신자의 신앙 양육

▷새신자와의 첫만남 — 전체 교인이 환영하고 따뜻하게 맞이함으로 시작한다.

▷초신자 양육의 원리와 실제

㉮ 초신자 양육 과정(Ⅰ)

초신자가 양육 없이 스스로 성숙한 그리스도인이 되길 기대하는 것은 어린

아이를 낳기만 하고 스스로 성장하기를 바라는 것과 같다. 초신자가 그리스도
인으로 성장할 수 있기 위해서는 신앙 생활 초기에 신앙 생활에 필요한 것들
을 체득할 수 있는 과정이 필요하다. 늘푸른교회는 초신자들이 늘푸른 공동체
에서 푸르게 자라날 수 있도록 초신자 양육 과정을 도입하고자 한다.

 ▷ 늘푸른교회의 신앙 고백과 선교 헌장 및 기초 공동체에 대한 소개(1주,
 목회자·장로, 기초공동체 대표에 의한 소개 후 교인 가정으로의 초대
 -가톨릭의 대부 또는 대모 제도 참고)
 ▷ 늘푸른교회가 고백하는 하나님·예수 그리스도·성령·교회에 대한 교
 육(2-3주)
 ▷ 늘푸른교회 정기 집회 안내(4주)
 ▷ 기초 공동체 워크숍 및 가입

㉯ 초신자 양육 과정(Ⅱ)

 ▷ 공동 초신자 육성——늘푸른교회 교육부와 기초 공동체에서 이루어지는
 과정으로, 교육부에서는 초신자들을 위한 성경 공부반을 운영하여 초신
 자들이 성서를 통하여 그리스도교의 구원 사건을 배울 수 있도록 가르치
 고, 기초 공동체에서는 각 소모임별로 연령별·주제별 교육을 실시한다.
 ▷ 개인적 성경 공부——초신자 자신이 성경을 공부하는 활동을 말한다. 책
 을 읽고 개인적으로 성경을 연구하며, 통신 과정 등을 소개해 공부할 수
 있게 한다.
 ▷ 개인적 초신자 육성——개인적 초신자 육성이란 성숙한 신자가 새로운
 그리스도인의 육성과 성장을 돕도록 하고, 그 새로운 그리스도인과 일
 대 일의 관계를 맺고 그 양육 목적에 따라 활동한다.
 ▷ 초신자들의 교회 출석·교회 활동 참여·쇼핑·운동 경기 관람·봉사
 활동 참여·캠핑·소풍·공휴일·휴가·짧은 여행 등에 시간과 여력
 을 투자한다. 가끔 초신자는 비공식적인 자리에서 가장 개방적이고 솔직
 한 자세를 갖게 된다. 따라서 초신자와의 비공식적인 친교의 자리를 만

주님의 교회 일구기

들 수 있도록 배려할 필요가 있다.

▷ 초신자가 계속 훈련받을 수 있는 프로그램을 개발해야 한다. 이러한 프로그램에 대해 교육부에서 지속적으로 관심을 기울이며, 기초 공동체에서는 초신자의 관심 여하에 따라 주제별 프로그램을 마련한다.

▷ 성서와 삶을 통전시키는 프로그램을 통해 초신자가 삶과 말씀을 분리해서 사고하지 않도록 교육한다.

▶ 교과 과정

그리스도인	하나님 · 예수 그리스도 · 성령	교회 · 예배 · 사귐 · 세계
▷ 그리스도인이란?	▷ 하나님	▷ 교회
▷ 구원	▷ 예수 그리스도	▷ 예배와 성례전
-예수 그리스도의 제자직	▷ 성령	▷ 코이노니아-사귐
▷ 신앙 성장의 길		▷ 세계
-사도적 섬김		

(2) 기성 교인의 신앙 양육

▷ 교사 대학──교육부에서 정기적으로 실시

▷ 기초 공동체 소그룹별 예배 교육

▷ 기초 공동체 평신도 지도자 양육

▷ 교회 학교 신앙 양육──교회 학교 학부모회를 통한 가정 신앙 교육

▷ 청년회 성서 대학

▷ 성가대 찬양 교육

▷ 수요 성경 공부

▷ 노인을 위한 신앙 양육

5. 지역 사회 선교

(1) 늘푸른 사람들(우리의 선언)

세상 속으로 흩어지는 교회로서 늘푸른교회는 지역 사회의 선한 세력들과 연대하면서 사회를 통한 하나님 나라 선교에 참여하고자 합니다. 늘푸른교회 지역 사회 선교 모임 '늘푸른 사람들'은 앞으로 다가올 새로운 천년대를 맞이하면서, 그리고 이미 새로운 세기의 시대적 징후가 여기저기서 나타나는 세기말을 살아가면서, 오늘과 다가올 시대의 그리스도교 해방 영성을 몸으로 살아가려는 늘푸른 신앙 공동체의 지역 사회 선교 모임입니다.

▷ '늘푸른 사람들'은 늘푸른 지역 만들기를 위하여 환경 운동을 하는 지역 사회의 다른 조직들과 연대합니다.

▷ '늘푸른 사람들'은 지역 사회에서 충분한 의료 혜택을 받지 못하는 가난한 노인들을 위하여 무료 투약 및 무료 진료를 실시합니다.(지역 약사회 및 건강 사회를 위한 의사회)

▷ '늘푸른 사람들'은 물질적 진보에 반비례하는 영혼의 황폐화에 맞서서 청소년을 위한 지역 상담 선교를 실시합니다.

▷ '늘푸른 사람들'은 지역 선교 영역을 확대하여, 교회와 지역의 수준에 맞추어 조국의 통일과 통일 이후의 선교를 준비하는 프로그램을 실시합니다.(북한 동포 돕기 기금 마련을 위한 바자회, 수련회를 통한 통일맞이 교육 활동 등)

(2) 늘푸른 사람들 – 지역 사회 선교 실례(환경 선교를 중심으로)

21세기 선교적 과제의 중심은 창조 질서의 보존이다. 따라서, 늘푸른교회는 환경 문제를 지역 선교의 중요한 선교적 과제로 인식하고, 체계적인 환경 교육과 지역의 환경 운동을 위한 환경 선교 센터의 역할을 하고자 환경 선교 위원회를 조직한다. 목회자나 평신도들의 개별적 관심의 차원을 넘어, 이러한

주님의 교회 일구기

관심을 하나로 모으고, 환경 실천을 신앙적 차원으로 성숙시키기 위해서는 지속적이고 효율적인 교회의 노력을 환경 선교 위원회를 중심으로 전개할 필요가 있다. 본 위원회를 통한 중심 활동은,

㉮ 지역 환경 선교 센터를 운영한다.(상설적)
늘푸른교회는 지역의 환경 선교를 위해서 공간을 할애하며, 실무자와 자원봉사자를 배치하고, 일반 시민 단체나 타종교 등과 연대하는 네트워크 형태의 활동에 적극적으로 참여한다.
▷ 환경 정보, 자료 수집
▷ 교육 및 훈련 프로그램의 제작
▷ 지역 환경 감시단을 운영
▷ 무공해 농산물 직거래를 통한 농촌 연대 활동
▷ 지역적, 전국적 연대 활동

㉯ 늘푸른 환경 교실을 정기적으로 개설한다.
교인들과 지역 주민을 대상으로 하는 교육 프로그램을 최대한 활용하는 것이다.
▷ 지역 환경 문제의 현황과 과제
▷ 환경 운동, 어떻게 할 것인가?
▷ 함께 떠나는 환경 기행
▷ 환경 물품 만들기(무공해 비누 등)
▷ 영화, 비디오, 사진전 개최
▷ 늘푸른 자연을 되살리기 위한 체험 나누기

6. 늘푸른교회 집회 안내

● 주일 오전 예배
-전 교인 연합 예배로 드린다.(교회학교 어린이들에 대한 배려가 필요)

-월 1회 전 교인이 참여하는 성만찬 예배를 드리고 애찬을 나눈다.(그 외 주일은 예배 후 애찬을 나누고, 성만찬은 자유스럽게 참여한다 ─ 따라서 매 주일 성만찬 예배!)

-예배 시간은 너무 길지 않게 구성하고, 전 교인이 참여하는 찬양 및 친교 시간을 길게 한다.(월 1회 성만찬 예배시에는 10:30-11 : 40, 그 외 주일 예배시에는 10 : 30-11:20)

● 교육부 승인

-애찬 후 교회 학교와 중·고등부, 청년회 모임을 실시한다.

-예배를 별도로 드리지는 않고, 성경 공부를 그룹토의 식으로 삶과 연결하여 실시한다.

-성경 공부 후에는 자유롭게 친교할 수 있도록 한다.

● 주일 오후 예배는 드리지 않는다.

● 수요 집회

성경 공부를 체계적으로 시행한다. 일반적인 강의식을 지양하고, 주제 안내를 전체적으로 하고 그룹별 토의, 질의 응답, 전체적인 정리로 끝맺는다. 수요 집회시에도 시작과 끝에는 찬양과 친교 프로그램을 준비한다.

● 금요 기도회 ─ 오순절 영성과 해방의 영성을 통합할 수 있는 늘푸른 영성 프로그램을 통해 교인들의 영적 성숙을 돕는다.

● 새벽 기도회 ─ 시간을 정하여 기도회를 갖되, 일정한 형식 없이 자유스럽게 기도한다.

● 기초 공동체 ─ 소모임 구성원들의 협의하에 모임 시기를 정한다.

7. 늘푸른교회 재정 원칙

● 모든 재정은 완전한 공개와 정기적인 보고, 사후 승인 그리고 철저한 감사를 원칙으로 하여 확보, 집행한다.

주님의 교회 일구기

- 헌금의 생활화를 교육하되 강요되거나 율법적이지 않도록 한다.
- 나눔과 섬김, 자기 부정 훈련의 한 과정으로서 십일조 등의 헌금 생활에 대해 교육한다.
- 자신의 정당한 노동에 의하지 않은 물질(유산 상속, 부동산 가치 상승 등)은 교회 공동체를 통해 사회에 환원하는 신앙적 훈련과 결단을 이끌어 낸다.
- 절기 헌금(맥추감사, 추수감사, 성탄절)은 지역 사회 선교를 위해 사용한다.

8. 늘푸른교회 조직

- 교회 조직 구성 원칙
  - 평신도 중심성의 강화
  - 기존의 지역별 구역 조직보다는 선교적 관심, 개인적 관심 등 동질성을 바탕으로 한 기초 공동체의 건설
- ▷ 공동 의회
  - 늘푸른교회 교인 명부에 등록된 세례 교인들로 구성
  - 매년 초 년 1회 모이며, 필요에 따라 대표자 회의에서 소집할 수 있다.
- ▷ 대표자 회의
  - 당회원, 각 기초 공동체 대표, 제직회 산하 각 부장들로 구성
  - 매월 1회 모이며, 교회의 중요 사안들을 협의한다.
- ▷ 당회
  - 목사, 장로로 구성
  - 교회를 실질적으로 책임진다.
- ▷ 제직회
  - 제직회라 함은 교회 제반 행정적인 작업을 수행하는 기관을 말한다.
  - 월 1회 정기 모임을 가지며, 당회장의 지도를 받는다.

주님의 교회 일구기·가꾸기

재정부 : 교회의 재정과 관련된 사항 총괄

예배부 : 예배의 순서, 강사 초청, 교회 장식 등의 사무

봉사부 : 교회 내 봉사, 체육대회 관할

선교부 : 지역 사회 봉사, 전도 등의 사무

교육부 : 교사 교육, 기초 공동체의 교육, 새신자 교육 등의 사무

문서부 : 교회 신문 발간, 기타 문서 선교 활동

사무부 : 교회 관리, 사무 행정 등의 활동

▷ 기초 공동체(교육·선교·친교를 중심으로 하는 모임)

교회학교 – 전도사, 목사가 교육 담당, 자치회 활성화

청년부 – 대학생, 청년층 중심의 자치 활동 활성화

성가대 – 예배 응답송, 찬양, 특별예식 찬양

소모임 – 특성별, 취향별 소모임 활동

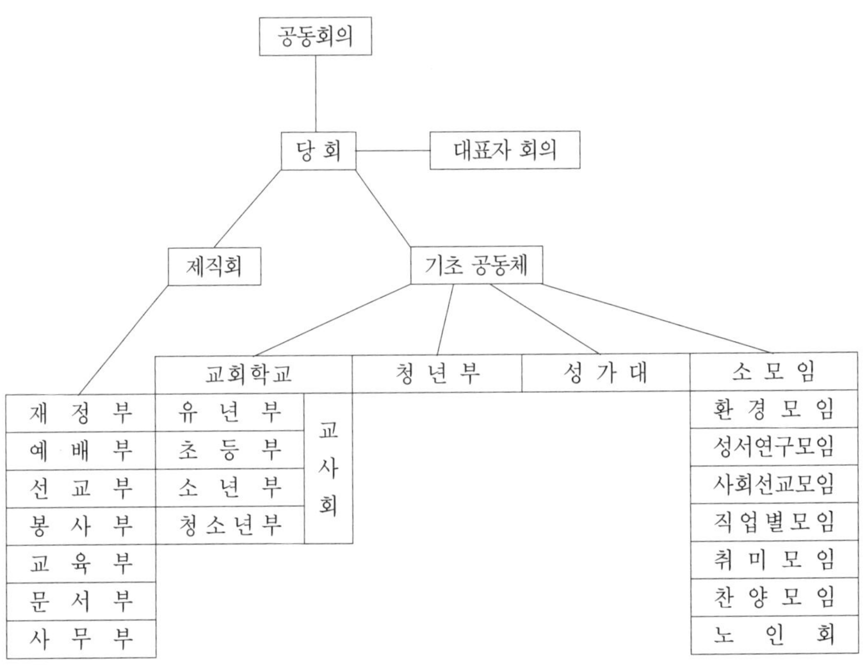

9. 평신도 지도력 개발과 교역 공동체 형성

(1) 청년부 사역의 활성화

청년은 새벽 이슬처럼 순수하고 싱싱하다. 그들에겐 신앙과 이념을 향한 순수한 갈망이 있고, 이를 실천하기에 부족함이 없는 정열이 있다. 그들에게 올바른 꿈이 주어진다면, 그들은 자신의 몸을 던지는 것을 두려워하지 않을 것이다. 청년기는 자신의 날개짓으로 하늘을 오르려 요동치는 시기이다. 입시 위주의 교육에서 벗어나 처음으로 자기 주체적으로, 자신의 의미와 어떻게 살아야 하는가를 고민하는 때이다. 일반 교회에선 청년의 이런 가치와 특성에 대한 이해가 결여되어 있는 것 같다. 교회에서 청년부는 독자적인 자기의 위상을 갖지 못하고 친목 단체화하거나, 대부분의 구성원들이 교회 학교 교사, 성가대 등의 교회 봉사에만 치중하여 신앙 안에서 자기 비전을 갖는 일과 훈련이 등한시된다.

우리 늘푸른교회는 평신도 지도력 개발의 첫 출발은 청년 사역에서부터 시작된다고 생각하기에 청년부 사역을 교회의 주된 사역의 하나로 설정한다.

▷ 청년부는 무엇보다도 자체 내의 교제와 훈련을 주 목적으로 한다. 이를 위해서 청년부에 소속된 처음 2-3년 동안은 교회 봉사를 맡기지 않는다.

▷ 청년부는 활발한 활동을 위하여 자체 내 조직을 갖추며, 그 활동의 독립성은 최대한 보장한다.

▷ 청년부는 교육과 훈련에 있어서 자립 구조를 갖도록 한다 ; 대학 1학년(조원 활동) 2·3학년(중간 리더, 집행부 활동), 4학년(조장 활동)

▷ 교육과 양육 체계는 청년 선교 단체 활동을 참조한다.

▷ 청년부원 모두가 자기 전공에 따른 신앙적 비전, 성경 지식, 신앙적 가치관, 리더십 등을 함양하고 청년부를 졸업할 수 있도록 만든다.

(2) 기초 공동체 평신도 지도자 양육

늘푸른교회는 교회 헌장에서 평신도 중심의 공동체를 지향한다고 밝히고 있다. 평신도 중심의 공동체라는 것은 목회자 혼자서 모든 일을 떠맡아 하거나 독단적으로 결정하는 것이 아니라, 모두가 주인이 되어 자신의 주어진 은사를 따라 교회를 섬기는 것을 말한다. 평신도 지도자를 육성하기 위해 늘푸른교회는 다음과 같은 점에 힘쓴다.

> ▷ 다양한 소모임을 개발하고 그 소모임의 활동을 보장함으로써 리더가 실질적인 역할을 담당할 수 있도록 한다.
> ▷ 교회학교의 경우 교장을 당회장이 으레 맡는 것으로 되어 있으나, 교회학교의 전문화를 위해 이를 지양하고 성도 중에서 청소년에 대한 전문적인 능력을 갖춘 사람이 맡도록 한다.
> ▷ 평신도 지도자 양육을 위해서 다음과 같은 제자 훈련반을 운영한다. 기초 공동체의 리더는 다음 세 과정을 이수해야 한다.
> - 성경 훈련 : 창세기반, 역사서반, 예언서반, 복음서반, 서신서반
>   성경 훈련반은 기존의 성구·교리 위주의 성경 이해를 지양하고, 전체 문맥과 당시 시대 상황을 이해하는 방식으로 공부한다. 각 반은 교인들의 필요에 따라 개설하며, 두 강좌 이상 이수해야 한다.
> - 그리스도교 세계관 훈련 : 신앙과 직업, 신앙과 과학, 창조관, 현대 윤리의 문제, 세속 문화에 대한 이해 등
> - 리더십 훈련 : 소그룹 인도법, 목회 상담법, 심방의 실제 등
> ＊위의 훈련 과정에서 초기에는 목회자가 교육을 담당하나, 이후에는 그 훈련 과정을 이수하거나 여기에 은사가 있는 사람이 할 수 있도록 유도한다.

(3) 교역 공동체의 형성

> ▷ 각 기초 공동체의 활동을 지원하고 상호간의 이해를 도모하기 위해, 월

주님의 교회 일구기

1회 대표자 회의를 정기적으로 갖는다. 이 모임에서는 그 동안 자신들의 활동을 보고하고 조언을 듣는다.

▷ 대표자 회의는 평신도들이 교회에 대한 건의 사항이나 창조적 제안을 할 수 있는 자리이다. 여기에서 결정되거나 제안된 안건은 당회에서 최대한 수용하여 집행하도록 한다.

▷ 기존 교회에서처럼 구역장 모임이나 교육을 정기적으로 갖는 것은 아니므로, 소모임 대표들에 대한 신뢰성이 요구된다. 신뢰성과는 별도로 당회는 부지런히 각 모임을 점검할 필요가 있다. 목회자와 당회는 각 기초 공동체와 수시로 연락을 갖거나 참여하여 교회의 전반적인 방향과 일치하도록 유도하고 격려하며, 필요에 따라 당회에 참석하도록 하여 보고를 받거나 지원할 수 있도록 한다.

▷ 목회자는 관리적 측면 외에 자신이 받은 교육의 은사를 활용하여 각 기초 공동체의 요구에 따라 교육 과정을 지도할 수 있다.

10. 교회 성장과 전도

늘푸른교회는 교회학교를 포함하여 전 교인수 400명을 적정선으로 한다. 그 이하인 경우에는 열심히 전도하여 그 수를 채우도록 노력할 것이며, 그 이상으로 넘칠 때에는 분가하여 새 교회를 또 하나 만들도록 할 것이다.

▷ 전도는 무차별적인 door-to-door 식보다는 늘푸른교회의 특성을 이용한 hand-in-hand 전도 방법을 개발한다. 늘푸른교회의 주력인 기초 공동체를 적극 활용한다. 직업별 모임은 동일 직업이라는 점을 매개로 비크리스천에게 거부감 없이 쉽게 접근할 수 있다. 처음부터 교회 예배에 끌어들이기보다는 기초 공동체의 활동에 참여하여 친목을 쌓은 후에 자연스럽게 교회에 나올 수 있도록 직장에서 신우회를 조직하여 예배나 성경 공부를 하는 것도 적극 권장할 만하다. 노인 모임 같은 경우에는 노인 문제를 매개로 다른 노인들에게 쉽게 접근할 수 있으며, 환경 모임이나

사회 선교 모임 같은 경우에는 일반 사회 단체와 연대 활동을 하면서 신앙에 대한 편견을 수정하고 전도할 수 있다.

▷ 전도보다도 더 심각한 것은 교회에 방문하는 사람들에 대한 관리라고 생각된다. 교회에 이런저런 이유로 처음 출석한 사람만 제대로 잡아도 교회 성장은 문제가 없을 것이다. 늘푸른교회는 교회의 특성상 많은 사람들이 호기심을 가지고 한번쯤은 다녀가고픈 교회이다. 따라서 이들을 관리하는 데 무엇보다도 큰 노력을 기울여야 한다고 생각한다. 선교부는 새신자의 관리에 집중하도록 하고, 새신자는 가급적 빠른 시기에 기존 교인들과 일 대 일로 결연을 맺도록 하여 양육토록 한다.

▷ 교회에 잘 참석하지 않는 성도나 새신자들에겐 이슬비 전도 편지를 쓰도록 한다.

▷ 교회 신문을 지역 사회에 배포함으로써 늘푸른교회를 널리 홍보한다. 교회 신문은 기존의 교회 신문처럼 설교나 간증만이 아닌 지역 주민들이 관심을 끌 수 있는 지역 현안에 대한 늘푸른교회의 견해 등 다양한 것들을 게재한다.

▷ 지역 사회에 봉사할 수 있는 프로그램을 개발하여 교회 이미지를 좋게 한다. 지역 사회 봉사는 말 그대로 '지역 주민을 위한 봉사'라는 차원도 중요하지만, 우리는 교회이기 때문에 선교라는 측면을 간과할 수 없다. 따라서 지역 사회 봉사는 항상 선교를 염두에 두고 전개한다.

▷ 이렇게 전도된 새신자들은 늘푸른교회의 다양한 신앙 양육 프로그램을 통해 올바른 신앙관과 가치관과 역사관을 배울 수 있도록 하고, 늘푸른 사람들 선교 모임 및 각 소모임에서 지역을 섬기는 그리스도의 제자가 되게 한다.

③ 새 하늘과 새 땅을 일구어 가는 〔새누리교회〕

21세기를 바라보는 이 시대에 현대인은 인간의 본성을 잃어 버린 채 참된 자기로부터 소외되어 있다. 공동체를 상실한 채 이웃으로부터 고립되어 있다. 우리의 생존의 모태인 자연으로부터 단절되어 파멸로 치닫고 있다. 더 힘들고 더 파괴적이며 위험한 세계에 치유 불가능한 문명과 정신 분열이 사회 전반에 가득하며, 이런 세상을 통제하기 위하여 기득권자들은 기술 관료 체제에 의해 중앙 집권적 통제와 지배를 할 것이다. 그러기에 오늘 우리에게 생명에 대한 공동체적·생태적·우주적 각성이 새롭게, 절실하게 요청되고 있다. 생명을 향한 새로운 각성만이 인류를 새로운 세계로 안내할 것이다.

1. 교회 명칭과 배경 설명

우리가 바라는 새 하늘은 자유와 여유로움이 맘껏 숨쉬는 그리고 막힌 담이 뻥 뚫리는 그러한 공간이다. 땅은 생명을 잉태한 우리네 젖가슴이자 어머니 대지이다. 우리는 땅을 떠나서는 살 수가 없다. 우리가 바라는 새 땅은 생명이 약동하며 살아 숨쉬는 곳이다. 땅을 기반으로 살아가고 있는 민초들의 생명의 숨결이 담겨 있는 젖과 꿀이 흐르는 땅이다. 생명 사랑의 공동체는 오늘 우리의 절실한 과제이다. 우리 공동체 안에서부터 생명 사랑의 작은 운동을

시작하고 다양성 속에서 일치를 추구함으로 생명 사랑·이웃 사랑·겨레 사
랑으로 나아가야 한다. 내 생명이 소중하듯 다른 사람의 생명도 소중하며, 우
리를 둘러싸고 있는 모든 생명세계가 다 소중한 것이다. 존재하는 모든 것들
은 다 하나로 연결되어 있다. 새누리교회는 이 시대에 꼭 필요한 교회가 되고
자 한다. 그리스도의 복음으로 튼튼히 무장하고 지역 사회에 깊게 뿌리를 내
리고 지역 주민들과 굳게 연대하여 우리가 바라는 소중한 나라, 하나님 나라
를 이 땅에 실현하는 데 앞장서고자 한다. 새누리라는 말은 새 하늘과 새 땅
을 말한다. 새 하늘과 새 땅, 하나님 나라, 평화롭고 아름다운 나라, 모든 사
람과 생명체가 온전히 하나로 연결되어 생명 사랑의 기운이 온 세상을 뒤덮는
나라, 환경을 파괴하거나 서로를 미워하고 시기하고 갈등과 다툼을 하지 않는
나라, 가난하고 억눌리는 사람들이 없는 나라, 그러한 사랑과 평화의 공동체
를 우리는 만들어가고자 한다.

2. 새누리교회 선교 헌장

(1) 믿음을 함께 고백하는 공동체

- 우리는 세상을 창조하시고 이 세계를 나날이 새롭게 하기 위해 역사 속에
  서 불의한 세상을 사랑으로 심판하실 하나님을 믿는다.
- 우리는 참 인간으로 이 땅에 오시어 소외된 민중들의 이웃이 되어 억눌린
  이를 해방시키기 위하여 죄악의 세상과 싸우시다 십자가에서 돌아가시고
  부활하사 우리와 함께 하나님 나라 운동을 전개하시는 하나님의 아들 예수
  그리스도를 우리의 구주요 신앙의 푯대로 믿는다.
- 우리는 오늘의 역사 속에서 새로운 세계를 향한 화해와 평화의 일꾼으로
  열심히 살아가는 작은 예수들에게 하나님의 나라가 오기까지 우리를 참 인
  간, 참 자유인으로 살게 하시는 하나님의 해방하시는 성령을 믿는다.
- 말씀과 기도, 영성 훈련을 통하여 우리의 삶 속에서 살아 숨쉬는 신앙을

고백한다.

- 새누리교회는 고정된 채 멈추어 버린 교회가 아니라 날마다 새롭게 변화하는 교회가 되고자 한다.

(2) 함께 가르치고 배우는 공동체

- 지역 주민을 그리고 교인을 신뢰하고 배운다.
- 성서 연구와 함께 삶의 현장 속에서 배우는 예수 공동체를 훈련한다.
- 생명을 소중히 여기는 생명 교육, 약자와 억눌린 이들의 인권을 소중하게 생각하고 돌보며 함께 어우러지는 공동체 교육을 지향한다.

(3) 함께 예배드리는 공동체

- 우리는 자유롭게 해방하시는 하나님의 영이 살아 숨쉬는 예배, 예수 그리스도 안에서 나누고 섬기고 친교하는 예배, 새로운 영에 취하게 하는 춤과 노래, 말씀, 그리고 기도로 우리의 삶을 변화시키며 해방을 맛보는 신명나는 예배를 드린다.

(4) 서로 나누고 섬기는 공동체

- 새누리 공동체를 구성하는 한 사람 한 사람이 주인으로 서는 민주적 의사결정 구조의 전통을 세워 간다.
- 모든 생명은 하나님 안에서 하나로 연결되어 있는 유기체임을 고백하며 생명을 사랑하는 모든 사람 및 자연과 친교하며 섬긴다.
- 어둡고, 약하고, 상처난 곳에 예민하게 귀기울이고 마음을 여는 성숙한 신앙으로 서로 나누고 섬긴다.
- 약자와 억눌린 이들의 해방을 위해 예언자적 사명으로 자신과 사회의 옳지 못함과 싸운다.

● 나눔을 방해하는 모든 소유욕을 멀리하며 나눔의 실현을 막는 모든 구조적
  · 제도적 장벽들에 맞서 싸우는 나눔의 삶을 산다.
● 이 세계를 지배하는 가부장과 봉건의 지배 구조를 비판하고 여자와 남자가
  온전한 평등을 누리는 세상을 향해 손잡고 나아간다.
● 민족의 고난에 동참하여 남북의 평화 통일을 기도하며 힘쓴다.

3. 새누리교회 선교 프로그램

＊기본적으로 모든 사업은 지역의 모든 사회 기관 · 복지 단체 · 교회와 연대
하여 네트워크를 형성하여 실행하도록 한다.
● 노인 복지 사업
 · 경로 대학
  매주 목요일(가능하면 매일) 3월-7월, 9월-12월 오전 9시-오후 5시
  까지 건강 상담, 초청 강연, 점심, 취미 활동(서예 · 장기 · 바둑 · 노
  래 · 탁구 · 요리) 등을 하며 노년을 아름답게 살도록 보장한다. 탁아
  소처럼 운영하는 방안도 고민할 필요가 있다.
 · 극빈 노인 결연 사업
  교회 주변에 거주하는 극빈 무의탁 노인을 본 교회 자원 봉사자들이 월
  4회 정기적으로 방문한다. 생활비를 보조함으로 용기를 주며, 대화와
  봉사를 통해 그리스도의 사랑을 함께 나눈다. 야쿠르트를 매일 넣어 줌
  으로 야쿠르트 아줌마를 통해 매일 노인의 삶을 살펴볼 수 있다.
● 탁아소(어린이선교원)
 맞벌이 부부를 위해 미취학 아동을 대상으로 종일반 프로그램을 실행한다.
● 생활 협동 조합
 농촌의 생산지 공동체와 연결하여 값싸고 질좋은 유기농 생산물을 지역 사
 회에 공급한다.
● 야학 · 공부방

아이들에게 공부할 자리를 주며, 공부하고 싶은 사람들에게 교육의 기회를 주고, 생명 중심의 문화와 가치관을 함께 공부한다.

● 청소년 문화 센터
　-청소년들이 밝고 건강하게 자라도록 다양한 교육의 문화를 제공하는 자리를 만든다.
　-입시 위주 교육에서 벗어나 아이들이 숨쉬는 공간으로 가꾼다.
　-초청 강연·음악회·연극·영화·노래 공연 등 다양한 행사를 기획·실행한다.
　-청소년 상담실·도서관도 함께 운영한다.

● 설립 계획안

① 지역 환경에 대한 정확한 이해

　청소년 문화 센터를 세울 지역에 대한 생활·문화의 이해를 정확하게 파악하고 교회 주변에 사는 청소년들의 가정 환경 및 주변 문화 환경 그리고 지역 주민들의 의식이 어떠한지를 구체적으로 실태 조사를 한다.

② 열린 마음과 자세

　한 순간에 세우는 것이 아니라 공부방이나 문화 교실·강연·음악회 등을 자주 열면서 몇 년 동안 지역 청소년들과 함께 뒹굴며 서로의 마음을 열고 대화를 하며 지역 주민과 함께 협조도 하고 준비를 해나간다. 청소년들을 이해하는 마음으로 필요에 따라 다양한 사업들을 개발하고 실시함으로 청소년 문화 센터 건립을 준비한다.

③ 문화 운동 전문가와 자원 교사 발굴·양육

　교회 내에서 그리고 교회 외에서 다양한 사업들을 통하여 문화 운동 전문가를 발굴하고 관계를 가지며 청소년들의 교육을 위해 투자할 자원 봉사자들을 수시로 모집하고 교육함으로 청소년 문화 센터를 준비해 나간다.

④ 준비 모임 구성

교회 내에서 청소년 교육에 관심있는 사람들과 문화 운동 전문가·자원 봉사·목회자 등이 결합하여 준비 모임을 꾸리고 공동의 협의와 계획·실천 아래 준비한다.

⑤ 새하늘 교육 협동 조합

청소년 문화 센터 건립 그리고 계속적인 교육과 투자, 지원을 위한 협동 조합을 구성한다. 열린 교육·대안 교육의 중요성을 절감하며 몸으로 물질로 봉사하고자 하는 성원들을 교회 안과 밖에서 끌어모아 한 구좌에 5만원 이상씩 투자함으로 협동 조합을 구성한다. 교회끼리 그리고 다른 사회 기관과의 연대를 적극 이용한다. 정부의 지원도 적극 끌어낸다.

⑥ 새하늘 청소년 문화 센터 조직

㉮ 책임자 : 담당 목회자 또는 교육 전문가—— 센터를 책임지고 운영한다.

㉯ 사무국장 : 센터의 살림살이를 맡는다. 다른 사회 기관과 연결을 책임진다.

㉰ 상근 교사 : ○명

㉱ 비상근 교사 : ○명

㉲ 자원교사 : 10-20명(대학생·직장인·문화 전문가 등)

교회 안에 또는 교회 밖에 50평 정도 규모로 공간을 마련한다. 다양한 공연과 교육을 할 수 있도록 공간을 최대한 살려서 활용한다. 어른들이나 기타 다른 사회 단체에도 개방하여 적당한 가격으로 사용할 수 있도록 한다.

⑦ 예산 책정

㉮ 임대 보증금 : 새하늘 교육 협동 조합＋은행 융자＋교회 지원

㉯ 한 달 예산 : 월세·은행 이자·공과금·식품비·실무자 생활비·공연비 등

4. 새누리교회 신앙 양육 프로그램

＊다양한 예배 형태와 내용을 개발하고 그리스도의 살아계심을 공동체의 예배 속에서 온전히 드러나도록 하는 살아 있는 예배를 드린다.

- 어린이부터 할머니, 할아버지까지 모든 교인이 참여하는 전 교인 예배를 특별 절기나 기념 주일, 명절 때 드린다.
- 찬양으로 시작하여 찬양으로 끝나는 찬양 예배를 드린다.
- 우리 민족의 역사와 문화에 들어맞는 그리고 우리 정서와 가락에 맞는 우리 예배·민속 예배를 다양하게 개발하여 명절이나 기념 주일에 드린다.
- 고난받는 이들과 함께 하는 현장 예배를 드린다.
- 설교할 때 또는 설교 후 연극으로 예배를 드린다.
- 모두 일어나 노래를 하고 춤을 추며 예배를 드린다.
- 기념 예배와 절기 예배를 다양하게 창조적으로 개발하여 드리도록 한다.
- 성례전을 자주 베풀고, 다양한 상징을 활용한다.

(2) 교육과 영성 훈련

- 생명을 사랑하는 하나님의 자녀로서 이 시대에 꼭 필요한 생명의 가치관·성서관·신앙관을 몸으로 삶으로 실천하는 살아 있는 신앙 교육을 한다.
- 다양한 성서 연구 모임을 운영한다.(수준별로, 취미별로, 나이별로)
- 새신자 양육반
  - 제대로 교안을 구성하여 다양한 방식으로 교육한다.
  - 새신자부의 새신자 양육 프로그램(바나바 사역)

① 바나바 사역의 중요성

㉠ 바나바를 통하여 교회에 들어온 새가족이 먼저 교회에 입교한 성도들과 교제를 갖는다.

주님의 교회 일구기·가꾸기

㉯ 바나바를 통해 교회가 성장한다.

㉰ 바나바의 헌신으로 하나님의 영광이 나타난다.

② 바나바가 되려면

㉮ 지원서와 서약서에 서명하는 자원자로 이루어진다.

㉯ 7주간의 교육을 충실하게 마친 사람으로 한다.

㉰ 정기 바나바 교육 이후에도 필요에 따라서 연수 교육을 받는다.

③ 성서의 바나바는 이런 일을 한다.(사도행전 9 : 26-28, 11 : 22-26)

㉮ 교회에 새로 들어온 사람을 만난다.

㉯ 교회에 새로 들어온 사람을 찾아간다.

㉰ 새 교우와 교제한다.

㉱ 새 교우의 형편을 잘 듣고 이해한다.

㉲ 교회 사람들에게 소개시켜 준다.

㉳ 화목의 일을 한다.

㉴ 새 교인으로 하여금 주님의 일을 하도록 격려한다.

㉵ 함께 일한다.

④ 바나바 사역이란?

㉮ 새누리교회의 바나바가 되어 새가족을 만나고 찾아간다.

㉯ 바나바와 새신자를 일 대 일로 짝지어 주는 것으로 시작한다.

㉰ 새가족과의 사역은 7주간이다.

㉱ 새가족과 일주일에 한번씩 만난다.

㉲ 주어진 교재로 같이 공부한다.

㉳ 매주일 예배 후에 교회 사람들을 세 명 이상 소개한다.

㉴ 맡겨진 새가족을 위해 날마다 기도한다.

㉵ 일주일의 바나바 사역은 새신자부로 보고한다.

㉶ 새가족에게 항상 사랑과 친절과 관심을 베푼다.

주님의 교회 일구기

㉖ 새신자가 건강하고 튼튼한 교인으로 성장하도록 항상 격려, 고무하고 같이 일하도록 한다.
● 영성 수련회와 명상 훈련을 자주 하고 영성 훈련하는 공동체를 방문하여 배우도록 한다.

(3) 나눔과 섬김

● 잘 놀고 잘 살아야 한다. 잘 놀아야 참으로 건강하다. 하나님이 부여한 생명으로 즐겁게 살 수 있는 다양한 생명의 놀이 문화를 개발하고 실천하도록 한다.
● 자원 봉사 모임을 다양하게 구성하여 사회를 섬기는 기회를 넓힌다.
● 구역 모임을 창조적으로 개발하여 살아 있는 구역 모임이 되도록 한다.
● 부부 모임을 적극 권장하여 살아 있는 부부들이, 가족들이 되게 한다.
　・결혼예비학교 : 결혼준비와 훈련에 시간을 투자한다.(매주 1회 강의)
　　-사랑과 선택, 데이트와 자아상, 결혼과 결혼 설계도, 결혼과 신혼, 모의 결혼식
　・부부 성장 학교(매주 1회 강의)
　　-이제, 새로워져야 합니다. 가정, 하나님이 세우셨습니다.
　　-애정과 존경, 가정을 세우는 기둥입니다. 자아상, 건강해야 합니다.
　　-대화, 입술의 30초가 가슴의 30년이 됩니다.
　　-부부 싸움, 잘하고 삽시다. 성(性), 성공하고 삽시다.
　　-자녀, 아무리 바빠도 부모 노릇은 해야죠. 돈, 애정의 척도입니다.
　　-예배, 축복의 통로입니다. 세상, 우리가 세워야 합니다.
● 기관별 모임이 살아 움직이도록 다양한 지원과 교육을 한다.
● 가족 모임 그리고 자녀와의 대화 프로그램을 운영한다.
　・고부 학교(매주 1회 강의)
　　-하나님, 우리가 남이 아닙니다.

-야, 너는 친정에서 뭘 배웠냐?

-너, 치마폭에 싸였구나. 잘한다 잘해.

-어머니 살아 생전 나는 못해요.

-당신이 어머니하고 살건지 나하고 살건지 결론을 내려요.

● 상담 프로그램을 적극 실행한다.(가족 · 성 · 청소년 · 건강 · 신앙 등)

 · 산모와 태아 학교

  -태어날 새생명과 산모를 위한 학교를!

  -태교 음악 · 요가 · 건강 상담 · 자연 분만 · 사랑으로 아기 키우는 법

 · 청소년 쉼터 운영 : 예수 가정 · 은행골교회를 모범으로 삼는다.

● 지역 사회와 함께 어우러지는 기회를 자주 만든다.(단오제 · 추수감사잔
치 · 한가위민속놀이 · 경로잔치 · 어린이잔치 등)

(4) 교회학교

● 어린이부 · 청소년부 · 청년부 · 장년부에 맞는 교육 프로그램을 다양하
게 창조적으로 개발, 시행한다.

● 수동적이고 나약한 인간이 아니라 하나님이 주신 생명과 재능을 적극적
으로, 창조적으로 살려 나가도록 교육한다.

● 청소년 문화 센터의 다양한 프로그램과 공간을 적극 활용한다. 문화 영
역 그리고 교육에 대한 투자는 절대 인색해서는 안 된다.

4 성령이 역사하시는 〔한얼교회〕

현대 속에 있는 행정 위주의 딱딱하고 메마른 교회가 아닌, 함께 탁구도 치고 성도간의 친교도 즐길 수 있는 축제적인 교회가 되었으면 한다. 우리 민족의 정서가 깃들여진 토착화되고 우리 사회와 하나가 되는 교회가 되었으면 한다. 공동체적이면서도 우리의 것을 바탕으로 하는 교회가 되었으면 한다. 생명력 있고 살아 있는 역동적인 교회가 되었으면 한다. 말씀과 성만찬의 비중이 같은 예배를 드리는 교회가 되었으면 한다. 지역 사회에서 자기 위치를 확보하고 그 지역 깊이 밀착된 교회가 되었으면 한다. 예수를 진정으로 깊이 닮아 가는 교회가 되었으면 한다. 진정한 형제 자매애를 느끼는 교회가 되었으면 한다.

1. 교회 이름에 대한 해설

한얼교회의 '한'은 '크다, 하늘, 하나님, 온 세상'이라는 뜻을 포함하며, '얼'이라는 말 속에는 우리 민족의 '민족혼, 겨레'라는 뜻이 포함되어 있다. 이 '얼'에는 본디 '영'이라는 뜻이 들어 있기 때문에, 우리는 그 말에 '성령'이라는 뜻을 덧붙이기로 했다. 그러므로 한얼이라는 말은 하나님과 성령님과 그리스도의 교회임을 나타내는 동시에, 우리 민족의 하나되는 민족혼을 이야기하는 토착화된 교회상을 담아냈다고 볼 수 있다.

한얼교회는 한얼을 통하여 새 백성으로 부름받았으며, 하나님의 뜻을 이 땅에 실현하신 그리스도를 머리로 하는 한 몸의 지체들을 표현한다. '한'은 하나님이고 '얼'은 영이기 때문에 그 이름 자체가 하나님의 영 곧 성령이며, 하나님께서는 이 성령을 통하여 역사하시기 때문에 한얼은 성령이 역사하는 교회라는 뜻도 담게 된다. 이 한얼은 성령을 보내시겠다는 그리스도의 뜻이며, 이 한얼 속에 한얼을 구성하는 성도들은 그리스도의 사랑을 만나며, 하나님의 형상대로 창조된 우리는 한얼에 따르는 곧 성령에 따르는 하나님의 뜻을 실현해 나가야 한다. 성만찬을 통해 서로 하나되고 하나님의 뜻을 선포하는 제사장으로 그 뜻을 세상에 선포하는 제자로서 부름받은 교회임을 깨달아야 한다. 하나되는 교회, 한얼교회는 모이는 교회임을 나타내는 동시에 성령의 역사를 통해 흩어지는 교회로서의 의미도 갖는다. 기득권을 포기하는 하나님의 희년 정신으로 가난한 자의 편에서 이 땅에 평화를 실현하는 교회가 되어야 하며, 성령의 치유와 돌봄이 행해지는 그리고 사랑 안에서의 교제가 있는 곳, 그곳이 바로 한얼교회가 추구하는 교회인 것이다.

2. 교회 선교 헌장

중소 도시를 중심으로 200명 정도의 인원을 가진 교회였으면 좋겠다. 교회의 건물이 없이 매주 건물을 빌려 예배드리는 무소유를 추구하는 교회였으면 좋겠다. 교회의 건물은 있되 사람들이 함께 초대 교회처럼 나누고 사는 떼제 공동체와 비슷한, 그러나 외국적인 냄새가 나지 않고 우리에게 맞는 공동체의 모습과 삶으로 문화화된 교회 형태였으면 좋겠다. 어느 교회의 형태에도 맞는 융통성있는 교회의 모델을 만들기 원한다. 기존 교회의 모습을 떠나 우리 교회는 쉬었다 가는 교회였으면 좋겠다. 구체적으로 말하면, 이 교회는 기존 교회에서 지친 교인들에게 새로운 교회의 삶을 가지게 하여 다시 생기를 되찾아 그 전 교회로 돌아가게 하는 교회였으면 좋겠다는 것이다.

주님의 교회 일구기

함께 공동 생활을 하며(이 부분은 이 교회의 신자가 되기 원하는 사람들 중 원하는 사람들만 하게 하는 것으로 자발적인 형태로 운영될 것이다.), 비신자나 신자 모두에게 열려 있어 우리 교회만의 교인이 되는 것을 강요하지 않고, 자신에게 맞는 프로그램에 참여함으로써 우리와 함께 하는 것을 유도할 것이다. 그렇기 때문에 이 교회를 운영하기 위해서는 에큐메니칼적인 프로그램과, 상처를 치유하고 중보 기도를 하는 프로그램과, 종교간의 대화를 시도하는 프로그램 등이 특별히 필요하고, 상시적인 생활 프로그램도 필요하다. 주일날 함께 예배를 드리는 것은 물론, 평일에도 지역 사회에서 생동감 있게 활동하는 교회가 되어야 할 것이다.

한얼교회 선교헌장

한얼교회는 크신 한 하나님을 섬기며 하나님께서 주신 사명을 위임받은 공동체로서, 하나님 안에서 모든 생명과 대화하고 사귀며, 우리를 둘러싼 모든 종류의 차별, 즉 남/녀 가진 자/못 가진 자, 배운 자/못 배운 자 사이의 차별을 물리치고, 그 지으신 모든 생명이 하나님의 사랑 속에서 풍성한 삶을 누리도록, 우리의 모든 노력을 다해 신명나게 동참할 것이다.

하나, 우리가 선포할 복음

이 땅 어디에서고 하나님의 모습으로 창조된 인간이 억압받거나 착취받아서는 안 된다. 하나님께서는 그의 백성을 출애굽시키시고 모든 생명의 복권을 명령하셨다. 그렇기 때문에 인간과 함께 숨쉬는 모든 생명은 그 풍성한 생명을 누릴 권리가 있다. 우리는 이제 하나님의 정의가 강물처럼 이 땅에 이루어지기 위해 예언자의 노래를 멈추지 않게 할 것이며, 인간의 생명뿐 아니라 이와 더불어 모든 생명 있는 것들이 그 풍성한 생명을 누려야 함을 선포한다.

하나, 우리가 드리는 예배

우리는 우리의 예배 가운데 임마누엘 하나님이 임재하심을 확신하며, 우리와 함께 하시는 성령님의 도움으로 모든 이들과 하나되어 한 자매 형제임을 느끼고 서로 사랑할 것을 안다. 그렇기 때문에 우리는 이제 예배를 생명을 누리는 모든 이들의 축제로, 모든 사람들에게 열려 있어 자신의 삶에서 지치고 상처받은 모든 사람이 함께 성령님의 치유의 손길을 느끼게 할 기쁨으로, 그리고 우리에게 맞는 공동체적이고 건설적인 전통 양식으로 드릴 것이다.

하나, 우리가 하는 교육

우리는 모든 생명은 하나님의 사랑으로 창조되었음을 믿으며, 예수님께서 우리로 하여금 생명을 더 풍성히 누리게 하기 위하여 이 땅에 오셨음을 고백한다. 그렇기 때문에 우리는 그 어떤 생명을 가진 것이라도 억압당하거나 소외되지 않도록 배려하는 생명 교육과 성경에 대한 올바른 교육 그리고 영성을 위한 기도·봉사·헌신, 가난한 이들을 섬기고 함께 더불어 살아가는 훈련을 할 것이다.

하나, 우리가 나누는 교제

우리는 한 하나님 안에서 온 생명은 하나로 연결되어 있는 유기체임을 고백한다. 그렇기 때문에 우리는 한국 교회의 일치를 위한 에큐메니칼을 지향하며 종교간의 대화를 위한 노력과 그 대화를 통한 이 사회의 문제와 전 지구의 문제를 함께 공유할 것이며, 이 지역 사회에 굳건히 뿌리내린 채 항상 지역 사회를 향해 열려 있어 뜨겁게 함께 하는 나눔을 실현할 것이다.

하나, 우리가 하는 봉사

우리는 하나님의 사랑이 우리에게 항상 함께 하는 것을 믿으며, 예수 그리스도의 몸 버려 피흘리신 그 사랑을 고백한다. 그렇기 때문에 우리는 우리의 이웃을 향해 실천적인 사랑의 자리를 나눌 것이며, 하나님께서 우리에게 공급하시듯 우리도 그들에게 공급하고, 하나님께서 우리를 살피시듯 우리도 그들을 살펴, 우리 사회를 향한 진정한 필요를 찾아 봉사할 것이고, 교회 구성원의 전문성과 능력을 살려 함께 일하고 봉사하는 기회를 만들어 나갈 것이다.

우리는 삼위일체 하나님께서 우리를 이 세상에 빛과 소금으로 그리고 새 생명을 낳는 창조적인 씨알이 되게 부르셨음을 믿으며, 이 사회 문화 속에서 하나가 되어 조화를 이루며 이 세상과 함께 하는 공동체가 될 것을 결단한다.

3. 신앙 양육 프로그램

(1) 예배에 관한 프로그램

① 1달에 1-2번 정도의 성례전을 집행하는 예배 형식이 되어야 한다.

② 교인 전부가 참여하는 예배, 찬양하는 예배, 연극 예배, 시각적인 영상을 통한 예배 등 모두가 함께 참여할 수 있는 다양하고 실험적인 예배의 형태를 개발하여 축제적이면서도 거룩한 예배를 드릴 수 있게 한다.

③ 창조적인 예배를 개발하기 위한 예배 그룹을 만들어 실험적인 예배의 형태를 지원하고, 우리 정서에 맞고 현대 시대의 흐름 속에도 맞는 창조적이고 역동적인 예배를 개발하고 연구하도록 한다.

(2) 교육 프로그램

① 기초적인 신학 지식과 함께 올바른 성경 공부에 중점을 두는 성경 연구 그룹을 만든다. 이 그룹은 예배 연구 그룹과 함께 연계하여 성서의 중심적인 부분들을 예배에 보완하는 역할도 감당하게 한다.(새신자 교육도 담당)

② 사회 과학 연구 그룹을 만든다. 이 그룹은 비신자나 신자 모두가 함께 참여하여 사회에 대하여 좀더 넓은 안목과 인식을 가지게 하고, 세상과 함께 연대해 살아 나가는 실천적인 방법들을 연구할 것이다.

③ 컴퓨터 공부 그룹을 만든다. 세계화라는 물결 속에서 뒤지지 않는 인재를 양성하고, 무엇보다 이 과정을 통하여 사회 밖에 있는 사람들과 연대할 수

있는 좋은 발판을 구축하여, 문화 선교적인 차원으로 개발해 나갈 것이다.

④ 영성 훈련 연구 그룹을 만든다. 우리 사회 속에서 메말라 가는 영혼의 목마름을 씻어 줄 수 있는 영성 훈련의 필요성을 절감하고, 모든 사람들에게 쉽게 접근할 수 있는 방법들을 모색하고 연구한다.

⑤ 생명 문화 운동 연구를 위한 그룹을 만든다. 이 그룹은 특별히 지역 주민들과 함께 우리가 사는 지금의 이 자리를 살리고 이 사회 속에서 실천할 수 있는 것이 무엇인지를 찾고 연구하고 실천하는 그룹이다. 특별히 생태계의 파괴 실상을 지적하고, 하나님의 창조 세계의 보전을 위한 실천적인 방안들을 연구하여 발표하고 실천한다.

⑥ 인권 보호 연구 그룹을 만든다. 특별히 남녀 차별과 노동자, 외국인 노동자의 인권 문제를 다루며, 교회 내에서 자행되고 있는 불평등한 모든 문제를 이야기하고, 평등한 사회와 교회를 위한 지향점을 모색한다. 이 부분은 특별히 사회 과학 연구 그룹과 연대하여 실천적인 사안들을 함께 논의한다.

⑦ 타종교와의 만남과 범교단적 대화를 시도하는 그룹을 만든다. 이 모든 종교와 그리스도교 내 교단간의 갈등을 뛰어넘어 함께 할 수 있는 주제들을 다루고, 서로간의 이해와 친목을 다질 수 있게 하며, 많은 연대 작업들을 이끌어 내어 영역들을 넓혀 가도록 한다.

⑧ 청소년 문화 연구 그룹을 만든다. 교회와 함께 하는 청소년 문화가 무엇이 있는지 살피고 건강한 청소년 문화를 이끌어 나갈 수 있는 혁신적이고 신선한 문화를 창조하기 위한 연구를 한다. 특별히 이 부분은 청소년들과 함께 하면서 연구해야 할 부분이다.

⑨ 각종 가족을 위한 프로그램을 개발하는 그룹을 둔다. 이혼 가정, 결손 가정, 노인들만 있는 가정 등 다양한 가족의 형태를 파악하고, 그들에게 맞는 프로그램의 실천들이 무엇인지를 연구하고, 각 그룹을 직접 형성하여 구체적으로 이끌어 나갈 수 있도록 한다.

⑩ 지역 사회 연구를 위한 그룹을 만든다. 이 그룹은 지역 사회 속에서 필요한 것이 무엇이며, 현대 사회 속에서 그 흐름에 맞추어 교회가 해야 할 역

주님의 교회 일구기

할들을 구상하고 연구하여 실천까지 하도록 한다. 교육 프로그램에 있어서는 사실 다양하고 많은 실천적인 프로그램들이 구상되었지만, 이 프로그램들 중 특별히 타종교간·범교단적인 대화를 시도하는 프로그램과 지역 사회 연구 그룹은 우리 교회가 지향하는 토착화·문화화라는 관점에서 시도된 것들로서 가장 강조점을 두고 있는 그룹이라고 할 수 있다.

(3) 친교 봉사 프로그램

① 취미 활동 그룹을 운영하여 친교를 도모한다. 음악 감상 그룹이나 운동 그룹, 등산 그룹 등을 구성하여, 자신에게 맞는 그룹 선택과 함께 그룹의 단결을 다지며, 각 활동 그룹들과 연대하여 함께 모임을 가지기도 한다.

② 자원 봉사 그룹을 구성하여 운영한다.(각 직업별 모임을 만들어 전문성을 가지고 조직하는 것도 좋은 방안이다.) 각 지역 사회나 도움이 필요한 곳을 조사하고 봉사의 손길이 계속될 수 있게 한다. 양로원이나 청소년 가정 방문, 탁아소의 시간제 봉사나 지역 청소, 쓰레기 분리 수거, 그리고 환경에 관련된 것들과 그 밖에 지역 사회 중심으로 개선해야 할 것들을 찾아 돕는다.

③ 가족 모임이나 자녀와의 대화 프로그램을 만들어 가족간의 화합과 세대 간의 차이를 줄이고 가족과의 진한 연대감을 강화시켜야 한다.

(4) 교회학교 프로그램

① 어린이 교회학교는 수동적이고 암기식인 교육을 벗어나 창조적이며 적극적인 모습으로 자랄 수 있도록 교육하는 것에 목표를 두고, 각종 시청각 자료를 통한 쉬운 접근 방법과 함께, 만들고 이야기하고 생각하는 교육의 방식을 채택하고 그런 프로그램을 짤 수 있게 한다.

② 중고등부의 교육은 특별히 청소년 문화 연구 그룹과 연대하여 거기서 개발되고 연구되어 나오는 프로그램들을 이용해 함께 교육하며, 많은 상담으로 대화의 장을 열어 가도록 노력한다.

주님의 교회 일구기·가꾸기

5 세상을 향해 청지기 사명을 감당하는 〔살림교회〕

현실 세계는 분열과 다툼의 모습이 창궐하고 있다. 계급·민족간의 갈등과 대립, 생태계의 철저한 파괴, 신앙의 세속화 또는 왜곡된 초월화 등의 모습은 전체 생명을 크게 위협하고 있다. 이러한 생명 파괴 현실에 맞서 순결한 사랑에 근거한 근본적 변혁과 대안적 삶의 형태를 모색하는 것이 선교 공동체로서 교회의 본래 모습이어야 한다고 보았다. 위와 같은 생명의 온전한 실현과 선교의 의미를 실현시킬 수 있는 말이 '살림'이므로, 교회 이름을 '살림교회'라 짓게 되었다.

이러한 살림교회는 우선적으로 현재 제도 교회의 비민주적 운영(목회자 내지는 일부 사람들에 의한 일방적 운영, 여성의 소외, 재정의 편중적 사용)을 적극적으로 개선하고 생명의 살림을 포함하는 신앙 문화 형성과 그런 신앙의 삶을 살아감으로써 현실의 근본적 변혁과 대안적 삶의 실현이 가능하다고 보았다. 또한 예수를 따르면서 집중적으로 추구하는 수도 공동체와, 평신도가 주체가 되고 신앙과 일상 생활을 통일시키려는 기초 신앙 공동체 형성을 통해 살림을 온전히 실현할 수 있다고 보았다.

1. 공동체 신조

이러한 목적과 지향을 가진 '살림교회'는 하나님이 창조하신 모든 생명을 살리는 공동체이며 살림을 사는 공동체이다. 살림을 산다는 의미는 부엌 살림을 산다고 할 때의 바로 그런 의미이다. 그 동안의 교회는 살림살이 같은 일들을 너무 소홀히 여겨 왔다. 진정한 생명은 살림을 어떻게 나누고 함께 하느냐에 따라 실현된다.

이것을 세부적으로 나누어 본다면, 생명을 살리는 부분은 공동체 내적인 면과 외적인 면으로 구분지을 수 있다. 공동체 내적인 면에서 생명 살림의 실현은 철저히 신앙 공동체로서 자기 정체성이 있어야 가능하다고 보았다. 또 공동체 외적인 면에서 생명 살림의 실현은 생명이 죽어 가는 현장 안에서 하나님의 뜻을 펴는 것이다. 그것은 모든 생명을 죽이는 세력에 대한 철저한 저항이며, 죽어 가는 생명들과 고난을 함께 함을 의미한다. 두 번째로 살림을 사는 공동체의 부분은 철저한 나눔과 친교와 연대의 코이노니아를 실현함을 말한다. 그것은 교회 내의 권위주의와 권력 관계를 철폐하고 재정과 살림을 모두 함께 맡는 것, 기존 사회 질서와 완전히 다른 질서의 수립을 의미한다. 이상을 지향하면서 살림교회는 다음과 같은 공동체 신조를 갖는다.

① 우리는 생명의 영이신 하나님을 나와 공동체의 중심으로 고백한다.

② 우리는 하나님이 생명의 주인 되심을 믿고, 생명을 죽이는 모든 세력들에 도전하고 고통당하고 신음하는 생명들과 함께 한다.

③ 우리는 생명이 살림에서 실현됨을 고백하며, 그러기에 공동체적 살림을 지향한다.

2. 공동체 프로그램

(1) 예배

다양한 예배 형태와 내용을 모색함을 통해서 그리스도의 현존을 공동체 현실 속에서 생생하게 체험하는 신앙 공동체로서의 자기 정립

① 살리는 문화가 녹아 있는 예배를 지속적으로 연구 개발토록 예배 의식

연구 위원회를 설치하여 운영한다.

② 자연과의 친교를 체험할 수 있는 자연 예배를 정기적으로 드린다.

③ 고난 받는 이웃의 삶의 현장을 직접 방문하는 현장 예배를 드린다.

④ 우리 민족의 정서에 알맞는 예배의 형식과 내용을 성서의 신앙 전통과 결합시키는 예배를 개발하고 실천한다. (예 국악 예배와 국악 찬송가의 개발 및 실현)

⑤ 민족의 역사와 문화를 생생하게 기억할 수 있는 기념 예배, 절기 예배를 적극적으로 모색한다.

⑥ 설교자와 청중이 함께 하는 다양한 설교 형태를 모색한다. (예 대화식 설교, 연극 설교 등)

⑦ 예배의 축제적 분위기를 드높일 수 있도록 몸으로 드리는 다양한 예배의 형태를 모색한다. (신명나는 춤 도입)

⑧ 교회가 위치한 지역의 주민들과 함께 나눌 수 있는 대동제적 예배를 모색해 본다.

(2) 교육

교육은 올바른 가치관과 방법론에 입각한 교육 과정이 생명을 중시하는 인간과 사회 형성의 기본 토대가 됨을 의식하고, 이를 실현하기 위한 다양한 실천을 전개한다.

① 전체적인 교육 과정에서 가정 교육·어린이 교육의 중요성을 깨닫고, 이를 실천할 수 있는 모범적인 가정 형성에 힘쓴다.

② 머리가 아니라 몸으로, 삶으로 깨달을 수 있는 경험이 이루어지도록 다양한 현장 학습 과정을 설치 운영한다. (예 정기적인 사회 봉사 프로그램)

③ 기존의 관료화된 학교 교육의 대안으로서 살림교회가 중심이 되어 생명 중심의 문화와 가치관을 교육하는 사회 교육 기관을 설치 운영한다.

④ 생명 파괴의 현실에 맞설 수 있는 지혜와 용기의 근원으로서 주님께 나

아가는 길인 영성 훈련에 힘쓴다.
⑤ 자연과의 바른 관계 형성을 통한 자연적 인간성의 형성에 노력한다.
⑥ 교육의 과정 자체가 교육임을 알고, 철저한 민주적·자주적 교육 과정이 되기 위해 민족·민주·인간화 교육을 실현한다.
⑦ 교육 자체가 신앙의 강화에 기여할 수 있고 사회의 한 신앙인으로 올바른 신앙 생활을 영위할 수 있도록 신앙 교육을 기본으로 한다.
⑧ 한국 교회의 비지성화·몰역사화·기복 신앙화는 성직자와 평신도 교육간의 구별과 그 차이에서 발생하고 있다. 이것을 극복하기 위해 평신도의 수준을 성직자의 수준으로 끌어올릴 수 있는 교육 내용을 중심으로 교육한다.

(3) 친교와 나눔

진정한 공동체의 실현은 코이노니아에서 이루어진다.
① 건전한 생명은 노동과 휴식이 있을 때 가능하다. 그러기 위해 건전한 놀이 문화와 소비 문화를 개발하고 실현한다.
② 공동체의 신도들은 서로를 알고 서로를 지켜줄 수 있도록 생활 나눔을 더욱 철저히 한다.
③ 친교의 전 과정에 모든 신도들이 참여한다.
④ 신도들의 소유는 하나님의 은총임을 고백케 하고 자발적 나눔을 유도한다.
⑤ 교회가 뿌리내리고 있는 지역 주민들과의 연대를 위해 상시적인 친교 프로그램을 개발하고 추진한다.

(4) 선교

앞의 모든 프로그램을 토대로 하여 구체적 선교 계획과 실천을 도모한다.
① 교회 재정의 50%는 무조건 선교 사업비로 투자한다.

② 선교 사업비의 사용 내역을 철저히 공개하고, 모든 신도들이 참여하고 기획할 수 있도록 한다.

③ 선교 사업비는 구제 사업과 복지 사업에 우선적으로 쓰여져야 한다.

④ 지역 사회에 공헌할 수 있는 선교 정책을 추진한다. (예 도서관)

3. 교역 개발 프로그램

(1) 전제

① 앞에 제시한 살림교회의 신앙과 신학에 기초한다.

② 일정한 가정을 전제한다.(적절한 지역·인원·재정·교인들의 신앙적 수준 등)

(2) 살림교회 기본 조직 구조

① 당회

당회원에 대한 신임제를 채용한다.

　-당회원은 제직회의 각 위원회(부서라 명명할 수 있음)에서 선임된 자로 구성된다.

　-당회는 영적·도덕적 지도력이 요청되며 실제적인 지도를 담당하여야 한다.

　-당회원은 제직회 및 각 부서의 활동에 깊이 관여하여 긍정적 지도력을 발휘하여야 한다.

② 제직회

이제까지의 사실상 형식적인 제직회 모습을 탈피하고, 실제로 활동하는 공동체의 모습으로 채워 가야 한다. 기존 교회는 사실상 교회를 3-4중 구조로 중복 편재함으로 인하여, 적극적인 교인은 업무 과다로 탈진케 하고 나머지 사람들은 무관심 속에 방치하여 버리는 문제가 있었다. 그 대안으로 구역 조직이나 남녀 신도회라는 구조를 공동체로 가꾸어 보는 방향으로 시도할 수 있으나, 그보다는 제직회를 그 내용에 있어서 공동체로 풍부화시켜 보는 방향을 여기에서는 선택하였다. 물론 다른 형태로 공동체를 형성하도록 시도할 수도 있다.

㉮ 교육부 : 전 교인이 교육자이자 피교육자가 되도록 한다. 평신도를 훈련시켜 평신도를 양육한다. 교역자의 지도력과 관심과 재정 및 기타 지원이 절대로 필요하다. 교육 전문가 목사와 협력한다. 구성은 다음과 같다.

- 학생 교육부(유치 · 유년 · 초등 · 중등 · 고등 · 교사로 구성됨)
- 새신자 교육부(교역자 · 훈련된 평신도로 구성) ─ 새신자 훈련 전담 교육 기간 3개월, 합숙 훈련 프로그램도 도입
- 평신도 교육부(교역자 · 훈련된 평신도로 구성) ─ 각 교육 단계가 연계 보완될 수 있도록 한다. 성경과 신앙뿐 아니라 다양한 관심 사항을 창조적으로 교육할 수 있다. 외부 강사 초청도 가능.

  기초반 · 중급반 · 고급반 · 중간 지도자 양성반 ─ 가능하다면 많은 교인들이 교육에 참여하도록 유도하고, 그 과정이 공동체 형성 훈련의 계기로 활용한다. 지도자 양성반을 잘 일구어서 일꾼들을 많이 만든다.
- 교사 교육부 : 교사에 대한 교육을 한다. 교회가 어렵다면 지역의 교회가 연합하여 시도해 볼 수 있다. 교사를 훈련하지 않고는 학생을 가르칠 수 없도록 해야 한다.
- 사회 프로그램
  -살림 공동체 특수 학교 운영 : 학교 제도 교육을 탈피한 살림의 신앙과 충실한 교육자로 양성 ─ 연구 필요
  -청소년 상담소 운영 : 청소년 상담 전문가가 있다면 활용하고, 각종 상담과 지역 청소년 문화 센터로 자리잡을 수 있도록 청소년 프로그램을 담당한다.

㉯ 재정부 : 전문성이 있고 교회에 대해 깊은 이해가 있는 사람이 담당

한다.

    ㉠ 예배 및 행사부 : 예배와 각종 행사를 담당한다.(성가대 인원으로 구성)

    ㉣ 선교부 : 다양한 직능별·직업별·연령별 관심이나 취미별 소그룹을 형성하고, 그 소그룹을 공동체로 육성하여, 각 그룹이 각각 고유한 사업을 수행하도록 한다. 직장 선교 위원회, 장애인 선교 위원회, 찬양 선교 위원회, 환경 감시 위원회, 치유 심방팀, 노동 선교 위원회, 연령별 클럽, 지역별 구역, 이런 각 그룹들을 교회 선교적 과업과 결합시킨다.

    ㉤ 특별 부서를 둔다 : 희년 사업 위원회, 장기 발전 위원회.

③ 아래와 같은 지역 사업이나 사회 선교 사업을 가능한 조건이 된다면 해 볼 수 있다.

    ㉮ 농촌 생산자 공동체와 연결한 농산물 소비자 공동체
    ㉯ 탁아소 : 맞벌이 부부를 위한 종일반
    ㉰ 신협
    ㉱ 노동 상담소
    ㉲ 지방의회나 지방 자치 단체 선교
    ㉳ 장애인 선교

4. 재정 개발 프로그램

(1) 청지기 교육

① 오늘의 교회·사회 상황에 대한 책임과 사명 의식을 갖춘 청지기 윤리를 개발한다. 청지기라는 전통의 개념이 야기할 수 있는 생태학적 문제의 위험들을 극복하기 위한 새로운 범주의 사고와 개념을 발전시킬 필요도 잊지 말아야 할 것이다.

② 재정의 사용에 있어서뿐만 아니라 재정의 확보에 있어서 청지기직에 대

주님의 교회 일구기

한 인식과 내용도 함께 연구 공유할 수 있는 교육의 기초를 세운다.

③ 재정의 확보와 사용에 있어 모범적인 사례를 갖고 있는 곳들에 대한 방문·연구·참여 훈련을 통해서 직·간접적인 경험과 실천적 훈련을 쌓을 수 있도록 한다.

④ 어린이학교에서부터 물질과 경쟁에 기초하지 않는 지속적인 그리스도적 인간교육을 통하여, 만물은 하나님께 속해 있다는 것과 노동의 신성한 가치 그리고 청빈의 미덕을 몸에 익힐 수 있도록 지도하고 돕는다.

⑤ 교회뿐 아니라 사회 활동에 대한 평가는 과부의 예물과 사랑·나눔·섬김·봉사 등의 성서적 기준에 의해 이루어져야 하며, 이에 대한 시상도 다시 이러한 원칙에 따른 덕목들과 교육에 연결되어야 한다. 예를 들어, 봉사에 대한 포상은 그 상품을 다시 불우한 이웃을 위한 단체에 기부하도록 유도한다거나 그러한 곳을 방문할 기회 또는 교육 기회를 제공하는 것 등을 생각할 수 있다.

(2) 재정 개발

① 모든 재정은 완전한 공개와 정기적인 보고, 사후 승인 그리고 철저한 감사를 우선적 원칙으로 하여 확보, 집행한다.

② 헌금의 종류는 가능한 간소화하며 강요되거나 율법적이지 않도록 한다.

③ 자본주의에서 신앙 생활의 적극적인 한 표현 양식으로서, 또는 나눔과 섬김, 자기 부정을 위한 훈련의 한 과정으로서 십일조 등의 헌금은 적극적으로 평가한다.

④ 모든 헌금을 교회의 이름으로 모금하고 교회의 이름으로 지출하여야 한다.

⑤ 교인들 또는 뜻을 함께 하는 사람들의 생업 공동체를 형성한다.(예 일용 노동자 그룹·출판사 그룹·번역팀·디자인팀·학원·공동 상가·공동 주주 사업장·농업 공동체·신용 금고·기타)

⑥ 자신의 정당한 노동에 의하지 않은 물질(유산, 부동산 값 상승 등)은

교회 공동체를 통해 사회에 환원하는 신앙적 훈련과 결단을 이끌어 낸다.

(3) 예산 집행

① 교인들의 헌금이 헛되이 쓰이지 않았음을 의식할 수 있도록 헌금의 통로를 명확히 하여야 한다. 특히 목적 헌금들은 그것의 사용처가 분명하게 드러나도록 배려하여야 한다. 또한 교회보다 앞서 가고 있는 교인들의 대사회적 관심들에 적극 부응하여, 해외 선교 지원·공부방·놀이방·소년소녀 가장 돕기·산재 노동자 후원·불우한 교인 상조회 등에 교회 재정의 일정액 이상을 항상 할당하여야 한다.

② 특정 사업의 경우, 헌금자 집단과 교회 사업을 가시적으로 연결하여 자신들의 물질적 봉사가 구체적으로 어떻게 사용되고 있는지 알게 하며, 나아가 그 일에 더 깊이 적극적으로 참여할 수 있는 동기를 제공한다.

③ 교회 내의 경제적 상위 그룹들이 그에 상응하는 경제적 하위 그룹들을 위하여 목적 헌금을 하도록 하여 교회 내의 빈부 격차를 좁혀 갈 뿐 아니라 서로를 살리는 공동체의 모습을 이루어 간다. 두 그룹 사이의 매개는 철저히 교회라는 공공의 중재와 합의에 의해서만 이루어져야 한다.

④ 목회자를 포함한 어떠한 개인의 임의적 재정 사용도 인정하지 않는다.

⑤ 이윤을 목적으로 하지는 않으면서 자급할 수 있는 교회 활동 계획들을 개발한다.(예 아동에서 중·고생에 이르기까지의 교육 기관 : 유치원·학원·캠프·음악·미술·체육·문학·전문화된 주제에 따른 프로그램 등, 청소년 또는 지역 사회 대화의 공간을 열기 위한 사랑방 : 차와 음악 그리고 대화가 있는 값싼 찻집 등)

6 민족적 흔의 정서를 나타내며 이 흔을 삭이는 〔흔교회〕

흔교회 공동체의 모델은 도시의 작은 교회 공동체로 설정한다. 흔교회의 공동체 상은 첫째로, 교회의 일치를 추구하는 지역 교회로의 위상을 가진다. 둘째, 전통 문화를 교회 공동체 내에서 창조적으로 계승·발전하여 한국적 정서에 녹아 나는 민족의 교회로 위상을 가진다. 셋째, 하나님과 이웃에 대한 사랑과 믿음을 몸으로 실천하는 공동체를 이룬다.

1. 공동체 이름짓기

① 흔을 관형어로 사용하면 하나라는 뜻이 되고 이는 교회가 가지는 한 사랑, 하나가 되는 교회라른 뜻을 나타낼 수 있다.

② 흔은 우리 민족이 가지는 흔의 정서를 나타내며 교회는 이 흔을 삭이는 역할을 수행해야 한다. 이 흔을 삭이는 교회가 바로 흔교회이다.

③ 흔은 한 마음, 하나됨을 뜻한다. 한 마음이라 하면 하나님을 향한 한 마음, 하나 되는 마음을 나타내는 것이다.

④ 흔교회는 무엇보다 하나의 교회라는 위상을 가진다. 하나의 교회란 지역을 중심으로 초교파적으로 모든 교회가 하나의 일치를 추구하는 교회를 뜻한다.

2. 공동체 선교 헌장

(1) 신앙 고백문

우리는 이 세상을 창조하시고 살아 계셔서 역사를 주관하시며 불의를 심판하시는 하나님을 믿습니다. 우리는 하나님의 아들로 이 땅에 오시어 가난한 이들과 함께 하신 해방의 주, 참 사랑의 예수 그리스도를 믿습니다. 우리는 우리를 하나님 나라의 일꾼으로 살도록 충동하시고 힘과 용기를 주시는 성령을 믿습니다.

(2) 흔교회 공동체 헌장

- 흔교회는 먼저 믿음·소망·사랑에 근거한 예수 공동체를 훈련한다.
- 흔교회는 예수 공동체를 확산하는 선교를 지역을 중심으로 실천한다.
- 흔교회는 민족의 고난에 동참하며 남북의 통일을 이루는 평화의 일꾼이 된다.
- 흔교회는 하나님 나라와 참 공동체 건설을 위하여 일하는 모든 이들과 연대한다.
- 흔교회는 그리스도교 교회 공동체의 영성과 우리의 전통 영성을 일치한다.

3. 공동체 프로그램

(1) 예전

① 흔교회 공동체는 말씀의 선포와 성만찬을 매주일 행한다. 흔교회 공동체의 가장 중요한 의무는 하나님께 예배드리는 일이다. 예배의 핵심은 '하나님의 말씀'의 선포이고, 이 말씀은 성서 봉독과 설교와 성례전이다. 흔교회 공동체는 개신교 전통의 핵심이 되는 복음의 선포를 예배의 중심으로 위치시

키면서 성만찬을 통해 그리스도의 피에 대한 회상과 기념을 강조한다.

② 흔교회 공동체의 모든 예배시 '흔교회 공동체 신앙 고백문'을 암송한다. 흔교회의 신앙 고백은 공동체 자신과 구성원의 공동체성을 더욱 함양시키고 공동체의 사명을 각인시켜 소금과 빛으로서 자신과 교회의 삶을 날로 새롭게 이끌어 낸다.

③ 흔교회 공동체는 교회 음악에 국악을 접맥시키고 예배시에는 한국 찬송가로 찬양을 드린다. 흔교회 공동체는 한국적 종교 심성에 끊임없는 자극과 충동으로 한민족 공동체의 예전을 축제적으로 이끌어 내고 이 정서에 부합함으로 한국인의 '恨'을 풀어낸다.

(2) 교육

① 흔교회 공동체는 새로운 기초 공동체 건설을 지향하여 생활 공동체 교육을 교육의 가장 핵심적인 사업으로 전개한다. 생활 공동체 교육은 흔교회 공동체 구성원을 대상으로 연 2회 이상 실시하고, 기존의 기초 공동체 운동 단위와 연대하여 지역의 타교회, 타교단 공동체 구성원들의 참여를 이루어 낸다. 생활 공동체 교육에 참가한 사람은 주기적으로 계속 교육을 전개하도록 한다. 그러므로 물질 문명에 찌들려 가는 현대인의 사고에 때묻지 않는 공동체 의식을 지속적으로 함양시킨다.

② 흔교회 공동체의 성서 연구는 살아 있는 교육 실현의 장이다. 흔교회 공동체는 성서 연구를 통해 영적 기초를 확립한다. 그러므로 일회적이거나 단순히 목회 행정적 차원에서의 계획을 수행해 나가는 교육이 아니라, 시청각의 자료 활용은 물론 다양한 조사 연구 활동을 병행함으로써 생명력 있는 교회 교육을 이룬다.

③ 흔교회 공동체는 교회 내에 존재하는 모든 인적 자원을 활용한 전인 교육을 수행한다. 교회 내에서 각자가 가진 고유한 학문적·교양적 능력을 십분 활용한 강좌를 개설하고 흔교회 공동체 구성원 모두가 서로서로에게 배우

고 가르칠 수 있는 봉사와 섬김을 생활화한다.

(3) 선교

① 흔교회 공동체는 지역 선교를 하나님께서 맡기신 가장 중요한 사명으로 생각한다. 흔교회 공동체는 탁아방과 공부방의 운영은 물론 지역을 중심으로 한 상담소의 운영으로 가정 문제·사회 문제·종교 문제 등의 갈등과 고민들을 풀어 주는 치유자로서의 지역 선교까지 감당한다.

② 흔교회 공동체는 환경 운동을 지역 중심으로 전개한다. 지역 단위의 생활 환경 운동이 하나님의 피조물을 잘 지키고 가꾸기 위한 노력의 일환임을 깨달아 생활 의식의 개혁으로 이끌어 낸다.

③ 흔교회 공동체는 농촌 교회와 연대한 생산 협동 운동을 전개한다. 우리의 농촌을 우리 스스로 지키는 농촌 살리기 운동을 지역 주민들과 연대하여 전개한다.

(4) 친교

① 흔교회 공동체는 애찬식(공동 식사)을 매주일 오후에 나눈다. 나눔의 생활화를 위한 애찬식이 되도록 하며, 지역 주민을 초대한 공동 식사를 특별 행사(부활절·어버이주일·추수감사절 등) 시에 갖도록 한다.

② 흔교회 공동체는 지속적인 생활 나눔을 갖는다. 매주일 오후 예배는 일상적인 생활 나눔을 가지는 시간이 되도록 하며, 서로서로에 항상 진지한 관심과 사랑이 끊이지 않도록 한다.

③ 흔교회 공동체는 공동체 훈련을 지속적으로 갖는다. 공동체 훈련이나 영성 훈련을 매주 1회 실시하여 공동체 의식을 끊임없이 함양한다.

4. 교역 개발 프로그램

교역 개발 프로그램을 논의하기 전에 다음 두 가지 전제를 본 연구팀에서는

주님의 교회 일구기

공유했다.

첫째, 교역이란 교회뿐만 아니라 역사와 피조 세계에 나타난 하나님의 뜻과 목적을 받아 구체적 프로그램으로 만들어 실현하는 일로서, 그 일은 목사와 평신도가 함께 수행해야 할 일로 정의한다.

둘째, 교역은 목사와 평신도가 함께 수행해야 할 일인데, 우리 한국 교회의 현실적 상황은 평신도의 지도력과 목회자의 지도력 사이에 심각한 갈등 관계가 있는 것이 일반적 현상이다. 따라서 교역 개발 프로그램은 바로 이 평신도와 목회자의 갈등 관계를 해결 또는 관리하고 조화와 상호 지원 관계로 발전시키는 과제를 안고 있다.

(1) 기본적 신앙 훈련의 중요성 확인

평신도 지도력과 목회자 지도력의 갈등 관계를 어떻게 해결할 것인가? 역시 우리들의 공동의 신앙 고백에서 찾을 수밖에 없지 않겠는가? 또한 여기에서 우리의 기본적 신앙 훈련이 교역 프로그램에서 중요하다고 인식하였고, 신앙 교육이 교회 개발 및 평신도와 목회자의 갈등 문제를 푸는 중심 내용임을 역설한 의견도 나왔다. 그러나 이러한 갈등의 관계에 있어서 보다 새로운 대안은 신앙 훈련으로 또는 영성 개발을 통해 평신도와 목회자 사이의 갈등 문제를 효과적으로 관리(conflict management)할 수 있는 목회자의 역량이 중요하다고 보았다는 점이다. 신앙 훈련도 이러한 차원에서 이루어져야 하며, 이것(효과적인 갈등 관리)을 통해서 교회 공동체의 원활한 의사 소통이 이루어지고 섬김과 나눔의 공동체로서 교회도 제 역할을 할 수 있다고 본다.

(2) 전문 지원 역량 확보

지역 선교 사업을 통해 지역 사회에 뿌리내리는 교회가 되고자 하는 훈교회는 다양한 선교 사업을 실제적으로 담당할 전문적 역량을 갖춘 인재가 필요하다. 이 전문적 역량은 평신도가 담당해야 할 몫인데, 평신도들이 전문적인 역량을 갖추도록 하기 위해서는 위탁 교육이나 해당 사업이 모범적으로 진행되고 있는 선교 사업 현장에 연수 등을 통하여 전문적인 역량을 기르도록 해야 할 것이다. 특히 흔교회에서 하려고 하는 농산물 직거래 장터를 운영하기 위해서는 그 분야의 유경험자가 확보되어야 하며, 가정적인 문제를 갖고 고민하는 사람들(비행 청소년·미혼모·매맞는 아내 등)을 만나는 상담 전문가, 실업의 문제를 안고 있는 사람들을 위한 재생활 교육(수예·꽃꽂이·자수·한복·간단한 가내부업 등)을 담당할 전문가, 소외된 노인들을 치유하며 그들을 새로운 삶으로 인도할 수 있는 전문가 등이 절실히 필요하다. 이러한 역량있는 전문가들의 확보를 통해 교회가 지역 사회에 뿌리내리는 데 결정적인 역할을 감당해야 한다. 물론 전문 역량을 확보하기 이전에 기본적인 신앙 훈련이 전제되고 공동의 신앙 고백 속에 함께 있어야 할 것이다.

(3) 신체 훈련과 함께 진행하는 새벽 기도회

한국 교회가 갖고 있는 새벽 기도회의 전통은 진정 값진 유산이라 하지 않을 수 없다. 하루의 시작을 이른 아침 하나님을 찾는 것으로 시작한다는 것은 하루 전체를 주님과 함께 하는 생활을 보증하는 확실한 방법일 것이다. 그러나 영성 훈련의 보고라 할 새벽 기도회 시간이 우리의 육적인 약함 때문에 충분히 온전한 기도의 시간이 되지 못하는 때가 많다. 그것은 신체적 한계를 갖고 있는 우리에게 당연할지도 모르는 일이다. 이러한 문제를 극복하는 대안으로 신체 훈련도 함께 진행하는 새벽 기도회 시간을 갖도록 한다. 신체 훈련의 체계는 요가의 수련 체계가 좋은 예의 하나일 것이다.

(4) 평신도 주도의 환경 운동

지역을 중심으로 환경 운동을 진행시켜 나간다는 선교 목표에 따라 환경 운동을 진행시키는 데 평신도 주도의 환경 운동이 되어야 할 것이다. 평신도 스스로가 구체적인 실천 사업들을 내도록 하고 그것들을 직접 실천해 나가도록 유도한다.

(5) 사회 교육

현실 제도 교육 속에서 올바른 전인 교육이 실시되지 못하기 때문에 교회에서 실시하고 있는 교회 학교의 교육이 중요한 의미를 가질 수 있다. 그러나 현재 주 1회의 모임으로 운영되고 있는 교회 학교의 모임으로는 그리스도 안에서 전인적 성숙을 기하는 교육으로까지 가기에는 절대적으로 부족하다. 따라서 'After School' 형식의 매일 만나는 교육 과정이 필요하다. 그 대안으로 현재 실시되고 있는 '공부방'이 좋은 예이다.

또한 성인을 대상으로 건강 요법·자녀 교육·환경 운동, 그리고 각종 예술 등 다양한 분야의 교육 기회를 제공한다. 이러한 교육 기회를 지역 주민들에게 개방하여 지역 사회로 폭넓게 사업을 전개함으로 교회에 대한 지역 사회의 관심을 유도한다.

5. 재정 관리

(1) 청지기 교육

예수를 그리스도로 고백하는 신앙인에게 헌금은 하나님의 돌보심에 대한 은혜의 표현이다. 이것은 생활에서 우러나는 감사와 예배 속에서 하나님의 말씀에 대한 감사로 나타난다. 이러한 감사의 기본 정신은 하나님께 영광을 돌리고 감사에 넘친 순종 행위와 예수 그리스도를 전파하는 신앙으로 다시 한번 표현되어야 한다. 그렇지 않으면 교인들이 기복 신앙으로 떨어지거나 자본주의적인 방식의 헌금 생활(100원 헌금하면 그보다 더한 복을 받게 된다.)을 하게 된다. 그러기에 교육이 필요하다.

● 교육방법

일단 세례자 교육을 강화시키면서(1년), 초신자들에게 성서적 근거와 교회 전통 안에 나타난 헌금의 구체적 실례들을 들어가면서 교육한다.

① 성서의 기본 정신에 뿌리박은 청지기 개념 속에서 교육을 이끌어낸다.

㉮ 이 세상 천지 만물의 소유권이 하나님께 속해 있다.

㉯ 하나님이 만물의 주인이시며, 인간은 그 만물을 떠맡는 청지기이다.

㉰ 청지기는 위임받은 모든 것을 마음대로 관리할 자유가 있지만, 자유 안에는 책임이 뒤따른다. 이 책임은 신앙 생활의 일부분으로 봉사·구제 그리고 헌금도 포함되는 것이다.

② 자신의 소득에 대한 책임성을 길러 준다──이 세상은 나 혼자만의 삶의 터전이 아니라 공동의 터전이다.

③ 선교 활동의 기본이 되는 것이 헌금이라는 것을 전제하면서 구체적인 선교의 내용과 방법을 교육한다.

④ 하나님을 신뢰하게 한다.

⑤ 교회를 신뢰하게 한다.

(2) 재정 개발

① 먼저 교인들의 전체적인 참여를 유발하게 한다. 즉 목사나 교회 지도자들만의 참여로 이루어지게 하는 것이 아니라, 교인 전체가 교회의 재정에 관한 책임을 지게 만든다. 이것은 청지기 교육을 통해 실시한다.

② 교인들로 하여금 예산의 목표나 지향성을 올바로 알게 한다. 즉 선교적 사명과 선교의 구체적 내용과 방법을 알게 하여 자발적인 재정 충당이 이루어지게 한다.

③ 문화 전통 속에 나타난 전통적 가족중심주의, 즉 폐쇄적 가족주의를 교인들로 하여금 버리게 하여, 소천할 때 재산을 교회에 헌납하게 하거나 사회에 환원하게 함으로 교회와 사회에 대한 책임을 증진시킨다.

④ 헌금의 종류를 될 수 있는 대로 줄인다. 주정헌금(한 주일 동안 살았던 헌신의 삶을 표현해 내는 것)·감사헌금(특별한 신앙의 고비에서 하나님이

주님의 교회 일구기

돌보아 주심을 고백하는 신앙의 표현)·십일조·기타 절기헌금만으로 한다.

(3) 예산 집행

교회 예산의 개방성 원칙 하에 예산 집행을 크게 선교비(교회 내적 선교·
교회 외적 선교)·시설 유지비·사례비로 나누어 놓고 우선 순위를 정하여
지출한다. 또한 교회 외적 선교에 있어서 일정 비율의 선교비(25%)를 정해
놓는다. 즉 교회밖으로 나가는 (교회 외적) 선교 헌금(부활절·성탄절·추
수감사절 헌금)을 정해 놓고, 25%에 모자라는 부분은 교회 선교비에서 충
당한다.

7 한국적인 토착화를 이루어 내는 〔아리랑교회〕

원래 하나님 안에 있는 생명은 사람들의 '빛'이었다. 어두움은 죽음이요, 죽음의 뿌리는 죄와 불의이다. 빛으로서 다스리는 밝은 세상이 곧 정의와 평화의 나라이다. 천지를 창조하시고 자신의 생명으로 만물을 살게 하신 하나님의 말씀이 육신을 입고 이 세상에 오신 것은 바로 이 평화의 공동체를 형성하기 위한 것이었다.(요한복음 14:17) 얼을 지닌 하나님의 자녀는 평화의 공동체를 창조하는 사람들이다.(마태복음 5:9)

1. 신학적 배경 설명

(1) 한국인의 얼과 종교 문화

한국인이 그린 이상적인 인간상을 화랑이라 했다. 화랑이란 다음의 것을 몸에 익히는 것에 중점을 두었다.

첫째는 도의로서 서로 닦는 것이다. 도의란 영성에 뿌리내린 인간 관계의 덕목인 것이다. 둘째는 노래와 춤으로서 서로 즐기는 것이다. 셋째는 명산대천을 찾아 노니는 것이다. 명산대천이란 하늘님이 강림하는 성소를 뜻하며, 놀이란 종교 의식으로 굿을 뜻한다. 이러한 훈련을 통해서 영성 우주와 통달하여 하나님과 내가 하나로 통합하는 것을 뜻한다. 한편 화랑들이 닦던 도의는 바로 인생의 도리요, 가락은 예술이며, 산수는 자연이다.

또한 풍류도야말로 유·불·선(儒佛仙) 삼교의 진수를 다 포함한 것이라 했다. 사람으로 하여금 사람되게 하는 것이 얼이다. 바로 풍류도는 한국인의 얼인 것이다. 또한 풍류도는 한국인에게 주어진 영성이다. 그러므로 이것은 시대를 초월한 것이요, 계층을 초월한 불변의 보편적인 우리의 얼인 것이다.

그리고 풍류도에는 삼대라는 것이 있는데 첫째로 '멋'이라는 것이다. 우리의 미의식을 표현하는 멋에는 세속을 초월하는 자유와 삶에 뿌리를 내린 생동감의 조화에서 나오는 아름다움이 들어 있다.

두 번째로 포함삼교(유·불·선)한다는 포월성을 나타내는 우리말은 '한'이다. '한'은 하나를 뜻하는 동시에 전체를 뜻한다. 그러므로 한은 크고(한밭), 높고(마루한), 바르다(한글). 그러므로 우주는 한울이요, 창조주는 한님 곧 하나님이시다. 그러기에 풍류도는 포용성과 초월성을 지닌 영성이다.

세 번째로는 중생을 교화하여 사람되게 한다는 풍류도의 효용성을 총괄하는 우리말은 '삶'인 것이다. 이것은 생명을 나타내는 말인 동시에 살림살이의 뜻을 가지고 있다. 이것이 사람이라는 인간 개념을 형성한다. 삶이란 실로 '사람'의 준말이다.

결국 한국인의 얼은 '한 멋진 삶'을 자아내는 영성인 것이다. 이러한 한국인의 얼은 그리스도교 사상인 삼위일체 신앙과도 연결이 된다. 즉 '한'과 하나님의 만남, '멋'과 성령의 만남, '삶'과 예수 그리스도의 만남에서 한국적인 토착화가 이루어지는 것이다.

(2) 한국인의 얼과 존재 이해

한국인 안에 내재해 있는 영성 우주인 풍류도가 있어 한국인으로 하여금 한국인 되게 하였으며, 풍류도가 제시하는 가치 실현을 위해서 노력해 온 것이 한국 문화를 형성해 왔다. 인간의 존재는 얼에 의해서 규정된다. 이미 성서의 표현을 통해서 이해하였듯이, 인간의 보편적인 얼은 하나님의 성품을 체받은 영과 사랑과 빛으로 구성되어 있다. 이것을 통괄하는 존재는 세 가지의 양태를 띠게 되었다. 곧 하나님 앞에서의 단독적 실존과 인간 사이의 관계와 공동체의 일원으로서의 존재가 바로 그것이다. 한국인의 존재 이해 역시 풍류도를 얼로 한 세 양태로 나타난다. 영성인 얼은 여의주와도 같이 맑고 낭랑한 것이다. 따라서 우리는 얼을 '랑'으로 표현해 왔다. 한국인 특유의, 그리고 역사적이며 보편적인 개념을 통하여 우리의 존재를 이해해 본다면, 실존을 표현하는 '화랑', 인간 관계를 표현하는 '사랑', 민족 공동체의 역사를 표현하는 '아리랑'으로 집약될 것이다.

① '화랑'은 곧 얼이 투명하고 환한 인격에 대한 칭호이며, 그들은 풍류도를 터득하기 위해서 도의를 닦고, 가락을 즐기며, 자연에 임재하신 하나님과 사귐을 갖는 수련을 가졌다. 이러한 풍류도를 몸에 지닌 화랑들은 초연한 멋쟁이인 것이다. 이러한 화랑이야말로 한국인이 이상으로 생각하는 인격적 실존인 것이다.

② '사랑'이란 '사귐의 얼'이다. 풍류도에 입각한 인간 관계가 사랑이다. 인격과 인격의 만남에는 서로 초월하면서도 감싸 주는 '한'의 정신이 필요한 것이다. 여기에 생동감과 기쁨을 자아내는 조화로운 '멋'이 깃들이게 된다. 또한 사랑은 하나님의 성품을 나타내는 개념이기도 하다. '하나님'이라는 우리의 전통적인 개념과 함께 '사랑'이라는 우리의 전통적인 개념이 있어, 우리는 그리스도교의 복음을 남달리 쉽게 받아들인 것이 아닌가 한다.

③ '아리랑'이란 결국 이상의 나라를 향해서 달려가는 한민족의 노래인 것이다. 한인이 추구하는 '한 멋진 삶'의 나라는 아련히 먼 저 곳에서 우리를 향해 손짓하고 있다. 우리들의 민족 공동체는 그곳을 향해서 역사의 고개들을 하나하나 넘어가고 있는 것이다. 이러한 우리의 풍류 문화는 자유와 평화와 사랑이 실현된 하늘 나라의 문화이며, 풍류도를 얼로 가진 한국인은 결국 풍류 문화의 실현을 향해서 전진해 가고 있다. 그 전개 과정을 통해서 이 민족 문화를 형성하는 것이며, 거기에는 넘고 넘어야 할 고난의 고개들이 있다는

주님의 교회 일구기

것이 우리들의 독특한 '아리랑 사관'인 것이다.

(3) 복음의 존재

"조금 있으면 세상이 나를 보지 못할 것이다. 그러나 너희는 나를 보게 될 것이다. 그것은 내가 살아 있고, 너희도 살아 있을 것이기 때문이다. 그날에 너희는 내가 내 아버지 안에 있고, 너희가 내 안에 있고, 또 내가 너희 안에 있음을 알게 될 것이다."(요한복음 14 : 19-20)

우리의 주체적인 이해에 있어서 핵심은 하나님과 우리가 하나가 되는 데 있다. 신인 통합(神人統合)에서 삶의 힘과 자유와 우주적인 조화가 우러나온다. 여기에 멋이 있고 구원이 있는 것이다. 하나님과 인간이 하나가 될 때에 우리는 그에게 힘입어 우리의 모든 소원이 이루어지리라는 것이 우리의 구원관이었다. 요한이 제시한 구원의 복음은 우리가 하나님과 하나가 됨으로써 하나님의 자녀가 되고, 우리의 소원인 영원한 생명과 자유와 평화를 얻는다는 데 있다. 이 구원의 길은 우리가 펼쳐 연 것이 아니라, 하나님께서 먼저 열어 주신 것이다. 그렇기 때문에 우리에게는 복된 소식이요 복음이다.

말씀이 육신이 되신 것은 인간의 일반 몸이 되어 시공우주 속에 들어오신 사건이다. 그러나 영체로 부활하신 그리스도에게 편입되어 하나님과 하나가 될 사람은 구체적인 신도 곧 유대인이든가 한국이든가 하는 민족 공동체에 속한 인격인 것이다. 따라서 그들에게는 그들에게 주어진 독자적인 영성의 형태가 작용하고 있다. 그러므로 그리스도인들은 보편적 하나님의 말씀인 그리스도를 모시고 있음에도 불구하고, 각자가 지닌 민족 문화적인 영성이 작용함으로써 각기 독자성을 지니게 되는 것이다. 하나님과 그리스도가 항수인데 비해 민족 문화적인 얼이라는 것은 변수인 것이다. 한국 그리스도인의 얼은 하나님의 성품과 그리스도의 인격, 그리고 한과 멋과 삶이 어우러진 영성인 것이다. 이것이 얼이 되어 존재의 세 양태를 특징짓게 하고, 각기 성령의 열매를 맺게 하는 것이다.

여기서 세 양태는 하나님의 자녀로서의 실존과 사람과의 관계적 존재와 민족 공동체의 일원으로서의 존재가 바로 그것이다. 이 가운데서 특히 민족 공동체가 다양한 개성들을 지니고 있는 것과는 달리, 절대자와의 관계 하에 있는 실존과 타인과의 관계적 존재라는 것은 인간의 보편적인 존재 양식이다. 그 특성은 자유와 사랑으로 요약할 수 있는데, 복음을 받아들인 그리스도인은 하나님의 자녀가 된 자유를 누리게 되는 것이며, 동시에 그는 사랑이신 하나님의 성품을 체받아 사랑의 인간 관계를 맺고 사는 것이다. 사람으로 하여금 사람되게 하는 것이 바로 사랑인 것이다. 사랑은 '삶(사람)'을 창조하는 예술가이다. 나그네의 삶을 사는 그리스도인은 창조적 사랑을 통해 스스로 영생할 뿐만 아니라, 사람들로 하여금 하나님의 자녀가 되게 하는 참 예술가의 삶을 살아가게 하는 것이다.

2. 성서적 배경 설명

성서에 '에클레시아'로 표현된 교회는 예수 그리스도의 복음 선포를 받아 죽음과 부활의 상징적인 의식에 참여하고, 성령의 은사를 받아 함께 모여 공중 예배와 성만찬의 축제에 참여하는 사람들의 모임이다. 그러나 오늘 교회의 관심은 교회 이해에 대한 다양성을 불가피한 현상으로 받아들이고 있다. 교회 전통들의 차이까지도 성령께서 주시는 은사의 다양성으로 이해하며, 그 다양성은 지구촌 시대에 살면서 온 세계 인류의 공통성과 지역의 특수성이 조화를 이루어야 하는 상황에 처해 있다. 따라서 이 땅에 들어온 교회는 우리 민족 문화의 특수성과 조화를 이룰 수 있는 민족의 종교가 되도록 그 사명을 다해야 한다.

너희 모든 목마른 사람들아, 어서 물로 나오너라. 돈 없는 사람도 오너라. 너희는 와서 사서 먹되, 돈도 내지 말고 값도 지불하지 말고 포도주와 젖을 사거라 ……들어라, 내가 하는 말을 들어라. 그리하면 너희가 좋은 것을 먹으며, 기름

주님의 교회 일구기

진 것으로 너희 마음이 즐거울 것이다. 너희는 귀를 기울이고, 나에게 와서 들어라. 그러면 너희 영혼이 살 것이다.(이사야 55 : 1-3)

믿는 사람은 모두 함께 지내면서, 모든 것을 공동으로 소유하고, 재산과 소유물을 팔아서, 모든 사람에게 필요한 대로 나누어 가졌다. 그리고 날마다 한 마음으로 성전에 열심히 모이고, 집마다 빵을 떼면서, 순수한 마음으로 기쁘게 음식을 먹고, 하나님을 찬양하였다. 그래서 그들은 모든 사람에게서 호감을 샀다. 주께서는 구원받는 사람을 날마다 더하여 주셨다.(사도행전 2 : 44-47)

여러분은 성령이 여러분을 평화의 띠로 묶어서 하나 되게 해주신 것을 힘써서 지키십시오. 여러분이 부르심을 받았을 때에 한 희망으로 부르심을 받은 것과 같이, 몸도 하나요, 성령도 하나요, 주님도 하나요, 믿음도 하나요, 세례도 하나요, 하나님도 한 분이십니다. 그분은 만유의 아버지이시며, 만유 위에 계시고, 만유를 통하여 일하시고, 만유 위에 계십니다.(에베소서 4 : 3-6)

내가 새 하늘과 새 땅을 창조할 것이니, 이전 것들은 기억되거나 마음에 떠오르거나 하지 않을 것이다. 그러니 너희는 내가 창조하는 것을 길이길이 기뻐하고 즐거워하여라. 내가 예루살렘을 기쁨이 가득한 도성으로 창조하고, 그 주민을 행복을 누리는 백성으로 창조하겠다. 예루살렘은 나의 기쁨이 되고 거기에 사는 백성은 나의 즐거움이 될 것이니, 그 안에서 다시는 울음소리와 울부짖는 소리가 들리지 않을 것이다.(이사야 65 : 17-19)

성서적인 배경을 토대로 아리랑교회는 오랜 교회 역사를 통해서 의식되고 예전화된 교회 전통의 틀에서 교회가 예수 그리스도 안에서 역동적인 성격이 회복되도록 하는 데 중점을 둔다. 특히 한민족의 정서——화랑·사랑·아리랑——를 교회의 종말론적인 삶의 바탕으로 삼고 메시아적인 잔치를 지향하는 평화·사랑·생명의 공동체를 경험하도록 한다. 이는 복음을 선포하고, 경험된 자유와 해방에 응답하고, 그 나라의 표징을 가지고 사람들에게 세례를 베풀고, 주님의 식탁에서 하나님 나라의 친교를 성취하는 축제의 공동체이다.

3. 그룹의 논의를 통해서 얻어낸 배경 설명

한민족의 5000년 역사 이래 계속적으로 논의되고 문제되는 것은 '한'(恨)일 것이다. 한반도의 지정학적 위치로 인한 외세의 침략과 그에 따른 한민족의 수성(守成). 그러나 이것은 승리의 기쁨과 도취가 아니라 슬픔과 고통과 인내의 역사였다. 더욱이 농경 문화의 기본 바탕인 노동력의 끝없는 소모와 하늘의 뜻이라고 한탄할 수밖에 없었던 천재지변 앞에서의 절망! 또한 가부장적 농경 문화의 소산인 남성 중심의 사회 구조! 이것은 여성의 한맺힘을 더욱더 옭아매는 요소였다. 이것을 우리 연구팀은 '아리랑'에서 찾고 있다.

"아리랑 아리랑 아라이-요……. 나를 버리고 가시는 님은 십리도 못 가서 발병 난다"에서의 한민족 여성이 갖고 있는 '한', 그러나 밀양 아리랑에서 보듯이 신바람 나는 "아리랑 아라리요." 우리 연구팀은 여기서 아리랑교회의 명칭을 찾는다. 아리랑은 한민족의 '한'과 '소망'을 표현한 것이다. "님은 십리도 못 가서 발병 난다"는 떠나간 님에 대한 원망과 힐난이 아니라, 오히려 님에 대한 그리움과 돌아올 것에 대한 기대와 소망이 눈물겹게 배어 있다. 바로 여기서 우리의 목회적 관점을 발견한다.

현 시대는 분열과 일치의 긴장 관계에 놓여 있는 불확실성의 시대, 소망을 잃어버린 시대이다. 민족의 정서를 가장 짙게 표현하고 있는 '아리랑'을 통하여 영호남의 분열, 남북의 분열, 더나아가 세계의 분열의 한(恨)을 극복하여 한민족 평화 공존과 일치의 '소망'을 지향한다. 또한 날로 증가되어 가고 있는 여성의 지위와 자연 생태계의 보전과 공존의 '한'과 '소망'을 아리랑교회에 담고자 한다. 이것은 기독교의 구속사적 종말론과 직결된다. 오늘날의 신학의 전망은 바로 이러한 바탕 위에 전개되고 있음은 주지의 사실이다.

아리랑교회는 한 맺힘을 풀어 젖히는 '한풀이' 목회와 한판 놀이마당인 대동제를 통하여 '恨'을 '소망'으로, '분열'을 '일치'로 승화시키는 '지화자' 목

회를 바라보며 이와 어울리는 '아리랑'이라는 순수하게 우리 한국민의 심성과
도 어울리는 교회의 이름을 그대로 사용해 보았다. 실험적인 교회 모델이라는
측면에서 앞으로 '아리랑'을 통해서 지극히 한국적인 것을 가지고 세계적인
교회 모델로 발전시킬 계획과 포부를 '아리랑'이라는 이름 속에 담고 있는 것
이다.

(1) 선교 헌장

아리랑교회는 한국 개신교 역사 100년이 훨씬 넘은 이 중요한 기점에서
21세기 교회가 나아갈 방향을 이 땅의 진정한 토착화와 한민족의 심성에 깊
이 배어 있는 '한맺힘'을 풀어 젖히는 '한풀이' 목회와 '恨'을 '소망'으로,
'분열'을 '일치'로 승화(昇華)시키는 '지화자' 목회와 '새 하늘과 새 땅'을 희
망하는 '꽃상여' 목회를 통해서 하늘과 땅, 남성과 여성, 자연과 인간, 남과
북이 하나를 이루어 더불어 사는 공동체적인 삶을 지향한다. 이것을 이루기
위하여 우리는 다음과 같이 목회 선교 방향을 설정한다.
　① 예배를 통하여 그리스도의 대속적 사건을 체현하는 예배 공동체를 지향
한다.
　② 그리스도의 몸된 지체로서 인간성 회복을 위한 평화 공동체를 지향
한다.
　③ 자연에 대한 하나님의 창조 질서를 회복하는 생명 공동체를 지향한다.
　④ 나뉘어 있는 민족을 화합하는 통일 한국 공동체를 지향한다.

(2) 선교 과제

　① 예배를 통하여 그리스도의 대속적 사건을 체현하는 예배 공동체를 지향
한다.
　㉮ 한풀이 목회 선교 과제
　　· 매월 첫째주 성만찬 예배

• 평신도 참여 확대의 예배
㉯ 지화자 목회 선교 과제
• 매월 셋째주 국악 찬양 예배
• 예배 복식의 한국화
• 예배 후 공동 식사
㉰ 꽃상여 목회 선교 과제
• 그리스도교적 관·혼·상·제 예배 개발 및 교회 내규화

② 그리스도의 몸된 지체로서 인간성 회복을 위한 평화 공동체를 지향한다.
㉮ 한풀이 목회 선교 과제
• 가정·여성 문제 상담실 설치·운영
㉯ 지화자 목회 선교 과제
• 외국인 노동자 보호(상담 및 질병 치료)
㉰ 꽃상여 목회 선교 과제
• 지역민에게 관·혼·상·제 식장 및 일체 소요 도구의 무상 임대
(단, 교회 내규 준수시)

③ 자연에 대한 하나님의 창조 질서를 회복하는 생명 공동체를 지향한다.
㉮ 한풀이 목회 선교 과제
• 자연 보호 구역 담당제
㉯ 지화자 목회 선교 과제
• 농·축·수산물 직거래 공판장 운영
㉰ 꽃상여 목회 선교 과제
• 교회 공동 납골당 설치·운영

④ 나뉘어 있는 민족을 화합하는 통일 한국 공동체를 지향한다.
㉮ 한풀이 목회 선교 과제

주님의 교회 일구기

・한반도 비핵화 운동 전개
㉯ 지화자 목회 선교 과제
・북한 동포 사랑의 쌀 보내기 및 성서 보내기 운동 전개
㉰ 꽃상여 목회 선교 과제
・중국 연변에 북한 선교 기지 설치

(3) 신앙 양육 프로그램

한풀이 목회 선교, 지화자 목회 선교, 꽃상여 목회 선교의 선교 과제를 통하여 제시된 일련의 사항들을 실현하기 위한 소그룹 중심의 신앙 양육 프로그램을 실시한다.

① 성서 연구
㉮ 고난의 십자가 사건을 중심으로 한 성서 연구반-기초 성서 연구
㉯ 부활 사건과 오순절 사건을 중심으로 한 성서 연구반-중급 성서 연구
㉰ 그리스도의 다시 오심을 고대하는 성서 연구반-고급 성서 연구
㉱ 청소년 비전 21세기 성서 연구
㉲ 성서 연극반

② 찬양 연구
㉮ 국악 찬양 개발 및 보급
㉯ 찬양 한마당(매주 수요일 다함께 찬양과 경배)

③ 인간 관계 훈련
각 기관·단체 등 소그룹을 중심으로 기본적 인간 관계 훈련 및 의사 소통법 훈련

④ 영성 훈련
각 과정별 영성 순례반을 편성 운영한다.(명상·금식·관상·독거·침묵·절제·복종의 훈련을 통한 영성 개발 및 함양)

8 21세기 문화를 수용하는 〔교회21〕

'교회21'의 이름을 정하기까지 우리 연구팀은 먼저 이런 교회였으면 좋겠다는 생각을 자유롭게 표현해 보았다. 나온 이야기들은 신나고 재미있는 교회, 그래서 '지화자교회'가 어떻겠느냐? 남녀 평등한 교회이어야 한다. 가족같이 따뜻하고 작은 '사랑방교회', 대가족 제도의 향수를 느낄 수 있는 '고향교회', 통일지향적인 '백두교회'가 나왔다. 또한 목사 혼자서 북치고 장구치며 설교 중심적인 예배를 보는 교회가 아니라 평신도들이 적극적으로 참여하는 다양한 예배를 보는 교회였으면 좋겠다는 의견, 생명을 소중히 하는 교회로 '잉태', '출산', '삶을 만드는 교회'도 나왔다. 또한 하이테크놀리지 시대를 맞아 뒤쳐지는 것이 아니라, 적극적으로 수용하고 비판하는 교회로 변화하는 문화를 이끌어가는 교회가 되었으면 좋겠다는 의미에서 '교회21'이라는 아이디어가 나왔다.

이렇게 평소에 자신이 가지고 있었던 생각들을 봇물 터뜨리는 과정에서 세 가지 중심적인 흐름으로 이야기의 맥이 잡혀 갔다.

첫째는 대중 문화를 무작정 배척하는 것이 아니라 오히려 적극적으로 수용하고 창출하면서 적극적으로 대처해 나가자는 미래 지향적인 교회상이었다.

둘째는 일상 생활과 괴리되지 않은 생활 공동체인 교회로서, 교인이 다 공동의 목표를 가지고 생명을 중요시하는 새로운 삶을 살아갈 수 있는 공동체였

●

주님의 교회 일구기

으면 좋겠다라는 생각이었다.

셋째는 기존 세대와는 정서적으로 동떨어져 있는 청소년들에게 다가갈 수 있는 젊은 감각의 교회로 청소년을 위한 까페·디스코·공연·상담과 봉사의 사명을 가진 특수 교회는 어떨까라는 의견이었다. 이 의견에 대해서는 세대별로 모이는 특수한 교회보다는 여러 세대가 함께 어우러지는 교회가 바람직하지 않겠느냐는 이견이 있었다.

첫날의 열띤 토론은 이렇게 열린 상태로 교회의 이름을 짓지 못한 상태로 끝났다. 아기의 이름을 지을 때도 작명소를 찾아가면서까지 몇 달씩 고민을 한다는데, 어찌 한 교회의 이름을 섣부르게 결정할 수 있겠는가?

다음 토론 시간에 우리는 일주일 동안 익혀 온 생각으로 지난주의 논의를 더 발전시켰다. 그 결과 '교회21'이라고 결정하게 되었다.

1. '교회21'의 의미

우리가 원하건 원하지 않건 간에 세계는 숨이 가쁠 정도로 급속하게 변화해 가고 있다. 지구촌은 하나의 단위로 정치·사회·문화·생명 등 모든 차원에서 인간과 생명이 다중적인 희생의 제물이 되는 우울한 현실이 우리를 압도해 오고 있다. 지구가 하나의 거대한 시장으로 개편되고 지금까지의 문화와는 질적으로 다른 정보 사회의 문화는 우리들에게 새로운 신학적 과제와 접근을 요구하고 있다. 그 동안 교회는 그 변화를 무시하거나 겨우 뒤쫓아갈 뿐, 그 변화를 예견하고 대안을 제시하지 못해 왔다.

우리 공동체 '교회21'은 변화해 가는 새로운 시대를 맞이하여 보다 진취적이고 적극적인 자세로 새로운 교회의 모습을 일구어 가고자 한다. 21세기라고 하는 것은 어떤 시간적인 규정이라고 보기보다는 미래를 향해 열려 있는, 기존의 교회들을 혁신적으로 개혁하며, 항상 실험 정신을 가지고 변화해 나가는 젊은 감각을 가진 교회라는 의미이다. 또한 교회 이름을 앞에 붙이지 않고 뒤에 붙이는 것도 지금까지의 관성에서 벗어난 전혀 새로운 교회라는 것을 상징적으로 보여 준다고 하겠다. 미래를 향해 열려 있다는 것은 21세기의 새로운 세상에 적극적으로 대응한다는 의미와 함께, 우리 교회의 성격이나 선교 프로그램도 필요에 따라 항상 변화할 수 있고 변화해야 한다는 것을 의미하기도 한다.

젊은 감각으로 늙어 가는 교회를 갱신하고 젊은이들과 여성이 소외되지 않으며, 하나님이 만드신 모든 피조물을 우리의 소중한 선교 대상으로 삼아 삶 속에서 함께 하는 '열려 있는 생명 사랑의 공동체'를 꽃피우려 한다.

2. '교회21' 선교 헌장

빠르게 변화되어 가는 시대의 흐름 속에서 우리 '교회21'은 선교의 새로운 지평을 열어 갈 다음의 선교 헌장을 제정한다. 이는 오직 하나님 나라에 대한 희망을 담을 것이며, 변화하는 역사 속에서 하나님의 현존을 온 세상에 널리 펴는 것이 우리 '교회21'의 목표이다.

(1) '교회21'은 변화해 가는 새로운 시대를 맞이하여 보다 진취적인 자세로 21세기를 맞이하는 열린 교회로서의 역할을 한다.

① 빠르게 다가오는 정보 문화·뉴미디어·하이테크놀고지 사회에서 그리스도교적 정체성을 가지고 이를 적극적으로 수용, 선교의 장으로 삼는 '교회21'. 공상 과학 영화에서 보았던 세계가 실제로 우리에게 빠른 속도로 다가온다. 하루가 다르게 변화되는 이 사회에서 보수적으로 기존의 것을 버리지 않으려는 교회의 모습을 과감히 개혁하고, 변화된 사회 속에 적극적으로 참여, 이를 올바른 방향으로 비판하고, 이를 주도해 나가며, 새로운 그리스도교 문화를 만드는 데 최선을 다하는 교회

② 성차별이 없는 '교회21'―교회 직분을 남녀 고루 배치, 식당 봉사는 모두가 참여, 아이를 둔 주부의 예배를 위한 주일 교회 탁아소 설치……

주님의 교회 일구기

③ 지역 사회와 함께하는 '교회21'—매일 지역 주민을 위한 예배(월 : 실업자들을 위한 예배, 화 : 직업 여성들을 위한 예배, 수 : 외국인 노동자들을 위한 예배……)

(2) '교회21'은 문화가 있는 살아 있는 교회로서, 정적인 교회의 형태에서 벗어나 축제적인 교회 생활을 하도록 문화를 개발하고 이를 실현한다.

① 축제로서의 예배—많은 교인들이 능동적으로 참여하면서 하나님 말씀을 배우는 축제적 예배를 드릴 수 있도록 '교회21'은 힘쓴다.

② 문화 공간의 확충—교회 카페 · 교회 도서관 · 교회 체육관 · 교회 당구장 · 교회 영화관 시설들을 운영하고, 건강한 크리스천 문화를 위한 강좌를 항시 개설하여 문화에 대해 열려 있는 '교회21'를 만든다.

③ 민족 문화를 전승하는 교회—전통적인 예배 형식, 우리 가락으로 만든 찬송가 부르기, 교회 절기를 민족 고유의 절기와 맞게 만든다.

(3) '교회21'은 앞으로 교회와 사회에 일꾼이 될 청소년들과 청년들을 위한 교회로서의 역할을 한다.

① 청소년부를 하나의 독립된 교회로 인정한다. 교육 목사를 중심으로 자치적으로 청소년 교회를 운영하도록 교회에서 최대한 배려한다. 하지만 재정적 지원은 충분히 한다.

② 청소년들이 자신의 문화를 만들 수 있게끔 최대한의 배려를 한다. 청소년 소극장 · 청소년 카페 · 하루 콜라텍 등 스트레스에 젖어 있는 이들에게 내일의 희망을 주는 교회로서 우리 '교회21'은 노력한다.

3. '교회21' 선교 사명

(1) 우리는 이렇게 신앙을 고백합니다.

　우리는 만물을 창조하시고, 창조하신 피조물을 어머니와 아버지처럼 사랑하시며, 역사의 주인이신 하나님을 믿습니다. 우리들 사이에 인간으로 오시어 하나님이 원하시는 모든 생명의 해방과 평화를 위해 죽으셨다가 다시 살아 나신 예수님을 따릅니다. 성령은 하나님이 우리에게 주신 선물로 예수님이 이루고자 하셨던 일을 우리가 결단하고 따라 나설 수 있도록 격려해 주시고 치유해 주시며, 항상 우리와 함께 하십니다. 우리 공동체는 항상 하나님의 나라가 이 땅에 이루어지도록 노력합니다.

(2) 우리는 이렇게 일합니다.

　① 우리는 창조 세계와 이웃을 향해 열려 있는 삶의 자세로 이기적이고 자기 중심적인 폐쇄성을 극복하려는 자세로 살아갑니다.
　② 급속하게 변화해 가는 문화와 문명 속에서 하나님의 뜻이 무엇인지를 깨달으려고 노력하며, 새로운 공동체상을 제시하여 미래를 비추는 작은 등불이 되고자 합니다.
　③ 지구촌의 다양한 민족과 인종을 한 가족처럼 생각하여 전쟁, 빈부의 격차, 인종차별, 인권 억압 등의 문제들에 대해서 함께 연대하고 기도합니다.
　④ 하나님의 창조 세계를 위협하는 무제한적 개발과 과소비를 반대하며, 검소하고 가난한 삶을 살아갑니다.
　⑤ 교회 안팎의 모든 성차별이 없어지도록 노력합니다.
　⑥ 현대 문명과 정보, 자본으로부터 소외된 이들과 함께 합니다.
　⑦ 신명나는 예배, 축제와 같은 예배를 드립니다.
　⑧ 21세기의 주인공인 청소년들이 참여할 수 있는 젊은 교회의 역할을 합니다.

⑨ 권위주의를 극복하고 민주적인 교회를 만들어 갑니다.

⑩ 그리스도를 통하여 온전하게 회복된 우리는 성숙한 신앙인으로 거듭나기 위하여 항상 기도합니다.

⑪ 영성 훈련으로 기쁨과 온유, 절제와 겸손, 관용과 정의 같은 영성적인 열매를 맺는 경건한 삶을 살아갑니다.

4. '교회21' 프로그램

(1) 새로운 세계를 향해 열려 있는 교회

① 타종교와의 만남——타종교와 대화하고 연대하고 친교하는 프로그램을 가진다. 특히 어린이부와 청소년부 학생들이 타종교에 대해 포용하는 자세를 가질 수 있도록 교육 프로그램에 적극 반영한다.

② 사회 과학·자연 과학과의 만남——그리스도교인인 첨단 과학 분야 전문가들의 만남의 자리를 마련해, 미래 사회를 이해하고 분석하고 나아가야 할 방향을 제시하는 선도적인 그룹을 형성한다. 예를 들어, 최근에 문제가 되고 있는 생명 공학·장기 기증·안락사 등의 문제에 대해 논의하고 사회 여론화 시킨다.

③ 언론·텔레비전·영화 등 이 사회를 이끌어가는 힘인 미디어를 모니터하는 그룹을 만든다. 그리스도교적인 시각에서 분석하고 평하여 정보 교류와 함께 사회적인 영향력을 미칠 수 있도록 노력한다.

④ 평등한 교회 문화를 위한 훈련——남녀·직분·나이에 상관없이 평등한 문화의 정착을 위해 어렸을 때부터 평등한 교육을 시킨다. 결혼하는 신혼부부를 위한 교육, 여신도들의 리더십 향상을 위한 교육, 교회 직분에 쿼터제 도입(목회자·부목사·전도사 초청시 남녀 비율을 일정하게), 교회 업무 분담도 성별 선입견없이 하되 특히 남신도들을 훈련시키는 방향으로 한다.

주님의 교회 일구기·가꾸기

(2) 젊은이들이 많이 모이는 교회

① 청소년들을 위한 문화 공간—까페·도서관·영화관·체육관·콜라텍·소극장 등의 시설을 마련하여 문화의 사각 지대에 있는 청소년들에게 건강한 문화를 향유할 수 있는 건전한 공간을 제공해 준다.

② 21세기의 문화를 이끌어 갈 청소년—앞으로 교회와 사회를 이끌어 갈 젊은이들이 먼저 교회의 문화를 이끌어 가도록 하여 한국 사회의 건전한 문화를 유도하는 젊은이들이 될 수 있도록 한다. 서태지의 음악에 심취하는 청소년들이 세속과 교회를 분리하지 않고 통합시킨 문화를 만들어 갈 수 있도록 교회 음악(밴드)·연극·문학 등을 꽃피워 갈 수 있도록 돕는다.

③ 단절되어 가는 가족간의 대화를 풍성하게—극도로 개인주의화되어 가는 풍토는 가족 내에서도 대화를 단절하고 많은 청소년들이 방황을 하게 한다. 노인들도 외로운 삶을 살아 가고 있다. 상담, 가족과의 대화, 다양한 세대가 서로를 이해할 수 있는 프로그램으로 한 달에 한 번 간세대 예배를 보는 것 등의 프로그램을 마련한다.

(3) 예배를 통해 완성되는 교회

① 교회의 모든 프로그램이 결집·완성·승화되는 예배—연극·음악·멀티 미디어·영상 예배 등 다양한 형식으로 청소년·여성·어린이·남신도 등이 예배 준비를 맡도록 한다. 에큐메니칼한 정신으로 타교파나 가톨릭과 함께 보는 예배, 다른 나라의 교회와 자매 결연을 맺어 연대하고 문화를 교류하고 나누는 예배, 여성·환경·전쟁·빈곤·외국인 노동자 등 세계의 문제를 주제로 하는 예배를 드린다.

② 영성이 살아 나는 교회—메말라 가는 문명 속에서 휴식을 얻고, 하나님과의 신령한 만남과 교우들 사이의 하나됨을 체험하는 신명나는 축제로서의 예배를 드린다. 설교 중심적인 교회가 아니라 성만찬과 제의를 중요시하며, 서구 예배 형식에서 탈피한 민족 고유의 예배 형식을 창출한다.

5. '교회21' 교육 프로그램

(1) '교회21'은 이러한 원칙을 가지고 교육합니다

① 성서에 근거한 신앙의 기초를 굳건하게 다진다. 특히 새신자와 어린이, 청소년들은 믿음의 뿌리를 튼튼하게 내려 주어야 한다.

② 21세기의 인간 소외, 환경 파괴와 같은 문제들을 성서적으로 접근하여 해석하고 방향성을 제시한다.

③ 급격한 사회 변화는 기존 가족 제도의 해체를 불러오고 그로 인해 가족 공동체는 위기를 맞을 것이다. 예비 부부 교육, 올바른 부부 관계, 간세대가 서로 이해할 수 있는 교육, 자녀 교육 방법, 이혼자들을 위한 교육 등 가족 공동체를 강화시키는 교육을 진행한다.

④ 개별화되고 바쁜 현대인들에게 다가갈 수 있는 영성 훈련 교육 프로그램을 개발한다. 예를 들면, 컴퓨터 통신을 통한 아침 명상 시간, 멀티미디어 영상으로 진행하는 새벽 영성 훈련 시간 등이 있겠다.

⑤ 시골 교회와 자매 결연, 다른 나라와 교회·가톨릭·타종교와의 만남의 시간을 통해 다양성 속에서 일치를 찾는 프로그램들을 가진다.

⑥ 교육이 지속성을 갖기 위하여 단계화·종합화·실천화의 원칙으로 교육한다.

⑦ 모든 교육은 주입식 교육이 아닌 토론 위주의 참여 교육 방식을 택한다.

(2) 조직별·단계별 교육은 어떻게 이루어질까?

① 어린이부 및 청소년부

영상과 만화 등 활자 매체가 아닌 영상 매체를 통해 성서에 접근한다. 듣는 교육, 수동적인 교육에서 능동적이고 창조적으로 참여하는 교육 프로그램으로 개인의 개성을 키워 주는 교육을 한다. 예를 들어, 동아리 활동의 활성화

등이 있겠다.

② 여신도회 교육

말씀 위에 굳건이 서게 하면서 실천으로 이어지도록 교육한다. 평등한 교회 생활을 위해 여성 신학과 리더십을 훈련할 수 있는 계기를 적극적으로 마련해 준다.

③ 남신도회 교육

바쁜 직장 생활로 평일에 교육을 받기 어려운 남신도들을 위해 컴퓨터 통신을 통한 성경 공부를 기획한다.

④ 노인 교육

교회 내 노인 대학을 마련하여 신앙을 다지고 삶의 새로운 활력소가 될 수 있는 다양한 교양 과목을 교육한다.

⑤ 단계별 교육

새신자 교육·세례 교육·제직 교육이 단계에 맞추어 발전적으로 진행되며, 동시에 신앙 생활의 깊이를 더할 수 있는 평생 교육을 5-10년이 될 때마다 받는 것으로 한다.

주님의 교회 일구기

⑨ 천-지-인의 공동체성을 회복하는
〔하늘 · 땅 · 사람마당교회〕

인간의 교만이 가져온 신-인-자연의 분열은 넓은 의미의 '생명' 굴절과 파괴를 가져왔다. 이 죄악상이 하나님과 인간 사이에 심연을 놓았고, 민족과 계급의 대립, 상호 파괴는 이 분열상에서 파생된 것이다. 특히 인간의 자연 지배 능력의 확대와 과학 기술 혁명의 급진전은 자연의 자기 정정 메카니즘을 방해하기에 이르렀고, 이는 자연의 일부로서 존재하는 인간의 생명마저도 위협하는 부메랑 효과를 보이고 있다. 죽음의 현실을 넘어서고자 하는 노력이 '신 중심,' '인간 중심,' '자연 중심'의 고립된 양태로 전개되는 것은 본질적인 생명 회복의 결과를 가져올 수 없다. 신-인-자연의 공동체성을 회복하여 생명의 질서를 이 땅에 세우는 것은 '코이노니아'의 실현이다. 우리는 그 모델을 '성부-성자-성령의 삼위일체 하나님'의 존재 양식에서 받아들이고자 한다. 하나님 중심의 신앙 고백은 나머지의 종속을 가져오는 것이 아니라 모순없는 일체성의 실현이며, 이는 하나님에게 더 가까이 다가가는 인간 본성의 성숙을 의미한다.

1. '하늘 · 땅 · 사람마당'은 무엇을 중심적으로 '사건화'할 것인가?

(1) 한국인의 종교적 심성의 원형을 그리스도교 전통 중심에 세운다

우리가 호흡하며 살아가는 한국은 다종교 상황이라는 측면에서 사고될 수

있다. 한국에 전래된 고등 종교들 또는 토착 종교들(종교라는 표현보다는 민간 신앙이라는 표현이 적절하겠다.)은 하나가 하나를 대체하며 발전해 온 것이 아니라 상호 영향을 미치며 역사적 발전을 거쳐 왔다. 때문에 21세기로 가는 현재의 한국이 하나님 나라의 전야로 오인될 수는 없을 것이다. 선교라는 차원에서 볼 때, 한국의 다종교 상황은 나름의 안정 구조를 가지고 분화된 영역으로 존재하기 때문에 패권주의적 선교로는 현실에 대응할 수 없다. 때문에 대화는 절대적으로 요청되는 현실적 과제가 된다.

그러한 맥락에서 우리의 출발은 그리스도인으로서 한국인됨이 아니라 한국인으로서의 그리스도인됨이다. 하나님의 보편적 사랑은 모든 민족에게 비추인 빛이기에, 깊은 영맥으로 이어져 온 한국인의 종교적 심성은 사악한 것으로 배척될 것이 아니라, 그 안에서 하나님의 역사를 발견하여야 한다. 따라서 신화의 '붉 사상', 무속, 풍류도, 한 등의 종교적 심성의 원형들로 간주되는 뿌리를 바깥이 아닌 '안에서' 만나고자 하며, 이를 기반으로 그리스도교 전통의 한국적 성숙을 이루고자 한다.

이런 목적은 만남의 개방성을 요청한다. 진리는 교조가 되어서는 안 되는 역동적 실체이며, 역사와 인간 문명의 변화 발전 속에서 정정될 수 있는 운동체이기에, 이 만남은 메타노이아의 가능성을 배제하지 않는 개방적 태도를 견지한다. 또한 이 만남은 '종교간의' 만남이 아니라 철저히 '종교인들간의' 만남이어야 한다. 그리스도교 이외의 '타종교와의 대화'가 아니라 다른-적어도 현실에서는-신앙을 갖는 사람들과의 만남이다.

또한 한국인의 종교적 심성이 지향하는 것은 '삶의 차원', 지극히 '현세적인' 성향이라 할 때, 한국적 심성(영성)을 찾아 떠나는 여행은 고등 종교의 엘리트들간의 만남이 아니라 민중의 삶에서 그 동력을 얻는다. 이는 고등 종교의 문헌들을 문자적으로 비교하여 그 유사성을 찾는 작업이 아니라, 신앙하는 고등 종교에 배어 있는 민중적 삶의 정수를 찾아 그 일체성을 확인하는 작업을 요청한다.

주님의 교회 일구기

(2) 자연의 '대상'으로서의 인식을 넘어서고자 한다

자연을 '정복의 대상'으로 생각하는 것과 마찬가지로 '보호의 대상'으로 사고하는 것 역시 인간중심주의 패권 의식에 다름아니다. 하나님의 창조 질서에서 자연은 인간과 동등한 피조 질서이며, 더 나아가 인간을 포함하는 질서이다. 자연을 지키고 보호하자는 슬로건은 자연 파괴의 주범이 인간이라는 자기 반성에서 나오는 것이지, 그 본성 자체가 '보호받고 보호하는' 대상성의 관계는 아니다. 피조 질서의 생명을 위협하는 현실을 극복하는 것은 이러한 대상적 인식의 폐기로부터 출발하여야 한다. 가이아(Gaia)로서의 지구는 영성을 갖는 실체이다. 자연이 드리는 예배를 느낄 수 있고, 우리 역시 그 일부로서 신적 영광을 드러내고자 함을 깨닫는 속에서 자연의 대상성을 넘어설 것이다.

(3) 그리스도인들만의 자폐적 공동체를 벗어나고자 한다

'교회'는 그리스도를 믿는 사람들의 모임이다. 하지만 '에클레시아'는 '부름받아 나온 사람들의 모임'이라는 의미를 갖는다. 그렇다면 인간화와 공동체적 생명 질서를 회복하기 위해 부름받은 이 시대의 사람들은 누구인가? 하나님의 부름은 오늘 어느 곳에 전해지고 있는가?

우리는 하나님의 창조 질서 회복을 위한 부름은 동 시대를 살아가는 만인에게, 그리고 피조 세계 전체를 향해 전해지고 있음을 신앙한다. 따라서 우리가 세우고자 하는 공동체는 인간 세상의 비인간적 현실을 타파하고자 애쓰는 선한 세력들이 신뢰에 근거한 연대성으로 만날 수 있는 마당이다.

또한 '마당'이 위치하는 지역 사회에서 마을 공동체의 만남과 연합의 장으로 역할하고자 한다. 우리는 '그곳에 가면' 마음이 평안해지고, 서로 애정과 희망이 샘솟아 나는 그런 공동체적 마당의 의미를 이루고자 한다. 어린이들의 놀이터요, 노인들의 휴식처요, 청년들의 열띤 고민과 실천의 장이요, 여성들의 해방적 자기 표현의 장으로서 마당은 자신을 열어 놓을 것이다.

주님의 교회 일구기·가꾸기

(4) 보통 사람들이 주체가 되는 마당을 이루어 가고자 한다

조직의 발전은 지도부의 강고함 정도에 따라 판단될 성질이 아니라 대중의 자주적 진출의 파장과 자아 실현 능력의 확장에 따라 판단될 성질이다. 마당의 성패 여부는 지도자들의 프로그램의 다양성과 신념의 깊이에 따라 좌지우지되어서는 안 된다. 신적 능력의 예수 그리스도가 낮은 곳으로 내려와 갈릴리 민중을 하나님 나라의 주역으로 세우신 뜻은 여기에 있다.

그러나 이 신념이 교육과 훈련을 폐기하는 것은 아니다. 문제는 대중을 의식화하되 대중에게서 배운다는 민중적 교육 원리를 실현하는 것이다. 때문에 마당을 주도적으로 만들어 가고자 하는 사람들은 자신들의 이념과 계획이 대중의 각성과 진출에 의해 정정될 수 있음을 전제로 한다. 지식인이 미처 파악하지 못한 진리의 샘을 스스로 파내는 대중의 슬기를 존중하는 것은 교육이 '대상으로서의 대중'을 향하는 것이 아니라 '주체로서의 대중'에게 향함을 잊지 않도록 우리를 규정하는 것이다. 때문에 교육과 훈련의 시초부터 대중은 주체로서의 자기 위치를 찾아 나가도록 해야 하며, 그 성취 여부가 마당의 생명력을 좌우할 것이다.

3. '하늘·땅·사람마당'의 조직 구조

마당은 상하좌우를 구별하고 각각의 지위를 위계적으로 보는 질서를 거부한다. 우리가 지향하는 마당의 구조는 원탁 구조로서 모두가 모두를 평등하게 만날 수 있는 회중 교회의 질서이다. 마당의 운영을 위한 조직 구조는 이러한 관점에서 창출되며, 그것은 평신도 중심의 '위원회' 구조를 갖춘다. 각 위원회는 우선 마당의 '사건화' 내용에 근거하여 구성된다.(환경 위원회·지역 사회 위원회·종교 대화 위원회) 다음으로 마당의 살림살이를 주관할 위원회를 둔다.(관리 위원회) 마지막으로 마당의 신앙과 사상을 바르게 세워 나가는 역할을 주도할 위원회를 둔다.(교육·문화 위원회·예전 위원회) 이 위원회들은 전문화를 추구함에도 불구하고 분업 구조는 아니다. 위원회의 울타리는 수평적 그림이며, 언제라도 울타리를 넘어서 마당의 전반적 문제와 과제에 대해 개입할 여지를 둔다. 분업화는 그 효율성에도 불구하고 소외의 원초적 근원이 되어 왔다. 한 인간의 총체적 자아를 실현하는 마당의 목적은 분업 구조를 고정화시키는 것을 반대한다. 이를 위한 대안으로 위원들의 자기 지향에 따라 일정 기간(1년)을 경과하면 다른 위원회로의 이전을 보장하고 교육적인 지원을 보장한다.

마당의 전체적 일을 논하여 계획하는 장은 우선 전 공동체 구성원들이 모이는 '총회'에서 다루고, 그 구체적 책임은 각 위원회의 장들이 모이는 '운영 위원회'에서 다루도록 한다.

마당의 대표성을 나타낼 대표는 '총회'에서 추천·선출케 하며, 운영 위원회의 주관자가 된다. 대표는 전체 운영 위원회의 성공적 운영을 위해 개별 '위원회'에 속하지 않아도 된다. 임기는 1년으로 하되, 공동체 성원들의 합의에 따라 연장할 수 있다.

4. '하늘·땅·사람마당'의 구체적 실천 내용 시안

이 시안은 우리의 목적에 따라 창조될 성질이다. 우선 중요한 것은 마당의 신앙과 사상, 실천의 틀에 대한 공동체 구성원들의 공유를 정정 과정을 통해 획득하는 것이며, 그 가운데서 구체적 실천 내용과 형식을 찾아 가고자 한다. 그럼에도 지금 생각될 수 있는 몇 가지의 실천 내용을 시안으로 제출해 본다.

(1) 전통과 현실에서 한국인의 종교적 심성을 찾아나가는 활동

① 그리스도교 신앙에 따른 공동체간 교환 설교와 예전 참여
② 타종교 강연
③ 현실 문제에 대한 종교간 공동 심포지움과 연합 활동을 통한 연대성 고

주님의 교회 일구기·가꾸기

취

 ④ 각 종교인들간의 대동풀이의 장 마련(민속놀이)

(2) 피조 세계의 창조 질서 회복

 ① 자연과 '함께'('속에서'가 아님!) 드리는 예배를 통한 인식의 전환(연 4회)
 ② 지역 사회 환경 문제 해결을 위한 주도적 참여

(3) 지역 사회에의 참여

 ① 마당을 지역 사회의 공간으로 개방
 ② 문화 활동의 다변화를 통한 지역 문화의 발전 도모
 ③ 현실 문제에 대한 강연회와 교육을 통한 주민들의 의식적 발전 추구
 ④ 지역 사회 운동에 마당이 한 주체로 참여, 공동의 논의와 실천 담보

(4) 평신도 중심의 마당 운영

 ① 예전 집례의 교역자 중심 구도 극복
 ② 의식과 능력 개발을 위한 교육 구조와 내용 마련
공동 작업 과정에서 우리가 고민하였던 것은 우리의 문제 제기와 현실의 괴리감이었다. 때로는 애초의 목적이 '현실 적용 가능성'이라는 기준에 따라 후퇴하기도 하였고, 그 틀에 맞추어 수정되기도 하였다. 하지만 그러한 과정은 단순한 후퇴가 아니라 논의에 참여하는 진지성을 반증하는 것이었다. 현실적 책임을 지지 않는 관념적 논의는 결국 '가상 현실'에의 자기 도착을 생산하며, 이는 현실의 불만을 푸는 스트레스 해소의 장으로 타락하는 것이다. 때문에 논의의 '자유로'에 신호등을 설치하고 잠시 정차해 보았던 것은 본 연구팀의 고민이 현실에 굳건히 기반한다는 것을 의미했다.

그렇다면 본 연구팀이 갖는 "현실의 그리스도 교회가 직면한 한계를 '넘어서야 한다'"는 고민의 일치를 현실의 힘으로 변화 발전시키는 것은 무엇일까? 그것은 기성 질서—현존의 기성 교회와 사회상—에 대한 철저한 비판적 숙고였고, 그 출발은 '현실'에 놓여 있었다. 우리는 현실의 '교회'를 포기하는 것이 아니라 갱신하고자 하였다. 그것은 교회의 '외부에서'—우리 스스로 규정하는 위치는 아니다. 이는 기성 교회들로부터 규정될 것이기 때문이다.— 예수 공동체의 새로운 현실을 만들어 '자극'하는 등의 역할로 마당을 고민하도록 하였다.

마당 논의에 참여한 우리 모두가 하나의 '마당'을 개척하는 구성원으로 자기 삶의 이전을 모색할 수 있겠는가의 확답은 아직 내릴 수 없다. 하지만 우리가 공유했던 고민은 어떤 형태로든 살아남아 한국 교회의 자기 갱신에 일조할 것임을 의심치 않는다.

빠뜨린 것은 아니지만—기본적 전제의 하나로 우리의 신앙과 사상, 실천에 녹아들어 있기 때문에—마당의 '정치성'에 대한 구체적 고민이 제기되지 않은 것처럼 인식될 것이다. 우리는 해방하는 하나님의 신앙이 초월의 영역에 국한되는 것이 아니라 내재의 차원과 통합됨을 신앙한다. 초월을 향한, 또는 초월 없이도 자기의 본질을 발견하고 성숙시키고자 하는 인간의 영성은 삶의 차원에서 사고되어야 한다. 영성이란 '그리스도를 따르는 것'이며, 이는 지상 예수의 삶을 본받는 것이어야 한다. 때문에 억압과 비참의 현실을 존속시키는 세상의 악한 질서에 대한 그리스도인들의 투쟁은 공동체의 기본적 임무로 이해되어야 한다. '하늘·땅·사람마당'은 민중의 기본권 쟁취와 인간 세상의 인간화—공동체성의 회복—를 위해 신앙인으로서 참여할 것이며, 선한 투쟁에 힘쓰는 정의의 힘들과 제한없이 연대할 것이다. 특히 지방 자치 시대로의 변화에 발맞추어 지역의 미시적 문제에 대한 구체적 정책 대안을 가지고 개입하는 것을 적극 모색하고자 한다.

5. 교역 개발

(1) 고민의 방향

구체적인 프로그램의 모색보다는 평신도 지도력을 어떻게 확보할 수 있겠는가의 고민이 중심이었다. 이는 현실의 교회 현장에서 평신도 지도력이라고 하는 부분이 실현되는 방도가 진정 평신도의 자주적인 진출로 이루어질 수 있겠는가의 의문, 그리고 그 대안으로서의 목회자의 '양심적' 지도가 평신도 지도력을 확보하는 방향으로 맞추어질 수 있는가의 의문 등이 중첩되어 고민되었기 때문이다. 우리는 그 고민을 마당의 '교육'과 '조직 구조'에서 집중적으로 조명해 보았다.

(2) 교육

무엇이든 동인(動因)이 있어야 운동할 수 있다. 우리는 현실에서 평신도 지도력의 가능성이 '지식인 평신도'들 외에는 자주적으로 형성되기 힘든 조건에서 평신도들 스스로가 교역의 주체로 나설 수 있도록 돕는 교육이 마당에서 이루어져야 함을 주장한다. 남미의 기초 공동체 운동은 의식화 교육의 배경에서 나타난 것처럼, 평신도들의 각성과 능력의 확보가 평신도 공동체를 이루어 나가는 관건인 것이다. 이 교육의 내용은 예수 공동체의 신앙 내용을 형성하는 교육에서부터, 환경·문화 등 마당의 각 분야 일꾼들이 지녀야 할 전문적 능력에 이르기까지 포괄적이어야 한다. 교육의 일차적 책임은 마당을 개척한 사람들에게 있겠지만, 그 역시도 평신도 지도력이 성숙하게 되는 시점에서 자기 위치를 변동시킬 수 있어야 한다. 즉 평신도가 될 수 있어야 한다.

(3) 조직

마당의 성격은 '지역 센터'이다. 그리스도교 신앙의 차원에서만이 아니라

한 지역의 여러 문제에 개입하여 하나님 나라의 지평을 넓혀 가는 역할이 마당의 몫이다. 그 목적은 마당의 제반 활동에서 드러나겠지만, 보다 일상적인 영역에서 마당의 정신을 실천해 나갈 구조가 필요하다. 우리는 그것을 지역 센터인 '마당'으로 결속되는 '가정 교회'(마땅한 명칭을 정하지 못해 이렇게 사용한다)의 편재에서 찾아 보았다. 가정 교회는 일상적으로 지역 사회에 연대하며, 그 활동의 영역이라는 것이 단순한 성서 연구에 머무르지 않고 가정 교회가 만나는 지역 주민들과의 활발한 유대와 공동의 실천으로 향하는 외향적 조직 단위이다.

논의가 더 진전되면서 우리는 마당의 조직 형성기에서 '아래로부터의' 진출이라는 가능성을 발견하였다. 애초에 제기되었던 마당의 '위원회' 구조를 가정 교회의 연대로서 상정할 수 있는 방안을 모색하게 된 것이다. 10-15인 정도의 가정 교회에는 신앙 담당·환경 담당·문화 담당·정치 문제 담당 등 역할들을 분담하고, 그 구체적 책임을 맡은 사람들이 모여 마당의 분야별 '위원회'를 구성하는 것이다. 전문 위원회가 아닌 운영 위원회와 같은 조직 구조도 마찬가지 원리를 따른다. 자신의 일을 분명히 인식하는 구체적 개인들의 연대로서 '마당'은 '세상 속으로' 향하는 예수 공동체의 한 걸음 전진일 것이다.

6. 살림살이

하늘·땅·사람마당은 도시의 지역 센터가 될 것으로 전망된다. 때문에 수도원과 같은 자급 자족적 살림살이는 현실적인 대안이 될 수 없다. 지역 센터로서 기능하기 위해서는 최소한의 비용을 만들어 내야만 한다. 하지만 마당의 살림 비용은 기성 교회의 그것처럼 건물의 증축이나 내향적 소비의 확대로 향하지 않는 것을 원칙으로 한다.

주님의 교회 일구기·가꾸기

(1) 마당의 살림 비용 산출과 충당 방안에 대한 공동체 구성원들의 토론과
  합의

마당은 재정 운용의 원칙을 전체 공동체원들의 민주적 토론과 합의에 기초해 세우고자 한다. 연말에 전 공동체원들이 참여하는 모꼬지나 공동 의회를 통해서, 다음 연도의 활동 내용을 공유하고, 예상되는 소요 경비를 산출하여 그 충당 방안을 함께 찾아보는 것이 그것이다. 중요한 것은 공동체 구성원들이 내는 헌금의 사용 용도를 분명히 알 수 있도록 공개하는 것이다.

(2) 재정 충당의 방안

① 공동체 구성원들의 십일조
십일조는 성서적·교리적 측면에서보다는 마당의 선교 정신 차원에서 권장될 것이며, 그 외의 절기 헌금이나 작정 헌금 등은 폐지한다. 하지만 자의에 기초한 감사 헌금과 기부는 있을 수 있다.
② 마당의 활동에 대한 외부적 지원 확보
마당의 활동에 관심을 갖고 지지하는 단체나 교회들의 후원을 받는 것과 동시에, 마당의 지역 사업 경비는 주로 정부 조직으로부터 확보하는 방안을 강구하고자 한다. 특히 지방 자치제 시대의 도래와 더불어 사회 복지 분야의 확대는 그 근거로서 작용한다.
③ 수익 사업
유기 농산물 직거래·물물 교환 장터·출판(특히 문서 선교의 의미로서) 등의 수익 사업을 통해 재정을 확보하는 방안을 강구한다. 하지만 시중 물가보다는 아래여야 한다는 원칙을 세우고자 하는데, 이는 우리의 수입 사업은 자본주의의 논리——이윤의 극대화——와 구분되어야 하기 때문이다. 특히 수익 사업은 재정 충당의 목적에서만 진행되는 것이 아니라 마당의 목적을 구체화하는 장이기도 하다.

(3) 민주적 살림살이

① 살림의 운영 책임

모꼬지나 공동 의회에서 결의된 재정 운용은 운영 위원회의 관리 하에 둔다. 각 위원회별로 필요한 예산이 보고되고, 그 집행에 대한 협의들이 일상적으로 이루어지는 공간으로서의 운영 위원회가 될 것이다.

② 살림살이 예산 집행의 원칙

마당의 유지를 위한 최소 경비를 제외한 나머지 전액을 사회 봉사·선교의 분야로 집중하고자 한다.

10 농촌 교회의 모델이 되는 〔햇빛교회〕

한국 농업은 도시 중심의 급속한 산업화 과정 속에 저임금 정책 유지를 위한 저농산물 가격 정책의 계속적인 시행으로 불가피하게 오랫동안 한국 경제의 희생양 노릇을 해야 했다. 그러다 보니 자연 농촌의 지속적인 이농 현상을 초래하게 되었고, 따라서 우리의 먹거리를 책임지고 있는 농촌은 쇠퇴 일로의 위기 상황에 놓이게 되었다. 최근의 우루과이 라운드 협상 등에 의한 농산물 수입 개방화 정책 역시 한국 농업의 경쟁력을 크게 위협하는 요소로 작용한다. 이처럼 안팎으로 희생만을 강요당하는 우리 농촌의 현실로 인해 농촌 인구는 현재 더 이상 감소할 수 없을 만큼 이미 충분히 감소하였으며, 절대 농지의 규모도 현저히 감소하여 식량 자급 수준도 점차 하락하고 있는 실정이다.

이렇듯 피폐해진 우리 농촌의 형편은 교회의 현실에도 그대로 반영되어 기존 농촌 교회의 숫자적 감소 현상이 나타나고 있는 바, 이러한 실정에서 농촌에 교회를 개척하려는 시도는 그 자체가 무모한 것처럼 보이기도 한다. 그렇다면 우린 이렇게 피폐해진 농촌을 그저 속수무책으로 방관할 수밖에 없는가?

세상을 지으시고 주관하시는 하나님을 믿으며, 이 땅에 오셔서 어둡고 소외된 곳의 사람들을 사랑하신 예수 그리스도를 구주로 고백하는 그리스도교 신

주님의 교회 일구기

앙은 이 사회의 그늘지고 어두운 곳을 외면할 수 없으며 또한 외면해서도 안 된다. 농촌의 어둠과 소외는 도시 중심의, 그리고 소수 지배층 중심의 자본주의적 산업화로 인하여 생겨난 결과이므로, 그것은 곧 우리 모두의 아픔이 아닐 수 없다. 농촌의 어두움은 곧 우리의 어두움이며, 농촌의 아픔은 우리를 대신하여 진 아픔이다. 여기서 우리는 구약성서 제2이사야서에서 말하는 '고난받는 종'의 모습을 우리 농촌의 현실에서 그대로 읽어낼 수 있게 되는 것이다.(이사야 53 : 1-5)

이렇듯 농촌의 어두운 현실을 그대로 방관해서는 안 된다는 지적은 농촌의 문제를 나의, 우리의 문제로 인식하게 했고, 그 결과 바람직한 농촌 교회 상을 모색하게 되었으며, 이의 실현을 위해 이른바 햇빛교회란 교회를 설립하기로 하였다.

1. 교회 명칭의 해석

햇빛교회란 명칭은 모든 생명을 존재하게 하는 근원적인 힘으로서의 햇빛 이미지가 자신뿐만 아니라 남의 생명, 심지어는 하나님이 지으신 이 세계의 생명에도 영향을 미치는 농촌의 소중한 기능과 맞닿아 있다는 점에서 착안되었다. 게다가 햇빛은 풍성한 결실을 위한 전제 조건으로서 무엇보다도 농부들에게는 친숙한, 그리고 다분히 희망적인 개념이 될 수 있는 것이다. 이는 또한 악인과 선인을 가리지 않고 모두에게 햇빛과 같은 구원의 은총을 베푸시는 하나님의 크신 사랑(마태복음 5 : 45)을 나타내기도 한다. 악인과 선인에게, 그리고 이 사회의 음지와 양지에 골고루 은총을 내려주시는 하나님의 사랑을 따뜻한 '햇빛'으로 표현하고자 한다. 따라서 햇빛교회는 이 땅의 음지로 소외되어 온 농촌에 햇빛과 같은 하나님의 은총으로 다가가서 그것의 어둠을 밝히고 더불어 사는 삶을 통해 함께 아픔을 치유하며 희망을 창조해 내는 교회가 될 것이다.

2. 교회 설립 배경

우리는 농촌으로 간다. 도시가 잃어 버린 고향을 찾아간다. 그리고 거기서 산다. 몇 년 있다가 좋은 자리 나면 도시로 나가볼까 하는 사람은 우리와 함께 하지 않는다. 우리가 그곳에 가는 이유는 그곳의 사람들이 불쌍해서가 아니다. 그리고 감상적인 목회상에 젖어 자신의 꿈을 실현하러 가는 것이 아니다. 단순히 농경 사회로의 복귀를 주장하거나 산업 문명 이후에 또 다시 농경 문명의 시대가 오리라는 환상적 담론을 퍼뜨리기 위해서도 아니다. 우리가 거기 가는 이유는, 그리고 거기서 햇빛교회를 세우고자 하는 이유는 우리가 살기 위해서이다. 우리는 그곳이 WTO를 극복할 대안이 묻혀 있고, 주택난을 해결해 줄 땅이 있고, 갖가지 소음과 공해에 시달린 사람들의 가슴을 시원하게 해줄 약속의 땅이 될 수 있음을 확신하기 때문이다.

앞으로의 농촌은 분명 지금의 모습과는 많이 다를 것이다. 지방화 시대를 맞아서 지역 정부가 책임을 지고 그 지역의 사업 내용을 개발하여 자원의 보다 더 많은 부분을 농촌의 자생력을 회복시키고 또 고부가가치 농업을 위해 농민들의 유기농을 유도하는 데 할애할 것이기 때문이다. 지방 자치 제도가 더욱더 심화되고 발전하면 지역 주민들이 자발적으로 인근 농촌의 생산력을 강화하기 위해 구매력을 집중시켜 주고 또 연결시켜 주는 운동을 전개할 것이다. 그리고 나아가 대도시의 시민 운동이 양적으로 질적으로 확산·심화되면서 이들 속에서 농업 생산력에 대한 관심과 신토불이 농산물을 구매하는 운동이 전개될 것이다.

이러한 전망을 토대로 한 상태에서 우리는 또한 정부의 정책도 충분히 활용할 것이다. 한국농어촌개발공사에서는 1990년부터 2000년까지의 장기 발전 계획에 의거, 분산 농지의 통합 사업을 경지 정리 사업과 병행 실시하기로 한 바 있다. 이에 따르면 1997년 시범 사업 지구를 선정함으로 제2단계 사업인 주택 단지 건설 사업을 시작할 계획이다. 주택 단지 건설 사업은 농촌 주택의 현대화 사업과 맞물려 도시 전입을 억제하는 효과를 가져올 수 있으며, 영농 사업의 대규모화, 축산 시설의 주택 단지와의 분리 사업으로 도시형 주거 환경을 조성하는 등의 계획을 포함한다.

따라서 농어촌 주택 단지 건설 사업이 추진되면 농촌에 산재해 있는 학교 및 공공 시설의 이설이 불가피하며, 당연히 교회 시설의 이설도 불가피한 실정이다. 특히 주택 단지 내에 종교 시설 부지를 확보하게 되어 있으므로 교회의 개척은 필연적이다. 우린 바로 이러한 정부의 시책을 농촌 교회에 주시는 하나님의 은혜로 받아 들이며, 바로 그 은혜의 현장에 동참하고자 하는 것이다.

3. 선교적 과제

위와 같은 배경에서 출발하는 햇빛교회는 그 선교적 과제로서 나눔 공동체·믿음 공동체·지역 공동체를 다음과 같이 이루어 가도록 한다.

(1) 나눔 공동체

햇빛교회는 "누구 하나도 자기 소유를 자기 것이라고 하지 않고, 모든 것을 공동으로 사용하였다."(사도행전 4 : 32)는 초대 교회 공동체의 정신을 그대로 이어받은 나눔 공동체를 지향하는 바, 그 운영 계획은 다음과 같다.

① **협업 체제의 영농 공동체**

㉮ 국가로부터 임대한 10,000평의 농지에 공동체가 결정한 작물 경작에 참여하는 그리스도교인을 공동체의 기본 구성원으로 하여 공동 출자·공동 관리 체제를 구축한다.

㉯ 자영 희망자는 최소 100평 단위 이상에 대한 구체적인 영농 계획안을 제출, 공개 심의 후에 공동체에 참여시킨다. (단, 농지 소유 희망자나 임대 희망자는 교회 공동체의 규약에 따라 국가로부터의 관리 위임을 주선한다.)

㉰ 축산 영농은 일정 기간 유보한 후, 공동체 결의에 의하여 적절한 시

●

기에 유보를 해제한다.

ⓩ 폐교된 학교 임대 활용——폐교된 학교를 임대하여 자연 식품 공장으로 활용하며, 판로는 시민 운동 단체와 연합하여 개척하기로 한다.

② 공동 구판매 제도의 운영

⓪ 영농 자재와 생활 필수품은 교회 공동체에서 공동으로 구매한다.

⓫ 생산물 출하와 판매는 교회 공동체의 관리 방식에 의해 공동으로 판매한다.

⓬ 농업협동조합 기구와는 최대한 협력할 수 있으나, 노회와 시찰에서 추천한 도농간의 직거래 방식에 따라 기본 방향을 구축한다.

(2) 믿음 공동체

① 공동체 일과표

	월	화	수	목	금	토	일
4:30-5:30			새벽 기도회 겸 작업 회의				
5:30-7:30			아침 작업				
7:30-8:30			공동 식사				
8:30-12:00			오전 작업				11:00-12:15
12:00-12:15			점심 기도회				대예배
12:15-1:00			공동 식사				
1:00-6:30			오후 작업				6:00-7:00
6:30-7:00			저녁 기도회				저녁예배
7:00-8:00			공동 식사				
8:00-9:00	공동 교육	세대별 교육	공동 교육	세대별 교육	공동 교육	세대별 교육	공동체 놀이
9:00-10:00			가족간 대화		세대간 대화		

② 주안점

⓪ 공동체의 결속력 제고를 위해서 기도회 · 작업 회의 · 공동 식사 등을 하나로 묶는 한편, 매일 교육을 상설하여 신앙 교육은 물론이고, 영농 교육 · 문화 교육 · 자녀들의 야학도 함께 실시한다.

주님의 교회 일구기

㉯ 주일 저녁에는 공동체가 함께 놀면서 대화하고 사귈 수 있는 놀이, 축제의 시간을 마련한다.

㉰ 각각의 가족이 여전히 존속하는 한, 자녀들로 인한 문제는 상설되는 교육 시간을 각 세대별로 구성함으로써 자율적인 구조 내에서 해결 가능하도록 한다.

㉱ 가족 이기주의를 극복하기 위해서 매주 1회씩 가족과 가족간의 갈등을 해소하는 대화의 시간을 갖는다.

㉲ 물적·사적인 접촉이 줄어든 부모와 자녀간의 문제를 해결하고자 매주 1회씩 가족간의 대화의 시간을 갖는다.

③ 몇 가지 문제점

㉮ 농사짓는 일은 고되다는 점을 분명히 인식할 필요가 있다. 영농 작업은 결코 목가적인 낭만으로 이해될 수 없다. 물론 소작인을 시킨다거나 몽땅 인부를 사서 할 수도 없는 일이다.

㉯ 개인적인 시간이 거의 없다는 점을 분명히 인식할 필요가 있다. 공동 생산, 공동 분배, 공동 소유의 개념을 도입한다면 공동체의 결속력 제고를 위한 공동 식사와 교육 등이 상설되어야 할 것이다. 그러나 이러한 것은 개인적인 시간들을 더욱 제한하게 된다.

㉰ 부모와 자녀 사이의 결속력이 떨어짐에 따라서 생길 수 있는 세대간의 갈등을 분명히 인식할 필요가 있다. 부모와 자식간의 결속력 저하는 공동체의 경제적인 측면의 결속력 저하로 연결되며, 접촉 시간의 부족으로 세대간의 인간적 결속력 저하를 초래할 수 있다. 따라서 전통적인 부모와 자녀 사이처럼 명령과 복종이라는 구도로는 세대간의 문제가 해결되기 어렵다. 이러한 점에서 부모들은 전통적인 잣대로 자녀들을 통제할 수 없을 것이고, 자녀들의 통제 구조는 자녀들에 의해 주도되는 공동체의 통제 아래 놓여야 할 것이다.

(3) 지역 공동체

① 지역 공동체를 향한 선교 방향

농촌이라는 지역적 특성과 함께 집중 주거 형식의 상황을 고려하면서 하나님의 교회가 갖는 나눔의 정신과 창조 질서 보전의 정신을 강조하고, 지역 문화의 특성을 살려내는 주체로서 역할을 감당하고자 한다.

② 지역 공동체를 향한 선교 프로그램

㉮ 자연 사랑 모임 : 농촌의 환경을 보호하기 위한 지역 연대 프로그램으로 어린이·청소년·청년들과 어른으로 부서를 나누어 운영한다. 지역내에서 환경을 오염시키는 원인들을 찾아내고, 함께 해결책을 찾아 나간다. 지역에서 기생하는 동물들과 식물들을 조사하면서 고향을 사랑하는 마음을 키운다.

㉯ 어린이 놀이방 : 농촌 문제 가운데 큰 비중을 차지하고 있는 어린이 보호와 교육을 위해 놀이방을 운영하여, 농번기 때 지역 어린이들을 보호하고 교육할 시설을 마련한다.

㉰ 지역 영안실 설치 : 경제적인 부담, 교통편 등의 문제로 병원 영안실을 이용하지 못하는 사람들을 위해 지역내 영안실을 마련하여 편의를 제공한다.

㉱ 시민 경제 모임 : 지역 발전에 관심있거나 영향력 있는 사람들을 모아 지역 발전을 위한 시민 토론회와 공청회를 정기적으로 개최, 주민들의 참여와 관심 속에서 함께 지역 발전을 모색해 나가도록 한다.

㉲ 청소년 회관 : 청소년들이 도시로 이탈하는 현상을 막고 애향심을 갖도록 하며 올바른 가치관을 심어 주기 위해, 폐교된 학교를 임대하여 청소년 회관으로 활용한다. 도서관·공부방을 마련함은 물론, 다양한 문화 프로그램들을 진행하여 청소년들의 삶을 풍부하게 한다.

㉳ 지역 문화제 후원 : 지역의 문화적 특성을 살리거나 발굴하여 주민들로 하여금 문화적 자긍심과 주인 의식을 갖게 하고 좀더 풍부한 삶을 누리도록 돕는다. 그러기 위해 지역 내 다른 기관들과의 긴밀한 협조를 통하여 그 지역의 특성을 살린 지역 문화제 개최를 주선하고 후원한다.

추가 모든 계층을 뛰어넘어 공동체를 이루어 내는 〔우리교회〕

우리 한민족과 같이 '우리'라는 말을 많이 써왔고 또 쓰고 있는 민족이 또 있을까? '우리 남편', '우리 아내'라는 말을 습관적으로 쓰는 우리네 언어 생활은 우리 민족이 얼마나 '우리'의 정신을 오랫동안 가슴에 지니고 살았는지를 단적으로 보여 주는 것이라 생각한다.

그러나 지금의 현실은 어떠한가? 언제부터인가 우리는 '우리'라는 말, '우리 됨'의 정신을 잃어 버린 채 개인주의, 이기주의로 팽배해진 무미건조한 삶을 살아가게 되었다. 가진 자는 못가진 자와 나뉘어졌고, 배운 자는 못 배운 자와 나뉘어졌다. 그래서 '우리'라는 말 대신 '나'와 '너'라는 말이 더 자주 사용되고 있고, 비록 '우리'라는 말이 쓰여진다 해도 '집단 이기주의'를 의미하는 말로 사용되고 있음을 본다. 이러한 사회적 분위기 가운데 소외된 많은 사람들은 '우리'라는 시원하고 맛깔스러운 샘물이 아직도 끊이지 않고 솟아나는 옹달샘을 찾아나서고 있다. 우리는 이런 옹달샘이 아직도 이 땅의 한 곳에서, 특별히 그리스도의 몸인 교회의 모습으로 존재하고 있음을 보여줌으로써 소외된 그들에게 새로운 삶의 용기를 주고 싶다.

'우리'를 잃어서 '삶' 그 자체를 잃은 우리 이웃들, '우리'의 삶이 주는 따스한 기운을 그리워하는 우리 형제 자매들을 섬기고 사랑하는 공동체로서 '우리교회'는 일어서려 한다.

1. 명칭 해설

'우리교회'는 요한복음 17 : 21-22의 "아버지, 아버지께서 내 안에 계시고, 내가 아버지 안에 있는 것과 같이, 그들도 하나가 되어서 우리 안에 있게 하여 주십시오. 그래서 아버지께서 나를 보내셨다는 것을, 세상이 믿게 하여 주십시오. (중략) 그것은, 우리가 하나인 것과 같이, 그들도 하나가 되게 하려는 것입니다."라는 예수님의 간절한 기도에 귀기울이고 응답하는 교회이다.

'우리($\eta\mu\varepsilon\iota\varsigma$)'라는 명칭에는 나 혼자만을 위한 삶이 아닌 함께 살아가는 공동체를 지향하는 정신이 담겨져 있다. 따라서 이 공동체는 너와 내가, 우리와 너희들이 아무런 편견없이 '우리'로 어우러지는 하나됨의 삶을 꿈꾸는 신앙 공동체, 구원 공동체이다.

2. 표어

우리 안에 그리스도를, 그리스도 안에 우리를!

3. 방침

① 예배 : 그리스도와 우리되는 예배
② 교육 : 그리스도의 나눔과 섬김을 실천하는 생활 교육
③ 선교 : 세상에서 우리됨을 증거하는 선교

4. 선교 헌장

에클레시아($\varepsilon\kappa\kappa\lambda\eta\sigma\iota\alpha$)는 그 정의에 따라 본질적으로 모든 인종, 모든 계급, 모든 계층의 구별됨이 없이 모이는 공동체이다. 일체의 차별과 편견을 벗

어 버리고 복음과 주님의 식탁 주위에 함께 모이는 곳에서 교회는 세상에 인식될 수 있으며, 틀림없이 그리스도의 백성, 도래하는 그 나라의 메시아적 공동체가 될 수 있을 것이다.

'우리교회'라는 이 공동체는 완전히 개방된 공동체가 되어야 한다. 만일 교회가 개방된 교회가 될 수 없다면, 그것은 그리스도의 교회도 될 수 없으며 또한 도래하는 나라의 백성도 될 수 없다.

'우리교회'는 소외된 어둠의 자녀를 배척하고 그들로부터 자신을 구별하는 '빛의 자녀들'의 선택된 무리로 자신을 보는 과오를 저지르지 않을 것이다.

나와 너 사이에, 우리와 너희 사이에 있는 모든 담들을 허물고 그리스도의 이름으로 어우러지는 코이노니아 공동체를 '우리교회'는 지향한다.

5. 선교 과제

'우리됨'을 절실히 필요로 하는 모든 사람들에게 '우리됨'의 회복 가능성을 보여 주고 '우리됨'의 場을 마련하여 '우리의 삶'을 살 수 있게 한다. 그리스도를 모퉁이돌로 세워지는 '우리교회'를 통하여 이웃을 내 몸과 같이 사랑하라고 이르신, 또 하나가 되라고 하신 말씀을 실천에 옮기고자 한다.

이러한 실천은 목회의 현장 가운데 분열된 삶의 회복, 지역 사회를 끌어안고 섬기는 교회, 생명과 인간의 하나됨을 선포하는 교회의 모습으로 나타날 것이다.

따라서 '우리교회'의 최종적인 목표는 하나님의 나라를 이 땅 위에 세우는 일이다.

6. 선교 목표를 위한 실천 대안

(1) 그리스도와 우리되는 예배

그리스도와 우리를, 너와 나를 나뉘게 하는 기존의 예배 요소를 변화시켜 코이노니아의 장이 되게 한다.

㉮ 예배실을 의자 없는 공간으로 만들어 교제를 위한 활동이 쉽게 이루어지게 한다.

㉯ 성만찬을 월 1회 실시하여 그리스도의 몸으로서 하나됨을 기억하게 한다.

㉰ 예배 후에는 약 15분간의 '천국 만들기'라는 시간을 가져 각 가정과 개인의 애경사를 나누고, 처음 나온 가족을 환영해 준다.

㉱ 이 시간 후에는 공동 식사를 통하여 공동체 잔치를 갖는다.

(2) 그리스도의 나눔과 섬김을 실천하는 생활 교육

① 신앙 훈련(섬김훈련)

㉮ 말씀 교육을 통하여 섬김의 훈련을 한다.

㉯ 결손 가정 돕기를 실천한다——무의탁 노인, 소년소녀 가장의 거처를 파악하여 한 세대화한다.

㉰ 학교에서 퇴학이나 정학 등의 조치를 받은 청소년들을 파악하여 '우리방' 프로그램에 참여시키고 사랑으로 섬긴다.

② 생명 공동체 교육(인간과 자연이 둘이 아닌 하나임을 깨닫는 훈련)

㉮ 대내 : 생활 공동체 교실 운영——성경을 근거로 하는 공동체 생활

㉯ 대외 : ·주부 교실 운영——환경 보존의 필요성과 실질적인 방법을 교육한다.

·청년 교실——환경 파수꾼으로서 실제적인 활동을 위한 교육을 한다.(환경 캠페인 전개, 공해 업소 감시 등)

·어린이 교실 운영——실제적인 자연과의 만남을 통해 자연의 소중함을 깨닫게 한다.

(3) 세상에서 그리스도와 우리됨을 증거하는 선교

① 소외된 이웃에게 새 삶의 터전을 제공한다.
  ㉮ 무의탁 노인과 소년소녀 가장을 한 가정화시킨다.(그리스도로 하나되
     는 가정)
  ㉯ '우리고아원'과 '우리양로원'을 운영한다.
  ㉰ 무직자(無職者)에게 직업을 알선해 준다── 인근 아파트 경비, 노년
     층에겐 농경 단지 내의 일을 주선해 준다.
  ㉱ '우리놀이방'을 두어 맞벌이 부부의 아이들을 맡아 준다──노년층의
     여성들에게 보모의 일을 맡긴다.
  ㉲ 불량 청소년을 신앙적으로 선도하는 '우리방'을 운영한다.

② **지역 사회와의 연대**
  ㉮ 교회 건물은 24시간 개방한다. 시설물은 무료로 제공한다.(예 결혼식
     장·각종 행사장·투표장·반상회 장소·장례식장·놀이터·화장
     실 등)
  ㉯ 도농 생산물 직거래를 주관하여 지역 주민들에게 저렴한 가격으로 생
     필품을 구입할 수 있도록 돕는다.
  ㉰ 환경을 지키는 교회──자연을 살리기 위한 운동을 전개한다.
     • 공해 유발 업소에게 주의를 주고 경계 활동을 한다.
     • 재활용품 분리수거 운동을 전개하고 중고품 매매를 추진한다.
     • 재생 비누를 만들어 싼 가격에 주민들에게 공급한다.
     • 매년 식목일에는 식수 사업을 전개한다.

주님의 교회 일구기·가꾸기

Ⅳ. 주님의 교회 가꾸기

〔기존 교회를 어떻게 가꿀 것인가?〕

우리는 앞에서 '주님의 교회'를 시작하려 할 때 무엇을 염두에 두어야 하며, 또 교역 형성을 위해서는 어떤 신학적 통찰을 지니고 있어야 하는지를 살펴보았다. 그렇다면 이제 주님의 교회를 어떻게 가꾸어야 한단 말인가? 그 토대가 될 이야기부터 몇 가지 시작하고자 한다.

1. 주님의 교회는 존귀하다

주님의 교회는 참으로 존귀하다. 그 존귀함을 아무리 길게 말한다 하더라도 다 말할 수 없다. 주님의 교회를 이루기 위하여 수많은 사람들이 그 생명을 바쳤다. 예수님의 열두 사도와, 그 이후 2천 년의 역사를 통하여, 이루 헤아릴 수 없는 수많은 사람들이, 감사와 기쁨으로 그 일생을 바쳐 그 생명을 바쳐 주님의 교회를 위하여 살아 왔다. 지금도 수많은 사람들이 역시 세계 곳곳에서 이름도 없이 빛도 없이 고난의 십자가를 당연한 것으로 여기며, 주님의 교회를 섬기며 살아가고 있다. 또한 주님의 교회를 섬기기 위하여 인종과 민족과 국경과 문화와 남녀 노소를 초월하여 불 같은 정열과 자랑스러운 자부심과 긍지를 가지고 세계 곳곳에서 훈련받고 있다. 이 헌신의 역사는 앞으로도 주님께서 재림하시는 날까지 계속될 것이다.

또한, 수많은 교역자들이 주님의 교회의 존귀함을 말하기 위하여 밤을 새워 기도하며, 말씀을 묵상하고, 때가 오기를 기다리고 있다. 주일마다 세계 곳곳의 성전에서 말씀이 선포되고 있다. 또한 수많은 학자들이 연구실에서 대학에서 주님의 교회를 증언하기 위하여 밤을 새우고, 주님의 교회를 증언하기 위하여 정열을 다해 가르치고 있다. 이미 수많은 책이 쓰여졌고, 앞으로도 또 연구되고 또 쓰여지게 될 것이다. 성령께서는 이 모든 것도 부족하게 생각하셔서 오늘도 사람들에게 감동과 감화로 역사하셔서 교회를 위한 새 일꾼을 부르고 계신다.

뿐만 아니라, 주님께서 이 땅에 계실 때에 주님을 돕던 많은 여인들이 있었던 것처럼, 그 이후 오늘까지 주님의 교회를 위하여 헌신하는 사람들이 얼마나 많은가? 주님의 교회를 위하여 손발이 터지고 채찍에 맞기도 하고 옥에 갇히기도 하고, 친척과 이웃들 사이에서 쫓겨나기도 하면서, 모든 것을 드려 주님의 교회를 섬겨 온 헤아릴 수 없는 수많은 헌신의 일꾼들이 얼마나 많은가? 먹을 것을 아끼고 쓸 것을 아끼면서도 더 드리지 못해 안타까워하며 전 재산을 드리고도 더 드리지 못해 안타까워했던 이들이 얼마나 많은가? 이 모든 것들이 주님의 교회가 얼마나 귀한가를 확실하게 증언하고 있다. "주님의 교회는 그리스도의 몸이다."(에베소서 1 : 23) 이 말씀은 주님의 교회가 얼마나 존귀한가를 가리킨다.

2. 주님의 교회는 축복이다

주님의 교회는 우리에게 말로 다할 수 없는 축복이다. 우리가 어떻게 하나님을 알게 되었는가? 우리가 어떻게 하나님을 예배하게 되었는가? 우리가 어떻게 하나님의 사랑을 알게 되었는가? 우리가 어떻게 하나님의 사랑을 누리게 되었는가? 우리가 어떻게 하나님을 사랑하게 되었는가? 우리가 어떻게 하나님의 진리를 깨닫게 되었는가? 우리가 어떻게 같은 진리를 가지고 살아가는 사람들을 만나게 되었는가? 우리가 어떻게 이 땅에서 주님의 위로를 받으며 그분의 축복을 누리며 살게 되었는가? 주님의 교회가 이 땅에 있기 때문이다. 주님의 교회는 인류를 위한 하나님의 선물이다.

하나님은 주님의 교회를 향하여 하늘의 문을 열어 주셨다. "하나님께서는 그리스도 안에서, 하늘에 속한 온갖 신령한 복을 우리에게 주셨습니다."(에베소서 1 : 3) 벧엘에서 야곱에게 하늘의 문을 열어 주셨던 것처럼, 스데반 집사에게 하늘의 문을 열어 주시고 요한 사도에게 하늘의 문을 열어 주셨던 것처럼, 주님께서는 주님의 교회를 통하여 우리에게 하늘의 문을 열어 주신다. "교회는 그리스도의 몸이요 만물 안에서 만물을 충만하게 하시는 분의 충만함입니다."(에베소서 1 : 23)

3. 주님의 교회는 주님의 교회이어야 한다

존귀하고 존귀한 주님의 교회, 복되고 복된 주님의 교회, 그러기에 주님의 교회는 '주님의 교회'이어야만 한다. 그 이상도 그 이하도 되어서는 안 된다. 주님의 교회가 주님의 교회이려면, 하나님을 사랑하는 사랑 안에서 ─ 구약성경은 경외(敬畏)라고 표현하였다. ─ 성경 말씀에 충실한 교회가 되는 것이다. 여기에서 두 가지의 개념이 중요하다.

하나는, 하나님을 사랑하는 '사랑 안에서'라는 말씀이다. 주님께서 분명하게 말씀하셨다. "'네 마음을 다하고 네 목숨을 다하고 네 뜻을 다하여 주 너희 하나님을 사랑하여라.' 하셨으니 이것이 제일 중요하고 으뜸가는 계명이다. 둘째 계명도 이것과 같은데 '네 이웃을 네 몸같이 사랑하여라' 한 것이다. 이 두 계명에 모든 율법과 예언자들의 본 뜻이 달려 있다."(마태복음 22 : 37) 사랑 안에서 하지 않으면 그 어떤 것도 하나님 앞에는 합당하지 못하다. 우리는 종종 하나님의 뜻이라는 이유를 내세워 형제 앞에서 자기 의견을 절대화하는 경향이 있다. 더욱이 하나님을 사랑한다는 이름으로 형제를 무시하고 자신의 뜻을 절대화하기도 한다. 그러나 진정으로 하나님을 사랑하고 있는지, 내 가슴속에 형제를 사랑하는 뜨거움이 있는지, 진실하게 묻지 않으면 스스로의 독선에 빠지게 된다.

다른 하나는, '성경 말씀에 충실하라'는 개념이다. 일반적으로 목회자가 범하기 쉽고 교회의 지도자들이 범하기 쉬운 함정인데, 목회자들이 교회를 사랑한다는 이유로 하나님의 말씀보다 더 엄격한 진리를 만들어 성도들에게 요구하기도 한다. 반대로 교우들, 특히 교회의 의사 결정권자들이 교회를 사랑한다는 이유로 하나님의 말씀보다 더 엄격한 진리를 만들어 목회자에게 요구하기도 하고, 자기들의 상식적 관념과 전통을 절대화하여 하나님의 뜻보다 앞세우기도 한다. 어떤 이유에서든지 주님의 교회는 결코 '주님의 교회' 그 이상이 되어서는 안 된다.

또 다른 한편에서, 교회는 이웃과 세상을 사랑한다는 이유로 말씀을 떠나는 것을 어쩔 수 없는 당연한 것으로 여기기도 하고 세상에 맞추는 것이 곧 사랑인 것처럼 착각하기도 한다. 주님은 이러한 사람들에게 분명하게 말씀하셨다. "너희가 서로의 영광을 주고받으면서, 오직 한 분이신 하나님께로부터 오는 영광을 구하지 않으니, 어떻게 믿을 수 있겠느냐?"(요한복음 5 : 44) 주님의 교회는 그 어떤 이유에서든지 '주님의 교회' 그 이하가 되어서는 안 된다. 주님의 교회는 주님의 교회이어야 한다.

교회의 의사 결정권자들은 주님의 교회를 섬김에 있어서 어떤 경우에도 사랑 안에서 말씀에 충실하여야 한다는 분명한 입장을 가지고 있어야 한다. 형제와 이웃을 사랑하기에 우리는 고민하고 아파한다. 그러나 그 사랑 때문에 하나님의 뜻을 버릴 수는 없다. 우리는 하나님을 사랑하기 때문에 이웃과 갈등하고 아파하고 더러는 등을 지게 되기도 한다. 그러나 사랑하기에 그들을 위한 기도를 멈출 수는 없다. 그들을 향하여 마음의 문을 닫을 수는 없다. 혼자 외롭게 눈물 흘리며 기도하기도 한다.

4. 그러나, 주님의 교회는 손상되어 있다

새천년에 들어선 한국 교회는 전반적으로 많은 상처를 받고 있다. 상처로 인하여 아파하고 있다. 어떤 교회는 이를 악물고 참고 있다. 어떤 교회는 신음하고 있다. 어떤 교회는 소리소리 지르며 아우성을 치기도 한다. 어떤 교회는 너무 지쳐서 체념한 듯 상처를 감싸고 그날그날 살고 있기도 하다. 어떤 교회는 신음조차도 힘들어 조용히 죽어 가고 있기도 하다.

교회의 현실에 대한 올바른 진단은 창조적인 교역의 시작이며, 교회 갱신의 시작이다. 그러나 교회를 진단한다고 할 때 진단자가 누구이냐를 질문해 볼 필요가 있다. 그가 믿음을 가진 자냐 믿음이 없는 자냐, 교회를 사랑하는 자냐 교회에 대해 사랑이 없는 자냐, 교회를 위하여 눈물로 기도하고 땀흘려 수고하고 재물을 쓰고 자신의 일생을 드려 헌신하는 자냐 등을 구별해 볼 필요가 있다. 그가 교회와 어떠한 관계를 가지고 있는가에 따라 교회의 진단도 달라질 수 있기 때문이다.

교회의 문제를 다룰 때에 교회를 위하여 헌신하는 이들의 판단은 다른 어떤 판단보다 비중있게 취급되어야 한다. 자신의 전존재를 교회에 걸고 있기 때문에 교회에 대하여 보다 책임있는 판단을 할 가능성이 그만큼 더 높을 것이라고 기대할 수 있기 때문이다. '자식이 부모가 되지 않고서는 부모의 마음을 모른다'는 옛어른들의 말처럼 교회의 문제는 방관자가 피상적으로 이해하기에는 너무 복잡한 공동체의 문제이기 때문이다.

한국 교회가 많은 문제를 가지고 있다는 것에 대하여는 교회 안팎의 인식이 같다. 이러한 판단은 교회를 직접 책임지고 있는 교역자들에게서는 그대로 나타났다. 엮은 이의 조사 응답자 중 90.5%에 해당하는 95명이 교회를 부정적으로 진단하고 있다.

우리는 이 응답에서 오늘 한국 교회의 문제가 심각함을 다시 한번 확인할 수 있게 된다. 응답자의 61%가 병들어 있다고 대답했고, 29.5%는 심각하게 병들어 있다고 대답하고 있다. 반면에 교회가 건강하다고 본 사람은 한 사람도 없었으며, 보통이라고 진단한 사람이 9.5%밖에 나타나지 않았다. '건강하다'와 '보통이다'를 긍정적으로 보면, 긍정적인 입장은 9.5%에 지나지 않는다. '병들어 있다'와 '심각하게 병들어 있다'를 부정적인 입장으로 볼 때,

부정적인 판단을 한 사람은 90.5%나 된다. 젊은 교역자들의 눈에 오늘의 교회가 건강하게 보이지 않고, 이들 중 90.5%가 교회가 병들있다고 진단하고 있다면, 오늘의 교회는 새롭게 개혁되지 않는 한 희망이 없다는 것을 알려 주는 것이 틀림 없을 것이다.

교회가 병든 원인을 정확히 찾아낼 수 있으면, 치료할 수 있는 방법도 찾을 수 있을 것이다. 한국 교회가 병든 가장 큰 원인은 잘못된 신앙과 교회 지도력을 가진 사람들의 하나님의 사람으로서의 사람됨의 문제에서 오는 것으로 나타났다.

'한국 교회가 병든 원인은 무엇인가?' 라는 질문에 대한 대답은 ① 잘못된 신앙에서 온다(62.5%)가 빈도수가 가장 높고 ② 교회 지도자의 자질 부족에서 온다(58.7%)가 두 번째로 높다. 이러한 사실은 오늘의 교회 문제가 황금만능주의에 병들어 있기 때문이다(44.2%)는 입장이나 교회가 자본주의화되어 있기 때문이다(41.3%)는 일반화된 입장보다 앞선 것으로서 매우 중요한 의미를 시사한다고 본다. 교회는 교회가 병든 원인을 교회 밖의 요인에 핑계댈 수는 없게 되었다. 크리스천 리서치가 서울의 중요 교단 소속 목회자 200명을 대상으로 실시한 '서울 시내 목회자 의식 구조 조사'에서도 이러한 사실이 확인되었다. 이 조사에서 한국 교회의 당면 과제 및 개선 사항으로 지적된 것 중에 목회자의 자질이 문제라는 입장이 89.9%로 가장 높았고, 다음이 교인수에만 치중하는 물량주의가 66.8%로 나타났다.

잘못된 신앙이 교회를 병들게 하는 가장 중요한 원인이라는 지적은 복음이 삶을 승화시키지 못하였음을 지적하는 것이라 볼 수 있다. 즉 복음에 의한 인격 형성이 이루어지지 않았음을 말한다. 교회 지도자들의 자질이 문제라고 지적한 것 역시 지도자들이 복음에 의한 인격 형성이 이루어지지 않았음을 지적하는 것으로 보아야 할 것이다.

더 중요한 문제는 교회들이 이렇게 죽어 가고 있는 데도, 한 번이라도 정당한 치료를 받지 못하고 있다는 점이다. 너무 가난해서, 너무 무지해서. 뿐만 아니라 병원도 없고, 바르게 진단하고 바르게 처방하는 의사를 만날 수도 없

주님의 교회 가꾸기

어서 교회는 죽어 가고 있다. 한국 교회는 병든 교회를 치료하는 전문 기관이 절실하게 요구되고 있다.

이러한 가운데서도 많은 교회들이 다시 태어난다. 얼마나 감사하고 얼마나 복된 일인가! 그러나 많은 교회가 태어날 때부터 그 속에 질병을 가지고 태어나는 이 고통을 어떻게 하여야 할까? 그러면서도, 눈 하나만 가진 사람들의 세상에서는 눈 둘 가진 사람이 기형이듯이, 대다수의 교회들이 모두 다 신음하는 가운데 태어나, 그렇게 병들고 고통하고 신음하는 것이 당연한 것처럼 잘못 알고 살아간다. 그리고 마치 나병 환자들처럼 고통을 고통으로 느끼지도 못하면서 더 깊은 고통으로 빠져들어 가고 있기도 하다.

새천년을 맞는 한국 교회, 여러 가지 어려운 조건 가운데서도 땅끝까지 복음을 전해야 한다는 선교의 사명은 변함이 없다. 때문에 아직도 교회는 여러 가지 형태로 생성(개척)되어야 하고 또 건강하게 그 사명을 감당할 수 있어야 한다. 동시에 병든 교회를 치유하여 건강한 교회로 살아가도록 도와야 할 것이다.

그러나 우리의 관심은 문제가 있다는 것을 들추어내는 데 있는 것이 아니다. 그 많은 문제가 있음에도 불구하고 주님의 교회는 존귀하며, 그 존귀함을 세워가야 하기 때문이다. 주님의 교회를 사랑하는 사람들에게는 늘 두 가지의 중요한 과제가 있다. 하나는 주님의 교회를 새워가는 일이요, 다른 하나는 상처받은 주님의 교회를 치유하여 온전한 교회가 되게 하는 일이다.

5. 주님의 교회는 다시 개발되어야 한다

일찍이 이러한 문제를 정직하게 인정하고 '교회 개발'이라는 과목으로 주님의 교회의 상처를 치유하는 일에 관심을 기울여 왔다. 여기에 그 과정을 소개하려고 한다.

수강생들은 자유로운 토론에 의해서 교회를 섬기면서 알게 된 교회의 상처를 들추어내도록 했다. 이런 문제를 주제로 하여 자신의 관심 분야에 따라 7,

8명 정도의 그룹을 형성했다. 그리고 각 그룹에서 자유로운 토론에 의하여 자신들이 연구할 주제를 확정하고 주제의 범위를 결정하게 하였다. 이 과정에서 지도교수의 조언이 주어졌다. 이렇게 하여 과제 설정이 끝나면 스스로 자료를 발굴하고 현장을 조사하고 그룹의 자유로운 토론에 의하여 길을 찾아나갔다.

그룹의 진행 과정을 거의 매주 연구생 전원 앞에서 공개하게 함으로써 그 연구를 전 학생들이 공유하게 할 뿐 아니라, 연구자 외 다른 학생들의 의견도 받아들일 수 있는 기회가 제공되었다.

그룹 작업이 진행되는 동안 필요에 따라 지도 교수의 미니 특강을 통하여 그 분야의 새로운 학문적 정보뿐만 아니라 목회를 통해서 깨우쳐진 것들을 받아들일 수 있는 기회가 주어졌다.

교육자는 이러한 과정을 통하여 다음 몇 가지의 훈련 효과를 기대하고 있다.

① 목사 후보생들이 교회가 가지고 있는 많은 문제들을 보다 구체적으로 바로 파악하게 되기를 희망하였다. 문제를 바르게 인식하는 데서 문제의 해결은 시작된다고 믿고 있기 때문이다.

② 훈련받는 목사 후보생들이 주님의 교회의 문제를 보다 객관적으로 관조할 줄 알고, 그 문제를 대처할 수 있는 능력을 갖게 되기를 희망하였다.

③ 한 걸음 더 나아가서 현실적인 여러 가지 어려움과 문제 가운데서라도 보다 창조적으로 목회를 할 수 있는 능력을 길러 주기를 원했다.

6. 주님의 교회는 무엇 때문에 상처를 입는가?

주님의 교회가 손상되는 근본적인 뿌리를 주님의 말씀 속에서 찾을 수 있다. 주님께서 중요하게 여기시고 제자들에게 확인하시고 책망하신 말씀들 속에 우리가 깊이 생각하여야 할 진리가 있다고 생각한다.

주님의 교회 가꾸기

(1) 주님을 향한 믿음의 고백이 확실하지 못할 때에 교회는 병들기 시작
한다

주님께서 제자들에게 "너희는 나를 누구라고 하느냐?"고 물으셨다. 제자들
이 주님에 대하여 어떤 믿음을 가지고 있는가를 묻고 계신 것이다. 이에 대하
여 시몬 베드로가 "선생님은 살아 계신 하나님의 아들 그리스도십니다."고
분명히 대답하였다. 이 대답에 대하여 주님께서는 아주 기뻐하시며 너무나 놀
라운 칭찬을 하셨다. "시몬 바요나, 너는 복이 있다. 너에게 이것을 알려 주
신 분은 사람이 아니라 하늘에 계신 너희 아버지시다." 믿음은 말씀을 듣는
데서 생긴다. 그러나 그냥 들을 때 생기는 것이 아니다. 말씀을 듣는 심령에
아버지의 축복이 있을 때에 믿음이 생긴다. 바로 이 믿음 위에 주님께서는 주
님의 교회를 세우셨다.

"나도 너에게 말한다. 너는 베드로다. 나는 이 반석 위에다가 내 교회를 세
우겠다. 죽음의 세력이 그것을 이기지 못할 것이다. 내가 너에게 하늘 나라의
열쇠를 주겠다. 네가 무엇이든지 땅에서 매면 하늘에서도 매일 것이요 땅에서
풀면 하늘에서도 풀릴 것이다." 그리스도에 대한 믿음은 교회의 반석이다. 그
리고 그 믿음의 주이신 우리 주님은 곧 교회의 주시다. 그분이 교회의 주인이
시오, 그분의 뜻이 교회의 모든 삶의 척도이시다. "나는 길이요 진리요 생명
이다." 하셨다. 즉 그분이 교회의 모든 존재 방식의 척도이시다.

"교회에 관한 진술은 신앙 고백의 구성 요소이다. 그것들은 신앙에 의해서
만들어지며 만일 그것들이 신앙 안에서 만들어지지 않으면 그것들은 자체의
의미를 상실한다 …… 삼위일체 하나님에 대한 신앙 고백에 의하여 교회는
하나님의 역사 안에 놓이게 되는데 이러한 하나님의 역사의 맥락 속에서 우리
가 교회를 볼 때 그것들은 분명해진다. 따라서 그것들을 식별하는 표징일 뿐
아니라 신앙 고백의 표지이기도 하다."(몰트만/박봉랑 역, 〈희망의 신학〉,
1980)

이 말씀을 깊이 주목할 필요가 있다. 하나의 교회가 생성될 때에 그 교회를

개척하는 주 인물들이 진정으로 하나님이 주신 믿음을 가진 신자들이냐 하는 것은 무엇보다도 중요하다. 물과 성령으로 거듭 나지 않은 사람은 교회 개척의 주 인물이 되지 말아야 한다. 그렇게 될 때 그 교회는 그 뿌리로부터 병들게 된다. 주인이 없기에 사람이 제각기 주인이 된다. 진리가 없기에 다른 교회의 방법을 흉내내거나 세상의 방법을 모방하게 된다. 생명이 없기에 능력이 없다. 이런 교회는 어떤 교육적인 노력도, 어떤 훈련도 거의 효과를 거둘 수 없다. 가나안 정복에 앞서 믿음이 없는 사람들의 세대가 광야에서 지난 다음에야 가나안을 정복할 수 있었듯이, 이런 교회는 믿음을 위하여 희생하는 목회자가 있고 한 세대가 지나야 비로소 교회다움의 모습을 가지게 된다.

믿음의 고백이라는 측면에서 또 하나 교회가 병들게 되는 원인이 있다. 교회 개척의 중심 인물들이 분명한 신앙 고백을 가지고 있더라도 그 다음의 과정 속에서 주님을 향한 믿음으로 분별하지 않고——대부분 교회 부흥의 유혹 때문에——믿음이 분명하지 못한 사람들을 교회의 중요한 일꾼으로 세울 때이다. 주님을 향한 분명한 믿음을 얻지 못한 이들이 주님의 교회의 중요한 일들을 결정하는 자리에 있게 되면 그로 인하여 주님의 교회가 상처를 입기 시작한다. 이러한 현상의 극복은 주님의 교회를 사랑과 바른 말씀으로 섬기는 이들의 헌신과 희생으로만 가능하다.

교회가 일찍이 사용하던 신자 교육의 방법인 교리 교육에 관하여도 다시 한 번 깊이 고려하여 보아야 한다. 바르게 알지 못하여 깨닫지 못하는 경우가 너무나 많기 때문이다.

(2) 하나님의 뜻을 생각지 않는 교회 사랑이 교회에 상처를 준다

베드로가 주님을 향하여 "선생님은 살아 계신 하나님의 아들 그리스도십니다."하고 분명한 믿음을 고백한 후에 주님께서는 자신의 고난과 죽음과 부활을 말씀하셨다. 그 때에 베드로가 예수를 꼭 붙들고 "주님, 안 됩니다. 절대로 이런 일이 주님께 일어나서는 안 됩니다." 하면서, 예수께 항의하였다. 그러나 예수께서는 돌아서서, 베드로에게 말씀하시기를 "사탄아, 내 뒤로 물러 가라. 너는 나에게 걸림돌이다. 너는 하나님의 일을 생각하지 않고, 사람의 일만 생각하는 구나!" 하셨다.

교회에서 수많은 일들이 베드로의 방식으로 행해지고 있다. 성도와 성도와의 관계에서, 성도와 목회자와의 관계에서, 또한 당회에서 제직회에서 그렇게 행해지고 있다. 이로 인해서 교회는 교회를 사랑하는 사람들에 의해 상처를 받고 있다. 이 상처는 잘 분별되지도 않고 처음부터 드러나는 것도 아니다. 이들은 또한 그들 스스로가 교회에 상처를 주고 있다고 하면 펄쩍 뛰면서 부인할 사람들이다. 그러나 주님은 사랑하는 제자 베드로에게, 그것도 주님을 깊이 사랑하는 베드로에게 "사탄아, 내 뒤로 물러가라. 너는 나에게 걸림돌이다."라고 하셨다는 사실이다.

베드로가 예수님을 생각한 것은 진실이다. 그러나 그것은 선생님으로서 예수님을 생각하고 사랑한 것이기는 하나, 예수님에게 맡겨진 하나님의 뜻을 헤아리는 데는 실패하고 있음을 예수님은 책망하셨다. 하나님의 뜻을 보지 못하는 교회 사랑, 하나님의 뜻을 헤아리지 않는 성도 사랑, 하나님의 뜻을 헤아리지 못하는 목회자 사랑, 하나님의 뜻을 헤아리지 못하는 민족 사랑, 이로 인하여 교회는 치유하기 어려운 상처를 입기도 한다. 인간의 의지, 인간의 사랑은 질그릇처럼 약하고 보잘것없는 것이다. 주님께서 고난의 자리에 이르게 되었을 때 베드로는 대적자들 앞에서 주님을 모른다고 세 번이나 부인하였다.

이러한 신앙의 형태는 개인에게뿐만 아니라 공동체에서도 나타난다. 주님 께서 빵 다섯 개와 물고기 두 마리를 가지고 오천 명이 넘는 군중을 먹이신 후에 많은 사람들이 예수님을 찾았다. 그러나 그들은 빵을 찾았지 영생을 찾지는 않았다. 이에 대하여 주님께서는 섭섭해 하셨다.(요한복음 6 : 25-27)

인간적인 모든 것이 깨어진 후에, 주님의 죽으심과 부활 후에, 주님은 베드로에게 다시 세 번이나 사랑을 확인하신다.

"요한의 아들 시몬아, 네가 이 사람들보다 나를 더 사랑하느냐?" "내 어린 양을 먹여라."

"요한의 아들 시몬아, 네가 나를 사랑하느냐?" "내 양을 쳐라"
"요한의 아들 시몬아, 네가 나를 사랑하느냐?" "내 양을 먹여라."
베드로가 대답하였다.
"주님, 그렇습니다. 내가 주님을 사랑하는 줄을 주께서 아십니다."
"주님, 그렇습니다. 내가 주님을 사랑하는 줄을 주께서 아십니다."
"주님, 주께서는 모든 것을 아십니다. 그러므로 내가 주님을 사랑하는 줄을 주께서 아십니다."

비로소 베드로는 예수님을 하나님의 아들로, 그리스도로 사랑하게 된 것이다. 그리고 사명을 받고 사명을 감당하게 된다. 이 경우는 성도들에게도 마찬가지다. 성도의 주님 사랑은 주님의 사명을 받아들인 사랑이어야 한다. 성도의 교회 사랑은 교회의 사명을 받아들인 사랑이어야 한다.

"신약성서에서 교회가 '거룩하다'고 불리어질 때 이것은 그리스도 안에서 교회가 새로운 피조물이 되었으며, 그리하여 거룩하신 하나님이 그의 성령을 통하여 일으키셨던 새로운 창조의 거룩하심에 참가함을 의미한다. 교회는 거룩하다. 왜냐하면 그것이 '최후의 날들의 공동체'이기 때문이다.(몰트만, 앞의 책, 361쪽)

여기서 한 가지 지적하여 두고 싶은 것은 사랑이 없이 하나님의 뜻을 주장하는 이들, 그것 역시 주님께서 원하시는 것은 아니라는 점이다. 하나님의 뜻은 반드시 사랑 안에서 분별되어야 한다. 믿음·소망·사랑, 이 세 가지는 항상 있을 것인데 그 가운데서 으뜸은 사랑이라 하셨다.

(3) 하나님 나라의 능력을 잃어버릴 때 교회는 상처를 받는다

주님께서 변화산에서 내려오셨을 때에 제자들은 귀신들린 아이 하나를 붙들고 씨름하고 있었다. 그러나 제자들은 그 아이를 고치지 못하였다. 이 때에 제자들의 당황함, 무력감 등은 우리가 현장에서 이미 맛보고 맛볼 수 있는 일들이다. 하나님 나라의 능력을 나타내지 못하는 교회는 언제나 세상적인 방식으로 살아갈 수밖에 없다. 그리고 오히려 그것이 당연한 것처럼 안주할 수도 있다.

예수님은 믿음이 없음을 탄식하셨다.

"아, 믿음이 없는 세대여,
내가 언제까지 너희와 함께 있어야 하겠느냐?
내가 언제까지 너희를 참아야 하겠느냐?"(마가복음 9 : 19)

제자들은 주님과만 있을 때 주님에게 여쭈어 보았다. "왜 우리는 귀신을 내쫓지 못했습니까?" 하고 물었다. 예수님은 "이런 부류는 기도로 내쫓지 않고는 어떤 수로도 내쫓을 수 없다."고 대답하셨다. 기도는 이렇듯 믿음의 표현이다.

이 말씀은 두 가지의 의미를 가지는 것으로 볼 수 있다. 하나는, 기도는 믿음의 표현이라는 사실이다. 하나님을 믿을 때 하나님께 기도한다. 믿음이 없는 사람은 기도하지 않는다. 하나님의 사랑을 믿기에 그 사랑이 우리의 현실에 능력으로 나타나기를 기도한다. 하나님의 축복을 믿기에 그 축복이 현실이 되기를 기도한다. 하나님의 말씀의 약속을 믿기에 그 말씀이 현실이 되기를 기도한다.

그리고 기도는 열망의 표현이라는 사실이다. 하나님의 뜻이 우리의 현실에 그대로 이루어지기를 열망하기에 기도한다. 열망이 강하면 강할수록 사람은 더욱 열심히 기도한다. 주님의 뜻이 이루어지기를 바라는 바람이 크면 클수록 사람들은 더욱 뜨겁게 기도한다. 급하면 급할수록 사람들은 더욱 급히 기도한다. 그러므로 기도하는 곳에 반드시 하나님의 나라가 임하게 되는 것이다. 하나님의 나라는 현실에서 세상을 이기는 능력이다.

"새로운 삶은 '성령 안에서 사는 삶'이다. 그리고 새로운 복종은 '영 안에서 행하는 것'으로 일어난다. 새로운 친교는 그 자체가 '영의 계시'이고, 새로운 창조의 능력의 계시이다 …… 영의 능력들은 새로운 삶의 미래로부터 오는 현재를 결정하는 삶의 능력들이다. 영의 열매는 고난의 경험에도 불구하고 기쁨 속에 있는 미래의 축복의 선물이고, 실망과 미움의 경험에도 불구하고 사랑 속에 있는 미래의 선물이다.”(몰트만, 앞의 책, 47쪽)

교회가 하나님 나라의 능력을 갖지 못하는 것은 믿음 없음을 책망하신 주님의 말씀과 관계가 있다. 주님은 부활하신 후에 제자들에게 “너희는 위로부터 오는 능력을 입을 때까지, 이 성에 머물러 있어라.”(누가복음 24 : 49) 하셨다. 위로부터 오는 능력을 입지 않으면 부활의 증인노릇을 할 수 없다는 말씀이다. 기도 없이는 영적 전쟁에서 이길 수 없다. 기도하지 않는 교회, 능력 없는 교회는 세상 속에서 존속하기 위하여 세상 방식을 택할 수밖에 없다. 이로 인해 주님의 몸인 교회는 상처를 입는다.

(4) 제자들의 자리 다툼의 모습에서 우리는 주님의 교회가 상처입는 모습을 본다

주님께서 죽음과 부활을 세 번째로 말씀하신 후, 세베데의 아들들의 어머니가 아들들과 함께 예수님께 다가와서 절하며, “나의 두 아들을 선생님의 나라에서, 하나는 선생님의 오른쪽에, 하나는 선생님의 왼쪽에 앉게 해주십시오.”하고 부탁한다. 이 일로 인해 제자들 사이에 분쟁이 일기 시작한다. 그러나 주님의 방식은 달랐다. 그것은 섬김의 방식이었다.

“너희가 아는 대로, 민족들을 통치하는 사람들은 그들을 마구 내리누르고, 고관들은 세도를 부린다. 그러나 너희끼리는 그렇게 해서는 안 된다. 너희 사이에서 위대하게 되고자 하는 사람은 누구든지 너희를 섬기는 사람이 되어야 하고, 너희 가운데서 으뜸이 되고자 하는 사람은 너희의 종이 되어야 한다. 인자는 섬김을 받으러 온 것이 아니라 섬기러 왔으며, 많은 사람을 위하여 자기 목숨을 대속물로 내주러 왔다.”(마태복음 20 : 25-28)

주님의 교회 속에서 이 삶의 방식의 차이가 성도들 사이에 갈등을 유발한다. 이러한 갈등은 주님의 교회 성도들 사이의 사랑을 깨트리며, 주님의 교회 자체에 깊이 상처를 입힌다.

(5) 우리가 주목해야 할 것은 우리 인간의 약함이다

제자들은 주님을 사랑했다. 그 중에서도 베드로는 주님을 가장 사랑했다. 그러나 그의 인간성은 약했다. 주님의 고난과 시련 앞에서, 주님의 죽음 앞에서 그의 약함이 드러났다. 주님은 베드로가 이 약함을 깊이 깨닫기를 원하신 것으로 보인다. "내가 진정으로 너에게 말한다. 오늘밤 닭이 울기 전에, 네가 세 번 나를 모른다고 할 것이다."(마태복음 26 : 34) 성도들 자신도, 목회자 자신도 약함을 인정하여야 한다. 우리는 모두 넘어질 수 있고 깨어질 수 있다는 것을 인정할 때 진정으로 하나님을 의지할 수 있다.

그러므로, 주님의 교회를 보살피면서 겉으로 나타나는 여러 가지 모습을 보면서 그러한 현상의 원인이 무엇인가를 분별해 낼 수 있는 것이 중요하다. 만약 그러한 현상이 인간성의 약함에서 기인하는 것이라면 용서하고 돌보아 주고, 인간성의 약함으로 인하여 야기되는 문제가 일어나지 않도록 서로 보살펴 주어야 한다. 그러면서 그 약함을 인정하고 하나님만 의지하도록 도와 주어야 한다.

7. 오, 주님의 교회

주님의 교회를 가꾸어 가는 즐거움은 주님의 교회가 주님을 사랑하고, 점점 더 사랑하게 되는 것이다. 이미 주님의 교회 안에 있는 성도들이 주님을 더 사랑하게 되는 것(질적 성장, 부흥)은 주님의 교회가 살아 있다는 증거이며, 성장하고 있다는 증거이다. 또한 주님의 교회 안에 주를 사랑하는 자가 더 많아지는 것(수적 성장, 부흥) 역시 주님의 교회가 살아 있다는 증거이며, 성장하고 있다는 증거이다.

새천년을 맞이하는 한국 교회는 이미 이 땅에서 선교 역사상 다른 유례를 찾아볼 수 없는 수많은 교회를 세웠고, 지금도 수많은 교회가 개척되고 있다. 우리는 이 점에서 하나님께 감사할 수밖에 없으며, 교회를 개척한 이들에게 힘찬 격려의 박수를 보내야 한다. 하나의 교회가 시작되고, 그 교회가 교회다움을 갖추게 되기까지 얼마나 많은 수고와 헌신과 희생이 있어야 하는가를 우리 모두가 잘 알고 있다. "누구든지 자기 십자가를 지고 나를 따라오지 않으면, 내 제자가 될 수 없다."(누가복음 14 : 27) 하신 말씀은 오늘도 변함이 없이 주님을 따르려는 자들에게 주시는 말씀이다.

주님의 교회, 작고 보잘것없어도, 많은 상처로 만신창이가 되어 있어도, 상처받을 대로 상처받아서 희망이 없어 보인다 하더라도, 주님의 교회를 가벼히 여겨서는 안 된다. '주님의 교회'이기 때문이다. 주님께 부름받은 사람들은 주님의 교회를 존귀하게 가꾸어야 한다. 상처를 치료하여 건강하게 하여야 한다. 새 힘을 돋우어 살려내야 한다. 이것이 주님이 원하시는 일이다. 성도들과 목회자들은 이 일에 깊은 사명을 가져야 한다.

(1) 주님의 교회를 사랑하는 사랑을 확산시켜야 한다

자기 교회라는 소유 의식에서의 좁은 사랑이 아니라. '주님의 교회'라는 확신 안에서 주님의 교회를 사랑하는 믿음을 확산시켜 가야 한다. 내 교회만 아니라, 이 땅에 있는 모든 주님의 교회를 사랑해야 한다. 이 보편적인 사랑 위에서 내가 섬기는 교회를 더 사랑할 줄 아는 믿음이 불같이 확산되어야 한다.

(2) 주님의 교회를 바른 교회로 세우기 위한 사랑의 수고를 계속해 가야 한다

교회를 병들게 하는 가장 큰 책임은 교역자들에게 있다. 교역자들이 너무 빨리 포기하거나, 잘 모르고 있거나, 주님을 향한 사랑이 없었던 것이 그 원인이라고 생각된다.

① 분명한 신앙고백을 가지는 주님과의 바른 관계만이 교회를 치유한다.

② 성도들의 부름받은 사명이 무엇인지, 교회의 사명이 무엇인지를 분명히 깨닫게 될 때 교회는 치유된다.

③ 하늘 나라의 능력, 성령의 지도를 받을 때 교회는 치유된다.

④ 주님께서 깨우쳐 주신 섬김의 삶의 방식을 받아들일 때 교회는 치유된다.

⑤ 인간성의 약함을 인정하고 주님을 의지하여 서로 사랑으로 도와줄 때 교회는 치유된다.

(3) 신학 교육 과정에서 먼저 이 일에 관심을 가져야 한다

복음을 증거하고 목회를 하겠다고 결단한 이들의 가슴가슴에 주님의 교회를 사랑하는 불길을 끄지 말고, 더 뜨겁게 계속 타오르게 해주어야 한다. 주님의 교회에 대한 뜨거운 사랑은 목회의 바탕이요 힘이다.

교회의 거룩함과 그 축복과 그 사명에 대하여 보다 구체적이고 확실한 깨달음을 주어야 한다. 목회 현장에서는 깨달음만이 힘을 갖는다. 먼저 깨달은 자가 교회를 튼튼하게 건강하게 세워 나간다. 시대 속에서 살아 있는 교회의 외적 표현은 얼마든지 다양할 수 있다. 그러나 교회의 터전과 진리는 모두 하나이다. 막연한 소개가 아니라 다양함 중에서도 분명한 고백이 있는 믿음이 있어야 한다.

(4) 주님의 교회를 진단하고 치유하는 지혜로운 일꾼들을 길러야 한다

전문 기관을 육성해야 한다. 한국 교회의 실정으로 보아서 교단별로 치유 기관을 만드는 것이 현실적이라고 생각한다. 그리고 각 교단의 치유 기관들이 연합하여 한국 교회 전체를 돕는 방식의 책임있는 연구 기관이 바람직하다고 생각한다. "교회는 그리스도의 몸이요, 만물 안에서 만물을 충만하게 하시는 이의 충만함입니다."(에베소서 1 : 23)

주님의 교회 일구기·가꾸기

☐1 기성교회 공동체의 육성

　지금까지 한국 교회의 문제점에 대하여 여러 가지 각도에서 논의되어 왔다. 특히 물량주의에 편승한 외적인 비대한 성장에 대한 비판은 그리스도교 내에서뿐만 아니라 사회 각계 각층에서 제기되었다. 이러한 가운데 더욱 심각한 것은 교회에서 하나님의 '신앙 공동체' 또는 '삶의 공동체'로서의 모습이 상실되어 가고 있다는 것이다. 현대 자본주의 체제가 발달하는 과정 속에서 나타난 여러 가지 역작용들이 그대로 교회 내로 유입되어 문제를 일으키는 바, '공동체성'의 파괴는 '교회성'에 치명적인 상처를 주고 있다. 이러한 신앙 공동체 형성을 파괴하는 내외적인 원인에 대한 문제 의식을 가지고 다음과 같은 각도에서 그 원인과 대안들을 살펴보고자 한다.

　첫째, 현대 교회가 처해 있는 사회 경제적 배경을 살펴보려고 한다. 교회는 그 사회 속에서 독립적으로 존재할 수 없다. 따라서 현재 교회의 왜곡된 형태를 살펴보기 위해서는 그 교회가 처한 사회 · 경제적 배경을 먼저 살펴보아야 하는 것이다. 둘째로는, 교회의 신학적 배경을 살펴보려고 한다. 한 사회의 사회 · 경제적인 배경과 이에 맞물리는 신학적 배경을 살펴보아야만 기성 교회의 모습을 바로 파악할 수 있는 것이기 때문이다. 다음으로는 교회 공동체의 권위 구조와 그 구조가 공동체성을 왜곡시키는 것에 대하여 살펴보려고 한다. 마지막으로는 위에서 살펴보는 모든 문제들이 목회자와 밀접하게 관련되어 있으므로, 목회자의 자질 문제를 살펴보려고 한다.

이러한 논의를 통해, 기성 교회의 현재 모습을 바르게 파악하고 더 나아가 기성 교회의 모습에서 교회 공동체를 지향하기 위한 바람직한 모습들을 찾아보면서, 교회가 교회 그 자체에 관심을 갖기보다는 교회 공동체원들에게 관심을 갖고, 나아가서 지역 사회 공동체원들과 연대가 가능한 교회의 모습을 그려 보려고 한다.

1. 기성 교회의 사회 · 경제적 배경

한국 교회의 성장 요인은 내부적인 것과 외부적인 것으로 나누어 살필 수 있으나, 그 중에서 사회 · 경제적 배경은 외적인 성장 요인에 해당하므로, 여기서는 이와 밀접한 관계가 있는 개발과 근대화의 영향을 파악해 보고자 한다.

개발과 근대화의 영향은 먼저 급격한 도시화 현상에서 찾을 수 있다. 농업 중심의 1차 산업에서 공업 및 서비스 중심의 2차 · 3차 산업으로 산업 구조가 변함에 따라 인구는 도시에 집중하게 되는데 이 가운데 새롭게 도시에 정착하게 된 많은 사람들이 농촌 출신이었다. 고향을 잃은 그들은 각박하고 경쟁적인 도시 생활 속에서 자아를 상실하고 이웃간에 문화적 · 지역적 이질감 속에서, 교육 환경과 근무 조건에 따른 잦은 주거지 이동으로 인해 소속 의식 · 공동체 의식은 점점 약화되어 갔다. 결과적으로 개인주의적인 가치관이 팽배하게 되었으며 사회 구성원들은 고독한 군중이 될 수밖에 없었다.

이러한 상황에서 교회는 전체성과 소속감을 부여하고 공동체 의식을 회복시켜 주는 역할을 함으로써 사회 구성원들에게 큰 위안과 힘을 주었으며, 이는 교회의 양적 성장의 기폭제가 되었다. 그러나 이를 통해 성장하게 된 교회는 오히려 더 큰 것을 잃어 버렸으니, 그것은 예수 그리스도 안에서 참으로 살아 있는 공동체를 이루지 못하게 되었다는 사실이다. 곧 교회 공동체의 인간 관계는 유기체적인 1차적 인간 관계가 되어야 함에도 불구하고, 계속적으로 몰려드는 '고독한 군중'은 2차적인 인간 관계에만 그쳐 버리고 교회 공동체는 점점 그 유기체적인 생명력을 상실해 갔던 것이다.

개발과 근대화의 영향은 또한 경제적 측면에서도 살펴볼 수 있다. 물량적 성장을 그 특징으로 하는 한국 경제는 크게 두 가지 문제점을 지적할 수 있다. 국민 경제의 자발적 참여를 억제하는 일방적 명령 경제로서의 관주도형 관료적 명령 경제가 첫번째로 지적될 수 있는 문제점이다. 또한 두 번째로 지적할 수 있는 것은 성장 제일주의적 개발 철학으로서, 이는 선성장 후분배 정책으로 나타났으나 결과적으로 분배 정책은 실패하고 말았다. 경제 성장만이 절대적인 지상 명령이며, 따라서 국민 경제 생활의 복지나 자유 평등의 가치를 실현하기보다는 물질과 금전에 최대의 가치를 부여함으로써 물질주의·배금주의·사치스러운 소비 지향적 가치관이 만연하게 되었다. 이러한 경제적 상황 가운데 생겨나는 역기능은, 기대와 욕구는 상승하고 증대되는 반면 현실적인 성취 가능성은 점점 희박해지는 그런 불일치 때문에 생겨나는 심리적 박탈감의 심화에서 찾아 볼 수 있다. 곧 국민 경제 전체는 발전과 성장을 거듭하기에 욕구와 기대는 증가하지만 사회적 여건과 제도적 기회는 제한되어 있기 때문에 노력의 대가를 제대로 받지 못하는 중산층과 하류 계층은 심한 박탈감을 느끼게 되는 것이다.

여기서 교회는 메시지와 분위기를 통해서 박탈감을 느끼는 이들에게 위로와 희망과 용기와 힘을 줌으로써 박탈감을 보상하는 기능을 수행하였다. 곧 교회는 '하면 된다'는 적극적인 사고 방식을 강조함으로써 큰 성장을 맛볼 수 있었다. 그러나 이러한 가운데서 신앙이 왜곡되고 또한 그것만을 강조함으로써 신앙의 불균형을 초래했던 역기능을 지적하지 않을 수 없다. 또한 당회와 목사 중심의 관료적 통제성 또한 관주도형 관료적 명령 경제의 결과라 하겠으며, 변화의 대상인 사회로부터 오히려 부정적으로 변화를 받은 것이 있으니 그것은 물량주의에 따른 교회의 기업화 현상이라 하겠다.

마지막으로 개발과 근대화의 또 다른 면이라 할 수 있는 정치적 측면에서의 영향을 생각해 볼 수 있겠다. 1960년대 이후 계속되는 정치 상황의 불안정성은 사회 심리적인 불안과 긴장 그리고 갈등을 야기시켰는데, 교회는 바로 이런 사회 구성원들에게 복지를 약속하며 심리적인 안정의 기틀을 제공함으로써 양적 성장의 결실을 얻는 계기가 되었다. 그러나 여기서 우리는 신앙의 왜곡과 편파성, 타계적인 신앙만을 강조하는 절름발이 신앙의 역기능 모습을 보지 않을 수 없다.

위에서 살펴본 바와 같이 한국 교회는 사회·경제적인 배경에 긴밀한 관련성을 가지고 있다. 따라서 기성 교회의 개혁을 통한 새로운 교회 공동체를 창출하기 위해서는 교회의 변혁과 아울러 사회의 변혁이 함께 이루어져야 할 것이다.

2. 기성 교회의 신학적 배경

앞에서 살펴본 것과 같이 한국 그리스도교의 괄목할 만한 성장은 오늘 전 세계에 본이 될 수 있지만, 또한 폐쇄적인 개교회주의나 현세적 기복 신앙 등으로 인한 한국 교회의 권위주의 및 세속적 가치관에 대한 무비판적 긍정 현상도 살펴볼 수 있었다. 바람직한 교회의 위상을 정립하고자 기성 교회의 현실을 살펴보려면 기성 교회의 사회·경제적인 배경 이외에도 교회의 신학적인 배경을 고찰함으로써 한국 교회의 신앙 형태 및 문제점과 이에 대한 대안을 들여다 볼 수 있을 것이다.

(1) 종교적인 측면에서 살펴본 한국 교회의 성장 배경

한국 그리스도교의 성장에는 한국의 복합적이고 다양한 종교적 배경이 그리스도교의 성장을 쉽게 해준 면이 있다. 곧 한국에는 그리스도교가 전래된 당시에 사람들의 정신적인 지주가 될 만한 종교가 없었다. 그러므로 그리스도교는 사람들이 사회적 위기 속에서 안정을 갈구하던 민족적 고난의 시기에 전래되어 그 속에서 성장했다고도 볼 수 있다. 그리고 그리스도교가 아시아와 아프리카에서는 흔히 식민주의 침투와 결부되어 온 반면, 한국의 상황은 이와 달리 일본 식민 통치에 반대한 한국의 민족적 정서와 결부되었다. 이러한 역사적 사실은 그리스도교의 성장을 도왔던 또 하나의 조건이 되었던 것이다.

그러나 일본의 한국 지배 야욕이 노골화되면서 그리스도교 선교는 정교 분리 정책을 제창하면서 일본의 식민화 독점권을 허용하고 말았다. 이 사실을 선교사들은 복음의 영적 진리라는 이름 아래서 은폐하고 말았으며, 결국 한국 교회의 치명적인 오점이 되었던 것이다. 이러한 선교사들의 비정치화 계획으로 부흥회가 1905년 원산에서 시작하여 1907년 평양에서 열렸고 전국적으로 확산되었다. 그 부흥회의 만민 구령 운동은 민족의 위기에서부터 도피처를, 민족의 위기와는 상관없는 정신적인 위로를 제공한다는 구실이었던 것이다.

이러한 성격의 부흥 운동은 한때의 경향이 아니라 6·25전란 후에도 지속되었으며, 더욱이 민간의 주술 신앙과 영합하게 되어 그리스도교의 샤마니즘적 현상이 심화되어 갔으며, 아울러 사회와 국가 그리고 자기가 속한 공동체에 대한 책임 의식이 없는 개인주의적 신앙 형태를 띄게 되었음을 부인할 수도 없다.

(2) 한국 교회의 신앙 형태의 부정적인 측면

이와 같은 한국 교회의 성장 배경으로 말미암아 교회는 다음과 같은 부정적인 측면을 갖게 되었다. 첫째, 타계주의적 신앙과 신비주의적 신앙 형태를 말할 수 있다. 즉 천당과 현세를 대조해서 개인의 영성을 위해서만 신앙 생활을 하며, 이러한 형태를 열광적인 부흥회 속에서 쉽게 신비주의적 신앙으로 받아들이게 된 것이다.

둘째, 현세적 기복 신앙과 말세론적 신앙이라고 할 수 있다. 즉 한국인의 내세 신앙과 율법적 경건 사상은 현실적 기복 신앙과 엉켜 있으며, 복을 받는 하나의 조건으로 '의심없는 절대적인 믿음'을 요구한다. 또한 말세론적 신앙은 한국 교회의 윤리적인 각성이 아니라 신천신지의 도래와 복락에 더 큰 관심이 있다.

(3) 문제점

위에서 본 신앙 형태로 말미암은 문제점은 한국 그리스도교내의 성차별·배타주의·분파적 파벌주의 등 여러 가지로 거론될 수 있으나, 크게 주목되는 점을 두 가지로 요약한다면 다음과 같다. 첫째, 권위주의적 교회 정체를 말할 수 있다. 이러한 권위주의는 개체 교회들에서 '제국 건설'로 인도되었고, 흔히 목사와 장로가 지배권을 놓고 투쟁하기도 한다. 둘째, 세속적 가치들을 한국 개신교가 무비판적으로 받아들이는 현상이다. 예를 들자면 '성공'은 교인 수, 교회 건물의 크기, 목회자의 사례비, 교회 예산의 규모, 교회가 지원하는 프로그램의 수, 또는 교회 소유의 차량 수 등이다.

(4) 대안

대안에 있어서는 의식 개혁이라는 측면에서, 발제에서 서로 토의되는 과정에서 언급되었던 '하나님의 선교'와 '민중 신학'을 바탕으로 한 교회상을 대안의 일면으로 기술한다.

① 하나님의 선교 신학은 전도 중심의 양적 성장을 해온 폐쇄적 개교회 중심주의에서 탈피하여, 단순히 교회 자체에 관심을 두는 것이 아니라 이웃과 민족 그리고 사회에 대한 관심에 기초하며, 이는 교회 자신을 내부가 아닌 사회의 전영역에 걸치는 선교를 위한 공동체로 인식하게 될 것이다. 아울러 교회 안에서도 민주화가 필요하게 될 것인 바, 교회 내의 권위주의적 구조에 대한 개선에 많은 영향을 끼칠 것으로 본다.

② 민중 신학에서 말하고 있는 교회상 또는 공동체는 민중이 그 공동체에 주인이 되어야 한다는 것이며, 다시 말해서 교회는 민중이 주도하는 공동체이어야 한다는 것이다. 이는 교회의 권위주의적인 면을 극복할 수 있는 신학적

인 기반을 제공해 준다는 면에서 매우 중요하다고 하겠다. 또한 민중 신학을 기반으로 하는 교회의 성격은 개교회 중심의 교회 모습을 극복하는 '나누는 교회'의 모습을 지향하므로, 이러한 모습들은 기성 교회에서 배태된 여러 문제점을 극복·개선하는 데 필요한 신학적인 기반의 일면을 제공해 준다고 하겠다.

3. 기성 교회의 권위주의와 그 대안들

우리의 교회가 삶을 나누고 그 안에서 그리스도를 체험하는 삶의 공동체의 모습을 지향하고자 할 때 가장 큰 걸림돌이 되는 점이 바로 교회 공동체의 구조 문제이다. 그러므로 바람직한 삶의 공동체를 지향하기 위해서 특히 교회가 가지고 있는 '권위 구조'라는 측면에서 그 속에서 어떻게 삶의 공동체가 파괴되고 있는가를 살펴보고 그 대안을 모색하고자 한다.

(1) 구조 문제

구교로부터 강한 문제 의식을 가지고 출발한 개신교의 역사이지만, 개신교는 시간이 지남에 따라 개혁교회라는 이름에 알맞지 않게 또 다른 방식으로 교권을 강화시켜 나간 역사라고 하겠다. 특히 우리가 몸담고 있는 장로교의 전통은 교권을 둘러싸고 사분오열하는 부끄러운 모습을 보이고 있다.

장로 정치의 기본 의도는 감독 정치의 장점과 회중 정치의 장점을 종합한 것이다. 이는 치리권과 교리권을 최대로 인정하는 감독 정치의 전통과 평신도의 기본권을 최대로 인정하는 회중 정치의 전통을 결합한 것이라고 볼 수 있다. 그리하여 장로라는 기구를 통한 대의 정치를 표방하고 있다.

그러나 이러한 기본적인 정신이나 의도와는 다르게 장로라는 정치 기구를 중심으로 교회가 권위적인 구조로 바뀌어 왔다. 장로를 중심으로 교회의 직분이 계층화되어 있는 것은 이를 잘 반영한다. 결국 장로는 회중의 의견을 수렴하는 대의 정치의 기구로서가 아닌, 의견을 독점하는 하나의 엘리트 집단으로 탈바꿈하게 되었다. 다시 말해서 교회의 대의 기관으로서의 본래 목적은 사라지고 교회 내의 권위적 계층으로 굳어져서 평신도의 의견이 교회 전체의 방향에 적극적으로 반영되기보다는 굴절되고 차단되어 왔다.

교회 권위 구조의 핵심인 장로제는 한국 교회가 초창기 헌법에서도 나타났듯이 윤번제로 바꾸거나 점차로 그 실질적인 역할을 지양해 나가야 한다. 그 대신 각 기관의 평신도 대표와 실무자의 모임에서 교회의 모든 실질적인 문제를 논의하고 결정해야 한다. 예컨대 '평신도 협의회'라는 조직을 만들어서 이 문제를 해결해 나가면 좋겠다. 지금의 교회 상황에서 우선은 장로의 종신 제도가 윤번제로 바뀌어야 한다.

(2) 예산 문제

일반적으로 예산이 편성되는 과정을 보면, 목회 계획서와 사업 계획서를 작성하여 예산 위원회에 제출하면 이에 따른 예산 초안을 작성하게 된다. 이는 공동 의회를 거쳐서 목사의 서명으로 발효된다.

여기서 생각해 볼 점은 예산 편성 과정이 삶의 공동체로서의 교회 공동체를 지향하고 있는가 하는 점이다. 또 편성의 분포가 어디에 편중되고 있는가 하는 점이다. 교회의 예산 편성에서 나타나고 있는 문제의 핵심은 교회의 존립 근거인 '선교를 향한 거점'으로서가 아닌 '자기 확장의 거점'으로 변질되었다는 것이다. 즉 대교회 지향의 예산 편성에서 그 본질이 드러난다. 그리고 이러한 예산 편성의 과정이 소수의 엘리트 집단을 중심으로 거의 일반적으로 추진되고 그 결과에 대한 승인만 평신도에게 요청된다. 대부분의 평신도들은 예산 편성의 처음 과정에서부터 소외되어 있기 때문에, 대개는 이 승인의 과정이 '은혜로운(?)' 분위기 속에서 문제 제기 없이 통과되기 마련이다.

이러한 문제의 대안으로 예산 편성 위원회 구성을 당회원 중심이 아닌 평신도 협의 기구 혹은 각 기관의 평신도 대표와 실무자가 예산 편성 위원회를 구성하여 예산 편성 초기 과정부터 참여하는 방식을 취해야 한다. 또한 일반 평신도의 참여 의식을 고무하여 공동 의회의 승인 과정이 진정한 참여로 유도되어야 할 것이다. 또한 선교비에 대한 원칙적인 비율을 만들어야 한다. 예컨대, '교회 예산의 30%는 무조건 선교비로 사용하고 나머지를 가지고 예산 편성을 한다'는 등의 방식을 말한다.

(3) 여교역자 문제

성적(性的)인 문제는 이미 사회에서도 문제 의식이 넓게 공유된 그런 문제 중에 하나이다. 그러나 교회는 그런 문제 의식에 창조적인 대안을 갖고 극복하려는 의지를 지니기보다는 더욱 문제를 극단화시키는 경향을 지녀 왔다고 하겠다. 그런 일면을 살펴볼 수 있는 것이 바로 여교역자의 문제이다.

실제적인 선교와 목회의 상당 부분을 차지하고 있는 여교역자의 위상은 교회의 남성 주도적인 권위 구조 속에서 위상을 찾지 못하고 있다. 대부분 여교역자들은 심방 전도사라는 직책에 갇혀 있다. 목사 안수를 받은 교역자들도 일반 교회에서 받아들이기를 꺼리고 있다.

근본적으로 여교역자를 하나의 동반자로 받아들이는 사고의 전환이 필요하다. 이는 현재의 심방 전도사 제도를 비판적으로 개선하여 실제적인 여성 목회자의 지위를 향상시켜야 함을 의미한다. 또한 이는 기성 교회가 갖고 있는 권위주의적인 구조를 극복할 수 있는 가장 현실적인 방법이다.

가장 현실적인 극복 방안이라는 것은, 교회 내의 남녀 문제는 교역자 문제뿐만 아니라 직제의 문제에서도 나타나는 것이므로, 이를 극복하기 위해서는 매우 포괄적인 방법이 요구된다는 뜻이다. 교회의 실제적인 일들은 모두 여성들이 담당하면서도 직분들은 거의 남자가 독점하다시피하고 있다. 이는 사회의 모습을 그대로 답습하는 것이다. 그러나 이러한 문제점들을 극복하려면 전 교인의 사고의 전환이 있어야 한다. 여성들에게 있어서는 주어진 역할에 대한 또한 지도력에 대한 훈련이 필요하다. 이는 매우 오랜 훈련의 시간이 요구되므로 교회 내의 모든 사람들이 함께 노력하면서 극복해야 할 과제인 것이다. 그러나 여목회자의 경우는 교인들의 사고를 전환시키고 지도력을 길러내는 데 훨씬 용이하다고 보고, 이를 통해서 점차로 교회 내의 권위주의적인 사고들을 극복해 나갈 수 있으리라 생각된다.

(4) 사찰 제도

삶의 공동체가 지향하는 교회 공동체가 이루어지기 위해서는 기성 교회 제도에서 갖고 있는 사찰 제도도 비판적으로 검토하여야 한다. 사찰은 일종의 봉사 직분으로 순수한 봉사의 차원에서 이루어져야 하는 것이다. 그러나 이 사찰이 제도적으로 교회 구조에 정착하면서 사찰 개인의 문제가 아니라 사찰 가정 전체가 교회에 고용된 직원과 같은 역할을 맡게 되면서 여러 가지 문제가 발생되고 있다. 이는 전체 교인의 교육 측면이나 사찰 가정의 교육 측면에서도 문제가 되는 것이다.

특히 교회 차원에서는 이 제도가 자본주의의 자본 원리가 그대로 도입된 것으로, 돈만 주면 사람의 '봉사'도 살 수 있는 그런 사고가 비판 없이 교회에 그대로 적용되고 있다. 이로 말미암아 교회의 계층 구조가 심화되며 진정한 봉사의 의미가 상실될 가능성이 농후한 것이다. 그러므로 고용된 사람에 의해서가 아니라 교인들 한 사람 한 사람의 자발적인 참여 속에서 교회의 봉사가 이루어져야 할 것이다. 즉 다른 사람의 노동에 의해서가 아니라 모두가 참여한 가운데 일을 시작하고 끝맺을 수 있어야 할 것이다. 그러므로 교회에서는 사찰에게 최소한의 봉사(관리의 차원)만을 허용하여야 할 것이다. 전체 교인들에게는 그러한 습관이나 사고를 익혀서 사회의 악습까지 바로잡을 수 있는, 다시 말하면 계급 없는 사랑을 실천할 수 있는 단련의 기회를 제공해 줄 수 있다고 생각된다.

4. 새로운 교회 공동체 창출을 위한 목회자의 역할

교회 공동체에 있어서 목회자의 비중은 긍정적인 면에서든지 부정적인 면에서든지간에 절대적이다. 이러한 목회자의 절대적인 비중은 지금까지 논의되어 왔던 기성 교회의 사회 경제적 배경, 신학적 배경, 교회의 권위 구조와 관련해서 볼 때 긍정적인 면보다는 부정적인 면이 압도적이라고 할 수 있겠다. 목회자의 역할은 긍정적인 면에서 극대화될 수 있기 때문에 먼저 이러한 부정적인 면에 대한 철저한 비판과 반성이 앞서야 할 것이며, 그러한 기초 위에서 새로운 교회 공동체의 창출을 위한 바람직한 목회자의 역할을 찾을 수 있을 것이다.

① 먼저 목회자는 절름발이 신앙인을 양성하는 데 대해 겸허한 반성과 자기 비판이 있어야 할 것이다. 신앙인들이 일상 생활 속에서 부딪히고 있는 여러 가지 어려움을 근본적으로 해결하려는 노력보다는 그때그때 겉으로 드러나는 현실에만 급급해 하고 나아가서는 도피적이고 패배주의적이고 타계적인 신앙만을 찾는 태도 속에서 목회자는 심각한 책임 의식을 느껴야 할 것이다. 그러므로 신앙인들이 성숙한 신앙인으로서 자신들의 삶의 현장에서 적극적으로 살아가는 모습 속에서 보람을 느낄 수 있는 목회자가 되어야 할 것이다.

② 이러한 문제는 더 근원적으로 파악하면 목회자의 신학적 입장과 결코 무관한 것이 아니다. 서구 지향적인 신학, 특히 근본주의 신학은 목회자와 그에 의해 인도되는 수많은 사람들을 소아병적인 편협한 신앙인으로 만들 수밖에 없었다. 결과적으로 절름발이 신앙인, 서구적인 것만을 옳다고 여기는 자기 주체성을 상실한 신앙인을 만들 수밖에 없었다. 목회자는 자신의 신앙적 반성을 통해서 성숙한 신앙인으로 인도하기 위해 요구되는 하나님의 선교 신학이나 민중 신학을 비롯한 제3세계 신학에 대한 개방적인 태도를 가져야 할 것이며, 또한 이러한 신학 내용을 평신도에게 어떻게 전달할 것인가를 위해 끊임없이 고민하고 노력할 수 있어야 할 것이다.

③ 마지막으로 교회의 권위 구조에 대한 목회자의 책임 또한 지적하지 않

207

을 수 없는 중요한 것이라 하겠다. 관료적 권위 구조는 목회자가 평신도의 의견을 수렴하려는 노력 대신 당회를 비롯한 몇몇 소수의 의견 위주로 교회의 모든 일을 처리하는 데서 오는 폐단이라 할 수 있을 것이다. 제직회와 공동 의회는 통과 의례의 역할을 할 뿐 실질적인 교회의 대형화와도 무관하지 않다. 즉 몇 천 명이 넘는 교회에서 어떻게 공동 의회나 제직회를 통한 안건 토의나 심의가 가능할 수 있겠는가? 따라서 먼저 목회자는 성도들의 수를 목회의 관건으로 생각하려는 태도를 바꾸어야 하며, 그와 함께 참으로 평신도에게 항상 마음과 귀를 열어 놓는 겸손한 자세를 가져야 할 것이다.

위에서 기성 교회의 부정적인 측면을 다양한 각도에서 살펴보았다. 이러한 고찰의 목표는 교회 공동체가 어떻게 삶의 공동체로 바꿔나갈 수 있을까를 살펴보려는 것이었다. 그러므로 기성 교회의 현실과 그 배경을 정확하게 진단하고 이를 바탕으로 한 극복 대안들을 창출하려는 작업이 우리 팀의 공동 주제였다고 하겠다.

먼저 기존 교회를 형성하는 사회 경제적 배경과 신학적 배경을 고찰해 보았으며, 이러한 배경들이 기성 교회 모습 특히 교회 조직을 어떻게 형성시켰는지를 교회의 권위주의의 측면에서 살펴보았다.

특히, 교회 공동체의 조직을 살펴보면서 교회 조직이 사회의 다른 조직과 별반 다른 점이 없다는 것을 더욱 실감할 수 있었다. 물론 교회가 자본주의 사회 속에서 '살아남기' 위해서는 어느 정도는 자본의 논리를 따라가야 할 것이다. 그러나 그것은 교회 유지를 위한 '최소한'이 되어야 할 것이다. 교회의 모습이 사회의 조직과 거의 비슷한 모습을 갖춘 채 그 속에서 만들어 내는 가치관도 자본의 논리에 입각한 물질만능주의·기복 신앙 등의 부정적인 측면들이다. 그러므로 그리스도의 사랑을 전하고 그 모인 사람들에게 삶의 공동체가 되게 하기 위해서는 기존의 교회 모습에서 벗어나려는 노력이 절실히 요구된다고 하겠다. 특히 사회에 만연하고 있는 가치관들을 비판없이 받아들여 교회의 유지에 사용하고 있는 점에 대하여 반성하고, 그런 것들이 교회가 삶의

주님의 교회 일구기·가꾸기

공동체를 만들어 나가는 데 어떤 영향을 미치는가를 고려해야 할 것이다. 여기서는 교회의 권위주의 극복을 위한 대안으로서, 특히 교회 내의 여교육자 문제와 사찰 제도를 비판적으로 검토하였다. 이러한 작업을 통해서 얻어낸 결실은, 삶의 공동체를 이루려는 신앙으로 과감한 교회 개혁이 요구된다는 점을 발견한 것이라 하겠다.

마지막으로 이러한 모든 문제점들과 목회자와의 관련성 속에서 목회자의 문제를 살펴보았다. 기성 교회의 구조상 목회자는 교회 내에서 막대한 영향력을 행사함으로, 교회가 삶의 공동체를 지향하려 할 때 이를 긍정적인 측면으로 활성시킬 수 있는 목회자의 역할이 매우 크다는 것을 발견할 수 있었다. 목회자가 앞에서 살펴본 여러 문제점들을 바로 파악하고 극복하면서 교회가 삶의 공동체가 되도록 노력한다면, 그 공동체는 어느 정도는 문제점들을 극복해 갈 수 있으리라고 결론을 모았다.

2 도시 상권 중심 지역의 교회

한국 사회가 60년대 이래로 다원화 · 산업화 · 상업화되어가는 상황 속에서, 교회는 그리스도교 본래의 메시지와 이념에 확고히 서서 한국의 사회 · 정치 · 경제 · 문화를 이끌어가고 새로운 가치관을 심어 주기보다는 다원화 · 산업화 · 상업화의 흐름에 편승하여 무분별한 자기 확장— 몸무게 늘이기— 에 집중하여 왔다.

그렇기 때문에 지금의 한국 교회는 삶의 가치관을 세워 주고 또 사회의 꺼지지 않는 희망의 등불로서 존경을 받기보다는, 오히려 교회의 십자가가 높아가면 갈수록 사회로부터 비난의 목소리를 매몰차게 들을 수 밖에 없었다.

한국 교회를 향하여 쏟아져 들어 오는 비난의 목소리는 뜨끔할 수밖에 없고, 그러면 그럴수록 이제 새시대의 새로운 교회상을 세워야만 하겠다는 다짐을 더욱 하게 만든다.

그래서 우리 연구팀은 앞으로 더욱 더 다원화 · 산업화 · 상업화되어갈 한국 사회의 상황 속에서, 능동적이고 공격적인 모습으로서의 새로운 교회상을 연구 · 모색하기 위하여, '도시 상권 중심 지역의 교회'를 그 연구 모델로 설정하여 작업에 들어갔다.

우리들이 이렇게 '도시 상권 중심 지역의 교회'를 연구 과제로 설정한 이유는, 한국 사회는 부분적으로가 아니라 전체적으로 다원화 · 산업화 · 상업화가 될 수밖에 없으며 이에 따라 한국 교회는 현재의 사회적인 흐름 속에서 자기 변신의 작업을 하지 않을 수 없다고 보기 때문이다.

우리가 연구 모델로 정한 교회는 '명동교회'이다. 이 명동교회는 한국의 도시 중심지 교회의 전형적인 유형으로 미래의 한국 도시 중심지 교회에서 나타날 수 밖에 없는 도심 공동화 현상에 대한 실험 집단적인 성격을 갖는다.

1. 상황 설정

본 교회는 도시 상권의 중심부에 위치하고 있는 특수한 상황을 그 배경으로 한다. 본 교회는 지역적으로 도시 상권의 중심부에 자리한 관계로 인하여 주택가에 위치하고 있는 교회에 비하여 교인들이 모일 수 있는 기회가 제한되어 있으며, 다른 교회 활동보다는 주일 예배를 중심으로 하여 교회 공동체를 형성하고 있다.

명동교회의 역사는 약 40년 정도 되었고, 출석 교인들은 이곳이 상권으로 형성되기(70년대 중반) 이전에 이곳에 거주지를 가지고 있던 사람들이 대부분이며, 지금은 타지역으로 이주하여 다양한 교통 수단을 이용하여 본 교회에 출석하고 있다.

지리적으로 상권의 중심부에 위치하고 있고 오랜 역사를 지니고 있기 때문에 등록 교인뿐만 아니라 미등록 교인 또한 본 교회에 많이 출석하고 있다. 출석 교인은 약 200여 명(청년 약 60명, 청년회 참석 인원 10명 내외)이고, 교회 건물의 연건평은 약 300평(지하 1층, 지상 1·2·3층)이고, 50여 평 정도의 마당 겸 주차장을 가지고 있다.

그리고 명동교회에서의 교인들간의 관계는 지역적인 특성으로 인하여, 수평적인 관계보다는 교인과 목회자간의 수직적인 관계가 그 인간 관계의 주된 특성을 이루고 있다.

2. 교회의 상황

　명동교회는 다른 일반 주택 지역에 위치한 교회와는 달리, 지역적인 특성으로 인하여 구조적으로 교인들을 교회를 중심으로 묶이지 못하게 한다. 즉 주일 대예배를 중심으로 교회 생활이 엮어지고 있기 때문에 교회에 대한 주체적인 주인 의식이 결여되어 있고, 주일 대예배 외의 교회 활동에 거의 무관심한 상태를 보여 준다.

　또한 이러한 교회 내적 상황은 명동교회 공동체를 교회 내외에 대하여 개방적인 공동체를 이루게 하는 것이 아니라 오히려 폐쇄적이게 만들며, 이러한 공동체적 특성은 교인들의 신앙을 개인적이고 개체적이게 만들어 내면적으로는 적극적일지 모르나 외면적으로 표현되는 양태는 소극적인 모습을 보여 준다.

　또한 이러한 소극적인 신앙 양태는 자신이 관련된 문제에는 적극적이나, 자신 이외의 사회나 단체가 관련된 문제에는 소극적인 대응을 하게 만든다. 그리고 이러한 교인들의 소극성과 교인들이 교회 외곽의 다양한 지역에 넓게 확산되어 있다고 하는 지역적 특성은 교회 공동체를 교육 공동체로 만드는 데 많은 어려움을 안겨 주고 있다.

　따라서 교회 안에서의 교육이라고 하는 것은 다른 일반 교회의 구색에 맞춘 형식적인 것이 되며, 교회 안의 소규모 공동체는 있으나 개인적인 친분 관계나 명동교회에 오랜 근거를 두고 있는 집안들끼리의 소규모 공동체일 뿐이다. 그러나 교회에 오랜 근거를 두고 있는 집안들끼리의 이들 소규모 공동체는 그동안 명동 교회를 세우고 성장시킨 원로 교인들이 중심된 것이라서 그 집안들의 청소년들에게는 생소한 것이다.

　그러므로 이 소규모 공동체는 노년화된 공동체이고, 교회를 역동적으로 이끌어갈 만한 잠재력을 가지고 있는 것은 아니다. 오히려 잠재적인 능력을 발휘할 수 있는 청년들의 공동체는 사실상 이루어지지 않고 있다고 하겠다.

　위의 논의를 통하여 볼 때, 명동교회가 앓고 있는 병은 개인의 내면화에는 적극적이나 개인이 아닌 공동체의 행동과 발언에는 무관심하다는 것이며, 교회 공동체를 이루는 소규모 공동체 행동과 발언에도 무관심하다는 것이다. 교회 공동체를 이루는 소규모 공동체 또한 과거의 교회 지역이 상권화되기 이전의 인간 관계에 기초하고 있기 때문에 생활 공간 중심의 소공동체로서의 역할을 현재는 하고 있지 않아 새로운 교인들이 출석하고 있는 현재의 시점에 대하여 역동적이고 능동적으로 대처할 수 없는 것이라고 말할 수 있다.

3. 청년 공동체의 상황

명동교회의 청년 공동체는 다른 주택 지역의 청년 공동체에 비하여 활성화되어 있지 못하여 60명 남짓한 재적 청년들이 있음에도 불구하고 10명 내외의 인원들로 유지(!)되고 있는 소규모 공동체이다. 그리고 상황이 이러하기 때문에 청년 공동체가 교회에서 차지하고 있는 비중이라고 하는 것도 매우 미약하며, 자체 내에서도 적극적이기보다는 소극적인 양태를 보여 준다.

청년 공동체가 이러한 모습을 갖게 되는 원인 중에서 가장 큰 원인은, 교회의 중·장·노년 교인을 중심으로 하고 있는 목회자의 목회 방향과 밀접한 관련을 맺고 있는데, 그것은 명동교회가 지역 공동체로서의 교회가 아니라 주일 대예배 중심의 공동체이기 때문에 빚어지는 문제라고 볼 수 있다.

그렇기 때문에 자연히 청년 공동체에 대한 목회자의 목회적 관심은 소원할 수밖에 없으며, 이에 따라 청년 신앙 교육과 청년회 활동은 소극적이게 된다. 즉 노인들과 중·장년을 위한 프로그램(예 ; 교회 공동묘지, 설교 내용, 심방, 교육, 기타)을 위하여는 적극적이지만, 청년들을 위한 교회적 관심은 실로 미약하기 그지없다. 따라서 좀 과장하여 표현해 본다면, 명동교회의 목회는 '요람'과 직결되어 있다기보다는 '무덤'과 더 가깝다고 할 수가 있을 것이다.

청년 공동체의 이러한 소극성은 점점 개인주의화해가고 있는 사회적 상황과도 밀접한 관련을 가지고 있다. 즉 경쟁적인 사회 속에서 '이윤'과 '이익'

을 최대의 가치관으로 삼는 자본주의의 문화가 '사랑'과 '용서'와 '희생'을 최대 가치관으로 삼고 있는 그리스도교적 가치관과 대립되어 있고, 이러한 대립 속에서 이제까지 한국 교회가 적극적이고 공격적이지 않고 소극적이고 단지 방어적인 대응만 하여 왔기 때문에, 그리스도교는 그 대립 속에서 확고한 승리를 거두지 못하고 있다는 점이다.

따라서 사람들은 '타인을 위한 삶'보다는 '자신의 이익을 위한 삶'을 살게 되었으며, '그리스도 중심적인 삶'보다는 '황금을 좇는 삶'을 살게 되었고, '더불어의 존재'가 아닌 '나 중심의 존재'로서 자기 자신을 이해하게 되었을 뿐만 아니라, 이웃을 '사랑해야 할 대상'으로보다는 '경쟁적 대상'으로 이해하게 되었다. 이러한 개인주의적 사고는 자연히 몇 년 전까지만 하여도 이러한 학교 교육의 대상이었던 청년들의 의식 속에 뿌리 깊게 자리하고 있는 것이다. 청년들 또한 '자기 희생'에 바탕을 둔 그리스도교적 사상보다는 '자기 이익'을 우선으로 하는 가치관을 가지게 되었고, 이에 따라 자신에게 이익이 되는 프로그램에만 관심을 가짐으로써 청년 공동체는 소극적인 공동체, 이익 집단화해 가는 경향을 띰으로써 침체될 수밖에 없는 것이다.

또한 한국의 뿌리깊은 씨족적 사회 구조가 핵가족화로 치달음으로써, '자기 희생'과 '양보'를 최대 미덕으로 삼는 전통적 가치관이 붕괴되었다는 데에서도 우리는 또 하나의 원인을 찾아볼 수 있다. 그리고 한국의 대다수 사회 공동체가 이익 공동체라고 하는 점과 공동체 교육을 받을 수 있는 장이 한국의 학교 교육의 상황 속에서 주어지지 못했다고 하는 점도 '자기 희생의 공동체'를 이루려고 하는 청년 공동체의 활성화를 방해하는 요인으로 작용하고 있는 것이다.

끊임없이 쏟아져 들어오고 있는 문화의 홍수 속에서 청년 문화를 선도할 수 있는 그리스도교 문화가 부재하고 있다는 점, 그리고 재래 문화를 선도하지 못한 채 수동적으로 재래 문화의 틀에 자신을 적응시키는 방향으로 그리스도교 문화가 전개되었다는 점도 신선한 문화적 충격에 민감한 청년들을 교회로 모을 수 없게 만드는 요인이 되고 있다.

그리고 명동교회의 지역적인 특성으로 인하여 청년들에게 어릴 때부터 신앙 공동체를 이루도록 조건을 만들어 주는 것이 아니라, 교인들 자신의 주거지에 가까운 교회로 어린 자녀들을 내보내고 있다. 또한 교회 학교는 단지 대예배에 참석하는 교인들을 위한 탁아적 기능 이상의 것을 수행하고 있지 않다는 데에도 그 원인이 있다.

따라서 어릴 때부터 인간 관계를 맺어 왔던 자신의 주거지 근처 교회에서 고등학교를 졸업하고 부모를 따라 명동교회에 출석하게 되었기 때문에, 청년 공동체에 대하여 애착을 가지고 있지 않고, 오히려 서먹서먹한 관계를 가지게 되는 것이다. 또한 청년 때부터 명동교회를 출석하기 시작한 이들도 청년 공동체에 생소한 감정을 가지고 있는 점은 마찬가지이다.

이러한 두 형태의 청년 교인들에 대하여 청년 공동체는 자체 내에 수용할 만한 프로그램과 적극성을 가지고 있지 못하다. 현재의 청년 공동체를 이루고 있는 사람들은 간헐적으로 중·고등부를 구성하였던 청년들인 것이다. 그러기 때문에 명동교회의 대다수 청년들이 청년 공동체에 참여하고 있는 것이 아니라, 청년 교인들의 일부분이 분파적으로 참여하고 있다. 그러므로 이러한 분파성과 각각의 청년들의 시각에서 보여지는 생소함이 명동교회의 청년 공동체 형성의 장애가 되는 내적 요인의 한 부분을 차지하고 있는 것이다.

청년 공동체가 활성화 되지 못한 요인들을 다시 정리하여 보면, 첫째, 목회자의 중·장·노년을 중심으로 한 목회 방향, 둘째, 경쟁적이고 개인주의적인 사회 윤리에 대한 그리스도교 윤리의 부재로부터 기인되는 청년들의 개인주의적인 사고와 행동 양태, 셋째, '자기 희생의 공동체'보다는 '이익 공동체'로의 교육이 이루어지고 있는 사회·교육적 상황, 넷째, 문화적 홍수 속에서의 선도적 역할을 담당할 그리스도교 문화의 부재, 다섯째, 명동교회의 지역적 특성에 따른 청년들의 분파주의적 경향 등이라고 요약할 수 있다.

4. 청년 공동체의 형성

이러한 명동교회의 상황 속에서 교회를 새롭게 변화시켜 나갈 수 있는 계층은 중·장·노년층이 아닌 청년층들이며, 또한 그러한 변화의 주체로서 교회의 전 영역(교육·예배·친교·봉사)에 있어서 새로운 매개체로서의 역할을 담당할 수 있는 곳은 바로 청년 공동체라고 인식하였기에 본 연구팀은 다른 부서들보다는 '청년 공동체'를 연구하기로 하였다. 그리고 현재의 청년 공동체의 상황 속에서 무엇보다도 먼저 이루어져야 하는 것은 바로 개체화되고 분파적인 청년들을 함께 모이게 하는 것이라고 보아 "청년 공동체의 형성"에 집중하기로 하였다.

신앙 생활의 훈련, 예배, 교육의 갱신, 지역 공동체의 형성 등이 독립된 개념이 아니라 유기적으로 서로 연결되어 있기 때문에 '청년 공동체의 형성'을 다룬다고 할 때에는 위의 것들 또한 중복되어 다루어질 수밖에 없을 것이다. 그러므로 위의 것들은 '청년 공동체의 형성'이라는 커다란 그리고 중심이 되는 주제의 보조적인 역할로 축소하고 '청년 공동체의 형성'을 우리의 과제로 다루려고 한다.

5. 공동체적 이상

개체화·분파화된 청년들로 하여금 '공동체'를 형성하게 하는 데에는 다양한 방법이 있을 수 있다. 그러나 그러한 방법들은 그리스도교적 이상과 목표를 위하여 선별되어 사용되어야 한다. 즉 모아서 공동체를 이루게 하는 것 이상으로 중요한 것은 '어떤' 공동체를 이룰 것인가라고 하는 것이다. 교회 공동체는 단순한 모임이 아니라, 그리스도의 복음을 세상에 전하고 그 복음이 세상 속에서 최고의 가치관이자 세계의 비전으로서 그 역할을 다할 수 있도록 일해야 하는 곳이기 때문이다.

즉 무목적적으로 모여지는 것이 아니라 세계와 인간에 대하여 버릴 수 없는 특별한 목적이 있기 때문에, 단순히 '모이게 한다'라고 하는 것이 '공동체의 형성'이 될 수는 없다는 뜻이다.

때문에 우리는 명동교회의 청년 공동체를 '어떤 공동체의 모습으로 형성하여 갈 것인가?'라고 하는 문제를 언급하지 않을 수 없었고, 그 결과들로서 다음과 같은 세 가지 중심되는 청년 공동체 형성의 목적과 이상을 설정하게 되었다.

(1) '나'와 '청년'── 무의식의 영역으로부터 의식의 영역으로의 전환이 이루어지는 공동체

예수 그리스도와의 관계 속에서, 나 자신과의 관계 속에서, 교회와의 관계 속에서, 이웃과의 관계 속에서, 그리고 사회와의 관계 속에서 내가 구체적으로 묻고 대답할 수 있는 통전적인 그리스도인으로 사고하고 행동하며 살 수 있도록 돕는 청년 공동체.

(2) '나'와 '이웃'──무관심으로부터 관심의 영역으로의 전환이 이루어지는 공동체

이웃과 더불어 사는 삶이야말로 예수 그리스도께서 사신 삶이며, 그 삶을 사는 것이 인류 공동체의 구원을 위하여 우리들을 부르신 그리스도의 부르심에 구체적으로 응답하는 것임을 알고, 청년들로 하여금 이웃과 더불어 사는 삶을 살도록 돕는 청년 공동체.

(3) '나'와 '사회·세계'──무책임으로부터 책임의 영역으로의 전환이 이루어지는 공동체

나와 너의 아픔, 그리스도와 이웃의 아픔은 세계와 사회와 한 인간에 대한 무책임으로부터 비롯된 것임을 깨닫고, 창조의 참된 빛 안에서 새롭게 거듭날

수 있도록 그리고 나와 이웃과 하나님 안에서 책임적인 존재로 설 수 있고, 행동할 수 있도록 돕는 청년 공동체.

6. 공동체 형성을 위한 작업

먼저 공동체 형성을 위한 작업에 있어서, 목회자는 일방적으로 그리고 강제적으로 공동체를 형성하는 것이 아니라, 청년 회원들과의 협의적인 절차를 거쳐서 그 회원들 스스로가 자신들의 공동체가 가지고 있는 문제점을 발견하고 그것을 극복할 수 있는 방법을 얻을 수 있도록 기회를 마련하는 것을 돕는다는 것을 전제로 한다.

이제 명동교회의 청년 공동체가 그 스스로의 문제점을 제기하고, 그 문제점을 타개하기 위한 계획을 수립하고 그것을 위한 작업을 하고 스스로 평가를 해나가는 과정을 함께 지켜보기로 한다.

청년 공동체는 12월 정기 총회에서 1999년의 새로운 임원들을 선출하였다. 그 신임 임원들은 의례적인 인사차, 그리고 내년도의 계획 수립에 대한 문의차 목회자를 방문하게 되었다. 이 목회자와의 대화에서 청년 회원들은 자신들의 공동체가 활성화되지 못하고 있는 점들은 이 공동체가 청년 회원들을 유대적으로 연결할 수 있는 공동의 관심사를 가지고 있지 못하고, 또한 뿔뿔이 흩어지려고만 하지 전혀 유기적인 연대를 제공하고 있지 못하다는 것과, 지극히 개인적인 분파성을 띄는 관계들로 이루어진 것 때문임을 스스로 발견하게 되었다.

그래서 신임 임원들은 공동체의 새로운 활력화를 위한 그리고 공동체의 위상을 재구성하기 위한 힘을 모을 수 있는 기회가 필요함을 느끼게 되었으며, 목회자는 청년 공동체와 함께 동계 수련회를 가질 것을 제안하게 되었다.

지금까지의 청년 공동체 행사에 회원들이 관심을 보이지 않아 온 것은 그 행사가 가지고 있는 프로그램들이 일정한 규격에서 벗어나지를 않는 구태의연한 것들로 이루어졌기 때문이라고 생각한 신임 임원들은 이번 동계 수련회를 우선은 많은 회원들이 참가할 수 있도록 하는 데 관심을 두었다.

그래서 청년 회원들이 가장 관심을 가질 수 있는 장소를 설정하기로 하고 목회자의 적극적인 지원을 받아서 청년이면 누구나 동경할 만한 장소인 강원도 진부령의 한 산장으로 정하였다. 시기는 대학생이 대부분인 회원들의 편리를 위해서 방학이 시작되면서 바로 떠나게 되었다. 물론 이번 동계 수련회의 목적은 이 공동체의 재구성과 활성화를 위한 것이었다. 수련회의 장소가 그 유인이 되서인지 다른 때의 수련회보다는 더 많은 인원이 참석하게 되었다(30명).

도착 예배를 드리고 적당한 개인 시간을 갖고 나서, 저녁 시간에는 서로가 자신들의 마음을 열어 놓을 수 있는 인간 관계 훈련을 시행하였다. 이 인간 관계 훈련에서 우리가 앞에 이미 설정해 놓은 이 공동체의 위상에 맞는 청년 회원들로 접근해 갈 수 있도록 자신의 실존을 묻는 기회가 주어지게 되었다. 그리고 다음 순서로서 자신이 처한 위치에서 자신의 위상과 역할에 대해 서로가 이야기할 수 있는 시간이 마련되었다.

다음날은 성경공부를 하고 나서 이제 우리의 목적인 공동체의 재구성과 활력화를 위한 본격적인 프로그램에 들어가게 되었다. 앞으로의 프로그램은 여기에 중점을 두고 진행되어 나가도록 되어 있었다. 먼저 교회 공동체 내에서의 청년의 위상과 역할을 설정하기 위해서 목회자와 청년 공동체 지도장로와 교육부장과 역대 청년회장과의 대화가 있었다. 목회자는 우선 1999년도 명동교회 목회지침 중에서 청년들과 관련된 사항에 대한 목회 구상에 대해서 의견을 나누었고, 또한 각 기관별(청년 회원들이 참여하는 봉사 기관들) 1999년도 계획을 소개하여 청년 회원들로 하여금 관심을 기울이도록 유도하였다. 그리고 역대 명동교회 청년회장들은 명동교회의 청년 공동체 역사를 설명하므로써 회원들로 하여금 자긍심을 가질수 있도록 하였다.

이제 교회에서 갖는 위상과 역할을 어느 정도 들은 것을 바탕으로 분반을 해서 자신들 스스로가 느끼는 청년회와 청년들의 문제점을 서로 이야기할 수 있는 시간을 갖도록 했다. 여기서 청년들은 자신들 스스로도 똑같은 문제점을

주님의 교회 가꾸기

이미 신임 임원들이 제기한 것과 같이 인식하고 있음을 볼 수 있었다.

그리고 각 분반마다 그 문제점에 맞는 개선 방안을 모색할 것을 요구하였는데, 종합적으로 청년들은 우선 조직의 개선과 청년 공동체가 가지고 있는 프로그램의 개선을 주장하였다. 이 개선 방안에 대해서는 단순히 그것이 이론상으로 또는 탁상 공론식으로 끝나 버리는 것을 우려하여서 마지막 프로그램이 끝나는 순서에 다시 한번 결단의 순서를 마련하여서 그 공동체 자체의, 그리고 개개인의 결단에 대한 전거가 될 수 있도록 하였다. 즉 공동체의 위상을 재구성하기 위한 작업으로서, 먼저 개인별로 각각 신앙 고백문을 작성하도록 하여 그것을 다시 소그룹으로 모여 하나의 고백문을 작성하고, 그리고 다시 마지막으로 청년 공동체의 하나의 공동 고백문 또는 결의문을 작성하여 모두가 한 목소리로 낭독하게 하였다. 이 공동 고백문에서 볼 수 있는 공동체의 위상은 깨어 있어 생명력을 가진 공동체, 그리고 입체적인 연계를 가진 역동적인 공동체, 그리고 살아 활동하는 활력을 가진 공동체였다.

그리고 조직을 재구성하기 위한 세부적인 것 중에는 기존의 조직들, 즉 선교부·봉사부·예배부·문화부 등의 조직들을 그 조직들의 역할에 어울리는 새로운 참신한 이름들로 명명할 것과, 그리고 가급적이면 다양한 소그룹의 활성화를 촉진하기로 하였다. 그리고 이들 소그룹에 대해서는 공동체와 분리되지 않도록 하기 위해서 매주일 예배시에 사용하는 공동 기도문을 이 소그룹에서 순번제로 작성하여 전체적으로 유대 관계를 갖는 방향으로 나가도록 하였다. 이러한 소그룹과 다양한 그룹의 활성화를 촉진하다 보면 공동체는 자연히 그 조직에 있어서 결코 단선적이 아닌 입체적 구성을 하게 될 것이다.

이제 프로그램의 개선에 있어서는 우선 1년 계획안을 작성하기로 했다. 그런데 행사의 방향성은 공동체가 지향하고 있는 이상에 부합될 수 있는 청년들을 교육할 수 있고 또 깨우칠 수 있는 것이어야 하는 것이었다. 의식화와 관심과 책임성을 가지고 있는 공동체의 일원이 될 수 있도록, 또는 그러한 공동체가 될 수 있도록 이 행사를 이끌어야 하는 것이었다. 기존의 행사를 그대로 활용하더라도 거기에는 위에 언급한 이상들이 전제로 놓여 있다는 점이 새로운 것이라고 할 수 있겠다.

기존에 있는 정규 프로그램인 성서공부와 예배의 경우에 있어서는 그것을 그대로 가지고 있으면서, 예배의 경우는 일정 기간마다 또는 절기에 따라서 실험 예배를 보는 것으로 쇄신을 하기로 했으며, 성서공부에 있어서는 이전에 회원 누구에게나 일률적으로 실시해 오던 것을 신입 회원과 기존 회원을 구분하여서 신입 회원에게는 성서에 대한 입문에 해당하는 교재로 공부를 할 수 있게 하고, 격월 또는 매달 한번씩 성서공부 이외에 청년들로서 필수적으로 알아야 할 시사적인 것이나 사회·경제·정치 전반에 걸친 문제들을 학습할 수 있는 강연을 실시하기로 하였다.

월별 행사는 새 학기와 더불어 시행하기로 했는데, 우선 3월에는 3·1 등반 대회를 열어서 민족의식을 고취하도록 하며, 4월에는 부활절 행사를 청년 공동체에서 실험 예배로, 교회의 전 교인들과 함께 참여하며, 5월에는 청년 주일에 청년 축제를 열어서 청년들이 가지고 있는 모든 기량을 전 교인들 앞에서 내보일 기회를 마련하고, 6월에는 6·25를 기억하면서 우리의 현 상황과 분단과 통일에 대해서 함께 생각하고 고민하고 또 그에 해당하는 기도회를 갖고 토론회를 마련한다. 7월에는 전 교인 연합으로 하계 수련회를 갖는다.

8월에는 8·15를 기념하면서 기념 강연이나 그에 해당하는 도서를 읽고 독후감을 모아서 자료로 만들어서 전 교인에게 배부하기로 한다. 9월은 전교인 체육 대회 행사를 갖는다. 특별히 청년 공동체에서는 민속 공동체 놀이의 보급과 우리의 고유한 풍속의 재연을 위해서 이 체육 대회를 청년 회원들이 맡기로 한다. 11월은 추수감사절에 우리 고유의 음식과 우리 고유의 악기로 예배를 드리는 것으로 하는데, 이것을 청년 공동체에서 주관하기로 한다. 12월은 성탄절 행사와 정기 총회가 있다. 성탄절 행사도 청년 공동체만의 행사로 하지 않고 전 교인이 함께 참여하는 것으로 한다. 정기 총회는 이제까지 지내온 공동체의 한 해를 반성하고 마감하면서 새로운 임원을 선출하기로 한다.

이상의 프로그램들은 그때마다 교회 사정이나 공동체 사정에 의해서 추가되기도 하고 생략되기도 하겠으나, 그 골격은 크게 바꾸어지지 않을 것이다.

이제 동계수련회를 마감하면서 공동체 회원들은 자신들의 이번 동계수련회를 평가하는 시간을 가졌다. 회원들 스스로가 선택하고 스스로의 의식에서 나온 것으로 내년의 행사가 진행될 것이기 때문에 무엇보다도 회원들 자신들이 갖는 책임성이나 주인 의식 등이 고취되었다고 보는 회원들이 대다수였다. 그리고 자신들이 도출해 낸 문제점이기 때문에 그에 해당하는 방안들도 자신들이 스스로 제시할 수 있지 않았나 하는 생각도 들었다.

그리고 무엇보다도 공동체에 있어 고무적인 것은 적어도 이 동계수련회에 참여한 회원들은 앞으로의 행사에 협조적이고 능동적일 것이라는 점이었다. 반면에 지금까지의 청년 공동체에 대한 비판의 소리들도 나왔는데, 즉 인적인 파악이 너무나 부족하였으며 대화가 거의 없었고 그에 따라 청년 공동체에 대한 홍보가 매우 부족하였다는 점이었다. 그리고 회원들이 작성한 프로그램에 대해서 평가가 나왔는데, 프로그램이 너무나 오락 위주로 또는 소비적인 방향으로 나가지 않았나 하는 우려와 함께, 지식을 늘리는 프로그램의 부족을 지적하기도 하였다.

한편으로는 단지 조직의 재구성과 활성화에 있어서 청년 공동체의 내부에만 치중하였지 교회 차원에서나 선교적인 차원에서 밖으로 향해 있지 않음이 지적되었다. 또한 청년 회원들이 작은 소그룹으로는 그리고 부서들로는 활동을 잘할 수 있게 되어 있는 반면에 전체적으로 그리고 공동체적으로 일체감을 줄 수 있는 것은 부족했다는 평을 듣게 되었다.

7. 이 연구의 진행 과정

본 연구팀은 도시 상권에 있는 교회를 연구하기로 하는 사람들로 구성되었다. 연구팀이 짜여진 후에 맨 먼저 요구된 것은 우리가 연구해야 할 교회의 외부적인 상황이었다. 그래서 우리는 우리의 교회를 서울의 번화가인 '명동' 교회를 대상으로 하고, 이 교회의 외형적인 모습을 서로 논하였다.

이 과정이 지금의 명동교회 상황으로 발전되었고, 이제 명동교회의 외형적인 상황이 어느 정도 윤곽을 잡게 되자 우리 연구팀 구성원들은 거의 이와 비슷한 교회에 적을 두고 있는 관계로, 우선 자신들이 속해 있는 교회의 실정에 대해서 서로의 의견들을 교환하였다.

여기서 나온 것이 일반적인 도시 중심지 교회가 가지고 있는 보편적인 문제점들이었다. 그것은 바로 다원화·산업화·상업화의 결과로 생긴 결과물들이었던 것이다. 그런데 이 보편적인 문제점들은 다른 교회 연구팀에서도 충분히 다룰 수 있는 것으로 생각되어서 우리는 다시 명동교회만이, 즉 도시에 있으면서 그것도 상권의 중심지에 위치해 있는 교회만이 가질 수 있는 문제점이 무엇인지에 대해서 토론을 하였다.

이 토론에서 특별히 명동교회의 지역적인 특성으로 인해서 생길 수 있는 문제점들이 드러났다. 이제 우리의 연구는 이 문제점들을 어떻게 극복하느냐 하는 방향으로 나아갈 수 있게 되었다.

그런데 우리가 교회 전반에 걸친 문제점들을 들고서 그것을 해결하려고 할 때, 그것이 우리의 시간과 능력으로는 역부족임을 깨닫고, 연구진 대부분이 자신의 교회에서 맡고 있는 청년 공동체에 그 초점을 맞추기로 합의하였다. 청년 공동체가 활성화될 때, 이 명동 공동체의 다른 부분들도 충분히 개선될 수 있을 것이라고 생각했기 때문이었다. 그래서 이제 청년 공동체의 의식을 이해하기 위해서 먼저 비슷한 수준의 다른 교회 청년 공동체에 대한 설문 조사를 같이 연구하였다. 그 설문 조사서를 바탕으로 청년 공동체가 바라는 위상이나 교회상을 수립하기로 하였다.

청년 공동체의 위상을 수립하기 위해서는 이제 명동 공동체뿐만 아니라 이 청년 공동체의 상황을 설정하여야만 했다. 그래서 우리는 현재와 거의 같은 공동체의 상황을 설정하게 되었다. 상황을 설정하고 나서 명동교회가 갖는 문제점 외에 이 청년 공동체만이 갖는 그리고 명동교회의 청년 공동체만이 갖는 특수한 문제점은 무엇인가를 논의하였다. 청년 공동체의 문제점에 대해서는 많은 의견들이 나왔다. 그것은 어떤 의미로 보면 지금의 교회 현실로 보아 청년들이 가장 교회에서 소외된 계층이라는 의미도 될 것이다.

주님의 교회 가꾸기

우리는 이렇게 문제점을 지적하고 가장 중요한 것으로 공동체가 형성되지 않고 있는 점을 들어 공동체의 형성에 우리의 연구 목표를 두기로 하였다. 그런데 공동체의 형성에 있어서 가장 중요한 것은 그 공동체가 어디로 가느냐 하는 위상이 설정되어야 한다고 판단되어 어떤 공동체를 형성하느냐 하는 공동체의 이상을 세 가지로 수립하였다. 그것은 나와 공동체, 나와 이웃, 그리고 나와 사회였다.

이 단계에서 우리의 연구는 대강의 윤곽을 이룬 셈이었다. 우리는 먼저 크게 틀을 만들고 그것에 맞추어 작업을 하기로 하였다. 공동체의 형성을 위한 작업은 각자가 분담을 하여 프로그램을 만들어 와서 그것을 서로 이야기하여 부족함을 보충하고 또 중복되는 것을 삭제하기도 하고 불필요한 것은 아예 빼기도 하였다.

이 과정에서도 이미 기성 교회에 몸담고 있는 연유로 참신한 것을 요구하면서도 결국 자신이 이미 한번쯤은 사용한 적이 있는 프로그램들이 구태의연하게 대두되어서 실망을 주기도 하였지만, 논의의 과정이 더욱 중요한 것으로 생각되어 지금의 프로그램을 분분한 의논 끝에 작성하게 되었다.

전체적인 작업은 그런 대로 협조적으로 잘 이루어진 셈이라는 것이 연구팀 전원의 의견들이다. 서로가 의견을 교환하고 그리고 하나의 결론을 만들어내고 하는 과정이 그룹 작업에서 가장 중요시되는 점일 것이다.

주님의 교회 일구기·가꾸기

3 도시 주택가 교회 장년 성경 공부

본 연구팀은 도시 주택가 교회의 교역 개발을 위하여 도시 주택가 교회의 평신도 문제를 위하여 공동연구 및 토의를 진행시켜 왔다. 본 연구팀은 평신도 개발의 구체적 방법 중의 하나인 장년 성경 공부에 관심을 두고 설문지를 통한 과학적인 조사와 분석을 시도하였다. 이 보고서는 본 그룹이 도시 교회의 올바른 교역 형성을 위하여 공동으로 작업한 연구의 결과이다.

본 연구팀은 도시 주택가 교회의 장년 성경 공부에 대한 연구를 통해서 성경 공부에 대한 현재의 상황을 고찰하고 자기 정체성에 맞는 장년 성경 공부의 형태를 제안하고자 하였다.

조사된 결과에 의하면 남신도의 80%가 성경 공부는 '꼭 필요하다'고 대답했고, '필요하다'고 응답한 남신도는 20%였다. 여신도의 경우에 있어서 '꼭 필요하다'고 대답한 사람은 남신도보다 약 10% 높은 91%였고, '필요하다'고 응답한 여신도는 9%였다. 조사된 자료에 의하면 남녀 교인 모두 성경 공부의 필요성에 대하여 100% 인식하고 있다. 현재 남자 교인의 경우 성경 공부 참여도가 약 50%이며, 여신도는 70% 정도이다. 남신도의 경우 연령이 높아갈수록 참여도가 떨어지고 있으며, 여신도의 경우 50대를 제외하고는 연령이 높아갈수록 참여도도 높다. 여신도 40대의 경우 90%가 현재 성경 공부에 참여하고 있는 것으로 집계되었다. 성경 공부에 참여하고 있지 않는 이유를 보면, 남신도 30, 40대의 경우 80%가 시간이 없고 바쁘기 때문이라고 대답했다. 이는 도시의 특성을 잘 나타내고 있는 것이다.

이 보고서의 첫째 부분에서는 연구의 대상인 도시 주택가 장년에 대한 일반적인 접근을 통하여 도시 주택가 장년의 정체성(identity) 및 이들이 처한 사회적 상황을 우리 교단의 '제5문서'를 통하여 중점적으로 살펴보게 되며, 둘째 부분에서는 설문 조사 자료에 의한 분석 결과를 제안하였다. 셋째 부분에서는 결론적으로 도시 주택가 교회의 장년에 대한 올바른 교역 형성을 위하여 나아가야 할 방향을 제시하였다.

1. 연구 대상에 대한 일반적인 접근

(1) 장년의 정의

도시 주택가 교회의 평신도 개발에 있어서 그 대상을 장년이라고 할 때 그렇다면 구체적으로 그 장년이라고 하는 계층을 먼저 어떻게 규정해야 할 것인지가 먼저 문제가 된다. 일반적으로 말하면 장년을 중년(middle age)로 받아들이기가 쉽다. 이것은 일반 성인 교육학적 입장에서 본 것이다. 그러나 현대의 목회는 목회자 개인의 봉사 활동에 강조점을 두어 왔던 목회의 차원을 넘어 교역의 차원으로 발전되고 있다고 보고 있다. 교역은 교회 전체의 참여가 전제되는 공동체적 봉사 활동에 강조점을 둔 말이다.

여기서 교회 전체라고 하는 의미는 안수받은 성직자뿐만 아니라 평신도를 포함한 모든 '하나님의 백성'을 말하며, 그러므로 세례받은 사람은 교회의 일원으로서 성직자이건 아니건 모두 교역의 사명을 지니고 있다고 볼 수 있다.

따라서 장년이라고 하는 계층을 일반적인 차원으로 중년이라고 보면 안 되고, 교회 공동체의 하나님 선교적 입장에서 보아 교역의 사명을 받은 모든 세례 교인을 의미한다. 그러므로 우리의 연구 대상인 장년은 20대의 청년으로부터 교역에 참여할 수 있는 연령까지의 평신도를 의미한다고 하겠다.

(2) 도시 선교에 관한 입장

한국 기독교 장로회는 1987년 9월 '제5문서'를 통하여 신앙 선언, 교회
선교·사회 선교, 교회 교육 정책에 대한 자료를 내면서 2000년대까지 신학
과 교회를 이끌어 갈 방향을 제시하였다. 이 문서를 통하여 각 교회는 처한
사회적·정치적·종교적 상황들을 인식하고 나가야 할 바를 제시받고 있다.

  도시 선교라 함은 도시화되어 가는 현대의 특성을 배경으로 마을 문화가 아닌
도시 문화의 구조가 개인의 삶을 지배하거나 결정적으로 영향을 주는 선교 상황
에서 선교적 상황을 발굴하고 해결하려는 노력을 의미한다. 도시 문화는 인간성
을 소외시키는 위기 및 새로운 인간성을 개발할 수도 있는 창조적 가능성 모두
를 동시에 지니고 있다.(제5문서, 28)

도시 교회의 교역 형성은, 각 교회가 서 있는 삶의 자리에서 교역의 형성이
이루어지는 것과 마찬가지로 도시라는 특수한 상황 속에서 교역의 형성을 이
루고 하나님께서 원하시는 선교 공동체로 나가는 것이다. 계속하여 제5문서
에 나타난 도시 상황에 대한 인식을 살펴보면,

  도시 문화의 강점인 다양성·개방성·기동성·접촉성·합리적 효율성 등을
십분 활용하여 개인적으로나 사회 공동체적으로 인간의 자기 실현을 완성해 갈
수 있도록 도와야 한다. 도시 문화가 담고 있는 부정적인 측면보다 적극적·긍
정적 측면을 인식하고 그에 잘 적응할 수 있도록 도와야 한다.(제5문서, 28)

도시의 독특한 상황들 즉 다양성·개방성·기동성·합리적 효율성이 도시
교회의 회중들에게 긍정적이고도 창조적인 측면으로 받아들여져서 도시 문화
속에서 하나님 선교의 공동체를 이루도록 노력해야 하는 것이다.
그러나 도시 교회는 도시 교회의 또 다른 부정적인 측면을 잘 대처해 나가

야 올바른 교역의 형성이 이루어져서 그리스도의 제자된 공동체로서 선교의 일을 감당할 수 있다. 제5문서에서도 역시 도시의 부정적인 측면에 대한 경고를 다음과 같은 말로써 잘 표현하고 있다.

도시 선교는 이와 동시에 도시 문화가 가진 또 다른 위험과 약점들을 직시할 수 있도록 도와야 하며 이를 극복할 수 있는 방법도 모색해야 한다. 특히 도시 문화의 대중성에서 오는 개성과 의미의 상실 및 무력감과 고독의 문제, 개인주의의 팽배에 따른 문제, 소비 지향적이고 몰가치적이고 깊이 없는 기능 사회가 주는 문제, 자연과의 유기체적인 조화(일체감) 상실의 문제, 과다한 경쟁으로 인한 정신 건강에서 오는 과잉적 방어 본능과 공격 본능의 순환 문제, 그리고 집단적 군거 생활의 주거 환경에서 오는 생활 패턴의 단조로움과 제약적 환경 문제 등 도시 문화가 안고 있는 약점들을 정확하게 보고 그 속에서 삶의 놀라움·감사·감격·새로움을 느낄 수 있도록 정서 및 능력 개발에 주력해야 한다.(제5문서, 28)

도시 교회의 교역은 도시의 상황과 위기들을 올바로 직시하고 그것에 대한 올바른 상황 대처를 통하여 성공할 수 있는 것이다.

도시 교회는 선교적 공동체로서 다른 지역의 교회와 연대하여 하나님의 선교를 수행하는 책임도 가지고 있다.

"도시민의 삶은 노동자·농민·어민 등 사회 구성원 전체와 유기적 연대 구조 속에서 영위됨을 인식케 함으로써 삶의 공생적 유대감을 상실하지 않도록 도와야 하며 그 구체적 방법도 모색해야 한다."(제5문서, 28)

도시민들은 자기들의 처한 상황에 얽매여서 다른 그리스도인들의 상황에 대하여 무관심해질 수가 있다. 열악한 노동 조건 속에서 일해야 하는 근로자들의 상황, 일년 내내 땅을 일구며 일하여도 농약값·물값도 제대로 낼 수 없으며 빚을 갚을 길이 없어서 야반에 가족이 도주해야 하는 상황 등에 대하여 무관심할 수가 있다. 그러나 하나님 선교의 입장에서 그리스도 안에서 한 형제된 우리들은 그러한 상황들을 간과할 수는 없다. 어려운 상황에 처한 사람들과 함께 했던 예수 그리스도의 삶과 선한 사마리아인의 삶을 살라고 하신 주님의 말씀에 순종할 때 도시민들은 자신의 상황에만 얽매여 있을 수는 없는 것이다. 도시 주택가 교회는 도시 빈민·노동자·농어민 선교와 연대하여 하나님 선교의 임무를 수행할 책임을 가지고 있다.

지금까지 우리는 '제5문서'를 중심으로 도시 선교의 방향 및 도시의 상황을 접근하여 보았는데, 다음에서는 '제5문서'의 도시에 대한 진단과 함께 일반적인 도시 교인들의 상황을 종합하여 보도록 하자.

(3) 도시 주택가 교회 장년에 대한 일반적 접근

① 도시 주택가 교회 장년의 익명성과 이동성

'제5문서'에서는 도시 교회 회중의 익명성을 의미의 상실과 고독감에서 오는 부정적인 측면으로 보고 있다. 도시민의 생활은 도시의 생활이 주는 긴장 등의 문제로 인하여 자신의 문제를 떠난 문제에 대하여 즉각적 개입을 회피하고 있다. 도시 주택가 아파트의 경우 평균 2,3년에 한 번씩 이사를 할 경우도 있게 되므로 각 지교회에서 적극적으로 활동할 수 없게 된다.

이러한 잦은 이동은 교인의 익명성을 갖게 한다. 익명성과 이동성은 교인 자신의 자기 보호 수단의 긍정적인 면과 고독감의 실질적인 표현이라는 양면성을 가지고 있다. 이 익명성은 교역자 스스로 잘 판단하여 적절하게 조절할 문제이다. 이 익명성을 해결하기 위하여 섣불리 성급하게 접근했다가는 익명성이 주는 긍정적인 측면을 파괴할 경우도 있다.

① 기동성과 개인적 불안감

도시 주택가 교인들은 기동성을 가지고 있다. 증가하는 승용차 때문에 도시 주택가 교인들에게는 더 이상 동네 교회의 의미가 없다. 언제든지 그들의 승용차나 편리한 교통 수단을 이용하여 그들이 원하는 교회에 나갈 수도 있다. 이러한 문제에 대처하기 위해 각 교회들도 셔틀 버스를 사용하고 있는 실정이다. 이것은 지역 교회가 개교회 중심주의의 부정적 측면을 고양할 우려가 있는 것이다.

도시 주택가 교인들은 사회·경제적 불안감을 느끼고 있다. 경제적 침체는 교인들로 하여금 직장이나 직책에 대한 만족감을 갖지 못하게 하며 불안감 속에 살게 한다. 로버트 슐러 목사는 미국 도시민의 이러한 곤욕감을 적극적 신앙 양식을 가지고 잘 위로하고 있다.

도시 주택가 교인들의 기동성과 함께 세속화의 경향은 교회를 마치 일요일을 선용하기 위한 장소로 생각하게 만들었다. 일요일마다 이 교회 저 교회를 전전하는 철새 교인들을 머리이 리퍼는 '카페테리아 크리스천'이라고 표현했다. 마치 좋은 식당을 찾아다니며 음식을 골라 먹듯이 교회의 출석 또한 그렇게 하는 것이다. 교회 자체 내의 프로그램 빈곤으로 말미암아 자신의 신앙이 자라지 않거나 자신의 신앙 활동의 발현을 할 수 없기 때문에 '카페테리아 크리스천'이 되는 경우도 있고, 사회적으로 세속화되어서 여가 선용·지위 획득 등을 위하여 그렇게 되는 경우도 있다고 본다.

③ 현대 교역의 요구

지금까지 통속적으로 생각해 온 목회의 개념은 목회자 혼자 감당하는 모든 업무를 총체적으로 지칭하는 말이었고, 최근에 와서 다시 강조하는 교역이란 말은 하나님께서 예수 그리스도를 통해서 주신 '섬김의 일'(교역이라는 원어의 뜻)을 지칭한다.

목회는 목회자 개인의 봉사 활동에 강조점을 두어 왔던 반면에, 교역은 교회 전체의 참여가 전제되는 공동체적 봉사 활동에 강조점을 둔 말이다. 여기서 교회 전체라고 하는 의미는 안수받은 성직자뿐만 아니라 평신도를 포함한 모든 '하나님의 백성'을 말하며, 그러므로 세례받은 사람은 교회의 일원으로서 성직자건 아니건 모두 교역의 사명을 지니고 있다고 할 수 있다.

주님의 교회 일구기·가꾸기

한국 교회는 그리스도인은 어떤 직책이, 어떤 교회의 구조가 참된 예배와 증거 그리고 봉사에 가장 효과적으로 적응할 수 있을 것인가를 물을 필요가 있다. 이러한 새로운 실험적 교역의 형태를 시도할 때 중요한 것은 평신도의 의견과 경험이 존중되고 또한 그들의 역할이 강조되어야 한다는 것이다. 그렇게 될 때 한국 교회는 교회와 세상을 섬기는 겸손한 봉사를 잘 감당할 수 있을 것이다. 그러한 의미에서 그리스도의 사역의 전위대로서 현대 교역의 성패를 좌우하는 열쇠를 쥐고 있다고 할 만큼 중요하다. 현대 교역에 있어서 평신도의 역할은, 첫째 평신도 각 개인의 삶을 통하여 교회와 세상을 섬기는 빛과 소금과 누룩의 역할이다. 둘째는 교회 안에서의 역할로 교회 개선·예배·친교·교육과 행정 등 모든 면에서 교회를 세우는 역할이다. 셋째, 교회 밖에서 세상을 섬기는 일로서 하나님의 선교와 교회 일치를 위한 노력이다. 이러한 평신도 교역이 충분한 효과를 거두기 위해서는 목회자 자신이 평신도에 대한 인식을 새롭게 해야 할 것이다. 평신도들이 그들의 교역을 충분히 감당하도록 적극적으로 도와주어야 할 것이다. 그러기 위해서는 범교단적인 평신도 교육과 훈련을 위한 기구와 프로그램이 절실히 요구되고 있다. 우리의 신학에 합당한 '평신도 신학'의 학문적 연구와 실천이 요구되고 있는 것이다.

현대 교역의 이러한 커다란 요구에 비하여 현재의 평신도 상황은 어려운 상황이라고 말할 수 있다. 평신도 지도자들인 집사·장로의 직분을 가진 그리스도인들에게 있어서 신앙과 신학적 수업의 정지 상태는 날로 급변하는 현대의 상황에 역동적으로 대처할 수가 없게 만들었다.

이것은 선교적 공동체로서의 역동적 활동에 장애가 되는 요인이라고 보고 있다. 이러한 평신도 지도자들은 하나님 선교를 위한 사회·경제·신앙적 교육이 진행되어 있지 못하였으므로 교단의 부흥 운동적 차원에서도 장애의 요인이 될 수도 있다. 또한 도시 교회의 교인 익명성의 문제는 신앙의 형식화를 유발하여서 '일요일만 크리스천'인 이중 인격적 그리스도 제자들을 양성할 우려가 있는 것이다. 이것은 그리스도교의 특질인 '사랑의 공동체 형성'에 장애가 되고 있는 것이다. 익명성의 문제와 함께 심각하게 대두되는

주님의 교회 가꾸기

또 하나의 문제는 도시 교회 내의 배타적 그룹의 형성이다. 제5문서는 오늘의 세계, 한국 교회의 상황을 "개인주의적 인관관"에 깊이 물들어 있다고 본다.(제5문서, 8)

"유기체적 창조 세계의 보전 원리가 깨어져 버린 오늘의 역사 속에서는 오로지 자연에 대한 수탈과 파괴, 그로 인한 피조물의 생태학적 위기, 인류 공동체의 연대감 파괴, 인간의 탐욕과 무한한 소유 본능에 의한 인간 자신의 물상화와 도구화, 그리고 서로 피흘리게 하는 투쟁과 자기 파괴만이 있을 뿐이다."(제5문서, 8)라고 공생적(共生的) 인류 공동체의 상실을 말하고 있다. 또한 그리스도의 몸으로서의 교회는 "항상 예수 그리스도 주위에 그 사회의 죄인들과 낮고 가난한 사람들이 모여들었듯이, 겨레의 작은 사람들이 기쁘게 찾기 쉬운 '선한 사마리아인의 집'이 되어야 한다. 교회는 만민을 위하여 언제나 개방되어야 하고 열려 있어야 한다. 그러나 만민과 민중 어느 한 쪽을 어느 시점에서 선택해야 하는, 사랑해야 하는 상황이 올 때는 예수님의 정신대로 양 아흔아홉 마리를 들에 두고 하나를 찾아나서는 교회가 되어야 한다."(제5문서, 23)고 공생적 공동체, 그리스도의 몸을 형성하기 위한 몸부림의 고백을 하고 있다. 그러나 현대의 도시 주택가 교회는 오늘 한국의 경제적 불평등을 표현하듯이 교회 공동체 내에서도 빈부의 격차가 심화되어 교회 내에서도 상호배타적인 그룹의 형성이 되어 가고 있으며 상대적으로 가난하고 힘없는 교인들은 교회 안에서 설 자리가 없어지게 되었다. '가난한 자들을 위한 교회'는 부자들의 교회가 되고 말았고, 예수님의 삶과 교훈을 따르지 못하는 교회가 되고 말았다. 이러한 모든 문제들에 대하여 평신도의 신앙과 삶은 신앙적 감격이 없고 봉사에 대한 헌신이 없는 명목상의 그리스도인들을 낳게 됨으로, 하나님의 뜻이 "하늘에서 이룬 것 같이 땅에서도 이루어지이다."라는 매일의 기도가 무색하게 되었다. 하나님의 선교와 하나님 나라는 먼 곳의 일이 되었다.

평신도 교역의 이러한 위기에 대하여 평신도 개발을 위한 교육에도 큰 문제점들이 발견되고 있다. 제5문서는 교회 교육에 대한 올바른 이해라는 절에서

"지금까지의 교회 교육은 학교 교육처럼 기성 세대들이 미성년자들에게 자신들의 교리와 신앙을 전수시키는 것 외에 다름이 아니었다."(제5문서, 50)라고 하면서 오늘의 그리스도교 교육의 오류를 지적하고 있다. 기성 세대의 교리와 신앙 양식이 중요한 전통임에는 틀림없지만 그것을 그대로 답습할 수단은 없다. 교리란 그 시대와 환경 그리고 삶의 양식에 따라 달라지는 것이요 신앙 속에 담겨 있는 가치 또한 그러하기 때문이다. 따라서 교회 교육은 신앙과 교리의 전통을 이어받으면서도 자신들의 삶의 자리에서 성서를 통해 바른 시각을 확립할 수 있도록 돕는 교육이어야 한다. 바로 이 점에서 올바른 성서 교육이 요청되는 것이다. 여기에서 다시 제5문서가 평신도에 대한 중요한 언급을 하고 있는데, 그것은 평신도 전체에 대한 그리스도교 교육적 관심이다. "신앙 교육이란 미성년자들에게만 필요한 것이 아니기 때문에 교회 공동체 전체가 곧 교육 공동체가 되도록 노력해야 한다."(제5문서, 51) 평신도 전체 즉 성인에 대한 교육적 관심도 부족했거니와 실시되는 평신도 대상 교육의 형태와 내용도 아동 교육(pedagogy)의 형태를 벗어나지 못했기 때문에, 교육의 내용과 방법면에 있어서 성인들의 욕구를 만족시켜 주지 못하고 있는 형편이다.

도시 주택가 교회의 올바른 교역 형성을 위한 여러 상황과 요구들은 본 연구팀으로 하여금 각 교회 평신도들의 교육적 상황에 대한 현재적 분석을 요구하게 되었고, 적게나마 도시 주택가 교회의 발전을 위하여 본 연구를 시도하고 있는 것이다.

2. 도시 주택가 교회의 장년 성경 공부에 대한 과학적 접근

(1) 자료와 방법

이 연구에 쓰여진 자료는 1998년 11월 9일부터 23일까지 서울의 도시 주택가 교회 8개를 중심으로 하여 실시된 설문지를 중심으로 하고 있다. 수거

된 질문지의 총 매수는 139매로서 수거율 약 50%를 기록하였고, 무작위 추출 방법이다. 이에 협조한 교회들은 한신교회, 가리봉교회, 서부교회, 신광교회, 송악교회, 양무리교회, 삼각지교회, 한서울교회 등이다.

이 설문에서는 먼저 장년 교인의 분포를 남녀로 구분하였고 다시 연령별로 나누어 네 단계로 20대·30대·40대·50대 이상으로 구분하였다. 또한 교회에서의 직분별로 자료를 얻기 위하여 장로·권사·집사·평신도 그리고 교사의 구분을 두어 조사에 임했다. 그리고 교회 생활의 시작점이 성경 공부에 어떠한 영향을 끼치고 있는가를 알아보기 위하여 다섯 단계별로 분류하였다.

설문지 응답자의 분류에 따라 각각 알아보게 된 내용은 ① 성경 공부의 필요성에 대하여, ② 현재 하고 있는 성경 공부에의 참여도, ③ 현재 성경 공부에 대한 만족도, ④ 성경 공부에 참여하고 있지 못하는 이유, ⑤ 원하는 성경 공부의 스타일, ⑥ 연구하고 싶은 성경 공부의 내용, ⑦ 현재의 성경 공부에 대한 문제점 등을 주로 하였다. 그 외에 기술적인 측면인 성경 공부의 이수 방법, 성경 공부의 진행 시간, 과제물의 정도, 이상적인 반의 크기, 성경 공부의 장소 및 분위기, 운영 방식 그리고 성경 공부를 위한 전체 이수 기간에 대하여 알아보았다. 성경 공부의 이수 기간에 대한 설문은 설문지의 준비가 완벽하지 못하여 일부 교회(한신, 가리봉, 신광)에서만 가능하였다. 부족한 자료나마 전체적 추세를 알아볼 수 있게 한다고 믿는다.

(2) 각 항목별 자료 분석의 내용

① 성경 공부의 필요성에 대하여

성경 공부의 필요성에 대하여는 남녀 성별 구분 없이 100%에 육박하도록 요구하고 있다. 직분별로 볼 때는 장로·권사·교사의 부류가 90% 가깝도록 '꼭 필요하다' 느끼고 있고 평신도는 80%, 집사는 85% 정도가 성경 공부가 꼭 필요하다고 느꼈다. 나머지는 '필요하다' 정도이다. 그렇지만 누구든지 성경 공부는 '필요하다'고 느끼고 있는 것이다.

남녀 연령별로 볼 때 여신도의 경우 30대와 50대 이상의 부류는 100%
꼭 필요하다고 응답했으며, 여신도 20대의 경우 80%가 꼭 필요하다고 응답
했고 여신도 40대와 경우 90%가 꼭 필요하다고 느꼈다.

남신도의 경우 20대, 40대, 50대 이상이 85% 이상 꼭 필요하다고 응답
한 반면, 30대는 55.5%가 꼭 필요하고 44.4%가 필요한 정도라고 응답하였
다. 남자 30대가 다른 연령층에 비하여 성경 공부에 대한 열의가 낮다고 볼
수 있다.

② 현재 성경 공부에 참여하고 있는 상황

남녀 전체로 볼 때 남신도의 50% 정도가 현재 성경 공부에 참여하고 있다
고 응답했고, 이에 비해 여신도들은 70% 정도가 현재 참여하고 있다고 응답
했다. 이 중에서 여신도 40대가 가장 참여율이 높아서 90%이고 남자 40대
가 가장 낮은 35%이다. 여신도들의 30대, 40대는 성서 연구를 할 수 있는
좋은 시기인 반면에, 남자 40대는 교회에서 중심적으로 일할 연령대이면서
성경 공부에는 가장 비참여적이다.

직분별로 보면 장로 · 권사 · 집사 · 평신도 · 교사 등 고르게 50-60%의
참여도를 보이고 있다. 이 중에서 교사의 참여도가 58.3% 정도인데, 교사의
자질 향상 문제에 있어서 관심을 집중시킬 필요가 있고 더 높은 참여도를 유
발할 필요가 있다. 신앙 시작 시기별로 보면 청년 때부터 신앙을 가지기 시작
한 사람이 가장 높게 94.4%의 참여도를 보이고 있고, 불규칙적으로 믿은 사
람이 가장 낮아서 43% 정도이다.

현재 참여하고 있는 성경 공부의 유형을 보면 남녀 신도 모두 35%가 벧엘
이나 크로스웨이에 참여하고 있고 남신도는 57.4%가 소그룹 성경 공부에,
여신도는 50%가 소그룹 형태에 참여하고 있다. 직분별로 보면 집사층은 50
% 가량이 베델 · 크로스웨이, 22%는 교회에서 개설한 성서 대학, 26% 가
량이 소그룹에 참여하고 있으나, 교사의 경우는 75% 가량이 소그룹에 참여
하고 있다.

신앙 시기별로 보면 결혼 후부터 믿은 사람들 53.3%가 벧엘·크로스웨이에 참여하고 있고, 성경 공부 교재에서 특기할 만한 사항은 총회 교육부에서 발행한 교재를 사용하고 있는 계층은 거의 없다는 것이다. 이것은 교단의 신학과 위상의 정립에 큰 문제라고 할 수 있다.

현재의 성경 공부가 신앙 성장에 도움이 된다고 확신하는 문제에 있어서 성경 공부가 도움이 되지 않는다고 응답한 사람은 한 사람도 없다. 결혼 후부터 믿은 사람들은 성경 공부가 100% '도움이 많이 된다'고 대답했다. 여신도의 경우 56.7%가 '많이 된다'고 대답했고, 43.3%가 '조금 된다'고 대답했다. 교단의 모든 사람들은 성경 공부가 신앙 성장에 도움이 된다고 100% 인식하고 있다.

그러나 현재 하고 있는 성경 공부가 그 확신만큼이나 만족스러운가에 대한 문제는 다르다. 남신도의 경우 만족하지 못한다는 부류의 응답이 20% 가량이 되고 있고, 여신도의 경우 5%가 만족하지 못한다고 한다. 성경 공부가 '그저 그렇다'고 대답한 부류도 많은데 가장 높은 비율은 22.2%이다. 그러나 결혼 후부터 신앙 생활을 하기 시작한 사람들은 100% '많이 만족한다'고 응답했다.

③ 현재 성경 공부에 참여하고 있지 못하는 이유

남신도 전체의 70% 가량이 시간이 없고 바쁘기 때문이라는 응답을 하였다. 여신도 전체의 44% 가량이 같은 이유이고 집사의 경우 70% 가량이 똑같은 이유를 들었다. 결혼 후에 믿기 시작한 사람들은 83.3%가 시간이 없고 바쁘다는 이유를 들었다.

연령별로 볼 때에도 남녀 모두 시간이 없고 바쁜 이유가 가장 높았다. 남자 40대의 경우 성경 공부 과정이 개설되어 있지 않아서 참여하지 못하는 경우가 23%나 되었다. 장로 권사의 경우 60%가 그들에게 맞는 성경 공부 과정이 개설되어 있지 않기 때문이라고 대답했다. 장로·권사의 경우는 자신들의 신앙 성장을 위한 성경 공부를 넘어, 가르치는 자들로서 성경 공부에 참여하는 것이 요구된다.

④ 성도들이 하고 싶은 성경 공부의 스타일

우선 전달 내용에 있어서 전체의 80-90%가 지식과 생활 절충식을 원하고 있다. 지식 중심이나 생활 중심의 한 가지 스타일에 치우친 성경 공부는 각 계층별로 20% 이하인 것으로 나타났으며, 30대 남신도의 경우 22.2%가 생활 중심의 성경 공부를 원하고 있다.

성경 공부의 방법은 60% 이상이 강의와 토론을 절충한 것으로 원하고 있으나, 교사의 경우 43%, 남자 20대의 경우 43%, 여자 20대의 경우 40%가 토론식을 원하고 있다. 지식의 수준이 높고 학식이 있다고 생각이 되는 이 부류의 사람들은 자체 토론식을 원하고 있고, 여신도 40대는 강의식의 부담 없는 방식을 가장 원하고 있다. 이상으로 볼 때 강의와 토론 등은 각 연령에 따라 다르게 조정되어야 할 것이다.

⑤ 연구하고 싶은 과목

남녀 각각 가장 원하는 과목은 삶의 주제와 문제를 다루는 과목이 가장 많고(남 44%, 여 34%), 그 다음이 성경 연구(남 22%, 여 30%)이었다. 연령별로 볼 때 남자 20대는 삶의 주제를 다루는 과목이 가장 높은 비율(64%)를 차지하였다. 남자 30대는 45% 가량이 신학적인 과목, 즉 신론·구원론 등 체계적인 신앙의 가르침에 관심을 두고 있다. 여신도 전체의 경우 영성 훈련이 세 번째의 순위를 차지하고 있으며, 이 순위는 여신도 각 연령별에 있어서도 마찬가지이다. 남신도 40대의 경우에도 영성 훈련이 세 번째 순위로서 16% 가량이다.

⑥ 목회자의 성경 공부에 대한 권유

목회자가 성도들을 성경 공부에 의무적으로 참여시켜야 한다는 것은 각 계층별로 10% 미만이다. 여신도 40대, 50대만이 10%를 약간 상회하고 있다. 그러나 목회자가 적극 권유하는 것은 전체적으로 50-70%의 높은 비율이다. 남신도 20대는 목회자가 적극 권유하는 문제에 대하여 93% 찬성하고 있다. 남신도 20대는 목회자에게 성경공부에 대한 열의를 촉구하고 있는 듯하다.

교사 및 여신도 20대는 성경 공부 문제를 자유 의사에 맡겨야 한다는 방임적 입장에 20% 찬성하고 있다. 대체로 목회자는 성도들로 하여금 성경 공부에 참여하도록 적극 권유해야 한다.

⑦ 현재의 성경 공부에 대한 문제점

남녀 전체로 볼 때 가장 심각하다고 느끼는 문제는 지도자의 문제이다(남 30.3%, 여 35.6%). 이 문제는 직분별로 볼 때에도 장로·권사(37.5%), 집사(30.4%), 평신도(39.1%), 연령별로는 20대 남신도의 38.4%, 40대 33.3%, 20대 여신도 46.4%, 30대 여신도 40%, 40대가 28.6%로 각각 최대치를 나타냈다.

30,40대 이상에 있어서 지도자의 문제는 현재 참여하는 성경 공부의 스타일이 뻰엘·크로스웨이 성서 대학 등 강의식 위주이므로 교역자의 자질과 기술면에 문제가 될 수 있다. 20대 남녀 신도의 주된 성경 공부의 스타일이 소그룹 중심인 것을 감안할 때 평신도 소그룹 지도자 양성에 관심을 기울여야 할 것이다. 소그룹의 지도자 문제는 평신도 개발에 있어서 매우 중요한 의미를 부여하고 있다. 소장파 성인에게 있어서 성경 공부는 소그룹 지도자를 중심으로 하는 성경 공부가 진행되어 가고 있는 반면에, 그 소그룹 지도자들이 제대로 그 역할을 수행하지 못하는 악순환을 밟고 있는 것이다.

장로·권사 계층은 37.5%가 학습 내용에 문제가 있다고 보고 있고, 교사 역시 32.3%가 문제를 느끼고 있다. 이 두 부류가 느끼는 문제의 내용이 어떤 것인지 재고할 필요가 있다. 교사들은 자신들의 자질 향상에 학습 내용이 문제가 된다고 스스로 느끼고 있는 것 같다.

사회적으로 활동적인 30대 남신도의 경우에 있어서 성경 공부의 시간이나 기간이 문제로 대두되고 있다(57%). 20대 남녀 모두 학습 내용이 지도자 다음의 문제로 대두된다(남 23.1%, 여 28.6%). 40대 남신도의 경우 학습 방법이 지도자 문제와 함께 동률로써 33.3%를 기록하고 있다.

성경 공부에 대한 현재의 문제로 가장 심각하게 나타나는 것은 지도자의 문제로서 교역자의 이에 대한 관심이 철저히 요구되고 있다. 30대 남자의 경우 시간과 기간의 문제도 잘 처리되어야 할 것이다.

⑧ **기타 기술적인 문제들에 대한 의견**

㉮ 이수 기간 : 6개월~1년

㉯ 과제물의 정도 : 부담이 안 되는 정도

㉰ 성경 연구의 시간 : 1시간~2시간

㉱ 이상적인 반의 크기 : 청년층 7~8명(소그룹 선호)

중년층 10~12명(강의 및 토론)

㉲ 성경 공부는 교회당에서 해야 한다.

청년, 평신도, 교사 : 거의 그럴 필요 없다.

장로, 권사·집사 : 그래야 한다.

㉳ 반 운영 : 80% 가량이 민주적이길 원하고 있으며, 40대 이상은 민주적일 필요가 없다는 의견이 있다.

㉴ 친교 공동체 : 성경 공부반은 친교 공동체가 되어야 한다는 것에 100% 동의하고 있다.

지금까지 살펴본 대로 도시 주택가 교회 장년 성경 공부 실태를 어느 정도 파악할 수 있었다. 장년 성경 공부의 필요성과 유익성에 대한 인식은 100%를 육박하고 있다. 그런데 유감인 것은 교단 차원에서 발행된 성서 교재의 사용이 거의 없다는 것이다. 조사된 집단의 편향된 성격일 수도 있지만, 대체적으로 전 연령층과 직분별로도 볼 때 한 계층도 사용하고 있지 않다는 것은 교단의 신학과 방향이 각 지역 교회에서 제대로 가르쳐지고 실천되지 못할 우려가 있다. 하루 속히 교단의 신학과 지역 교회 사이의 거리를 메우기

주님의 교회 가꾸기

위해 새로운 교육 방법 등을 신학자·교육학자 그리고 목회자들이 연구해야 할 것이다.

또 발견되고 확인된 것은 남신도 30, 40대가 성경 공부에 대한 참여율이 가장 낮은데, 그 이유는 시간이 없고 바쁘다는 것이다. 이것은 도시 교회 회중의 특성을 잘 나타내는 것이다. 이들이 현재의 성경 공부에 대해 느끼는 문제는 시간과 기간에 대한 것이 가장 많았다(33.3%). 이것은 남신도 30, 40대가 현재 시행되는 성경 공부에 시간을 쪼개어 참여하기 어려운 시간대나 기간에 설정된다는 것을 의미한다. 교회 내에서 평신도 지도력을 발휘할 이 연령대가 효과적으로 교역에 참여하게 하려면 성경 공부를 시간적으로 효율성 있게 구성하는 방법도 연구되어야 할 것이다.

도시 주택가 교회의 성경 공부에 대한 문제에 있어서 가장 시급한 문제는 성경 공부의 인도자이다. 강의식 공부에 있어서 인도자의 문제는 교역자의 자질에 관한 문제가 될 수 있고, 토의·토론식에 있어서도 교역자나 평신도 지도자에 대한 문제가 될 수 있는 것이다. 자료의 분석 결과에 의하면 성경 공부 인도자들에 대한 신뢰도가 낮은 것을 알 수 있다. 아무리 좋은 교재와 연구 방법을 가지고 있더라도 그것을 전달하는 전달자에 대한 신뢰도가 낮다면 그 그룹은 소기의 목적을 달성할 수가 없다. 교역자 자신의 계속된 신앙적 성장과 성경 공부 인도 기술의 개발이 필요하다.

도시 주택가 교회의 성경 공부는 변해 가는 그들의 상황 속에서 올바른 교역의 형성을 위하여 필수 불가결한 요소이다. 성경 공부를 통하여 교회 공동체가 얻을 수 있는 것은 무한하다. 평신도와 교역자가 하나님 말씀의 연구를 통하여 하나님의 백성으로서, 그리스도의 몸으로서, 또한 하나님의 선교 공동체로서 하나가 될 수 있다. 성경 공부를 통한 새로운 공동체의 형성은 "……너희는 가서 모든 족속으로 제자를 삼아 아버지와 아들과 성령의 이름으로 세례를 주고 내가 너희에게 분부한 모든 것을 가르쳐 지키게 하라……"(마태복음 28:19, 20)는 그리스도의 마지막 명령을 수행하는 길인 것이다.

민중이 역사의 선언적 주체로부터 역사의 실제적 실천의 주체로 세력화한 광주민중항쟁 이후, 민중 해방을 위한 민주화의 물결로 하나님의 선교 의지와 병행하여 교회와 사회 변천의 과도기적 시대가 도래하였다.

오늘의 현실에서 '민중 교회의 바람직한 위상'은 신학의 전환기에 기성 교회의 공동체화 과정에서 나타나는 모순점들을 극복할 수 있는 하나님의 선교의 핵심이다.

민중 문화를 신학의 과제로 삼은 민중 신학이 민중의 정치경제학의 실천을 위한 운동의 신학이 되어야 할 당위성이 있음을 인식한다면, 민중 교회는 이 과제를 수행하는 조직체로서 공동체성과 민중성의 특성을 살려가면서 진정한 의미의 토착화를 일구어 가야 할 것이다.

그러면 이제 민중 교회의 바람직한 위상에 대한 그룹 토의의 내용들을 한국 민중 교회의 선교 신학, 선교 교육, 봉사 사업, 예배와 직제의 구조적 뼈대 순으로 체계화하고, 민중 교회의 현 문제를 해결할 수 있는 새로운 지침들을 제시해 보도록 하자.

1. 한국 민중 교회의 선교 신학

하나님의 선교(Missio Dei)의 새로운 주체로 발돋움하는 민중 교회는 전통적 교회의 제한성을 극복하고, 새롭게 요구되는 교회 질서의 혁신과 교회 일치 운동과 민족 통일의 과제 속에서 하나님과 민중과의 연대성(민중 운동·농민 운동·노동 운동·도시 빈민 운동·여성 운동·청년 운동·소수 인종 운동·종교적 피억압자의 운동·평화 운동)을 절실히 필요로 한다.

민중의 삶의 현장에서 절실히 요구되는 새로운 지표는 민중 교회의 선교적 연대성이다.

한국 민중 교회는 사회·경제적으로 가난하며 정치적으로 억압받고 종교 문화적으로 소외되고 눌린 자의 위치에서 에큐메니칼 정신을 고난받고 투쟁하는 세계 민중과 하나님과의 연대성의 전형으로 선언해야 한다.

그리스도의 몸을 민중 가운데 에큐메니칼 연대성의 중심으로 세우고 민중 선교의 방향적 과제를 결정하는 제 지침들을 수행해야 할 것이다.

① 한국 민중 교회는 아시아 민중 가운데서 하나님의 선교의 기본적 토대를 구축하고, 총체적 세계 정의·평화·자유의 합일 차원에서 사회·경제적 공평과 복지를 보장하며, 땅과 민중의 삶을 위한 자원과 생산과 분배에 전 세계가 일치하는 세계성을 실현해야 한다.

② 성서 연구, 신학적인 성찰, 교육적이고 예배적인 행위들 그리고 문화적인 활동들을 일원화된 변혁 구조로 합일해야 한다.

③ 사회 선교 현장에서 민중 해방, 민족 통일의 사회적 전기를 달성하는 총체적 정의·평화·자유의 합일된 해방 치료를 능동적으로 깨달아 전 세계 국민이 한 하나님의 선에 연대하는 일이 하루 속히 이루어지도록 온 교회의 동참을 촉구한다.

2. 민중 교회의 선교·교육·봉사 사업

민중 교회 운동은 전체 운동의 한 부분으로서 갖는 보편성에 기초한 일방적 임무와 그리스도교 운동으로서의 고유한 임무라는 두 가지 임무로 대별할 수 있다. 즉 민중 교회는 노동자 주민 대중 조직으로서 교인 대중과 지역 대중이 하나님 나라 사상을 지속적으로 견지하도록 하고, 신앙과 이념에 알맞는 생활 문화를 창출하며, 동시에 지역 차원의 주민 생활 문화권을 형성하고 지역 대중의 생활에 깊이 뿌리를 내려야 하며, 지역 주민의 절실한 이해와 요구에 기초한 대중 사업과 활동을 전개해야 한다. 민중 교회는 지역 노동자 주민 운동을 선교의 한 분야로서 현장 조직이나 외곽 노동 조직과 지역에서 지원·연대 투쟁을 수행함으로써 사회 변혁적 관점에서 지역 노동 운동과 지역 노동자 주민 운동이 결합·통일되는 지역 민중 운동의 지평을 열고 이의 조직적 단초를 마련해야 한다.

(1) 탁아 사업

맞벌이 노동자를 대상으로 하는 탁아 사업은 우선 노동자 자녀에 대한 교육적인 측면을 들 수 있다. 노동자 2세들에게 자본주의 사회의 개인주의 이데올로기를 극복하고, 공동체적 삶을 체계화시키며, 사회 교육으로부터 소외된 이들에게 교육 기회를 제공하는 총체적 교육 사업이다.

또한 탁아 사업은 부모들의 조직 사업이다. 열악한 노동 조건 속에서 일하는 노동자들에게 자신이 사회의 주인임을 인식하게 하고 노동 해방과 인간 해방을 위해 실천하는 노동자로 자각시키는 것이다. 이들의 조직화 형태는 민중 교회의 여신도나 남신도회로 흡수하거나 지역 주민 조직으로 건설하는 것이다.

(2) 공부방

일차적으로 학생들에 대한 학습 교육이 확실하게 이루어져야만 부모들에 대한 조직 작업이 가능하다. 공부방과 교사에 대한 신뢰가 전제되지 않으면 부모들과의 관계는 제대로 형성되지 않는다. 탁아 사업과 마찬가지로 공부방도 역시 일상적 업무가 많아, 책임 교사의 경우 교육 방식의 개발이나 부모 조직화에 신경을 쓸 여유가 없으며, 그렇다고 인력을 충원할 여력도 없다. 인

주님의 교회 가꾸기

력 문제를 해결하기 위해서는 각 대학의 민중 연대 사업부와 조직적 관계 속에서 자원 봉사자를 활용할 필요성이 있다. 이들은 정기적으로 부모들과 만나 학생들의 문제점이나 가정 교육에 대해 지도하고 이들을 공부방 사업 체계 내로 조직화해야 한다.

(3) 세탁 사업

세탁 사업은 우선 기존 교회와 다르다는 이유로 갖기 쉬운 민중 교회에 대한 왜곡된 시각을 교정하고, 민중 교회야말로 가난한 사람들을 위해 일하는 교회라는 인식을 심어 주는 데 큰 기여를 한다. 그러나 세탁 회원 관리가 이루어지지 못하면 대중에 대한 시혜적 차원의 사업으로만 인식될 위험이 있다. 세탁실이 주민들이 주체적으로 운영하는 체계로 발전되어야 한다. 그래야만 회원들의 자치 의식이 고양되며, 시혜적인 사업이 아니라 지역 주민의 생활 현장의 대중 조직 사업으로 발전할 수 있다.

(4) 지역 주민 신문 사업

지역 언론은 지역의 소식을 전하고 주민 교육을 실시함으로써 지역 주민들의 공동체 의식의 함양과 민주 의식의 발전을 꾀할 수 있다. 지역 주민 신문은 이전의 비합법적 상황에서 발행되던 정치적 구호 중심의 선전물이나 회보적 성격으로서의 신문을 반성, 비판하면서 지역 주민의 일상적 이익과 정치적 요구를 대변해야 한다. 지역 주민 속에 신문을 간행하고 이를 지속적으로 유지시키는 데 따르는 많은 난점들을 극복하기 위해 기본적으로 필요한 것은 신문에 대한 장기적 전망의 수립과 실무자들의 헌신적인 실천력이다.

(5) 주민 공개 강좌

공개 강좌는 주민들의 관심이 많은 문제에 대한 토론회나 강연회 등을 개최

하여 주민들을 조직할 수 있다. 그 내용은 교양·생활·법률·취미 등 다양하게 추진할 수 있다. 그 종류와 방식은 내부 역량에 걸맞게, 그리고 조직적 전망과 가능성에 따라 선택해야 할 것이다.

(6) 노동 교육 사업

지금까지 노동자 교육은 주로 청년 노동자를 대상으로 이루어져 왔다. 그러나 이제 우리의 노동 교육은 청년층을 대상으로 하는 것은 물론 주부나 장년층을 대상으로 하는 교육으로도 발전해야 한다. 노동 교육의 형식에 있어서도 대중적인 프로그램의 공동 개발, 연구가 필요하다. 과거에 일시적으로 이루어지다 중단했지만, 각 교회의 노동 교육 담당자들의 상설 모임이 조직되어 교사의 자질을 높여 가고 새로운 교육 방식과 프로그램의 개발에 힘써야 할 것이다.

(7) 지역(문화) 행사

우리의 운동은 총체적인 생활 문화 운동이다. 퇴폐적 향락 문화를 극복하고 건전한 우리 문화를 개발하는 것은 매우 중요하다. 지역(문화) 행사는 이러한 문화적 측면만이 아니라 여러 주민 사업들을 통해 조직된 주민 역량들을 조직하고 체계화하는 데 큰 기여를 할 것이며, 우리의 역량을 과시하고 강화시키는 역할을 할 것이다. 지역(문화) 행사로는 대보름 지신밟기, 단오제, 지역 차원의 성탄 행사, 경로 잔치 등을 기획해 볼 수 있다.

(8) 신용 협동 조합과 소비 조합

지역 주민 운동이 공통의 주거생활(활동) 근거지를 갖고 있는 주민들이 주체가 되어 주민으로서의 일상적인 이해와 요구를 실현시켜 나가는 조직적 운동이라고 할 때, 경제적 이해를 실현시키기 위한 신협이나 소비 조합의 형태

주님의 교회 가꾸기

는 주민들의 자주적인 경제권을 형성하는 데 상당히 중요하다. 물론 신협이나 소비 조합의 경우 전문성과 장기성, 주민들에 대한 신뢰도, 공간의 확보 등 어려운 문제점이 있긴 하지만, 지역 공동체를 형성하고 지역 운동의 물적 기반을 견고하게 하는 데는 이것 이상 효과적인 것은 없으리라 생각한다.

위에서 살펴본 사업들은 단위 사업이나 단위 민중 교회에서 완결성을 갖기가 어려우며, 효과적이지도 못하다. 각 사업 간의 연대와 동일한 사업 간의 조직적인 활동이 이루어질 때만 성공할 수 있다. 또한 주민 대중 조직의 구 단위 조직과 동 위원회 등 지역 주민 대중 정치 조직으로서의 발전은 지자제의 실시와 관련하여 지역 내 주민 권력, 대체 권력의 창출이란 관점에서 볼 때 중요한 과제라 생각한다.

3. 민중 교회의 예배

주일 공동 예배

예배의 부름··인도자
찬양의 찬송 ······················ (177장) ······················· 다함께
참   회··· 다함께
  인도 : 주여, 지난 주간 우리들의 허물을 고백하나이다.
  회중 : 자신의 부족함을 적극적으로 극복하지 못하고 그냥 지나쳤습니다.
  인도 : 이래서는 안 되는 줄 알면서도 몸을 움직이지 못하고 게으름을 피
       웠습니다.
  회중 : 자기 자신에 사로잡혀 하나님의 은총을 외면하고 또한 기도 생활
       을 게을리 하였습니다.
  인도 : 이웃의 아픔을 외면하거나 침묵으로 대하면서 자신의 고민에만 집
       착하는 이기심을 드러내었습니다.
  회중 : 이웃의 잘못을 따스하게 용서하지 못하고 눈살을 찌푸리고 언성을
       높였습니다.

주님의 교회 일구기·가꾸기

인도 : 공동체원으로서의 권리와 의무를 외면하고 혼자 떨어져 있으려 하
      였습니다.

회중 : 하나님 나라가 이루어질 것이라는 확신의 뿌리를 더욱 깊게 내리
      지 못하고 잠시 회의와 좌절을 하였습니다.

함께 : 주여, 우리의 허물을 용서하시옵소서.

침묵의 기도 ··· 다함께

용서와 감사 ··· 다함께

인도 : 우리의 참회를 받아들이심을 믿사옵나이다.

함께 : 이제 그 모든 허물을 주의 이름으로 서로서로 용서하오니 새로운
      각오와 자세로 튼튼하게 살아가는 한 주간이 됩시다.

인도 : 주님께 감사드리나이다.

함께 : 공동체원 여러분께 감사를 드립니다.

대표 기도 ·· 맡은이

이 달의 기도 ·· 다함께

신명 공동 고백 ·· 다함께

고백의 찬송 ·······················　(67장)　····························· 다함께

주의 말씀 ·· 사회자

〈신 8 : 1-6〉

찬　　　양 ··· 성가대

복음나눔 ··· 전도사

〈더 무슨 기적을 바라는가?〉

응답의 찬송 ·····················　(363장)　·························· 다함께

봉헌 ··· 다함께

나의 정성(시간, 생명)드리니 주여 받아 주셔서서 하늘 나라 위하여 주
뜻대로 쓰소서. 아멘

신명 나눔 ··· 목　사

결　　　단 ··· 다함께

인도 : 우리는 이제 일어나려 합니다.

회중 : 움추린 가슴 크게 펴고, 눈물과 한숨 떨쳐 버리고, 안일함과 게으
      름으로 부터 벗어나고, 소심함과 비겁함을 딛고 일어서, 해방의 길
      목으로 달려가고자 합니다. 한라와 백두가 부둥켜 안고 춤, 평화가
      깊이 배어 있는 그날을 향해, 온통 환희의 세상 그날을 살기 위해,

●
주님의 교회 가꾸기

이제 우리 한 마음 한 몸으로 결단하오니, 주여 우리와 함께 동행
하소서.
결단의 찬송 ·························· (383장) ························· 다함께
축   도 ·· 목   사

민중 교회의 예배 의식은 새로운 삶의 양식을 창조하는 과정이다. 예배
가 곧 삶이요, 삶이 곧 예배여야 하므로 삶의 양식이 그대로 예배 의식에,
예배 의식이 바로 삶에 그대로 적용되어야 한다. 민중 문화는 민중 교회의
예배 의식에 잘 반영되어야 한다. 하나님의 창조와 해방 사건을 찬양하고,
하나님과의 약속을 저버린 것은 회개하며, 하나님의 말씀을 통해 새롭게
결단하고, 이웃을 위해 중보의 기도를 하고, 역사의 현장에서 이웃과 더불
어 충실히 살 것을 다짐하는 것이 곧 민중의 예배이다. 또 이것이 민중의
삶이다. 정의로운 삶, 평화를 이루려는 삶, 이 모든 것이 산 예배이며, 이
를 위해서는 예배 의식을 통한 꾸준한 교육이 필요한 것이다.

이러한 맥락 속에서 현 민중 교회(신명교회)의 예배를 분석해 보고자
한다. 예배(주일 공동 예배)는 크게 예배에의 부름·참회·용서와 감사
·대표 기도·신명 공동 고백·찬양·주의 말씀 및 복음나눔(설교)·봉
헌·신명나눔(친교 및 알림)·결단·축도로 나누어진다.

참회를 통해 한 주간의 허물을 개인으로서, 공동체원으로서 고백하고 그
허물을 주의 이름으로 서로 용서하고 감사를 드린다. 대표 기도를 통해 중
보의 기도를 하며, 공동체가 함께 드릴 수 있는 이 달의 기도를 한 목소리
로 모은다. 그리고 더욱 심화시켜 나눔과 섬김과 고백의 공동체로서 함께
고백해 내고 자신의 신앙을 확인할 수 있는 공동 고백문을 암송한다. 이것
은 기존 교회에서 사도 신경을 고백하는 것과는 달리, 민중 교회 공동체의
현실에 적합한 신앙 고백을 그 내용으로 하고 있다.

다음으로 성가대의 찬양이 있은 후 목회자의 설교가 복음나눔이라는 명
칭으로 행해진다. 이 때 설교의 내용은 민중의 삶의 자리와 연결된 주체적

인 이야기, 공동체를 변화시킬 수 있는 이야기 등으로 엮어진다. 주일 공동 예배의 설교는 주로 목사님이 하며 전도사와 신학생도 가끔 돌아가면서 한다.

복음나눔 후에는 봉헌 시간으로 전에는 예배 전에 밖에 비치된 헌금통에 헌금을 하고 예배를 시작했으나 얼마 전부터는 재정 문제가 심각해져서 예배 시간에 헌금통을 돌리고 있다. 신명 나눔(친교 및 알림)에서는 광고 및 새 신자 환영의 시간이 있다. 알림 시간에는 교회 식구들 소식, 각종 집회에 대한 소개를 하고 새 신자와의 친교 시간을 갖는다. 다음은 예배를 마무리하면서 결단의 시간을 갖는다. 안일함과 게으름으로부터 벗어나 역사의 현장 속에서 자신이 새롭게 일어서야 할 부분을 확인해 내고 결의를 다지는 시간이다. 그리고 목사님의 축도로 끝난다.

신명교회 제 2 공동 고백문

우리는 역사의 주인이신 하나님과 하나님 나라를 선포하신 예수 그리스도와 이 땅 한가운데에 살아 움직이시는 성령을 믿는다.

우리는 불의한 세상에서의 고통과 상처를 함께 모여 나눔으로써, 더불어 부둥켜 안은 그리스도의 몸을 이루어 화해와 생명의 꽃을 피운다.

우리는 노동하는 몸과 깨닫는 머리가 하나로 되어 이미 얻은 자유함에 머무르지 않고, 온몸을 앞으로 기울여 다만 예수 그리스도의 죽음과 부활에 동참함으로써 참 섬김의 삶을 실천한다.

우리는 때로 험한 십자가를 외면하고 싶음을 열린 마음으로 고백하여, 그 고난의 한가운데에서 작은 예수 되는 기쁨과 희망으로 새롭게 거듭 태어남을 믿는다.

우리는 지난 고난의 역사 속에 늘 함께 하신 하나님의 은총에 감사하며, 참 나눔과 섬김과 고백으로 어우러져 해방과 평등과 정의가 누룩처럼 부풀어 오르는 하나님 나라를 이루기 위해, 온몸 저며 오르는 신명으로 노동자 선교의 큰 뜻을 이 땅 위에 펼친다.

예배를 마친 후 공동 식사를 한다. 예배 의식을 통해 더불어 사는 삶을 결단한 공동체가 함께 모여 음식을 나눈다는 것은 각별한 의미가 있는 것이다. 이 때는 식탁에 함께 둘러 앉아 '밥은 하늘입니다. 하늘은 혼자 못 가지듯이 밥은 서로서로 나누어 먹는것……'이라는 노래말과 준비한 손길, 일용할 양식을 가능케 한 하나님께 감사의 기도를 드린다. 공동 식사 후 2부 순서로 '생활나눔' 시간이 있다. 이 시간은 각 회별로 모이는데 일주일간의 자신의 생활 경험을 함께 나눔으로써 서로의 벽을 허물고 개인의 고민을 공동체를 통해 풀어 나가는 시간이다. 각 회는 이 시간을 통해 각 회의 모임이 연장되는 촉매적 역할을 하게 된다. 그럼으로써 교회 생활이 자신의 삶과 연결되고 신앙적 성숙을 가져오게 하는 것이다.

이 외에 수요 예배와 한 달에 한 번 각 회별 헌신 예배 또 절기 예배(부활절·추수감사절·성탄절)가 있다.

수요 예배는 1부 성서 강해, 2부 수요 성경 공부 시간으로 이루어진다. 수요 성경 공부 시간은 각별한 의미를 갖는데, 이 때는 특별한 교재가 다루어지는 것이 아니라 성서 본문을 읽고 그것을 그 당시 상황에 맞추어 분석해 보고 다시 오늘 자신의 삶, 공동체의 삶으로 재해석해 내는 방식이다. 이 시간은 특별히 목회자(리더)의 올바른 성서 해석 방법론이 요구된다.

각 회별 헌신 예배는 각 회의 특성을 살려 다채롭게 꾸며지며, 이 때 설교자는 외부 강사가 될 때도 있고 자체 내 구성원 중의 하나가 될 수도 있다.

절기 예배는 대개 성만찬 예식이 포함된다. 그런데 성만찬에 사용되는 그릇이나 음식을 한국 민중 정서에 맞는 뚝배기, 떡, 막걸리 등을 사용하고 있다. 그리고 추수감사절 예배 때에는 실험적으로 민속 예배를 드려 보기도 한다. 이때 찬송가의 가사나 음정 등도 민요풍으로 개사하여 부르게 된다. 또한 평상시 드리는 예배의 찬송도 민중 교회 내에서는 우리의 삶, 민중적 정서에 맞는 '민중 복음 송가'를 겸하여 사용한다.

위의 분석을 통해 볼 때 민중 교회의 예배는 기성 교회의 예배 형태를 답습하는 모습에서는 많이 벗어나 있다. 그리고 예배에 가능한한 평신도들이 많이 참여하며, 설교나 기도의 내용에 있어서도 가능한한 민중들의 삶에 접근하는 구체적 이야기가 들어 있다. 그러나 아직은 형식적인 모습을 많이 탈피하지 못하고 있는 것 같다. 그러므로 보다 발전된 예배는 좀더 민중 문화적 형태가 수렴된 모습이어야 하겠다.

12월의 기도

주님, 시작인가 싶었던 한 해가 어느덧 그 끄트머리에 와 있습니다.

우리는 이 때쯤이면 커다란 절박감 없이 일상적으로 한 해를 정리하지만, 다시는 돌아오지 않을 자신의 생애의 한 부분을 마감한다고 생각할 때, 한 순간 한 순간에 대한 허전함과 아쉬움, 그리고 빈마음뿐입니다.

하지만 우리는 지난 봄의 새로운 흥분과 기대, 뜨거웠던 여름날, 힘겨웠지만 땀흘림으로 얼룩진 우리의 보람된 노동, 만족스럽진 않지만 성숙된 열매를 거두고자 몸부림쳤던 지난 가을의 고갯마루, 이 모든 것을 외면할 수는 없습니다. 이제 찬바람이 불어오고 우리의 가슴 속에는 여전히 된서리가 내리지만, 이 겨울 당신의 나심으로 말미암아 우리는 가슴 벅찬 희망을 보게 됩니다.

아픔과 고난을 담보한 구석진 곳 초라한 말구유에서의 생명의 잉태. 그것은 깜깜한 세상을 인도하고, 가슴 답답해 숨이 막혀 버릴 것 같은 우리들의 숨통을 터주고, 우리들로 말미암아 그 고난에 동참하지 않고는 도저히 견딜 수 없는 삶을 살게 하시는 당신의 커다란 은총입니다.

주님, 이제는 저희 신명나는 공동체가 이런 삶을 살아가는 것에 대한 당당함과 겸손함으로 우직한 삶을 살아낼 수 있게 하여 주시옵소서.

지나간 시간 동안 서로의 마음의 깊이를 다 헤아리지 못한 것, 참된 용서를 하지 못한 것, 서로에게 무감각했던 시간들, 모두 떨쳐버리고 새롭게 일어설 수 있는 저희 공동체가 될 수 있게 하여 주시옵소서. 그래서 이 추운 겨울날 저희 모두, 사랑의 온기로 들떠 서로의 언 가슴을 녹여 내고 정의와 평화로 오시는 당신과 뜨겁게 만날 수 있게 하여 주시옵소서. 아멘.

주님의 교회 가꾸기

4. 민중 교회에서의 직제

우리 주위의 대부분 교회들이 약한 이, 소외된 이들과 함께 하지 못하고 구조 또한 그렇게 짜여져 있음을 자각하게 된다. 민중 교회는 이런 잘못된 교회의 모습을 극복하고 본래의 교회 모습을 회복하기 위한 공동체이다. 예수 그리스도를 따라 사는 공동체로서 약한 이, 소외된 이들과 함께 하며 그들을 통한 그리스도의 해방을 선포하는 교회로서의 모습의 회복이다.

따라서 민중 교회를 지탱하는 조직 체계인 직제 역시 그런 민중 교회의 본래적 성격에 따라 체계화되어야 할 것이다. 이에 민중 교회는 기존교회와는 다른 자기 성격을 분명히 하고 있다. 실제 지역성을 갖추지 못하는 기존 교회와 크게 구별된다. 이러한 교회들에서는 일정 수준의 경제력이 없으면 교회 생활이 순조롭게 정착될 수 없다. 따라서 이러한 부분을 중심으로 민중 교회의 특징을 정리하자면, ① 지역의 주민을 중심으로 지역 교회로서의 성격을 갖추고 있으며, ② 민중 중심의 구성원으로, 그들의 문화가 관철되고 있다는 점들을 들 수 있다.

민중 교회는 이러한 바람직한 자기 성격과 또 본래 지향하였던 그리스도 예수의 공동체로서의 성격을 추구하는 맥락에서 직제가 편성되어야 한다. 원칙적으로 누구나 포용할 수 있는 폭넓은 개방성과 함께, 그렇게 열린 공간을 통해 만나는 사람들을 신앙으로 올바로 지도할 수 있는 내용으로 직제가 갖추어져야 할 것이다.

(1) 민중 교회의 조직

① 하나의 예

다음 조직표는 지금의 민중 교회가 시행할 수 있는 구조의 한 예로서 무리없이 적용 가능한 것이라고 할 수 있다. 먼저 기존 교회의 권위주의적 요소와 폐쇄성을 극복하고자 하는 측면이 있다. 목사·장로의 당회 중심

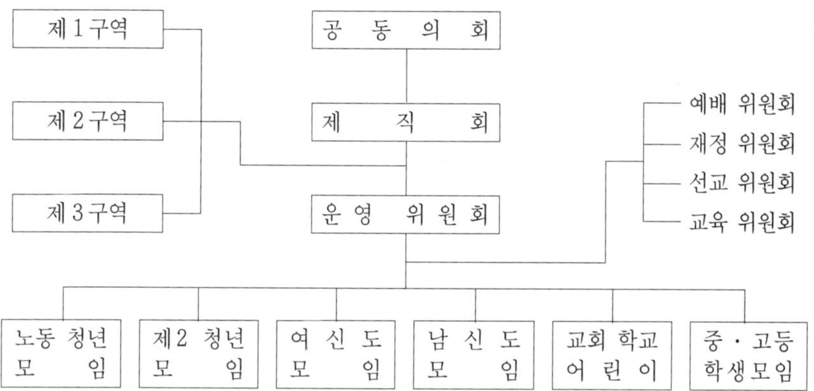

운영에 비해, 각급 평신도 대표가 참석할 수 있는 운영 위원회를 두어서 당회 중심 운영을 탈피하고 있다. 장로에 대해서도 현 민중 교회에서 장로가 거의 없는 데서 알 수 있듯이 임기제로 임명하며 역할도 기존 교회의 장로의 역할과는 다른 내용으로 부여되고 있다.(예 지역의 원로를 장로로 초빙하는 방법, 지교회의 한계를 벗어나 교계의 덕망있는 어른을 장로를 모시는 방법 등이 고려될 수 있다.)

위의 그림표가 주로 주일 중심으로 교회 내에서 이루어지는 모임임을 감안한다면 이를 보완할 수 있는 구역 조직이 한편으로 조직되어야 할 것이다. 민중 교회가 지역의 교회로 뿌리내리려면 오히려 이러한 구역 조직에 더욱 비중을 두어서 지원해야 한다(예 성남 주민 교회의 구역조직표). 교회의 특수성에 따라 차이가 있으나 생산직·사무직·노동자들이 분리되어 모임을 구성하고 있는 경우도 있다.(예 신명교회) 즉 생산직 노동자들로서 노동 청년회와, 주로 사무직 노동자들로서 제2 청년회를 구성하고 있는 것이다. 그렇게 구분하는 근거는 ㉮ 일의 효율성 ㉯ 교회에 참여하는 자세의 차이 등이라고 토의 과정에서 이야기되었다.

일의 효율성 측면에서는 노동의 성격에 따라 특수성을 살리는 의미에서 분리도 가능할 것이라고 본다. 교회 참여 자세의 측면에서는 생산직에 비

주님의 교회 가꾸기

해 사무직 노동자들이 교회의 주인으로서의 적극적인 참여가 상대적으로 부족하다는 측면이 지적되었다. 그러나 결국 교회가 무엇을 지향하는가라는 본래적 성격에 대한 물음으로 다시 돌아갈 필요가 있다고 하겠다. 즉 삶의 공동체로서, 노동의 성격을 분명히 살려내는 적극적인 요소가 아니라면 편의 위주의 분리보다는 교회를 통해 차이도 융화시키고 더욱 결속할 수 있는 방향이 되어야 한다.

(2) 각 기관들의 운영

① 운영 위원회

운영 위원회는 각 위원회와 노동 청년회·교회 학교……등의 대표들이 모여서 교회 전체의 사업을 계획·조정하고 서로 이해를 나누기 위한 모임이다. 때문에 그 중요성과 함께 모임의 폭도 확대되기 쉬우나 내용도 중요한 사안들이 많다. 그러므로 적절한 운영 원칙들이 마련되어야 하며, 교회 전체가 같이 인식하고 공유해야 할 문제들로 한해야 할 것이다.

운영 원칙에는 첫번째 지역의 문제, 두 번째 교회 내의 문제, 기타 등으로 토의의 순서를 정하는 등 세부적인 부분까지 마련되어야 한다.

② 제직회

구역 조직을 관할하는 역할이 주된 역할이며, 집사들도 구성할 수 있다. 지역의 요구를 이해하고 민중 교회의 성격을 올바로 살려내면 매우 좋을 것이다. 지방 자치제의 실시와 함께 교회가 지역에 뿌리내리는 것도 당면 과제가 되어 있다. 교회에서는 제직회를 통해 이러한 문제를 해결하는 것이 가장 바람직하다. 사회 사업 위원회를 두기도 하지만 이 위원회의 역할은 지역성과는 조금 다른 것으로 설정할 수 있을 것이다.

③ 공동의회

공동의회는 교회의 1년 사업을 전 교인이 모여서 결정하는 모임이다.

기존 교회에 비해 개방적인 민중 교회에서는 중·고등학생회를 졸업하거나 이에 준하는 사람들이 모두 자격을 갖고 회의에 임할 수 있다. 그리고 참석자들에게는 선거권·피선거권·의사개진권을 충분히 확보될 수 있도록 하며, 교회의 사정을 잘 모르는 이들에게는 전체적인 교회의 사정을 파악할 수 있는 기회가 되도록 해야 한다.

각 기관에서도 이에 대한 충분한 준비를 갖고 회의에 준비해야 하며, 1년 사업의 기본적인 골격을 갖추고 이를 교인 전체에 전할 수 있는 자리가 되어야 한다. 충분한 여유를 갖고 전 교인이 참여할 수 있도록 날짜·시간 등이 배려 되어야 하며, 회의의 중간 중간에는 휴식을 겸하여 노래·발표 등으로 흥을 돋울 수 있으면 좋을 것이다. 지루한 회의라는 인식을 극복하기 위해서라도 전 교인의 모임인 만큼 1년에 있어서 가장 중요한 축제의 성격을 충분히 살려내도록 해야 할 것이다.

민중 교회는 하나님의 창조와 해방 사건을 찬양하며 민중 해방과 민족 통일과 세계 평화의 이상을 실현하는 한민족 공동체의 주체로서, 경건한 예배 생활과 일치된 생명의 삶을 추구하고, 자율적 삶의 노동과 휴식의 축제를 준비하는 통일과 화해의 장이 되어야 한다. 하나님의 사회적 계약을 새롭게 실현하는 주체로서 민중의 희망인 민중 교회의 위상은 계층간의 갈등을 치유하고 공동체 안에서 전문화와 다양화의 특성을 살려 하나님·세계·민중의 차원에서 하나님의 나라를 이룩하는 것이다.

기성 교회의 모순들을 극복한 민중 교회의 공동체는 통일된 해방의 구조로 세워 나가야 하며, 흩어져 있는 고난의 교회들을 함께 모아 세계 정의·평화·자유의 공동체적 연대감으로 민주화 혁신의 토대를 이룩하고, 여성·농민·노동자·노인·청소년들의 자립 생활 터전을 확립하여, 한민족 공동체의 전문화된 구성원들과 함께 사회적 삶의 평등을 실현할 수 있어야 할 것이다.

주님의 교회 가꾸기

5 도시 빈민 선교 지역 공동체 형성

　근대화 과정에서 한국 교회는 기적에 가까우리만큼 급격한 수적·양적 증가를 이룩했다. 정치·사회적 격동기 속에서 한국의 교인수는 급증했으나, 이러한 가운데 한국 교회의 방향은 보수화·기복 신앙적 성향·개인 구원에의 편중 등으로 기울었다. 일부에서는 '가난한 자와 함께 하자'는 외침도 있었지만 대개의 교회는 개교회주의, 물량주의로 치달았고, 오늘도 그러한 양상에서 벗어나지 못하고 있는 실정이다.

　본 연구팀은 이제 한국 교회는 받는 교회에서 탈피하여 내어주고 함께 더불어 사는 교회로의 변신이 절실히 필요하다는 인식 하에, 70년대부터 일기 시작했던 빈민 선교에 대해, 오늘 한국의 사회·경제·정치적 여건 속에서 어떻게 하면 바람직한 빈민 선교의 모델을 만들어낼 수 있을까 하는 고민과 함께, 이를 위한 공동 작업을 수행하기로 결정하였다.

　빈민 선교의 현장은 하나님의 선교 신학을 바탕으로 이 땅의 역사와 성서 역사와의 맞부딪힘에서 도출된 선교의 현장이다. 빈민 선교는 결코 빈민을 대상으로 한 전도나 자선 사업이 아니다. 곧 지역 주민이 선교의 대상이나 교육·훈련의 대상이 되어서는 안 된다는 것이다. 빈민 선교는 가난한 자와 함께 하셨던 예수 그리스도의 사업에 우리도 동참해서 그들과 함께 평등 공동체를 이뤄 나가며, 궁극적으로는 그 공동체에서 예수 그리스도를 고백할 수 있도록 하자는 것이다.

먼저 우리는 빈민 선교에 대한 성서적 전거를 찾아보고, 다음으로는 도시 빈민에 관한 사회학적 분석을 통해 도시 빈민의 형성이 결코 개인적이거나 필연적인 것이 아니라 구조적이고 사회적인 것으로서 우리 모두의 공동 책임임을 깨닫고자 한다. 이어서 교회의 자기 정체성을 점검해 봄으로써 올바른 교회 위상을 기준으로 공동체 형성을 중심으로 한 빈민 선교의 방향 상실의 위험을 고찰하고자 하며, 다음으로는 빈민 선교를 하고 있는 두 지역을 구체적으로 분석하면서 선교적 차원에서 그 내용성이 서로 상반되는 두 교회의 모델을 중심으로 선교상의 문제점을 발굴하고, 이를 근거로 하여 도시 빈민 선교의 기본 방향과 구체적인 선교 전략을 제시하고자 한다.

1. 도시 빈민 선교에 대한 성서 및 사회학적 배경

(1) 도시 빈민 선교의 성서적 조명

이스라엘의 고대 역사 신앙 고백으로 알려진 신명기 26장 5~9절에는 다음과 같은 내용이 기록되어 있다. 즉 선조는 떠돌며 사는 아람인이었다는 것, 이집트에서 종살이 하면서 고난을 당했다는 것, 야훼께서 이스라엘인들을 이집트에서 해방시키셨다는 것이다. 이 고백에서 제시되는 바와 같이 이스라엘의 선조는 떨돌이요, 토착민 보다 더 낮은 계층에 속했거나, 토지가 없어서 권리가 거의 없는 '하비루'로서 가장 천민이며, 수모받고 배척당한 사람임을 알 수 있다.

이런 하비루가 주축이 되어 부족 동맹을 맺어 사사 시대를 거쳐 왕국 시대에 이르자 다시금 계급적 갈등이 심화되어 갔다. 파라와 건축 공사에 시달리던 이스라엘 사람들은 이제 자기네 동족인 왕·귀족들에게 노동력을 착취당해야 했다. 왕·귀족은 대지주들이 되었고 가난한 자들은 자유를 빼앗겼으며, 이같은 사회 불의는 드디어 구조적인 사회 악으로 이스라엘 안에 정착하

주님의 교회 가꾸기

게 되고 가난한 사람들과 작은 자들의 정당한 생존권마저 위협하게 되었다. 이에 대해 야훼는 예언자의 입을 통해 권력자, 가진다들에게 통렬한 심판을 선포한다.

"망할 것들, 권력이나 쥐었다고 자리에 들면 못된 일만 꾸몄다가 아침 밝기가 무섭게 해치우고 마는 이 악당들아, 탐나는 밭이 있으면 빼앗고…… 나 야훼가 선언한다. 나 이제 이런 자들에게 재앙을 내리리라."(미가 2 : 1-3)

바로 이것이 "집을 연달아 차지하고 땅을 차례로 사들여서 빈터 하나 남기지 않고 온 세상을 혼자 살듯이 하는 자들"(이사야 5 : 8) 덕택에 도시의 빈민촌으로 쫓겨난 소농 출신인 분노한 미가의 고발이다. 결국 북이스라엘은 기원전 721년 앗시리아에게 멸망당하고, 남유다는 기원전 587년 바빌론에게 멸망한다. 바빌론 포로기에는 유다 백성 안에서 사회 계층의 차이가 사라졌지만 포로기 이후에는 다시금 빈부의 차이가 점점 커지고, 이에 따라 가난한 사람은 모든 것을 하나님으로부터 기대하는 자이며, 그분께만 신뢰를 두는 자라는 의미와 동일시되었다. 시편에 등장하는 복수와 저주의 외침에서도 시편 시인은 가난한 자의 편에 서서서 복수하시는 야훼의 정의를 선포하고 있다. 이처럼 출애굽 사건을 주축으로 이뤄지는 모세 — 해방전승은 구약성서를 관통하면서 피압박자에 대한 야훼의 사랑 곧 정의를 외치고 있는 것이다.

예수의 선교도 역시 이같은 해방 전승의 계승이라 할 수 있다. 예수 당시 민중은 예루살렘 성전의 무거운 과세와 식민주의자들인 로마인들의 과세에 시달리고 있었다. 이같은 막중한 이중 과세뿐 아니라, 민중은 한 걸음 더 나아가 사채 놀이를 하던 세리들에게 많은 빚을 지게 되었고, 거지들이 많이 생겨났다. 이 속에서 예수는 민중의 편에 서서 민중과 더불어 하나님 나라 운동을 전개하였던 것이다.

주님의 성령이 나에게 내리셨다.

주께서 나에게 기름을 부으시어 가난한 이들에게 복음을 전하게 하셨다.
주께서 나를 보내시어 묶인 사람들에게는 해방을 알려 주고
눈먼 사람들은 보게 하고 억눌린 사람들에게는 자유를 주며
주님의 은총의 해를 선포하게 하셨다.(누가복음 4 : 18-19)

예수가 자기가 온 의의를 위에서 처럼 제시함으로써 이 땅의 억눌린 자와 가난한 자들을 섬기는 도시 빈민 선교는 성서의 한 지엽적인 사실이 아니라 성서의 주요 전통임을 재확인한 것이라 하겠다. 위에서 그리스도교적 신앙에 의거하여 오늘을 사는 크리스천은 압제받고 착취당하는 빈자의 편에 서야 한다는 것을 성서는 증언하고 있다. 가난한 자들과의 연대 의식, 가난한 자를 낳게 하는 사회 부조리에 대한 고발 정신, 인간의 품위를 떨어뜨리는 비참한 가난에서의 해방의 실천, 그것은 출애굽과 예수 그리스도의 십자가와 연결되어 있음을 부인할 수 없다. 그러므로 오늘을 살고 있는 크리스천들이 어두운 이 시대의 인간들에게 특히 가난한 사람들에게 그들의 권리, 그들의 외침, 그들의 기쁨을 보장해 주고 이들과 함께 더불어 살아갈 때 우리의 사회는 신·구약성서의 중심사상을 실천하는 사회가 될 것이다. 특히 자본주의의 핵심인 사유 재산 개념과 상업 만능주의로 인한 도시 문화적인 폭력에 소외되어 있는 도시 빈민 지역은 참으로 성서 신앙에 입각한 선교의 장이 되어야 할 것이다.

(2) 도시 빈민에 관한 사회학적 이해

사회 계급적 기준에서 도시 빈민을 구분할 경우 다음과 같다.

① 광의의 프롤레타리아로 포괄되는 하층 중소 기업 및 영세 기업의 노동자, 임시 고용인, 일일 고용인, 가내 노동자, 하층 고리로 연결된 부업자 등이다. 이들은 전형적 형태의 과잉 인구로 규정되어 지는데 임으로 선택되는 값싼 노동력의 풀 구실을 하며 일반적으로 노동자 계급이 누리는 생활 수준에 비해 현저히 낮은 상태를 영위하나다. 최대의 노동 시간과 최저의 임금 수준

은 이들의 열악한 경제·사회·문화적 환경을 대변한다.

이 형태의 도시 빈민은 근대적 공업 부문의 유동적 과잉 인구에서 낙층한 취업 노동자 소생산 부문의 노동자, 그리고 농촌으로부터의 유입자들에 의해 끊임없이 보충되면서 노동자 계급의 총증가분 중 상당분을 차지하게 된다. 그러나 더 나아가 한국의 자본주의 형태를 식민지 반봉건성에 위치시킬 경우 위와 같은 고전적 의미의 규정에 대해 재해석을 해야 한다. 즉, 농업 부문 내부의 농민층 분해 과정의 경우, 제국주의와 매판 자본의 축적 논리를 전제한다면 이들 체제는 의도적으로 이동민, 탈농민을 창출해냄으로써 도시 산업 부문의 고용 기회를 넘어서는 광잉 노동 인구를 일구어낸다는 것이다. 이로써 이러한 노동자는 저임금에 시달릴수밖에 없게 되고 도시의 광범한 빈민층을 형성하게 된다. 생존권을 위한 최소한의 생계 유지 수단만을 가지게 되는 것이다.

② 중소 상인(행상·노점상·영세상 등), 수공업자(장인·수선업자 포함), 영세서비스 업자(음식점·이발소·숙박업소 등)등의 하층 쁘띠무르조아지 내지는 반 프롤레타리아.

③ 피구휼빈민(부랑자·범죄자 등의 룸펜 프롤레타리아, 고아 빈민아, 노령화와 폐질화로 인한 노동 무능력자) 결국 도시 빈민은 이러한 계층들의 '계급 연합적 집단'으로 규정할 수 있다.

이러한 도시 빈민은 그 수에 있어서 농민·노동자 다음으로 한국 사회 인구의 다수를 차지하고 있다. 이들은 경제적으로는 제국주의와 매판 세력에 의해 노동자·농민과 함께 이중적 착취를 당하고 있고, 정치적으로는 자주성을 발휘할 수 있는 자기 조직을 가지고 있지 못하며, 사회 문화적으로는 극심한 소외를 당하고 있는 것이다. 결국 이들은 한국 사회에서 자주성을 철저하게 유린당하고 있는 희생자인 것이다.

한국 사회에 있어 도시 빈민의 형성 과정을 둘로 구분할 수 있는데 초기의 '원초적 형성기'와 그 이후 '구조적 형성기'가 그 것이다. 우리는 도시 빈민의 형성 과정을 사회학적으로 객관화시켜 분석함으로써 도시 빈민에 대한 사회 구조적 책임을 느낄 수 있는 기회를 갖는다. 따라서 도시 빈민은 결코 그 자신들의 개인적 문제로 그칠 수 없는 구조적 모순에 의해 강제되었음을 알 수 있다.

구체적으로 보면, 일제의 식민지 침탈에 의해 형성되기 시작한 도시 빈민은 8·15 이후 해외 귀환민과 한국전쟁 당시의 피난민·월남민 등으로 인해 확산되었고(이상 원초적 형성기), 1960년대 이후 대외 의존적 불균형 성장 전략이 강제한 대량적인 이농민의 창출로 인해 구조적으로 양산되어 있다(구조적 양산기).

결국 빈민지역 형성의 기초적인 원인인 빈곤과 이에 따른 사회적인 경로를 거쳐서 이룩된 빈민 지역은 농촌에 있어서의 경작 규모의 영세성, 영세농 출신 도시 이입민의 근대적 산업 노동자로서의 적응 실패 및 산업 구조상 주택 정책의 전무와 가족 형태의 재분할 과정에서 나타나는 부양 의무자의 사망·불구, 노령화 등의 생계 능력 상실 그리고 사업의 실패, 실직, 불의의 사고 등에 의한 것이다.

2. 교회의 자기 정체성

(1) 문제 제기

빈민 선교에 있어 교회의 정체성 문제가 제기되는 것은 공동체 형성을 통해 빈민 선교를 수행하기 위해서는 교회의 자기 위상 정립 문제가 필연적으로 대두될 수밖에 없기 때문이다. 보다 직접적 원인은 바닥 공동체를 형성하고자 최일선에 나가 있는 민중 교회가 안고 있는 한 고민에서 기인한다.

과거의·빈민 구제식 전도 사업은 지역 공동체를 형성한다는 발전된 사회학적 개념은 고사하고 단순히 전도를 목적으로 지역 주민(빈민 포함)을 교회로 이끌기 위한 수단에 불과했던 게 사실이다. 그러나 하나님의 선교 신학의 보급과 전인적인 선교 신학의 발전, 그리고 무엇보다도 민중 신학의 대두로 인

주님의 교회 가꾸기

해 교회를 내세우며 교인수 확보를 목적으로 했던 구제식 빈민 선교는 그 의미를 상실하고 말았다. 하지만 아직도 이러한 빈민 선교를 계속하고 있는 교회를 발견하기도 한다.

이러한 과정에서 빈민 지역을 중심으로 하거나 공장 지대를 중심으로 형성되기 시작한 민중 교회들은 기존 교회의 문제점과 교리적 편견·제도적 경직성 등을 탈피하기 위해 나름대로 몸부림을 쳐왔다. 그 결과 대부분의 민중 교회는 그 지역에 거부감없이 스며들어갈 수 있게 되었으며(정부 기관의 악선전으로 한때는 불신하기도 했지만), 그 지역이 필요로 하는 '도움이 되는 곳'의 역할을 어느 정도 감당할 수 있게 되었다. 그러나 일부 민중 교회에서 제기되기 시작한 문제가 있었는데, 교회의 교회다움을 어떻게 새롭게 형성해 나가며 유지 발전시켜 나갈 수 있는가의 고민이었다. 사실 이 문제는 매우 복잡하고 어려운 문제이다. 작게는 그 지역 주민의 종교 의식·문화 의식·사회 의식이 변수로 고려되어야 하며, 넓게는 한국 민족의 민족적 심성에 대한 나름대로의 파악이 선행된 연후에야 정리되어 나올 수 있는 문제이다.

그러나 이러한 작업은 능력의 한계도 있고 여러 여건상 매우 어려운 문제이다. 그럼에도 불구하고 우리가 분명하게 지적할 수 있는 것은 일단 오늘의 우리 상황에서 완전한 의미의 '탈기존 제도 교회'를 이룬다는 것이 사실상 매우 어렵다는 현실 인식이다. 좀더 구체적으로 얘기하면 기존교회 모습에서의 탈피는 필요하고 앞으로도 끊임없이 추구해야 될 과제라고 할 수 있으나, 제도교회에서의 탈피는 오늘 우리의 상황에서는 많은 부작용을 감수해야 하고, 극단적으로는 당위성마저 상실되는 위험한 상황을 자초할 수도 있다는 현실 인식인 것이다. 이러한 가운데 제기되기 시작한 문제가 빈민 선교에 있어 교회가 자기 정체성을 어떻게 설정하고 지켜 나갈 수 있는가 하는 것이다.

한편 여기서 얘기하는 제도 교회란 반드시 교회라는 건물을 항상 사용해야 한다거나, 반드시 일정한 형식을 갖추고 전통에 따르는 예배라든가, 성만찬예식·기도·찬송 등을 행해야 한다는 의미에서 쓰여진 것은 아니다. 엄밀한 의미에서 제도라는 말보다는 틀(frame)이라는 용어가 더 적당하리라 생각한다. 이 틀은 그 지역의 삶의 자리에서 반드시 형성되어야 하며, 이렇게 해야될 책임은 무엇보다도 교역자에게 있다. 물론 삶의 자리는 그 지역 주민들의 종교 의식·윤리 의식·문화 의식·사회 의식 등을 포함한다.

예배의 순서·찬송가·기도 그리고 심방·지역과의 관련·교회 개방 등이 모든 것이 이 틀에 의해 유지되고 지켜져야 한다. 이 틀은 목회자 개인의 한 가지 목회 신념으로부터 공동체의 결집된 의견까지 다양할 수 있으며 복잡할 수도 있다. 그러나 중요한 것은 이 틀이 결코 목회자의 독단적이고 개인적 편견이나 자기 주장에 의해 만들어져서는 안 된다는 사실이다. 목회자나 교인이나 지역 주민들이 이 기본 틀에서 벗어났을 때 때로는 이 틀로의 강요가 필요하며, 이 틀에 의해 모두가 다함께 방향을 다시 잡고 교회를 지역과 연결시켜 유지시켜 나가야 할 것이다. 그러나 이 틀을 밑받침해 주고 유지시켜 줄 수 있는 기본 개념들은 어떻게 정리될 수 있을까? 본 연구팀은 이것을 넓은 의미에서의 교회의 자기 정체성이라고 부르기로 한다.

(2) 교회의 자기 정체성

① 예배 공동체

공간적 의미에서이건, 시간적 의미에서이건, 교회란 예배에 의해 형성된 공동체이다. 복음의 말씀이 올바로 선포되고, 성례전이 올바로 집행되어야 하며, 성도들의 진실한 사귐이 중요하게 수행되어야 하며, 아울러 교회에서의 봉사가 책임적으로 이루어져야 한다. 이를 위해서는 성서 연구와 신앙 교육이 체계적으로 책임감있게 수행되어야 하며, 예배와 성서 연구 및 교육을 뒷받침해 줄 수 있는 전문 인력이 그 역할을 성실히 감당해야 한다.

② 나눔 공동체

그리스도의 몸으로서의 교회는 마침내 그리스도 예수께서 자신의 몸을 세상을 위해 찢어 생명의 떡으로 주셨듯이 자신의 몸을 세상을 위해 나누어 주어야 한다. 그리스도의 몸으로서의 교회는 항상 예수 그리스도 주위에 그 사회의 가장 낮고 가난한 사람들이 모여들었듯이, 그 지역과 사회의 작은 사람들이 기쁘게 찾기 쉬운 '선한 사마리아인의 집'이 되어야 한다. 교회는 만민을 위하여 언제나 개방되어야 하고 열려 있어야 한다.

③ 섬김 공동체

교회는 세상을, 보다 구체적으로는 교회가 몸담고 있는 지역과 그 사회를 섬겨야 한다. 교회의 섬김은 개인적 차원에서는 왜곡되고 빼앗긴 인간의 권리를 회복시켜 줌으로써 이루어지며, 사회적 차원에서는 역사의 주관자이신 하나님의 대리인으로서 역사 속에서 구체적으로 하나님의 정의를 이루고 지켜가는 파수군이 됨으로써 완성된다.

3. 도시 빈민 선교의 사례

(1) D와 H 지역의 구체적 상황

항목	세목	D지역	H지역
총인구		15,230	10,492
인구 분포	50세 이상	21%	8%
	49-35세	38%	45%
	34-18세	41%	47%
직업별	회사원	10%	10%
	영세 상업	7%	35%
	노동자	10%	12%
	일용직 노동자	73%	43%
가족 전체의 월소득	상(35만원 이상)	5%	8%
	중(25만원 이상)	35%	43%
	하(10만원 이상)	53%	40%
	생활 보호자	7%	9%
주택	자가	37%	38%
	전세	52%	45%
	월세	11%	17%

1가구의 평수	15평 이상	5%	9%
	10평 이상	30%	32%
	5평 이상	48%	40%
	5평 이하	17%	19%
종교 분포	기독교	21%	24%
	천주교	5%	10%
	불교	30%	24%
	유교	4%	2%
	기타	25%	3%
	무	15%	46%
학력	대졸	3%	2%
	고졸	6%	18%
	중졸	25%	35%
	국졸	42%	34%
	국퇴 이하	24%	13%
가족 상황	7인 이상	2%	21%
	5인 이상	58%	63%
	3인 이상	30%	14%
	3인 이하	10%	2%
출신 지역	서울(경기)	15%	19%
	경상	8%	6%
	충청	7%	9%
	전라	60%	52%
	강원	7%	3%
	기타	3%	11%

① H지역의 상황 설명

H지역은 1964년 용산구 원효로 청파동에서 철거당한 사람들과 1967년 홍인동, 서부 이촌동 등지에서 국가의 개발 정책으로 강제 철거당한 주민들이 집단 이주한 곳이다. 또한 1967년 창신동에서 화재당한 이재민들이 집단 이주하였고, 1969년 전 지역이 개발 제한 구역으로 묶이게 되었다. 마을 가까이 중부 고속 도로가 있고 근교 농업을 하는 사람들도 있다. 마을 주민의 대

다수는 빈민이고, 주거 환경은 아주 취약한 편이다. 거의 대부분의 빈민촌에서 볼 수 있듯이 다닥다닥 붙은 작은 집들이 연결되어 몇 백 미터씩 늘어서 있다. 이렇게 단칸방에 복잡하게 살면서도, 조만간에 있을 거라는 철거의 위협에 직면하여 있다. 그런데 이 곳에는 철거민들 이외에 경제적 빈곤으로 방값이 싸다는 이유로 이주해 온 사람도 있고, 원래 그곳에서 살고 있는 사람들도 있었다. 빈민들의 소망은 200-300만원의 전세금을 마련하여 전세집에서 사는 것이지만, 기회가 주어지는 대로 이 곳을 떠나려 하고, 경제적 여유가 생기면 여지없이 이곳을 떠나고 만다. 젊은이들 중 상당수가 결혼을 하지 않은 채 동거하고 있다. 여기에서 오는 불안과 심리적 부담은 남자보다 여자가 더하다고 한다. 그리고 부부간의 성 문제 또한 심각하다. 거의가 단칸방에서 생활하다 보니 부부 생활이 원만하지 못하다. 이들의 유일한 문화 생활은 텔레비전 시청이다. 먹고 살기 힘들어도 텔레비전 없는 집은 거의 없다. 텔레비전의 영향으로 이들은 스스로 더욱더 강한 소외감을 느끼고 피해 의식, 패배 의식에 사로잡혀 있기도 하다. 그럼에도 불구하고 이 지역의 어린이는 어린이답게 솔직하고 순진하며, 시골 마을을 연상케 하는 어린이 놀이 문화가 발달되어 있다. 이 지역의 사람들은 대부분이 지속적인 빈곤의 악순환 속에 하루 벌어 하루 먹는 생존의 위기 의식을 느끼면서 살아가고 있다. 그러면서도 이들은 자신들의 궁핍의 원인을 사회 구조적인 문제로 전혀 생각하지 않고 개인적인 가난과 무지의 탓으로 돌린다는 데 문제가 있다. 그런데 빈민 지역으로서의 이 지역에 미묘한 갈등이 있는데, 그것은 이 지역에 원래 상주하고 있던 원주민들과 이주해 온 이주민들간의 보이지 않는 갈등이다. 재개발을 원하고 있는 땅 소유자들과 세입자들간의 갈등은 날이 갈수록 악화되고 있는 실정이다. 또한 빈민 지역으로서 이 지역의 특색은 다른 지역들과는 달리 빈부의 차이가 심하다는 것이다.

② **D지역의 상황 설명**

이 지역은 H지역과는 조금 다른, 이른바 '산동네'라고 불리우는 전형적인 도시 빈민촌이며, 젊은 연령층이 가장 많고 빈부의 차이가 거의 없는 말 그대로의 빈민촌이다. H지역의 상황과 중복되는 것들은 되도록 생략하기로 하겠다. 이 지역의 주민들은 거의가 전라도(60% 이상)와 경기 지역(15%) 일대에서 이주해 온 농민들의 후예들로서 70% 이상이 일용직 노동자(막노동)이다. 그리고 배운 것 없고 기반이 없는 젊은이들이 이 지역에 많이 살고 있다는 것이 이 지역의 특징 중 하나이다.

그리고 이 지역은 그 주변에 이질적인 중산층 문화들이 근접해 있다. 그래서 심각한 빈부의 차이를 실감할 수도 있고 소비 문화에 젖어들 유혹도 많이 받고 있는 실정이다. 이 지역의 주거 환경을 살펴보면 주로 벽돌로 자신들이 개조한 집이기는 하나 한 집에 3-5가구가 평균적으로 거주하며, 한 가구를 폐쇄된 각각의 공간들로 만들어 세를 내주고 있는 듯하다. 한 가구의 허용된 공간의 범위는 4-5평 정도이다. 여기에서 심각한 문제들이 발생하고 있다. 예를 들면 원만한 부부 관계가 이루어지지 않아 가정 불화가 잦다는 것과, 4-6살의 미취학 어린이들이 부모의 성관계를 모방한다는 아동 교육의 심각성이다. 그리고 미혼인 남녀는 거의가 동거에서부터 그들의 결혼 생활을 시작하고 있고, 이혼률도 생각보다 높은 편이며, 부부 관계의 불화는 물론이고 가족 관계의 불화도 잦은 편이다. 이상의 여러 문제들은 모두가 경제적인 빈곤에서 기인한 것이다. 앞에서도 지적했지만 이 지역 주민들은 거의 70% 이상이 일용 노동자이고 그 외에 파출부·가내 부업 등으로 생계를 꾸려 간다. 전 가족(2인 이상)이 생계를 위해 노동하지만 한 달 수입금은 최고 20~30만원이고 여기에도 못 미치는 경우가 더 많다.

더우기 질병과 계절(기후)적 영향으로 인한 그들의 실업 현상은 그들의 경제적 궁핍을 더욱 열악하게 만들어 버린다. 이러한 빈민들의 가난과 아울러 무지는 그들을 자기 경멸·자기 포기(패배감)·체념적 열등감에 빠지게 하고, 자기의 삶에 급급한 나머지 극도의 이기주의를 조장 한다. 또한 타인에게 의존적이게 되고 자주적이지 못하는 경향이 있다. 이 모든 것은 그들의 열등감에서 오는 것이다.

돈을 벌어 먹고 살아야 한다는 절박한 삶에서 오는 주민들의 욕구 불만이 누적되어 병리적 현상으로 나타나기도 한다. 예를 들면 범죄·가정 불화·가출·불륜·도박·향락적 생활 추구·정신 질환 등……

일반 빈민들은 이러한 문제들을 사회 문제와 무관한 개인적인 문제로 생각하는 경향이 있다. 그러나 이 지역 주민들은 교회의 영향으로 아주 조금씩 사회 구조적인 문제와 자기 개인의 문제를 연관시키고 있고, 사회의 문제가 자기에게 어떤 영향을 미치는가에 대해서 객관적이고 사실적으로 깨달아 가고 있다. 이와 아울러 이들의 정치 의식 또한 다른 빈민 지역에서는 찾아볼 수 없을 정도로 함양되어 있다.

(2) H지역 교회의 사례 및 문제점

항목	내용
설립 년도	1954년 11월
설립시 지역 특성	농촌 지역에서 서울시로 편입
설립 목적	?
출석 교인수	200여 명
연간 예산	5,500만원
지역 선교비	없음
연령 분포	50세 이상 : 30%, 35세 이상 : 40%, 18세 이상 : 30%
직업별	회사원 : 10%, 영세 상인 : 50%, 상용 노동자 : 15%, 일용직 노동자 : 25%
가족 전체의 월소득	35만원 이상 : 15%, 25만원 이상 : 60%, 10만원 이상 : 15%, 그 이하 : 10%
학력	대졸 : 3%, 고졸 : 35%, 중졸 : 25%, 국졸 : 28%, 국퇴 이하 : 9%

이러한 빈민 지역에 위치한 H교회의 특성은 성경의 절대 권위를 주장하고 성경의 무오성을 강조하고 개인 구원과 영혼 구원만을 내세우는 근본주의 신앙에 강하게 길들여져 있다. 특히 내세에 대한 강한 소망은 이 땅에서의 궁핍

한 삶의 현실을 잊게 해주는 역할을 한다. 교인들 중의 대다수가 교육의 혜택을 받지 못한 데다가, 찌든 삶에서 오는 괴로움과 고통을 교회를 통해서 해소하려고 하고, 은혜받는 것을 그들의 종교 생활에서 가장 가치있는 것으로 여기고 살아간다. 그리고 이 교회의 예배 분위기는 샤마니즘적 기복성이 다소 강하게 나타나고 있고, 안수 기도·방언 기도가 매주 공공연하게 행해지고 있다. 그래서 현세에서 물질적인 축복을 받으려고 하는 기복주의적 신앙이 강한 반면, 그리스도인으로서의 책임적 역할에 대해서는 전혀 무관심한 편이다. 그리고 이 교회의 특색은 예배의 분위기가 열광적이라는 것과, 예배를 통해서 교인들이 일체감을 경험하기도 한다는 것이다. 그러나 이러한 힘있는 예배 분위기에도 불구하고 교인들의 생활은 철저히 개인주의적이고, 교회 전체 예산에 있어서 지역을 위한 선교비와 선교적 대안이 없다. 나눔과 섬김의 공동체로서의 교회의 모습을 잃어 버린 상태가 아닌가 싶다. 이 교회의 관심은 성전 건축에만 집중되어 있다.

이 지역의 특수한 환경에 대해 고민하고 교회의 바른 모습을 요구하는 사람들은 여지없이 이 교회를 떠나고 만다. 그리고 지금도 고민하고 있는 부류가 젊은층의 집사들과 청년 대다수이다. 이들의 불만은 교회가 소외된 이웃에 전혀 무관심하면서도 몇 억의 교회 건축을 계획하고 있다는 것이다. 즉 이들은 이 가난한 지역에 호화스럽고 거대한 교회가 지어지는 것이 그들에게 무슨 의미가 있는가 하는 것이다. 이들의 지적은 어쩌면 선교 공동체로서 그리스도교의 자기 정체성을 잃어 가고 있는 교회에 대한 비판의 소리요 신앙 고백의 표현인 것이다. 그리스도의 몸으로서 교회는 예수께서 자신의 몸을 세상을 위해 찢어 생명의 떡으로 주셨듯이 자신의 몸을 세상을 위해 나누어 주어야 한다. 그리고 교회는 구체적인 역사적 삶의 상황 속에서, 갈등을 겪으며 투쟁할 수밖에 없는 상황 속에서, 정의가 짓밟힌 사회 속에서, 우리 주님이 그러하셨듯이 단호하게 약자와 눌린 자와 가난한 자의 편에 서서 믿음의 싸움을 수행하는 민중의 교회가 되어야 한다. 이를 위해서 교회는 개인주의적 사고, 물질주의적 사고, 자기 독선에 빠지는 바리새적인 사고, 권위주의적이고 파당적인

주님의 교회 가꾸기

사고 등을 일소해 나가야 함은 물론이고, 정의와 평화를 이 땅에 심어 나가는 데 전진 기지가 되어야 한다. 하나님의 선교 사명을 위임받은 교회는 전위대로서 선교의 역할을 충실히 수행할 때에만 살아 있는 건강한 교회일 수 있는 것이다.

오늘의 한국적 상황 속에서 교회의 선교 신학은 인간화 지향의 선교, 민중 지향의 선교, 미래 지향의 선교, 통일 지향의 선교, 평화 지향의 선교, 영성적 생명 공동체 지향의 선교를 그 내용으로 담지해야 한다.

그러나 지금까지의 H교회의 현실은 어떠했는가? 예배의 참 의미를 상실하고 교회의 제1차적인 선교적 사명을 무시한 채 개인의 구원과 마음의 위안과 평화만을 도모해 오지 않았던가? 물론 빈민들에게 마음의 안식처를 찾게 해 주었다는 데에는 긍정적인 평가를 할 수 있겠다. 앞으로 H교회의 과제는 예배하고 기도하고 성도의 교제를 하는 이유가 세상 한복판에 흩어져 세상을 복음의 생명력으로 충만케 하는 역동적인 힘을 부여받기 위한 훈련의 과정임을 명심하면서, 교인들로 하여금 하나님의 뜻에 따라 산다는 것이 무엇을 의미하며 어떻게 살아가는 것이 하나님의 뜻인가를 묻도록 함으로써 죽어 있는 참 신앙의 생명력을 불러일으켜야 할 것이다. 이를 위해서는 예배의 형식과 내용은 물론이고 성서 연구와 신앙 공동체 훈련들을 체계적으로 서서히 갱신시켜 나가야 할 것이며, 민주적인 의식을 각 회 모임을 통해서 활성화시켜 나가야 할 것이다. 이러한 일련의 작업들은 무리없도록 서서히 훈련시켜 나가야 하리라고 본다. 이를 통해서 지역 선교에 관심을 기울이게 하며 하나님의 선교에 동참하도록 해야 한다.

(3) D지역 교회의 사례 및 문제점

항목	내용
설립 년도	1976년 12월 12일
설립시 지역의 특성	빈민 지역
설립 목적	기존의 제도 교회와 다른 새로운 교회

	주민이 주인되는 교회
	민족의 교회(교회의 한국적 토착화)
출석 교인수	30여 명
연간 예산	1000만원
지역 선교비	교회 내에서 이루어지고 있는 프로그램들이 모두 지역 선교
연령 분포	50세 이상 : 2%, 35세 이상 : 28%, 18세 이상 : 70%
직업별	회사원 : 15%, 영세 상인 : 5%, 상용 노동자 : 2%, 일용직 노동자 : 78%
가족 전체의 월소득	35만원 이상 : 10%, 25만원 이상 : 85%, 10만원 이상 : 5%, 그 이하 : 없음
학력	대졸 : 5%, 고졸 : 15%, 중졸 : 15%, 국졸 : 63%, 국퇴 이하 : 2%

이와 같은 도시 빈민 지역에 위치한 D교회는 "주께서 나에게 기름을 부으시어 가난한 이들에게 복음을 전하게 하셨다. 주께서 나를 보내시어 묶인 사람들에게 해방을 알려 주고 눈먼 사람들을 보게 하고 억눌린 사람들에게는 자유를 주며 주님의 은총의 해를 선포하셨다."(누가복음 4 : 18-19)는 신앙으로 가난한 백성들에게 선교 활동을 했던 1970년대의 수도권 특수지역 선교 위원회의 선교 정신을 이어 가고 깊이있게 하기 위해 설립이 준비되었고 1976년 12월 12일에 창립되었다. 이 교회는 그 동안 하나님께서 이 교회를 통해 역사하시려는 바가 무엇인지를 끊임없이 묻고 기도하며 올바르고 새로운 교회의 모델을 찾으려고 많은 노력을 기울여 왔다. 그러나 창립 벽두부터 유신 정권의 권력의 첨병인 경찰과 정보부는 이 교회에 대해 사상이 불온하다고 주민에게 악선전하였고, 제5공화국 때까지 탐문과 연금 미행과 감시 연행과 구금 등으로 교회 일대는 긴장과 의심의 분위기가 감돌았고, 주민들은 교회를 불신하거나 미워하기도 하였다. 아울러 교회의 외견이나 교회 안에서 일어나는 일이 주민들에게는 생소한 것이었고, 기존 교회와 같지 않음을 보고 이상히 여긴 것도 사실이다. 그렇지만 순진한 어린이에게는 교회가 놀이터였고, 이 건물이 그들의 놀이 장소로 친숙해졌다. 그리고 청

주님의 교회 가꾸기

소년들에게도 이 공간은 휴식처로 욕구 불만의 표출장으로, 친목과 놀이터로 이용되었다. 그리고 신학도들의 봉사와 참여로 청소년 근로자들의 야학이 2년 동안 계속되면서 30여 명이 이 교회를 거쳐갔다. 그러나 어른들은 교회에 대해 냉소적이었고 의심을 하였으며, '이것도 교회냐?'고 빈정대기도 하였다. 그러나 교회 주민들에게 계속해서 신실한 사랑을 실천해 보였다. 성서의 말씀대로 두 벌 가진 옷과 남은 양식을 나누었으며, 겨울에는 따뜻한 정을 나누기도 하였다. 그뿐만 아니라 주민들의 건강을 돌보는 진료 활동을 전개했으며, 어린이 학습 공간으로 교회를 개방하고 부모들에게 희망을 심기도 했다. 이와 같은 꾸준한 노력은 3년 후에 조금씩 결실이 나타나게 되었다. 중고등부도 생기고 지역 주민들의 어른들도 몇 사람씩 교회에 나오기 시작하였다.

보다 적극적인 주민 활동을 하게 된 것이 1982년부터 시작한 탁아소와 서울대 의대팀의 주민 진료 실시였다. 이러한 사랑의 실천을 통해서 이 교회는 주민들의 신뢰를 받기 시작했다. 경찰과 기관원이 말하는 것처럼 이 교회의 사상이 불온한 것도 없고, 다른 교회와 조금 다르긴 하지만 하나님의 선교 사업을 충실히 해내는 좋은 교회임이 알려지기 시작했다. 10여 명의 주민과 청년 10여 명이 주축이 되어 공동체의 기본꼴을 다지기 시작하면서 국악 찬송, 판소리 설교, 굿 예배 등 새로운 형식의 예배를 시도해 보았다. 이러한 모든 시도는 한국적 예배 양식을 창출해 내려는 이 교회의 의지였고, 모두 새로운 충격과 호기심을 불러일으켰고 모두가 진지하게 참여하였다. 그러나 이것은 함께 준비한 분들의 비그리스도교적 태도와 전문성 등의 문제로 오래 지속되지 못하고, 실험과 가능성에 대한 실마리만을 제공했다. 지금까지 계속되고 있는 것은 국악 찬송을 부르고 배우는 일이다.

이처럼 주민과 살아온 이 교회는 신앙 공동체의 토대가 마련되면서 그리스도교가 받는 고난의 실상을 경험하고 체득해 나갔다. 그 동안 이 교회를 거쳐 간 많은 신학도들은 발전적인 새로운 민중 교회의 모형을 찾아 가고 있다. 그리고 이 교회와 교인들 및 주민들의 노력으로 인해 가난한 사람들에게 눈을 돌리고 자기들의 가진 것을 가난한 사람들과 나누며 섬기려는 사람들이 늘어났다. 이렇게 하여 이 교회는 더욱더 많은 지역 주민들의 지지와 성원을 받게 되었고, 1985년에는 350여 명의 주민들이 이 교회를 지지하는 서명을 해주기도 하였고, 교회 건축 과정에서 구청이 교회를 부수었을 때 주민 500여 명이 자진하여 서명을 하였으며, 교회 건축 완성을 위해 진정서를 내기도 했다. 이런 일들은 다른 지역에서는 찾아볼 수 없는 사랑스러운 사례이다. 그러나 문제는 외부인들의 지원과 도움은 이 지역 주민들과 교인들에게 의존적이게 함은 물론이고 타성에 젖게 만들었고, 가치관의 혼란을 초래케 하기도 했다. 그 결과 스스로 말하고 스스로 일어서려는 자립심을 잃어 버리기도 했다.

그러던 중 목회자가 교회 외적 활동에 온갖 신경을 집중하게 되면서 신앙 공동체의 기초가 흔들리기 시작하였다. 신앙이 식어 버린 채 사회 의식을 기반으로 한 연대감과 조직력은 신앙 공동체의 바람직한 모습일 수 없었고, 심방과 신앙 교육의 부재로 인한 신앙 공동체의 위기는 피할 수 없는 현실이었다.

그 동안 이 교회는 지역 주민들을 섬겨 오면서 사회 변혁을 주도해 나갈 주민들을 위한 다양한 선교적 노력을 기울여 왔다. 즉 의식화 교육 활동의 일환으로 탁아소를 운영해 오고 있으며, 야학과 주부 교실 등을 시행했고, 신용 협동 조합과 마을 신문 등도 시도되었다. 그리고 주민 진료 사업은 지금까지 계속되고 있다. 이 밖에도 주민들의 권익을 확대하는 데 많은 노력을 기울여 왔고, 이러한 노력으로 인해 정부와 구청을 자극하여 '88탁아소 유치'와 지역 진료를 시행하도록 하는 데 공헌했음은 물론이고, 지역 전체가 조금씩 변화해 가는 데 주도적 역할을 해왔다.

그러나 이 교회가 신앙 공동체의 역동적인 동력을 잃어 버렸다는 것은 이미 지적한 사실이다. 이미 일부 노동 교회에서도 이러한 문제가 발생하여 자기 반성의 과정을 거쳐 신앙 공동체의 강화·확대에 주력하고 있는 현실이다. 이런 점에서 보면 이 교회 또한 자기 반성의 과정을 거쳐 발전적으로 새로운

주님의 교회 가꾸기

모색을 시도해 나가야 할 것이다. 예수 그리스도에 대한 신앙은 고난에 찬 도시 빈민의 삶에 위로와 활력과 새로운 희망을 불어넣어 줄 뿐만이 아니라, 고백과 자기 성찰을 통하여 자기 중심적인 삶을 극복하고 변혁 운동에 자기를 헌신하겠다고 결단하도록 요구하는 역동적인 힘인 것이다. 이러한 믿음을 통해 도시 빈민은 끊임없이 자기를 상대화하고 동력화하는 해방의 영성으로 무장되는 것이다. 그런데 이 교회는 신앙 고백적 자기 결단에서 비롯된 사회 참여가 아닌, 사회 의식을 중심으로 한 사회 참여로 신앙 공동체의 자기 정체성을 점차 상실하게 되었다. 그럼으로써 예수의 영에 사로잡히지 못하고 그 영성을 드러내지 못하게 되었고, 교회의 교회됨을 점차 잃어 가고 있다는 느낌마저도 든다.

이러한 시점에서 이 교회의 과제는 기존 제도 교회의 전통들을 비판적으로 수용하면서 옳은 일에 자신의 전 존재를 투신하고 더불어 사는 공동체를 이루어 가신 예수의 삶의 방식을 따라 살도록 하며, 하나님의 뜻에 따라 산다는 것이 무엇인가를 끊임없이 묻도록 하는 신앙 교육과 새로운 예수의 영성을 개

창조자인 하나님에 의해서 창조됨

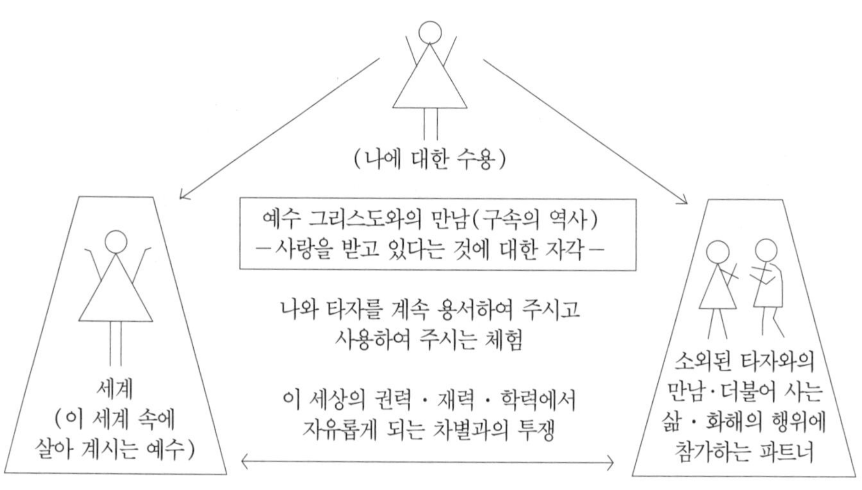

발하여, 이를 근거로 한 새로운 교회의 모형과 그에 따른 새로운 선교 방침의 정립이라고 생각한다.

5. 도시 빈민 선교 전략

(1) 기본 방향

도시 빈민 선교가 한국 사회 변혁을 지향하는 것이라고 한다면, 도시 빈민 선교의 방법과 프로그램 등이 한국 사회 변혁을 위한 대중의 의식화와 조직화에 직·간접적으로 기여하는 것으로 되어야 한다. 또한 도시 빈민 선교의 활동 내용은 도시 빈민을 중심에 놓고 그들의 역할에 기초하여 그들의 생활 요구와 활동 능력에 맞게 강구되고 실행되어야 한다. 물론 이것을 위해서는 지역의 실태, 지역 주민의 생활과 의식 구조, 인간 관계, 그 지역의 문화 등을 정확히 이해해야만 한다. 특히 간과해서는 안 될 점은 교회가 그들을 위해 무엇을 해준다는 인식을 가져서는 안 되며, 그들과 함께 무엇을 한다는 전제 위에 교회의 역할이 수행되어야 한다는 사실이다.

끝으로 본 연구가 지향하고 있는 선교 모델이 공동체 형성을 통해 선교적 책임을 감당하고자 하는 것이므로, 교회와 지역 간의 공동체 형성이라는 대전제가 교회의 프로그램에서도 항상 변수로 작용해야 한다.

본 연구에서 제시하고자 하는 이러한 공동체 형성에 있어 그 기본 방향을 도식화하면 다음과 같다.

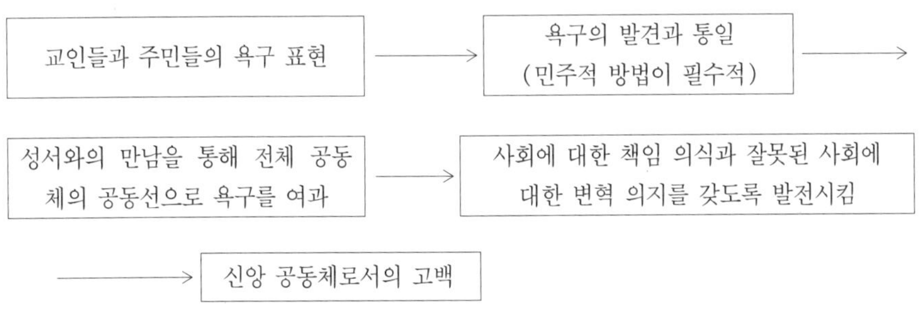

(2) 선교 프로그램

① 모이는 교회로서의 활동

㉮ 예배

예배는 고난에 찬 도시 빈민의 삶에 위로와 활력을 불어넣을 뿐만 아니라 고백과 자기 성찰을 통하여 자기 중심적인 삶을 극복하고 변혁 운동에 자기를 헌신하겠다는 결단을 하도록 하는 것으로 되어야 한다. 이러한 예배를 통하여 도시 빈민은 끊임없이 자기를 상대화하고 동력화하는 해방의 영성으로 무장되어야 한다.

바람직한 예배를 위해서는 설교 위주의 주입식 예배 형식을 지양하고 회중이 원형으로 둘러 앉아 말씀과 신앙 간증과 애찬을 나누는 민중적 예배 구조로 바꾸는 일, 찬송가를 개혁하여 민중의 삶의 리듬과 민족적·민중적 내용이 담긴 노래를 찬송가로 대폭 수용하는 일, 한국 민족과 민중의 고유한 문화 전통 속에 그리스도교 예배를 화육시키는 일 등이 필요하다. 그러나 기존 교회에서 이미 기존의 예배 형식에 길들여져 있는 사람들에 의해서 제기되는 문제점들을 간과할 수 없다. 그러므로 기존 제도 교회의 예배 양식과의 조화를 꾀하면서 새로운 예배 양식의 필요성을 교인들에게 스스로 느끼게 하는 전통 문화에 대한 교육을 동시적으로 수행하면서, 신앙 공동체의 강화·확대를 위한 진지한 고민과 함께 새로운 예배의 모형을 개발해야 할 것이다.

㉯ 성서 연구

성서 연구는 기존의 전통적인 지도자 중심에서 학습자 중심으로, 일방적 전달에서 대화·토의 중심으로, 단순한 성서 지식 습득에서 현실 변혁의 힘을 기르는 연구로, 단답식 질문과 해답에서 사고하는 훈련으로, 교리·말 중심에서 삶·상황 중심으로, 문화적 형식이나 개인에 초점을 맞추는 것에서 사회 구조와 공동체에 초점을 맞추는 것으로 전환되어야 한다. 이러한 형식과 관점을 획득함으로써 이제까지 지배자의 이데올로기 역할을 담당했던 성서는 민중의 해방 투쟁을 위한 신앙적 전거로서의 제 모습을 되찾을 수 있을 것이

주님의 교회 일구기·가꾸기

다. 위와 같은 성서 공부를 통해서 기존의 그릇된 성서관을 서서히 바꿔 나감은 물론이고, 신앙 공동체 의식을 함양시켜 나감으로써 성서를 통한 신앙 고백을 만들어 내며 이를 통한 삶의 변화를 이루어 나가도록 해야 한다.

㉤ 기도회

기도는 한 개인의 고백이라는 성격과 자기 이웃에 대한 관심과 사랑의 최고 형태라는 성격을 지닌다. 이러한 기도회에서는 우선 자신의 내적 고민이나 고충을 토론하고 또한 각 현장에서의 활동에 대해서도 이야기하게 한다. 여기서 나온 한 개인의 고충을 놓고 그 기도회에 참여한 모든 사람들이 함께 기도하고 토론하여 최선의 해결책을 찾도록 노력한다. 이러한 공동 기도와 토론을 통하여 자신이 혼자 있는 것이 아니라 늘 공동체의 일원으로 도움을 주고받을 수 있다는 사실을 깨닫게 된다. 이후에는 개인 기도나 짝기도 등을 할 수도 있다. 기도회라는 용어에 부담과 거부감을 느끼는 모임이라면 '반성과 나눔의 시간' 등의 명칭도 무방할 것이고, 기도회의 횟수는 실정에 따라 매주 또는 매월 1회 정도씩 할 수 있을 것이다.

㉥ 교회 학교

어린이·중고등 교회 학교 등에서는 일반적으로 열악한 환경에서 자라남으로 말미암아 주눅들고 자신감이 없는 도시 빈민 자녀들을 하나의 인격으로 인정해 주고 따뜻하게 보살펴 줌으로써 자존과 주체성을 갖춘 사회인으로 성장하도록 돕는 일이 가장 중요한 일일 것이다.

그리고 교회 학교는 신앙 공동체의 훈련과 아울러 도시 빈민 자녀들이 올바른 운동적 관점과 건전한 신앙적 입장에서 자라도록 도움으로써 '하나님 나라 운동의 한반도적 현상 형태인' 한국 그리스도교 민족 민주 운동의 견실한 인자로 성장하는 재생산 구조의 역할을 할 수 있을 것이다.

㉦ 각 기관 활동

중고등 학생회·청년회·남신도회·여신도회 등의 각 기관에서는 민주적이고 자치적인 회의 운영을 통하여 민주주의를 몸소 배우고, 각 구성원 간의 긴장과 갈등을 조정하는 가운데 공동체적 인간 관계를 형성하며, 이 과정에서

주님의 교회 가꾸기

지도력이 발굴된다. 이러한 자치 활동을 통하여 각 구성원은 주체적이고 민주적인 시민으로 성장하며, 자주적이고 창조적인 활동을 자기 힘으로 전개할 수 있게 된다.

② 흩어지는 교회로서의 활동

㉮ 탁아소 및 유아원(취학 전)

맞벌이가 불가피한 가정을 위한 봉사라는 차원에서 1차적으로 이 프로그램이 운영되고 있는데, 인정·물적 차원의 부족으로 충분한 교육 활동이 이루어지지 못하는 경우가 많다. 그러나 아이들을 단지 수용하는 정도만 가지고는 이들의 건전한 인격 형성이나 사회성의 계발은 기대하기 어려울 뿐만 아니라, 부모들에 대해서도 자선의 차원으로 이 프로그램이 머물게 되면 빈민들의 삶에는 아무런 변화도 없을 뿐만 아니라, 어떤 측면에서는 그들의 의존심을 더욱 강화시키는 부정적 기능을 하기도 한다. 그러므로 탁아소 및 유아원 활동에는 인적·물적 자원의 충원 문제와 아울러 자모회의 기능을 활성화시킴으로써, 그들의 잠재 능력을 계발하도록 도와주고 그들로 하여금 이웃과 사회에 대해 책임적 존재가 될 수 있도록 하는 문제가 과제로 제기되는 것이다.

㉯ 야학 및 청소년 교실

가정 형편상 진학을 포기하고 노동자로 되거나 실업 상태에 있는 청소년들을 대상으로 야간 학교나 청소년 교실을 개설할 수 있다. 그런데 여기서 항상 문제로 대두되는 것은 교사의 지도 방향(계급 의식으로 무장한 투사의 양성)과 학생의 요구(지적 욕구 충족과 진학을 통한 계층 상승 욕구)가 불일치함으로써 대다수의 학생들이 탈락하고 만다는 사실이다. 요컨대, 야학이나 청소년 교실의 성공의 관건은 어떻게 대중의 요구와 능력에 부응하면서도 한국 사회 변혁을 위한 대중 의식화·조직화라는 대전제에 입각한 프로그램을 계발하느냐에 달려 있다고 하겠다.

이들을 위한 인간 관계 훈련은 다양한 내용의 실습·강연·슬라이드 관람·성교육·심성 개발 프로그램·토론들을 통하여 잃어 버린 참 자아를 발견하고 이웃과의 사랑의 관계를 형성하고 사회의 실상을 바로 깨달아 이 세상에서 올바로 살아가는 길을 제시해 준다. 또한 이 훈련을 통하여 공동체의 힘이 얼마나 중요한 것인가를 깨닫게 할 수 있다.

㉡ 주부 교실

주부들의 가정 생활 개선을 위한 생활 정보 제공이나 문자 해독 및 자녀 양육을 위한 교육을 매월 1회 이상 실시한다.

㉣ 청·장년 시민 교육

노무자·실업자 등 청장년층의 시민 교육 프로그램을 매월 1회 이상 실시한다. 그리고 특히 장마철이나 겨울철과 같이 노는 날이 많은 날을 위한 프로그램 개발이 시급하다.

㉤ 일거리 알선 센타

부업 알선 및 파출부·기타 잡일 등 일거리 알선 창구 마련.

㉥ 마을 신문

주민의 교양과 생활 정보 및 마을 전체의 소식과 건강 상식 등을 연재하면서 이와 아울러 주민들의 정치 의식을 고양시킨다.

㉦ 상담실 운영

법률 문제·건강 문제·가정 문제·부부 문제·자녀 교육 문제·노후 문제 등.

㉧ 공동 작업장 마련

지역 여건상 작업 환경이 갖추어지지 않은 점을 고려하여 공동 작업장을 제공함으로써 일의 능률과 경제적 부의 증대 및 공동체 의식을 형성케 한다.

㉨ 생존권 확보——조직 활동

대중 조직화는 대중의 이해와 욕구, 특히 경제적 이해 관계를 매개로 했을 때 가장 수월하게 달성될 수 있다. 이런 관점에서 생존권 확보 문제를 통하여 대중을 조직하는 형태는 바람직한 것이라고 판단된다. 그런데 현재의 도시 빈민 선교는 이 면에 있어서 취약성을 면치 못하고 있는 것으로 보인다.

먼저 현재 도시 빈민 운동의 대명사처럼 되어 있는 철거 반대 투쟁의 경우

주님의 교회 가꾸기

별다른 교육이나 훈련을 거치지 않고 대책 위원회가 구성되는 데도 단결과 치열한 싸움을 전개해 오고 있다. 그것은 강제 철거가 도시 빈민의 생존권을 결정적으로 위협할 만큼 절박한 것이기 때문이다. 이 경우 활동가의 역할은 지도력을 발굴·훈련하고 운동의 올바른 방향을 제시하는 것이 될 것이다.

주민 건강 관리 위원회를 조직하여 위생·질병 예방·치료 등에 대하여 계몽 활동을 전개하고, 각종 방역·소독 사업과 구충 사업을 실시한다. 또한 의대생이나 전문의를 초빙하여 매주 1회씩 진료 활동을 벌일 수도 있다.

신용 협동 조합 활동은 목돈이 필요할 때 은행 문턱이 너무 높아 할 수 없이 고리채를 써야 하는 도시 빈민들에게는 꼭 필요한 조직이다. 신협 활동은 당장의 어려움 해결은 물론 주민의 자립 기반 마련이나 상호 부조를 통한 지역의 공동체성 함양에도 큰 도움을 줄 수 있다. 단, 주민의 확고한 신뢰를 얻을 수 있는 임원을 선출하도록 해야 한다. 이 외에도 생존권 문제와 관련된 조직으로는 세금 문제 대책 위원회, 실업자 협의회, 직업 문제 대책 위원회, 공해 대책 위원회 등을 들 수 있는데 이들은 대부분이 미개척 분야이다. 그리고 이러한 각종 주민 조직이 활성화할 경우 주민 조직 연합회 등을 마련하면 상당한 힘을 발휘할 수 있을 것이다.

의식화 교육 프로그램 중 공부방을 통한 교육 활동은 빼놓을 수 없이 중요한 것이다. 공부방에 대한 자세한 이야기는 생략하기로 한다(참고 : 기독여민회 공부방 자료). 이에 따르는 지속적인 활동가의 충원 교육 및 지원, 각종 집회 개최 등도 도시 빈민 선교에서 빼놓을 수 없이 중요한 것이다.

도시 빈민 선교는 빈민 지역에 위치한 특정 교회만의 책임은 아니다. 이 땅에 터를 잡고 있는 모든 교회는 예수 그리스도의 행적을 따라 가난한 자·소외된 자·억압받는 자 모두와 함께 하며 이 땅에 평등 공동체를 건설해 나가야 할 책임이 있다. 이 평등 공동체의 회복은 하나님이 창조하신 원래의 모습을 회복하는 일이며 재창조해 나가는 일이다. 이런 의미에서 마땅히 이 땅의 교회는 이 빈민 선교에 적극 동참하고 연대해야만 한다.

하나님의 선교 신학과 민중 신학의 태동을 통해 오늘의 한국 교회는 작은 자에 대한 관심을 높이고 있지만, 아직도 대부분의 빈민 교회는 잊혀진 채 몇몇 관심있는 사람들만의 신앙 고백적 몸부림으로 그치고 있음은 부인할 수 없는 현실이다. 특히 빈민 선교는 다른 민중 선교의 현장과 매우 다르다. 다양성과 복잡성을 띠고 있기 때문에 각종 분야의 전문가가 필요하며 집단적 선교 활동 역시 요구되고 있다.

각종 전문 분야의 사람들을 조직해야 할 필요가 있으며, 일반 교회와의 연대감 조성, 빈민 지역에 잠재한 인적 자원 동원 및 계발 등 많은 과제들이 산재해 있다. 그럼에도 오늘의 빈민 현장에서는 이러한 난제들과 부딪혀 가면서 삶의 조건들을 개선시키고 복음을 복음으로 전하고자 하는 일 등 숨은 노력들이 계속되고 있다. 자체 내에 다소의 문제점들도 내포하고 있지만, 앞으로 발전적인 모습으로 개선되어 나갈 것을 믿는다. 이들이 있는 한 한국 교회의 미래는 어두울 수 없는 것이다.

6 농촌 교회 교역 개발 프로그램

하나님은 자기 형상 곧 하나님의 형상대로 창조하셨다(창 1 : 17). 그런데 오늘 우리의 농촌은 분단과 무분별한 도시 산업화 정책으로 말미암아 말할 수 없이 소외·피폐되어 있다.

그럼에도 불구하고 지금까지 대부분 농촌 교회의 목회는 현실 도피적이고 내세 위주의 신앙 지도와 기복주의 내지는 신비주의 운동에 치우쳐 교회가 농민들에게 불의한 현실을 깨우쳐 주고 해방시키는 데 앞장서기보다는 오히려 체념하도록 길들여 왔다.

이에 본 연구팀은 문제 의식을 느끼고 이러한 문제를 해결하는 데 조그만 보탬이 되고자 농촌 청소년 교육을 중심으로 한 목회를 새롭게 시도한 것이다.

또한 수용력이 강한 농촌 청소년(중·고등부 연령층)들에게 해방의 복음을 통한 전인적 교육을 실시하여 자기 초월을 하도록 함과 아울러, 새로운 시각을 갖고 역사 변혁의 주체자로서 하나님의 선교 사업을 실현해 나가도록 하는 데 그 목적을 두고자 한다.

이 연구를 전개하는 데 있어서는 우선 우리 나라 농촌에 있어서 가장 보편적인 수준이라고 볼 수 있는 농촌의 한 교회를 가상 설정하고, 교육적·신학적 내용을 바탕으로 하면서도 농촌 청소년들에게 맞는 구체적인 방법론을 서술하고자 한다. 그리고 그러한 이론과 방침을 근거로 한 연간 교육 계획표를 작성하여 실제로 해당 현장에서 적용시킬 수 있도록 하고자 한다.

1. 대상 설정

① 교회 소재지 : 전북 남원군 덕과면 고정리
② 지역적 특색 : 군청 소재지와는 약 10km 떨어진 리단위 지역으로서 그 곳 주민들은 주로 논 농사를 하고 있다.
③ 교회(교인) 상황
　㉮ 교회 설립 연도 : 1954년
　㉯ 교인 수 : 도시 산업화로 인하여 1970년대 초부터 1980년대 중반까지 계속 감소하다 그 이후부터 지금까지는 정체 현상을 보임.

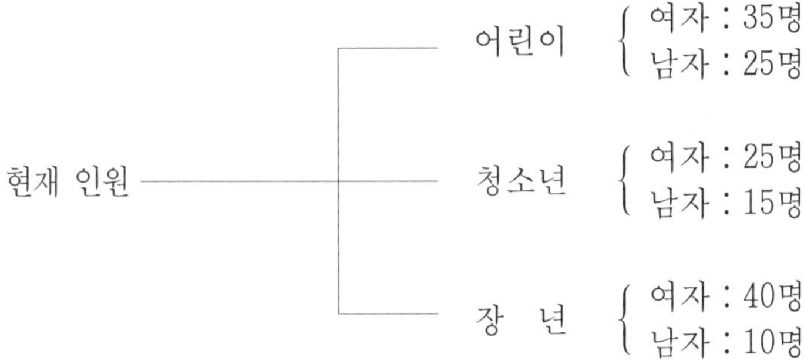

　㉰ 교육 수준(장년) : 대부분 국졸
　㉱ 경제 수준 : (중)하류 (월 수입 20만원 미만)
　㉲ 신앙 양태 : 거의 기복적이며 역사 속에서의 신앙 고백이 약하다. 성경에 대한 단편적 지식은 상당하다.
　㉳ 기타 특징 : 청소년들은 교회 내에서 매우 적극적인데, 이들조차도 도시 지향성 내지는 경제적 어려움으로 중·고교 졸업을 하면서 취업과 진학을 위해 도시로 빠져 나간다.

2. 교육의 방향

(1) 교육 목적

① 청소년들로 하여금 그리스도인으로서 자아를 발견하도록 돕는 데 있다.

② 청소년들로 하여금 온 인류의 인간성 회복과 바른 가치의 실현을 위하여 오늘도 일하고 계시는 하나님을 만나도록 돕는 데 있다.

③ 청소년들로 하여금 이 하나님의 일에 믿음·소망·사랑으로 응답하여 그들 자신과 그들이 살고 있는 세계를 바르게 이해할 뿐 아니라, 그의 일에 효율적으로 동참하는 제자가 되도록 돕는 데 있다.

④ 청소년들로 하여금 하나님의 선교 공동체인 교회의 책임있는 일원이 되어 교회의 선교 정책 설계에 적극 참여하고, 그 사명 완수를 위하여 스스로 훈련하도록 돕는 데 있다.

(2) 교육 방침

예배·공과(성경) 공부, 공동체 훈련, 현장 학습을 통해 듣고 보고 문제 의식을 느끼게 하여 전인적 성장을 하도록 이끈다.

㉮ 예배 : 전통적으로 고정된 예배 의식을 가급적 지양하고 창의적인 예배 형태 개발 적용

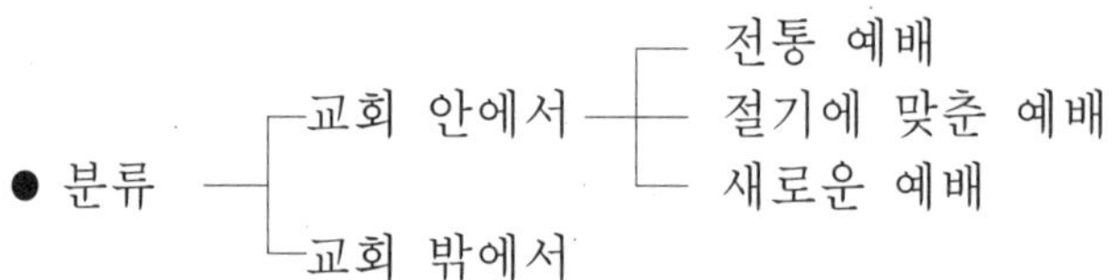

㉯ 공과(성경) 공부 : 단계적이고도 효과적인 지도

㉰ 공동체 훈련 : 훈련 자료 이용 및 만남과 대화 활동을 통하여

㉱ 현장 학습

3. 교육 계획

(1) 교육 내용

① 영역별 분류

㉮ 나
- 나는 누구인가를 묻도록 하여 자신의 삶을 바로 보도록 한다.

㉯ 하나님
- 예수 그리스도를 통하여 자신을 계시하신 하나님
- 그리스도가 오시기까지 택한 백성 이스라엘을 통하여 자신을 계시하신 하나님
- 새 계약의 공동체인 교회의 삶을 통해서 활동하시는 하나님

㉰ 세계
- 물질의 세계를 바르게 이해하고 이를 책임있게 다룰 수 있도록 돕는다.
- 인간과 문화를 바르게 이해하므로 자신과 이웃을 더 깊이 이해할 뿐만 아니라 날로 더욱 창조적인 하나님의 자녀가 되도록 돕는다.
- 인간과 제도를 연구하므로 날로 더 아름다운 질서를 창조할 수 있도록 돕는다.

㉱ 교회
- 새 계약의 공동체로서의 교회와 그 일원인 자신의 본질과 사명을 밝히 알도록 돕는다.
- 전 세계를 통해 오늘 하나님의 교회가 어떻게 그 사명을 감당하고 있는가를 알도록 돕는다.
- 오늘에 적합한 그리스도인의 삶의 스타일을 추구하고 이룩하도록 돕는다.

(2) 교육 내용

① 정의의 인간을 위한 교육

㉮ 정의의 원리야말로 신·구약성서의 핵심 주제임을 인식케 하고, 사랑은 불의를 기뻐하지 아니하며 불의에 저항하는 용기임을 가르친다.

㉯ 공동체적 존재로서의 인간에 대해 깊이 이해하게 하고 이를 토대로 공동체 안에서 주체적으로 다양한 특성을 살려 가며 살아갈 수 있도록 돕는다.

㉰ 노동은 본래 죄에 대한 징벌이 아니며, 오히려 자기만 살려는 생존의 수단이 되었기 때문에 노동이 고역이 되었음을 바르게 인식케 하고, 이를 토대로 노동은 자기 실현과 창조의 과정이요 인간을 하나로 묶어 주는 연대의 매개이며 자연과의 화해 과정이기도 함을 깨닫게 한다.

㉱ 정신 노동과 육체 노동에는 차별이 없음과 모든 형태의 노동은 평등함을 인식케 하고, 이를 토대로 노동에 따른 생산의 열매를 함께 나누는 나눔의 공동체와 축제 공동체를 형성할 수 있도록 돕는다.

㉲ 인간 사회 속에서, 그리고 자연 속에서 불의 때문에 고통당하는 사람의 고통과 자연의 아픔을 함께 느끼도록 교육한다. 그리하여 고통과 슬픔은 함께 나눌수록 작아지고 기쁨은 함께 나눌수록 커진다는 진리를 깨달아 봉사 공동체와 친교 공동체의 구성원이 될 수 있도록 돕는다.

㉳ 인간의 악과 죄는 내면적인 회개만으로 극복되는 것이 아니라 구체적으로 악과 죄를 극복하려고 노력할 때 가능함을 인식케 하고, 이를 토대로 사회 정의의 실현을 통해 선한 인간이 되어 갈 수 있도록 돕는다.

② 사랑의 인간을 위한 교육

㉮ 하나님 사랑과 이웃 사랑은 둘이 아니라 하나님을 인식하도록 돕는다

(요한복음 4 : 21). 보이는 이웃을 사랑하지 않으면서 어떻게 보이지 않는 하나님을 사랑할 수 있겠느냐는 말씀(요한복음 4 : 21)에 따라 이웃 사랑의 실천을 통해 하나님을 사랑할 수 있도록 돕는다.

㉯ 사랑의 원형은 하나님의 낮아지심에 있음을 알도록 하여 진정한 사랑의 실천은 서로 종노릇하는 것임을 깨닫도록 돕는다(빌립보서 2 : 1-11).

㉰ 서로 사랑하면 우리가 그리스도 안에 있고 그리스도가 우리 안에 계시며(요한복음 3 : 24), 또한 하나님이 우리 안에 계시고 하나님의 사랑이 우리 안에서 완성된다(요한복음 4 : 12)는 믿음을 가지고 살도록 돕는다.

㉱ 사랑은 동정이나 보호가 아니라 인간을 인간으로 인정하는 인격적 행위임을 가르친다. 특히 동정과 보호는 인간의 성장을 막고 인격적 인정은 성장과 발달에 기적을 이룬다는 사실을 깊이 깨닫도록 돕는다.

㉲ 원수를 사랑하라는 주님의 말씀을 바로 파악하여 적대화된 민족 공동체를 화해케 하는 일에 헌신할 수 있도록 돕는다.

③ 평화의 인간을 위한 교육

㉮ 평화란 현실 유지를 말하는 것이 아니라 평화를 파괴하는 요인을 제기할 때, 곧 정의가 실현될 때만이 진정한 평화가 이루어진다는 사실을 올바로 알아 위장된 평화에 속지 않도록 깨우친다.

㉯ 하나님의 선하신 뜻, 곧 평화의 원리를 삶 속에서 실천하며 평화를 위해 헌신할 수 있도록 돕는다.

  • 현 세계와 한반도를 둘러싸고 있는 핵무기 및 대량 살상용 무기의 철폐를 위해 일하는 자녀가 되도록 돕는다.

  • 민족의 적대화를 극복하고 통일을 이루는 평화 공동체의 일꾼이 되도록 돕는다.

  • 현대 사회의 한 시대적 특징인 폭력주의 · 무력주의 · 세계 군사 질

서에 의존하는 강한 자들의 비인간화 과정을 숙지할 수 있도록 돕
는다.
- 인간 사회의 갈등 문제를 인간에 대한 그리스도교적 이해와 통찰을
통해 불신앙·욕망·오만·태만 등의 요소와 연관지을 수 있게 하
고, 이를 토대로 개인 윤리와 집단 윤리의 차이를 깊이 인식할 수
있도록 돕는다.

④ 창조세계 보전을 위한 교육

교회 교육은 유기체적인 창조 세계와 보전 원리를 성서 전체를 통하여 인식
할 수 있도록 돕는 교육이어야 한다.

㉮ 성서가 증언하는 창조세계는 하나님이 '좋다!'고 선언하신 선하고 아
름다운 세계이고, 이 자연에 있는 모든 만물은 서로 유기적 연대 관
계에 있는 것이며, 인간은 살아 있는 자연의 궁극적인 영광의 꽃임을
인식할 수 있도록 돕는다.

㉯ 자연은 물질의 집합체가 기계가 아니라 살아서 창조적으로 전진하는
하나님의 밭이며 새로운 것, 아름다운 것, 영적인 것의 완성을 향해
산고의 몸부림을 계속하는 과정에 있음을 인식할 수 있도록 돕는다.

㉰ 물질과 자연을 동일시하는 유물론이나, 정신만을 절대시 하는 유심론
및 관념론적 자연관을 극복하고 성서적 신앙을 통해 하나님의 창조물
로서 아직도 창조 과정에 있는 물질의 존귀성을 깨닫도록 교육함으로
써 그리스도교 신앙 안에 깊이 뿌리 박혀 있는 영지주의적 물질 경시
사상을 극복할 수 있도록 돕는다.

㉱ 인간과 광물·식물·동물 등과의 관계는 창조 세계의 한 연대 식구
임을 느끼도록 돕고, 오늘 세계가 직면한 생태계의 붕괴 위협·전쟁
의 위험·자연 파괴 및 수탈의 비윤리성 등을 자각할 수 있도록 돕
는다.

㉲ 남녀 성의 평등함·존귀성·아름다움·각기의 고유성을 인식할

수 있도록 하며, 특히 여성이 상품화 및 소외를 극복할 수 있도록
돕는다.

⑤ **교회의 내적 충실과 사회 선교를 지향하는 교육**

교회 교육은 교회 공동체의 구성원 곧 하나님의 백성들이 내적으로 성숙할
수 있도록 돕는 과정이요, 동시에 교회의 사회 선교를 돕는 과정이어야 한다.

㉮ 교회가 처해 있는 장소와 시대적 상황 속에서 하나님의 선교의 초점
이 어디 있는지를 분별할 수 있는 능력을 키울 수 있도록 돕는다.

㉯ 교회가 처해 있는 지역 사회의 여러 문제들과 복음이 어떤 관련성이
있는지를 밝히 인식할 수 있는 능력을 키울 수 있도록 돕는다.

㉰ 교회가 수행해야 할 과제를 가장 효과적으로 완수할 수 있는 방법을
개발하고 실천할 수 있는 능력을 키울 수 있도록 돕는다.

㉱ 삶의 고민과 기쁨을 서로 나누고 꿈과 희망을 함께 공유함으로써 그
리스도를 머리로 하는 새 삶의 공동체로서의 친교를 형성할 수 있게
하며, 하나님의 선교에 뜻을 함께 하는 여러 교회들이나 단체들과의
폭넓은 친교와 협동의 길을 찾을 수 있도록 돕는다.

㉲ 이원론적인 타계주의나 무속적인 기복주의의 시각에서 복음을 이해해
온 잘못된 경향을 극복하기 위해 선교 신학에서 기초하여 복음을 재
해석할 수 있도록 도우며 이를 교회의 삶 속에 확산시킬 수 있도록
돕는다.

㉳ 종교 의식적인 예배 및 일상 생활까지를 예배의 경지 즉 생활 예배로
까지 승화시키는 노력을 함께 기울여야 하며, 동시에 농촌 청소년의
생활 감정에 맞는 새로운 예배 내용과 형태도 개발하여 교회의 삶을
성숙케 할 수 있도록 돕는다.

㉴ 하나님의 구원 행위를 증언하고 있는 공과 공부(성서 연구)를 함에
있어서 단편적·문자적·평면적 이해를 지양하고 복합적·입체적인
연구 방법을 도입하여 성서를 바라볼 수 있도록 돕는다.

●
주님의 교회 가꾸기

(3) 학습 과정

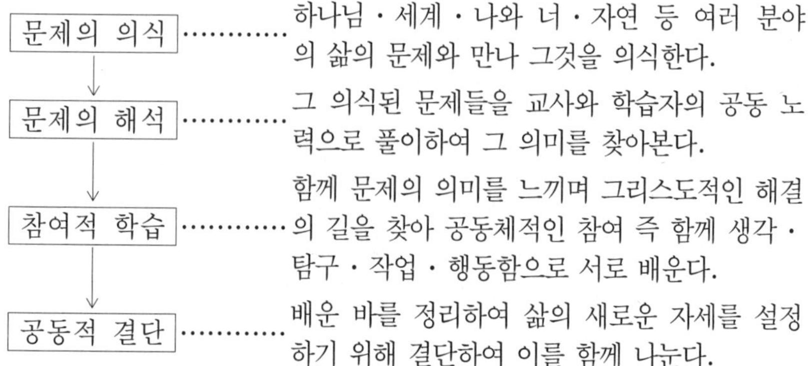

문제의 의식 ‥‥‥‥‥ 하나님·세계·나와 너·자연 등 여러 분야의 삶의 문제와 만나 그것을 의식한다.

문제의 해석 ‥‥‥‥‥ 그 의식된 문제들을 교사와 학습자의 공동 노력으로 풀이하여 그 의미를 찾아본다.

참여적 학습 ‥‥‥‥‥ 함께 문제의 의미를 느끼며 그리스도적인 해결의 길을 찾아 공동체적인 참여 즉 함께 생각·탐구·작업·행동함으로 서로 배운다.

공동적 결단 ‥‥‥‥‥ 배운 바를 정리하여 삶의 새로운 자세를 설정하기 위해 결단하여 이를 함께 나눈다.

(4) 교재

다음의 교재(자료)를 종합적으로 사용한다.

- 〈성서〉 ·〈공과〉 · 박창환, 〈성경 형성사〉 · 문동환, 〈자아확립〉
- 휘체돔(박근원 역), 〈하나님의 선교〉
- 호켄다이크(이계준 역), 〈흩어지는 교회〉
- 웨스터호프(정웅섭 역), 〈교회의 신앙교육〉
- 본회퍼(문익환 역), 〈신도의 공동 생활〉
- 위렌(김쾌상 역), 〈정의를 위한 교육〉
- 아 켐피스(김정준 역), 〈그리스도를 본받아〉
- 사회 문제 자료(신문, 사례 보고서 등)
- 이원구·정태일, 〈인간 관계 교육 프로그램〉
- 실제 현장

4. 연간 교육 계획표

● '99년을 기준함

월	주	교 육 일 정			비 고
		예 배	공과(성경)공부	공동체 훈련	
1	1	예 배 〈신년 희망〉			
	2	명상예배			
	3	예 배			*3째 주일 밤은 교사 중심 헌신예배로 드린다.
	4	예 배			*4째 주일밤은 졸업·신입생 환송· 환영 예배로 드린다.
	5	성지를 찾아서			
2	1	예 배			
	2	애 찬 예 배 (나눔의 자리)			
	3	예 배		○	
	4	예 배			
	마지막 주간	기독교 농촌 개발원 교육			
3	1일	등산 공동체 훈련			
	1	예 배			
	2	예 배		○	
	3	예 배			*3째 주일밤은 청소년 중심 헌신예배로 드린다.
	4	간구예배 (고난을 기도)			*간구 예배는 나, 교회, 지역, 국가, 세계, 자연의 고난을 놓고 기도 중 심으로 드린다.

주님의 교회 가꾸기

월	주	교 육 일 정			비 고
		예 배	공과공부	공동체 훈련	
4	1	삶의 현장 예배 (파종의 기쁨)			*삶의 현장예배는 파종의 현장에 직접 나가서 드린다.
	2	극 예 배 (부 활)			
	3	예 배			
	4	예 배		○	
	5	예 배			
5	1	촛불예배			
	2	예 배			
	3	예 배		○	
	4	영(고)아원을 찾아서			*성문제, 가정문제, 책임의 문제 등을 생각한다.
6	1	예 배			
	2	놀이예배 (전통문화 재생)			
	3	예 배			*3째 주일 밤은 청소년 중심 헌신 예배로 드린다.
	4	예 배		○	
7	1	예 배			
	2	예 배			
	3	예 배		○	
	4	예 배			
	4째 주간	기도원에서의 공동 생활			

주님의 교회 일구기·가꾸기

월	주	교 육 일 정			비 고
		예 배	공과공부	공동체 훈련	
8	1	예 배			
	2	찬양 예배 (해방과 구원을 찬양)			
	3	예 배		○	
	4	교도소 방문			개인의 죄, 사회의 죄 등을 생각한다.
9	1	예 배			
	2	가정 방문 예배 (장기 결석자, 환자 등에 대한 관심)			
	3	예 배			*청소년과 부모가 함께 참여하는 예배로 드리고, 예배 후 진로 문제 등으로 간담의 시간을 갖는다.
	4	병(재활)원 환자와 함께			*실존적 고통의 문제, 문명의 이기에 대해 다시 생각케 함.
10	1일	운 동 놀 이			
	1	예 배			
	2	간증예배 및 대담			간증 예배 후 신앙적 체험을 중심으로 대담
	3	삶의 현장 예배 (얻는 기쁨)			*삶의 현장 예배는 열매 맺힌 현장에 나가 직접 드린다.
	4	예 배		○	
	5	예 배			
11	1	예 배			
	2	예 배		○	
	3	추수 감사 예배			
	4	농민 학교 입교			

●
주님의 교회 가꾸기

월	주	교 육 일 정			비 고
		예　배	공과공부	공동체 훈련	
12	1	사랑방 방문 예배 (지역 주민과 유대 강화)			
	2	예　　배	↓		
	3	양로원 노인들을 모시고			*학생 중심 헌신 예배로 드린다.
	4	예　　배	↓	○	
	5	송 년 예 배 (나눔의 자리)			

* 예배는 전통적 형태의 예배를 말함.
* 예배는 토요일 저녁에 드린다.

〔별첨〕 공과(성경) 공부 내용

1월   자아 발견(마태복음 4 : 1-11)
       목표 : 청소년들이 그리스도인으로서 자아를 발견하도록 하고 의로우
              신 하나님의 뜻을 섬기며 살도록 돕는다.

2월   일하시는 하나님(창세기 2 : 5-9)
       목표 : 청소년들에게 하나님은 창조의 일을 하셨고, 지금도 이 세상
              과 역사 속에서 일하시며, 오늘의 청소년들을 하나님의 일하
              시는 곳으로 부르시는 것을 알도록 돕는다.

3월   신음하는 세상(로마서 8 : 19-23)
       목표 : 파괴된 자연, 신음하는 피조물의 현실 속에서 다시 살리시는
              하나님의 창조의 일꾼들인 청소년들의 사명을 깨닫게 하고 책
              임있게 행동하도록 돕는다.

4월   예수 그리스도의 고난과 부활(요한복음 19 : 25-37 ; 누가복음 24 : 1-53)
       목표 : 예수 그리스도의 고난과 부활의 사실을 통하여 청소년들에게
              그리스도 안에서 새로운 삶의 희망을 갖게 되었음을 알게 하
              고 역사에 대한 책임성을 갖도록 돕는다.

5월   다같이 일하는 온 식구(시편 133편)
       목표 : 청소년들에게 하나님은 가정을 작은 천국으로 축복하셨음을
              알게 하고 파괴된 농촌 가정의 상황에서 다시 사랑의 공동체
              를 이루기 위한 노력을 하도록 돕는다.

6월   노동과 삶(창세기 2 : 1-4 ; 로마서 12 : 3-8)
       목표 : 청소년들에게 노동에 대한 참된 의미를 알게 하고 노동을 통
              한 하나님의 뜻을 찾고 그 뜻을 이루어 나가는 삶의 자세를
              갖도록 돕는다.

주님의 교회 가꾸기

7월　　나누고 섬기는 기쁨(사도행전 2 : 43-47)

　　　　목표 : 청소년들로 하여금 초대 교회의 생활과 예배를 통해 나누고
　　　　　　　섬기는 교회의 모습을 보게 하고, 나눔과 섬김의 생활을 실천
　　　　　　　하도록 돕는다.

8월　　가난한 사람들과 함께 하는 예수(마태복음 13 : 53-58)

　　　　목표 : 성서는 가난한 이들의 이야기이며, 예수는 갈릴리 하층민들과
　　　　　　　함께 일하셨고, 오늘 우리들도 가난한 사람들에게 관심을 가
　　　　　　　지고 함께 일하도록 돕는다.

9월　　그리스도인의 삶(창세기 2 : 18-25 ; 마태복음 7 : 1-8)

　　　　목표 : 청소년들로 하여금 올바른 그리스도인의 삶으로 자기 반성과
　　　　　　　이웃을 위한 존재로 살아가며 세계 평화와 인류 공동체의 일
　　　　　　　원으로 살아가도록 돕는다.

10월　　하나님의 일꾼들(베드로전서 2 : 9-10)

　　　　목표 : 청소년들은 자신들이 바로 하나님의 일꾼이며, 세상의 일꾼
　　　　　　　으로 주인 의식을 가지고 교회를 섬기고 세상을 섬기도록 돕
　　　　　　　는다.

11월　　감사하는 생활(시편 100 : 1-5 ; 데살로니가전서 5 : 12-18)

　　　　목표 : 청소년들로 하여금 감사에 대한 참된 의미를 알게 하고 생활
　　　　　　　속에서 하나님의 뜻을 이루어감으로써 하나님께 감사하는 삶
　　　　　　　의 자세를 갖도록 돕는다.

12월　　새 하늘과 새 땅(이사야 65 : 17-25 ; 누가복음 6 : 20-26)

　　　　목표 : 청소년들에게 가난한 이가 하나님 나라의 주인임을 알게 하
　　　　　　　고, 하나님이 창조하실 새 세상의 모습으로 자유 · 평등 · 평
　　　　　　　화 · 정의 · 사랑의 생활을 하도록 돕는다.

＊ 공과 공부의 내용은 중고등부 공과와 농촌 평신도용 공과(미간행)에서 발췌한 것임.

주님의 교회 일구기·가꾸기

하나님의 귀한 딸·아들을 탄생시켜 암울한 이 나라, 이 역사에 새로운 복음의 빛을 비추고자 하는 열정으로 이 교역 개발을 시작했다. 그러나 이것을 농촌의 어느 교회에라도 다 그대로 적용시킬 수 있으리라고는 생각하지 않는다. 오히려 각 교회가 처해 있는 상황에 맞게 변형시켜 적용시키는 게 훨씬 효과적일 것으로 본다.

하지만 이 작업에서 지향하고 있는 신학적 이론과 교육적 방법론은 어느 교회일지라도 반드시 견지되어야 하리라 믿는다. 각 농촌 교회에서 이러한 내용들을 충분히 소화하여 성실히 교육할 때 그 효과는 대단하리라 생각한다. 또한 이 작은 시도에다 좀더 전문적으로 연구된 자료들이 첨가된다면 이보다 훨씬 훌륭한 자료가 될 것으로 확신한다.

대부분의 농촌 교회는 재정 사정이 어렵기 때문에 돈이 뒤따르는 교육적 지원(활동)이 그리 쉽지 않다. 그러므로 이러한 방법론을 실제로 적용하기 위해서 각 농촌 교회간의 연대적 활동 및 농촌·도시 교회간의 상호 협조의 필연성을 제언한다.

주님의 교회 가꾸기

7 교회의 청소년 목회

이 글에서는 대체로 네 가지 정도의 주제들이 다루어질 것이다. 첫번째로 다루어진 주제는 교회 내에서 청소년들의 우상과 관련되어진 것이다. 교회가 그 속에 포함되어 있는 청소년들을 어떠한 시각으로 바라보고 있는가? 현재 교회가 수행하고 있는 청소년 교육은 하나의 합리적 성격을 띠고 있는 것인가, 아니면 단순한 교육 훈련에 불과한 것인가라는 점 등이 논의될 것이다.

두 번째로는 현재 교회의 청소년 교육의 한 부분으로서 분반 성서 공부에 대한 평가와 검토가 이루어질 것이다. 이 주제와 관련해서는 필연적으로 현재 사용되고 있는 성서 연구 교재에 대한 검토가 수행될 것이다.

세 번째로는 교육 프로그램의 개발에 관한 문제를 다루었다. 이 부분에서는 교회가 청소년들의 교육을 위하여 개발할 수 있는 여러 가지 차원의 다양한 프로그램들을 제시해 보았다.

끝으로 교회의 청소년 목회와 지역 사회와의 접목 문제를 다루었다. 여기에서는 교회가 지역 사회 속에서 담당해야 할 사명이 청소년 목회에서는 어떻게 반영되어야 할 것인가라는 문제가 구체적인 예들을 포함하여 제기될 것이다.

1. 교회에서 청소년의 위상

(1) 그릇된 이해와 문제점

70년대의 한국 교회는 비약적인 양적 성장을 이룩하였다. 청소년들의 경우도 예외는 아니어서 실로 교회 학교의 전성 시대라 할 수 있을 정도로 수많은 청소년들이 교회로 모여 들었다. 그러나 이같은 현상은 오래 가지 않았고, 80년대에 들어서면서 그 성장은 급격히 둔화되어 이제는 침체기라 할 만큼 어려움을 겪고 있다.

그런데 문제는 이러한 현실에 대해 교회는 아무런 진단과 처방을 내리지 못하고 있다는 점이다. 그저 입시와 취업의 부담으로 인해 어쩔 수 없다는 식의 태도가 고작이다. 지금까지의 과정에 대한 객관적인 평가도 없고, 앞으로 어떻게 문제를 풀어 갈 것이라는 대안도 없다. 왜 이러한 무책임하고 무기력한 모습이 나타나게 되었는가? 이에 대해 세 가지의 측면에서 분석해 보고 그 대안을 마련해 보도록 하자.

첫째로, 교회에서 청소년의 위상이 잘못 설정되었기 때문이다. 대부분의 한국 교회는 '교육'이라는 측면에서 청소년을 이해했고 '목회'라는 측면은 간과했기 때문에 그들을 주체로 설정하는 '청소년 목회'가 존재할 수 없었다. 이는 청소년들은 단지 '예비 신자'일 뿐이고, 오늘의 교회 구성원이 아니라 '내일의 교회'를 위한 예비군이며, 교회의 공헌자가 아니라 수혜자라는 인식에 기인한다.

둘째로, 청소년을 목회의 주체가 아니라 교육의 대상으로 인식하는 태도 때문에 나타나는 교육 구조의 파행성을 지적할 수 있다. 즉 신앙 공동체(the faith community)로 접근하는 공동체 중심의 교육 구조가 아니라 학교식(schooling) 교육 체계라는 제한성에 걸려 있는 교회 학교가 교회 교육 구조를 지배하게 된 것이다. 이러한 교육 구조는 필연적으로 오늘 학교 교육이 안고 있는 모순 구조가 그대로 이식되고 효율성과 능률이 우선되는 기능주의적 교육 이론이 그대로 전수되는 결과를 초래하였던 것이다. 다시 말해서 교회 학교가 유기체(organism)가 되지 못하고 기구(organization)가 되어 버린 것이다.

셋째로, 급격한 사회 문화적 환경의 변화를 인식하지 못한 채, 구태 의연하고 이기적이며 독선적인 교파 교육에 머물러 있었던 점을 지적할 수 있다.

(2) 교회에서 청소년 목회의 과제

① 청소년은 목회의 참여자다.

청소년을 '예비 교인,' '교육의 대상'으로 대하는 태도는 교육을 노동력의 배양과 노동의 효율 제고로 인식하는 자본주의 학교 교육 이념의 산물이다.

인간은 권리와 의무의 통일적인 수행을 통해 비로소 인격적인 성장을 하게 된다. 따라서 교회에서 청소년의 존재도 권리와 의무의 회복을 통해서만 진정으로 성숙한 그리스도인이 된다. 더우기 그리스도의 목회는 전인적이며 총체적이다. 그리고 교회는 유기체이며 각 지체는 한 몸을 구성한다(고린도전서 12:12-27). 따라서 청소년은 목회의 참여자로서, 교회의 당당한 구성원이 되어야 한다.

② 교회는 신앙 공동체이며 교회 교육은 공동체 형성을 위한 것이다.

근대 이후 교회 학교의 교육 구조는 학교식 교육 구조를 모방하게 되는데, 이는 지식의 전수를 효율적으로 운용하고 각 개인을 파편화하는 근대 공교육 제도의 기능주의적 이념의 산물이다.

그러나 교회는 그리스도와 연합하는 공동체의 삶이며 유기체이다. 그리고 교회 학교는 올바른 그리스도 공동체를 형성하는 도장이며 과정이다. 따라서 교회의 청소년 목회 역시 기능주의적 측면에서 고려되어야 할 것이 아니라 공동체의 형성이라는 측면에서 이해되어야 한다.

③ 교육은 사회 발전과 변증법적인 관계를 갖는다.

70년대 교회 학교의 성장과 80년대와 90년대 교회 학교의 쇠퇴는 사회 문화적인 조건의 변화에 기인한다. 교육은 사회 구조와 의식의 반영이며, 종교 역시 사회적 산물이기 때문이다. 이러한 측면에서, 교회는 대안 공동체로서의 비전을 가져야 하며 교회 역시 대안 공동체를 형성해 가는 교육이 되어야 한다. 청소년 목회는 이 과정에서 일방적 흐름으로서가 아니라 상호 작용으로서의 창조적인 목회가 되도록 해야 한다.

(3) 청소년 목회의 실제적 조건

① 청소년의 이해와 요구

㉠ 청소년은 새로운 것에 대한 열정을 갖고 있다── 청소년기는 지적 호기심이 강하고 새로운 것에 강한 열정을 보이는 시기이다. 따라서 항상 새로운 내용과 형식이 창출되어야만 올바른 목회가 가능하다.

㉡ 청소년은 공동체적 생활에 대한 요구가 강하다── 청소년기는 친화력이 강하고 어울리기를 좋아하며 함께 생활하려는 의지가 강하다. 이는 청소년이 공동체적 생활을 요구하고 있다는 것을 보여 준다. 따라서 이러한 공동체적 생활의 요구를 수렴하는 목회가 창출되어야 한다.

㉢ 청소년은 문화 활동에 대한 강한 지향성을 갖고 있다──지적인 호기심과 공동체적 정서는 필연적으로 문화 활동으로 표현되게 된다. 그러나 아직 우리 사회는 청소년의 정서에 맞는 문화 활동의 내용을 창출하고 있지 못하다. 교회 또한 생활 공동체로서의 문화를 형성해야 함에도 불구하고 현실은 매우 비관적이다. 따라서 청소년 목회는 이같은 현실을 반영해야 한다.

㉣ 청소년은 미래 지향적이다── 청소년기는 매우 도전적이고 진취적인 시기이다. 현실보다는 미래를 지향한다. 그러나 현재의 교육 현실과 교회 교육은 미래 지향적이기보다는 현실 지향적인 성격이 강하다. 따라서 이같은 현실의 문제를 청소년 목회는 반영해야 한다.

주님의 교회 가꾸기

② 오늘의 청소년 현실과 청소년 목회의 과제

앞에서 살펴 본 대로 청소년들의 이해와 요구는 매우 창조적이다. 그러나 그들의 현실은 새로운 지식에 대한 욕구 충족이 봉쇄되어 있고 경쟁의 논리로 인해 개별화·파편화하고 있으며, 건전한 문화 활동은 왜곡되어 있다. 아울러 학교 교육의 모방으로서의 교회 교육도 이같은 문제를 그대로 안고 있다.

바로 이 현장, 즉 청소년들의 이해와 요구가 좌절되는 현장에서 청소년 목회는 시작되어야 한다. 대안 공동체를 지향하는 청소년 목회가 청소년을 객체로 놓고는 올바로 설 수 없다. 전인적인 그리스도의 목회를 오늘 우리도 받아들여야 하기 때문이다.

2. 분반 공부(성서 연구)에 대한 검토

교회 안에서 이루어지는 청소년 신앙 형성을 위한 교육은 크게 ① 예배 ② 분반 공부 ③ 특별(자치) 활동으로 나눌 수 있다.

예배를 통해 청소년들이 하나님과의 수직적 관계성을 경험하게 된다면, 주로 구성원(또래)들 사이에서 이루어지는 분반공부는 신구약 성서에 나타난 하나님의 말씀을 이해(수직 경험)하고 동시에 그 말씀의 현재적 의미를 깨닫고 실천(수평 경험)하도록 함으로써 수직·수평 관계성을 함께 경험하도록 도와주는 교육 활동이라 볼 수 있다.

분반 공부가 언제 이루어지는가에 따라 형식상 예배 전, 예배 후, 예배 중간의 세 가지 경우로 나누어지는데, 각기 장단점이 있으나 예배 후 분반 공부가 가장 바람직한 것으로 보인다.

분반 공부에서 사용되고 있는 청소년부 교재가 효과적으로 사용되고 있는가라는 질문에 대한 대답은 대체로 회의적인데, 교재에 제시된 교육 진행이 분반 공부 현장에서 제대로 이루어지지 않는 이유는 다음과 같다.

① 교재의 내용을 교사들이 충분하게 이해하지 못한다.

② 성서의 주제와 청소년들의 삶을 연결시키는 과정에서 충분한 공감대가 형성되지 않고 있으며, 따라서 상호 대화와 참여가 이루어지지 않고 교사의 일방적인 전달식 교육의 경향을 띄게 된다.

③ 교재에서는 말·이야기보다 경험 활동에 중점을 두고 있으나, 분반 공부 현장에서는 시간·공간의 제약과 자료 부족으로 경험 활동이 이루어지지 않고 있다.

청소년부 교재와 관련된 이런 문제들이 해결되기 위해서는,

① 신학의 전문가가 아니라 일반 신자인 교사들의 입장에서 충분히 이해할 수 있는 쉬운 교재가 집필되어야 하며, 또한 교사들의 이해를 돕기 위한 참고 자료들이 충실히 소개되어야 한다.

② 일방적인 전달식 교육이 아니라 상호 대화와 참여가 이루어지는 분반 공부를 위한 한 방법으로 학습자용 교재의 개발이 요구되며, 또한 설교(예배)와 분반 공부의 주제를 하나의 맥으로 연결시키는 노력도 필요하다.

③ 교재에 제시된 경험 활동을 통해 충분한 교육적 효과를 얻기 위해서 필요한 시간·공간이 확보되어야 하며, 동시에 경험 활동을 위한 전문 자료들의 개발이 함께 이루어져야 한다.

이러한 문제들의 해결과 함께 청소년들의 삶의 현장을 이해·공감하기 위한 교사들의 의식적이고 지속적인 노력들을 통해서 하나님의 말씀을 이해·경험하고 그것을 생활 속에 실천하도록 도와주는 분반 공부의 교육적 사명을 다할 수 있을 것이다.

3. 청소년 교육 프로그램 개발을 위하여

(1) 문제 인식

오늘 청소년의 삶에서 나타나는 문제는 사회·교육·종교라는 구조적인 차원에서 파생되는 문제이다. 청소년 교육 프로그램도 보는 시각에 따라 그

주님의 교회 가꾸기

출발점이나 교육 과정이 다르게 나타난다. 청소년의 문제를 해결하려는 프로그램은 치료적이고, 일회적이며, 소극적인 프로그램을 '제공'하는 차원에 머물러 있기 십상이다. 여기서 교육의 주체는 청소년이 아니다. 교사나 교육자에 의한 지도와 다스림이 있을 뿐이다. 이러한 프로그램은 그들에게 교육적인 경험과 치유의 기회를 줄 수는 있지만, 성인의 삶이나 자아 정체감 형성과 주체성에 도움을 주지는 못한다. 그러므로 청소년 교육 프로그램을 개발하려면, 먼저 그들의 삶에서 프로그램이 나와야 한다. 또한 청소년의 존재에 대한 확고한 정립이 우선되어야 할 것은 두말할 나위가 없을 것이다.

(2) 청소년 교육 프로그램 개발의 방향

① 누구를 위한 교육 프로그램인가?

모든 교육이 다 청소년을 위한 것이라고 말하지만, 진정한 의미에서 청소년을 위한 교육은 '그들의 삶과 요청'에서 출발되어야 한다. 그러므로 교육자는 그들의 욕구(need)와 관심(interest)을 알아야 할 것이다.

② 누구와 함께 하는 교육인가?

오늘 교회의 청소년 프로그램이 빈약하기도 하지만, 청소년들이 함께 참여하는 의식이 약하다. 그것은 그들의 요청에서 출발하지 않기 때문이다. 그러므로 청소년이 스스로 참여하도록 프로그램을 기획하여야 할 것이다. 이 과업을 위해서는 먼저 프로그램 기술 작업(요청 및 조사 분석 등)부터 작업까지 그들에 의해 진행되도록 기획하고 양육하고 성장시켜야 한다. 이러한 프로그램 기획 과정도 하나의 교육적인 효과가 크다는 사실을 간과해서는 안 된다.

③ 누구에 의한 교육인가?

청소년에 의한 교육을 개발하려면, 행정의 통제나 활동의 제한을 줄여야 한다. 그들의 요구에 의한 프로그램이 진행되도록 행정 구조가 짜여야 한다. 그들이 조사하고 탐구하여 필요한 프로그램을 개발할 수 있는 교회(교육) 행정 구조가 되어야 한다. 그래서 그들의 특이한 삶을 바로 펼칠 수 있는 근거가 마련되도록 도와 주어야 한다. 이 세 가지는 청소년 교육을 위한 기초적인 작업이다. 그들을 위해, 그들에 의해, 그들 스스로 교육되고 프로그램이 실시될 때 올바른 청소년 교육이 이어질 수 있을 것이다.

(3) 청소년 프로그램의 예시

교회의 구조적인 역할—코이노니아(koinonia), 디아코니아(diakonia), 케리그마(kerygma)와 레이투르기아(leiturgia)—을 교육 프로그램 개발의 원리로 하여 청소년 프로그램을 예시해 보겠다.

바람직한 청소년 교역은 항상 개체 교회 회중들과 청소년들의 상황을 고려해야 하고 교회의 지리적 특성, 크기, 교회의 선교적 사명 및 청소년들의 요구 등이 청소년 교역의 프로그램 계획 과정에서 충분히 고려되어야 할 것이다.

① **선포와 예배(kerygma/leiturgia)를 위한 프로그램**
- 기도 훈련(기도 공부, 기도 일기, 기도문 쓰기, 기도시 외우기, 기념 기도, 체인식 기도 등)
- 영성 훈련(고전 묵상 훈련, QT, 대화식 묵상, 집단 영성 훈련 등)
- 주제별 예배(제자화, 평화, 통일, 일치, 성숙, 훈련, 집단 등)
- 직업별 예배(근로자, 재수생, 탄광촌, 고3, 농어촌, 직장인 등)
- 내용별로 드리는 예배(몸짓 예배, 시와 찬미, 영화와 고전 작품을 통한 예배, 시청각 예배 등)
- 공동 세대 예배(가족 예배, 전 교인 공동 예배, 지역별 공동 예배 등)
- 순회 예배(가정 순회 예배, 직장 순회 예배 등)

② **교육(didake)을 위한 프로그램**
- 성서 연구(성서 공동 연구, 성서 내용 역할극, 무언극, 재연하기, 성경 주제를 통한 체험 학습, 그림말 성서 연구 등)

- 나눔의 교육(둘씩 말씀 나누기, 신앙 경험 나누기, 팀 교육 등)
- 특별 목적 교육(신입 회원 교육, 제자화 교육과 훈련, 전도 학교, 주제별 단기 교육 등)
- 특별 활동 교육(신앙 도서 전시회, 독후감 발표회, 토론회, 흥미 집단, 예술 집단, 강좌, 세미나 등)
- 캠프 및 수련회(가족 캠프, 계절 수련회, 지도자 수련회, 성지 순례, 현장 탐방 캠프, 봉사 활동 캠프, 역사 순례 캠프, 시편을 통한 수련회, 주제를 위한 수련회 등)
- 상담 프로그램(전화 상담, 상담실 운영, 현장 방문 상담, 짝 상담, 그룹 상담 등)
- 공동 세대 교육(공동 세대 주제 연구, 부모와의 대화, 일일 역할 바꾸기, 직업인과의 대화 등)

④ 선교와 봉사(diakonia)를 위한 프로그램
- 전도 활동(개인·그룹 전도, 학원 전도, 특수 지역 전도, 직장 전도, 전도 편지 등)
- 지역 사회 학교 운영(야간 학교, 토요 취미 교실, 노동자 일요 학교, 탈춤 교실, 빈민 지역 예능 교실, 문화·선교 학교, 직장인 교실, 사회 사업 기관 일일 봉사, 지역을 위한 노동 봉사, 소외 지역 조사 및 탐방, 동네 신문 발간, 특수 지역 신문 및 봉사 캠프 등)
- 젊은이를 위한 공간 제공(산업체 젊은이 초청 축제, 청소년 신앙 강연회, 주제별 세미나, 만남의 광장 운영, 상담실 운영, 음악실 등)
- 선교 사업(미자립 교회 돕기, 해외 선교, 매스컴 선교, 학원 선교 등)

⑤ 청년 문화를 위한 프로그램
- 집단별 작품 감상회(영화 음악, 연극 등)
- 주제별 활동(신문 만들기, 사진 모으기, 공동 그림 그리기, 노래 등)
- 재연하기(성서나 과거의 역사적 사건, 가상되는 사건, 모의 재판 등)

8 청소년 이해와 신앙 성숙

　오늘의 청소년들은 본의 아니게도 무의식 중에 과도한 스트레스, 즉 놀랍고 급격한 사회 변화와 끊임없이 야기되는 기대감을 견디어내야 하는 스트레스의 희생자가 되어 가고 있다. 오늘 청소년에게 가해지는 성장을 재촉하는 압력은 초기 아동기부터 시작된다. 그 중에 중요한 것은 지적 발달을 강요하는 것이다. 그리고 대중 매체도 청소년들을 성인처럼 말하고 생각하고 행동하게 하여 빨리 성장하도록 압력을 가하고 있다. 음악·책·영화·TV 등의 대중 매체는 청소년들을 점점 조숙하게 묘사하며 다소 성적이며 조작적인 면이 드러나는 상황으로 끌어들이고 있다. 그러한 묘사는 청소년들로 하여금 준비되기도 전에 성숙하게 행동해야 하는 것으로 생각하게끔 만든다. 대중 매체는 십대의 성욕을 부채질할 뿐만 아니라 성인처럼 옷입고 행동하고 말하고 그리고 대인 관계를 형성하도록 조장하고 있다.

　이처럼 청소년들이 성장을 재촉받았을 때 오는 부정적인 결과는 심각하다. 빨리 성장해야 한다는 긴장감은 청소년기의 골치아픈 문제 행동을 유발시키고 있다. 청소년들의 성문제가 증가하는 것과 비례하여 성인들의 스트레스 질환 (두통·복통·알레르기 반응 등)으로 알려진 병이 청소년들에게서도 증가하고 있다. 빨리 성장하라는 압력이 가져오는 또다른 부정적인 결과는 십대의 범죄 행동 증가로도 나타난다. '재촉당한다,' '압력받는다'는 말과 관련된 현상 중에서 극단적인 것이 십대의 자살이다. 청소년은 청중을 대단히 의식한다. 실패는 공적인 사건이며 그리고 청소년은 청중의 몰인정을 감지한다. 모든 사람이 자신의 실패를 안다는 것이 너무나 고통스러워 자살을 시도하게 되고 청소년들의 자살은 이런 식으로 행해진다.

의식적으로 또는 무의식적으로 재촉받은 청소년은 지적 및 사회적 기술에서 그들 동료보다 앞서야 한다고 기대되기 때문에 동료들과의 관계에서 흔히 경쟁적이고 자기 중심적이 되며, 자신의 일은 제때에 하지 않으면서도 남의 행동에 대해 비난하고 비판하기를 좋아하는 태도를 취하게 된다.

여기서는 오늘 성장을 재촉받고 있는 청소년들의 일반적 특징과 기본적인 요구에 대해서 알아보고, 그들을 어떻게 신앙의 사람으로 키워 나갈 것인가에 대해 살펴보게 될 것이다.

1. 청소년들의 일반적 특징

(1) 육체적 측면

청소년 초반기(12-14세)에는 육체적으로 현저한 성숙이 나타난다. 그들 시기에는 어색해 하고 적응성에서 문제를 보이기 일쑤이다. 변성기가 나타나고 가벼운 피부병(여드름?)도 보이며, 성적인 호기심도 발동한다. 중반기(15-17세)에 이르게 되면, 어떤 친구들은 자주 피로와 무기력감을 느낀다. 하지만 대부분은 용솟음치는 에너지 때문에 침착하지 못하고 무엇인가 움직이려고 한다. 그러나 청소년기의 후반기(18-20세)가 되면, 협동의 묘와 침착성이 그들에게도 나타난다. 성인이 되어 갈수록 그들은 육체적 조절을 잘해 나가게 된다.

(2) 정신적인 측면

청소년 초반기에는 정신적으로 상상력이 대단히 풍부해진다. 그들은 매우 개방적인 것 같으나 때로는 자기 내면의 상태를 절대 나타내지 않으려고 한다. 정신적 성장면에서 청소년 중반기의 특징은 추리력의 발달이다. 후반기 청소년들은 이제 특별한 취미들을 발전시켜 나가며 자료들을 좀더 비판적으로 다룰 수 있게 된다. 청소년들이 사고, 원칙, 혹은 개념에 있어서 과오나 결함을 분별하기 시작하면서부터 판단력에 있어 현저한 향상이 있다.

(3) 정서적인 측면

중학생 정도의 연령 때에는 일반적으로 새로운 것에 흥분과 충동으로 반응한다. 운동을 즐기며 떼지어 몰려다니고 재치있는 이야기들을 좋아한다. 이 또래 청소년들은 쉽게 화내고 상처받기도 쉬워서 감정의 변화폭이 매우 크다. 그들의 감정 폭발을 그들의 인품으로 파악해서는 안 되며, 또 그들의 표면적 폭발을 그의 인격 전체라고 확대시켜 해석해서도 안 된다. 고등학교 1-2학년 시절이 되면, 괜히 우울해하는 때가 많아진다. 이 때 예민한 이해력과 감정 이입으로 그들을 이해해야 한다. 또 이 시기에는 자신의 자의식을 발견하게 되기도 한다. 그래서 그들은 자기와 타인을 비교 측정하여, 타인을 경쟁과 질투의 대상으로 만들기도 한다. 고등학교 고학년이 되거나 대학생이 되면 감정적으로 안정을 갖게 된다. 보다 더 심미적이 되고 감상주의적 태도도 발달한다. 또 다른 사람에게 오해당하고 있다는 느낌에 혼자 빠져 있기도 한다.

(4) 사회적 측면

초반기 청소년들은 동료간의 관계가 커지면서, 특별히 타인이 자신에게 행하는 비판들에 대하여 민감한 반응을 보인다. 그때 그들의 주 관심은 어떻게 하면 인기가 있고, 무엇이 인기있는 행위인지에 있다. 이런 사회적 영향력과 관심사는 중반기 이후 후반기가 되면 청소년들 사이에서 줄어든다. 관심의 초점이 집단 단위에서 친밀한 친구나 데이트하는 이성 등, 개인적 관계로 옮겨진다. 물론 후반기에 이르면, 결혼에 대한 관심이 현저해지고 사회 관계에 대한 관심은 급격히 감소한다.

(5) 영적인 측면

영적인 면에서 청소년들은 자기 인생의 목적과 방향에 대하여 커다란 관심을 갖게 된다. 그리고 그리스도와의 관계도 생각한다. 청소년기의 초반에는 회개할 마음의 준비가 아주 잘되어 있다. 그리하여 이 시기에 해당하는 청소년들을 가르치는 교사는, 자기 학생들을 그리스도께 인도할 수 있다는 의식을 똑바로 갖고 있어야 한다. 또한 이 시기에는 영적인 문제와 생활의 문제 중에서 어느 쪽을 택해야 하는가의 보편적 호기심이 있게 마련이다. 중반기에 오면, 대단히 회의적 경향을 띤다. 그들이 학교에서나 친구들에게서 배운 개념과 철학적 가치관으로 세상에서 일하게 되면 잘되지 않는다는 것을 알기 때문이다. 그래서 그런 혼란과 회의 속에서 학생들이 잘 헤쳐 나갈 수 있도록 도와주는 것이 필요하다. 후반기의 청소년들은 교회에 흥미를 잃고 종종 교회를 떠난다. 교회 안의 청소년들을 포함한 이 연령층의 많은 청소년들은 어려서부터 받아 온 여러 속박의 굴레들을 탈피하고 싶어한다. 물론 후반기 청소년들에게는 폭넓은 영적 개념들이 있지만, 동시에 데이트의 매력·대학·직업과 같은 흥미 있는 것들이 그들에게 영향을 주고 있는 것이다.

2. 청소년의 다섯 가지 부류

(1) 자아 학대자

첫번째 부류는 자기 자신을 미워하는 이들이다. 이것은 교회 안팎에서 심각한 문제가 되고 있다. 이 문제는 자기 자신을 무가치하게 느끼고 스스로 외롭다고 느끼는 자기 개인적인 감정에서 싹트기 시작한다. 그들은 타인이 자기를 어떻게 보며 어떻게 생각할까를 생각하기 때문에 자기 자신을 비하시키곤 한다. 게다가 자기 확신이 부족해서 어떤 모임에도 참석하기를 꺼린다. 열등감

때문에 고민하고 또 스스로 자신을 미워하는 것 때문에 곤란을 받는 부류들이
이들이다.

(2) 심리적 고아들

두 번째 부류는 자기 스스로가 자신을 고아라고 생각하는 부류이다. 현대
문화가 갖는 어려움 때문에 많은 청소년들은 가정의 사랑, 따뜻함, 그리고 관
심에 대해서 부정적 태도를 갖고 있다.

(3) 사회의 반항아

이 부류의 청소년들은 사회 가치나 질서에 대해 적대감을 갖고 있다. 이들
은 무관심한 성인에 분개를 느끼며 사회 제도를 비판하기 시작한다. 심지어
관심이 없다고 해서 교회를 비난한다.

(4) 편견 있는 자

이 부류의 청소년들은 폐쇄되고 비밀을 가지고 편견에 차 있다. 그래서 이
들의 모임은 끼리끼리의 구조적 모임을 통해 구성된다. 이런 모임에는 규칙과
의식이 까다롭고 강력한 동료 의식으로 묶여 있다. 하나님을 찾으려는 노력이
인정받고자 하는 동기와 결합될 때 잘못하면 종교적 파벌이나 사이비 종교에
들어가기 쉽다.

(5) 기쁨에 차 있는자

이 부류는 그리스도와 연합되어 온점함과 소속감을 가진 이들이다. 바로 이
런 청소년들은 자신들의 삶 속에서 하나님의 뜻을 실현하려고 노력하는 이들
이다.

3. 청소년의 기본적인 요구

(1) 자기 이해와 용납

많은 변화들이 일어남으로 청소년들은 대부분 자아 개념을 형성하는 데 외부로부터 도움을 원한다. 그들은 대부분 '나는 누구인가?'라고 물음을 던진다. 그들은 자기들이 누구며 그리스도 안에서 무엇을 할 수 있는가를 알아내고자 노력함에 있어 자기를 도와 줄 사람을 찾고 있다.

(2) 소속감

청소년들은 어떤 모임이든지 참여하고 싶어한다. 이런 나이에는 종종 자아 정체성을 자신이 소속한 단체의 모임에서 발견한다. 전체로서의 모임은 커다란 하나의 가족이 될 수 있다. 그 속에서 청소년들은 많은 욕구를 충족시킬 수 있다. 모든 사람을 포용하고 받아들일 수 있는 분위기를 갖고 있는 모임을 그들은 필요로 하고 있다.

(3) 독립심 개발

자립한다는 것이 그리 쉬운 일은 아니다. 자아 정체성은 또한 자기 적응과 성취를 키우는 기술과 밀접하게 연관된다. 교사는 학생들의 잘못에 대해 용서하고 인내하며 관용하는 자세를 가져야 한다. 이런 분위기 속에서 자립의 길을 키워 주며 동시에 건전한 상호 의존의 중요성을 심어 주고 그런 분위기를 조성시켜 주어야 한다.

(4) 대인 관계 형성

청소년들은 대인 관계에 있어 도움을 필요로 한다. 이 시기에 누구를 만나느냐에 따라 평생의 삶의 지도가 달리 그려질 수 있으므로, 좋은 친구와 좋은 스승과 좋은 교우를 만날 수 있는 여건을 형성해 주어야 한다. 그리고 인간 관계를 향상시킬 수 있는 다양한 기법과 훈련도 제공될 수 있어야 할 것이다.

(5) 삶의 계획

교사들은 청소년들이 '나는 지금 어디로 가고 있나?'라고 질문할 때 그들 스스로 답을 찾도록 도와주어야 한다. 이것은 단지 직업이나 진로의 지도만을 뜻하는 것이 아니다. 그 지도는 삶을 계획하는 것에 도움이 되어야 한다.

4. 청소년 목회를 위한 행동 철학

(1) 청소년 목회는 청소년을 위한(for) 목회여야 한다.

청소년 목회는 성인을 위한 목회——성인들의 두려움을 덜어주고, 성인들의 죄를 위로해 주고, 성인들의 욕구를 만족시켜 주는 목회——가 되어서는 안 된다.

(2) 청소년 목회는 청소년과 함께 하는(with) 목회여야 한다

만일 청소년 목회가 단순히 청소년들을 '위한' 것으로 끝나 버린다면, 그 목회의 방향은 언제나 청소년들을 향하는 것이 될 수밖에 없다. 목회는 그들을 위하여 또는 그들과 함께 어떤 것을 행하는 것이다. 청소년들은 하나님 백성의 일부요 그의 교회의 일부이다. 청소년들과 어른들은 모두 선교하고 복음의 메시지를 선포하기 위해 하나님의 백성으로서 함께 노력하고 있다.

(3) 청소년 목회는 청소년에 의한(by) 목회여야 한다.

청소년들이 교회에 베푸는 재능에 대한 감사는 청소년 목회의 어떤 행동 철학에 있어서든지 가장 기본적인 것이다. 그들은 오늘 교회의 일부로서 공헌하고 있다. 그들은 교회와 세상에서 서로 서로 주는 것으로 목회해 오고 있다.

5. 청소년의 신앙 성숙을 위한 모색

(1) 훌륭한 교사들로 하여금 청소년들을 가르치게 해야 한다

청소년들의 신앙 성숙에 있어서 교사의 역할은 매우 중요하다. 청소년들이 그리스도를 본다는 것은 행동에 있어서 자기의 교사를 통하여 보게 되는 것이다. 이 시기에 청소년들은 자신들의 삶을 궁극적으로 인도하며 변화시키는 곳에 신뢰와 가치를 부여한다.

발달해 가는 청소년들의 사고력과 독립을 지향하며 활동적이고 싶어하는 그들의 욕구 때문에, 교사가 생활의 모델이 된다는 것이 청소년들을 그리스도교적 신앙과 가치관을 갖도록 도와주는 데 가장 중요한 요소가 된다. 청소년들에게는 새로운 진리나 새로운 가치를 누가 전해 주느냐가 대단히 중요하다. 청소년들의 마음은 그들이 존경하는 사람이 말하는 것에 보다 호의적이다. 그래서 교사들의 삶이 새로운 가치를 학생들에게 전달하는 데 중요한 촉매 역할을 하는 것이다. 새로운 사상이나 개념들에 대한 교사의 태도나 접근 방식이 학생들에게 영향을 준다. 학생들은 교사들의 좋은 사고와 바른 가치관을 받아들이며, 동시에 교사들의 그릇된 편견과 선입견도 함께 수용하게 된다. 그러므로 교사들의 참된 그리스도교적 신앙과 삶은 청소년들의 그리스도교적 신앙과 가치관의 개발에 중요한 역할을 감당한다.

이와 같이 청소년들의 신앙 성숙에 있어서 교사들이 중요한 몫을 차지하고 있음에도 불구하고, 오늘 한국 교회의 교회 학교는 불행하게도 청소년들의 영혼을 해롭게 하는 교사들로 가득 차 있는 것만 같다. 따라서 교회는 위기 의식을 가지고 치밀한 교사 수급 계획을 수립하여 훌륭한 자질을 가진 교사 후보자들을 발굴해서 이들을 계획적·계속적으로 훈련시켜서 훌륭한 교사로 쓰임받도록 해야 할 것이다.

(2) 1년 중 동계 수련회와 하계 수련회는 영적 각성 시기로, 나머지 기간
은 말씀과 기도로 거룩한 영적 폭발물을 적재하는 시기로 해야 한다

예수님께 마음 문을 열지 않는 청소년들의 완악한 태도와 하나님께 대한
그들의 경박한 반대를 산산조각으로 폭파해 신앙의 사람들로 만드는 성령의
역사는 채광에 비유될 수 있을 것이다. 동계 수련회와 하계 수련회는 영적
각성의 시기로 폭약에 불이 붙여진 때와 같다. 한편 동계 수련회와 하계 수
련회 사이는 굳은 암벽에 큰 힘을 들여 깊은 구멍을 파들어 가는 때에 비길
수 있다. 휴즈에 불을 붙여 폭발시키는 일은 쉬운 일일 뿐 아니라 재미있는
일이기도 하다. 그러나 구멍을 뚫는 일은 어렵고 힘든 일이고 사람의 인내를
요구한다.

오늘 청소년 수련회를 위해 소모되는 엄청난 인적·물적 자원에 비하여 그
효과는 경미하다. 그리고 교사들의 철저한 말씀 교육과 기도가 없기에 청소년
들의 신앙은 활기없고 나약한 가운데 있으며, 많은 청소년들이 교회를 떠나고
있는 실정이다.

그러므로 동계 수련회와 하계 수련회는 결정적인 영적 각성 시기로 삼고,
나머지 기간은 교사들의 철저한 말씀 교육과 처절한 기도를 통한 거룩한 영적
폭발물을 적재하는 시기로 삼아, 위대한 신앙의 용사들을 만들어 내는 데 교
회는 전력을 기울여야 할 것이다.

(3) 청소년들의 현대 감각에 맞춘 찬송가와 복음송을 개발·보급해야
한다

오늘 교회의 청소년들은 찬송가를 부르기를 싫어하고 그 대신 대중가요를
열심히 부른다. 예배시에도 찬송가의 소리는 미약하고, 기도의 진지성은 찾아
보기가 힘들다. 미국의 한 보고서는 록음악이 미국 청소년들에게 미치는 영향
을 세 가지 측면에서 지적하고 있다. 첫째로, 록음악은 청소년들의 자위 행위
를 자극하고 있다는 것이다. 미국 남자 고등학생의 약 3분의 1이 록음악을

주님의 교회 가꾸기

들으면서 자위 행위를 한다고 한다. 대부분의 십대들에게 록음악은 흥분제이다. 둘째로, 록음악은 엄마(모성애)를 졸졸 따라다니는 퇴행적인 추구를 부추긴다는 것이다. 부모의 따뜻한 사랑을 받지 못한 청소년들에게 록음악은 충족되지 않은 무의식적인 욕구에 대한 의미를 가지게 되고 이에 호소하는 것이 된다. 즉 사랑받고 싶은 청소년들은 노래하는 남자 가수를 그리워하는 어머니와 동일시하여 대리 만족을 얻게 된다는 것이다. 셋째로, 록음악이 약물 사용을 촉진시키고 있다는 것이다.

이처럼 미국 청소년들에게 무서운 영향을 끼치고 있는 록음악이 한국의 청소년들과 무관할 수 없다. 의심할 여지없이, 현실 도피적이고 방어적인 록음악이 현재 한국 청소년들의 무의식과 의식 수준에까지 깊이 침투해 들어와서 영향을 미치고 있는 실정이다. 한국 교회는 이러한 무서운 사실을 깊이 인식하고 청소년들의 현대 감각에 맞춘 찬송가와 복음송을 개발·보급하여 청소년들이 마음껏 찬양할 수 있도록 해야 할 것이다.

⑨ 여성 교역의 현황과 전망

오늘 한국에서는 전체 인구의 1/4에 해당하는 약 1천만 명이 그리스도교 교인이라고 한다. 이는 해방 전의 그리스도교 인구가 총 30만 명이었다는 것을 감안해 볼 때 유례없는 양적 성장이라고 하겠다. 하지만 이러한 양적 성장에도 불구하고, 한국 교회는 근본적인 의미에서 빛과 소금의 역할을 세상 속에서 제대로 수행하고 있는가라는 비판을 교회 내외적으로 받고 있다. 인간 해방적 복음을 위한 하나님 선교를 끊임없이 지속해 나가야 할 교회가 물량주의적 가치관에 매몰되어 몰가치적이고 비역사적인 모습으로 비쳐지고 있는 것이다.

한 예로, 최근 한국그리스도교사회문제연구소가 조사 발표한 '비그리스도인의 교회 및 그리스도인에 대한 여론 조사'에 의하면, 비그리스도인들에게 있어서는 교회가 점차 기업주의화된 이익 집단으로 보여지고 있다. 이러한 비판에 직면하여 한국 교회 내에서는 점차 자성의 목소리가 높아지고 있다. 교권주의의 극복, 교회의 민주화, 경제 사회적 정의 실현, 교회 갱신 운동의 전개라는 당면 과제들이 지속적으로 제시되고 있다.

그런데 문제는 교회 갱신의 핵심인 교회의 민주화, 교권주의의 극복이라는 당면 과제가 현재 단지 구호로만 외쳐지고 있을 뿐 그것의 극복을 위한 구체적 실천들이 전혀 이루어지고 있지 않다는 데 있다. 이것은 교회 구성의 60-

70%를 차지하고 있는 '교회 여성'이라는 변수를 고려함이 없이 교회 갱신을 다룬 결과라고 여겨진다. 사실 교회 여성은 한국 교회 구성원의 대다수를 차지하고 있으면서도 한국 교회 200년 역사 속에서 무조건적으로 소외되어 왔다. 이러한 교회 여성의 소외를 기존의 교역자들(남성 교역자들)은 구조적으로 해소시키기보다는 오히려 가부장적 의식을 재생산함으로써 심화시켜 왔다. 따라서 '교회 여성의 주체적 참여로 인한 교회 민주화'라는 역사적 과제를 실현하기 위해서는 '교회 여성'의 아픔을 이해하고 그들을 주체로 서도록 도와주며, 교회의 여러 요소들을 그들 자신이 해결해 나가도록 독려해 주는 실천들이 요청된다.

그런데 이렇게 교회 여성의 아픔을 이해하고 그들을 주체로 세우는 일을 도모해 갈 수 있는 지도자는, 바로 그들 자신이 '여성'이라는 이유로 아픔을 겪었고 복음에 의해 새로이 '자신'을 찾아냄으로써 결국 하나님 나라를 위해 일하기를 결단한 여성 교역자들이라고 할 수 있다. 하지만 오늘 여성 교역자들은 복음을 위해 반드시 실현되어야 할 과업의 담지자임에도 불구하고, 한국 교회 현실 속에서 전혀 받아들여지고 있지 못하다. 따라서 '교회 갱신'이라는 과제 또한 단 한 걸음도 진척되지 못하고 있다.

이에, 본 연구팀은 교회 민주화를 통해 해방의 공동체를 지향해 나감에 있어서 여성 교역자의 역할이 매우 중요함을 인식하며, 이러한 인식 하에서 오늘의 교회 현실 속에서 여성 교역자가 처한 차별적 상황을 지적하고, 그러한 상황에 대한 원인 분석과 그것을 극복하기 위해 동역자(남성 교역자), 교회 회중 그리고 여성 교역자 자신이 시도해야 할 점들을 간단한 글로 정리하고자 한다.

덧붙여 이 글은 신학생들이 수업 중에 실질적인 목적으로 토론한 것을 정리하였으며, 사례 연구와 토론자의 경험을 기초로 내용이 구성되었음을 밝힌다.

1. 여성 교역의 현황

오늘 여성 교역자들은 남성 교역자들 못지 않게 사명 의식이 강하며, 사역자로서 그리고 교회와 사회의 지도자로서 선교 일선에서 헌신적으로 일하고 있다. 그러나 실제로 교회 현장에서는 여성 교역자들이 남성 교역자들에 비해 낮은 대우와 함께 그 지위나 신분을 보장받지 못하고 있다.

이 장에서는 여성 교역자들의 이러한 현황을 좀더 구체적으로 살펴보고자 한다.

(1) 여교역자의 청빙 경로

〈응답자의 청빙 경로〉 (단위 : 명, %)

청빙 경로/구분	빈도	구성비
개인적으로 목사가 선발하여	183	30.9
동역자의 소개로 목사가 선발하여	152	25.7
공식 결의 기구를 거쳐서	75	12.7
교인들이 원해서	68	11.5
공개 채용으로	71	12.0
스스로 개척하여	19	3.2
기타 (학교 추천, 목사 부인이므로)	4	0.7
무응답	20	3.4
총계	592	100.1

〈한국 여교역자 실태 조사 보고서, 1988, 여신학자협의회〉

교역자들의 청빙 경로는 공식 채용보다는 개인적인 추천에 의한 청빙이 주를 이룬다. 위의 표에서 보듯이 여교역자는, 목사가 직접 개인적으로 청빙함이 30.9%, 동역자의 소개로 목사가 선발함이 25.7%, 합쳐서 56.6%임을 볼 때, 여교역자의 청빙 경로는 대부분 목사의 개인적인 추천으로 당회가 선발하여 채용함을 볼 수 있다. 특히 기장 교단을 살펴보면 여목사 8명 중 시무 목사는 7명이다. 그 중 1명은 부목사이고 6명은 모두 개척 교회에서부터 시작했다. 그러니까 기존 교회의 담임 목사로는 여목사가 청빙받지 못하고 있음을 알 수 있다. 이처럼 여교역자가 기존 교회에 청빙받지 못함이 여교역자 스스로 교회를 개척할 수밖에 없는 중요한 원인의 하나가 된다.

주님의 교회 가꾸기

(2) 여교역자의 대우 문제

남교역자의 일반적인 사례비는 월 70만원인 것(노동청 임금 실태 조사 보고서, 1985 자료)으로 나타났다. 그러나 여교역자의 사례비를 살펴보면, 남교역자의 사례비에 비해 반도 못되는 형편이다. 즉 여교역자의 평균 사례비는 20-29만원(한국 여교역자 실태 보고서, 1988 자료)으로 나타나고 있다. 지역별로 보면 시골 교회의 급여액은 훨씬 적어 19만원 이하인 것으로 나타난다. 어떤 교회는 담임 목사의 1/3도 받지 못하는 여교역자도 있고, 아예 교통비만 받거나 그것마저도 받지 못하는 여교역자도 있다.

구체적인 사례를 살펴보면, ㄷ교회의 경우 젊은 준목(30세)은 50만원의 대우를 받는데 비해, 교회에서 오랫동안 시무한 여전도사(50세)는 25만원으로 남교역자의 절반 가량의 대우를 받고 있다. 또한 ㄱ교회의 경우 남교역자들에게는 연료비·문화비·가족 부양비·서적 구입비·목회비·심방비·차량 유지비 등 각종 수당이 지급되는데 반해, 대부분 부교역자의 지위를 가진 여교역자들은 급여 외에 아무런 혜택도 받고 있지 못하다.

이와 같이 여교역자들의 대우는 최저 생계비조차 보장받고 있지 못하는 실정이다. 그런데 여교역자들의 차별은 단지 대우에서만이 아니라 일의 내용에 있어서도 마찬가지이다.

(3) 여교역자의 교역 내용

〈응답자(여교역자)의 목회 주력 분야〉 (단위 : 명, %)

	심방	설교	교육	성서 연구	상담	행정	목사 보조	사회 봉사	무응답	합계
빈 도	351	102	69	20	11	8	17	3	11	592
구성비	53.9	17.2	11.7	3.4	1.9	1.4	2.9	0.5	1.9	100.2

＊한국 여교역자 실태조사 보고서, 1988

위 표에서 보듯이, 여교역자들은 예배, 설교, 교육, 성서 연구, 행정을 주

주님의 교회 일구기·가꾸기

업무로 하기보다는 심방에 치중하고 있음을 알 수 있다. 즉 교회 내에서 교인들에게 결정적인 영향을 미치는 업무는 거의 하지 못하고 있는 것이다. 그렇다고 해서 심방이 하찮은 일이라는 것은 아니다. 문제는 교인이나 남교역자들이 하찮은 일이라고 여기는 데 있다. 곧 여교역자는 하찮은 일을 하는 존재로 봄으로써 일도 그렇게 주어지는 데 문제가 있는 것이다. 실제로는 심방 교육을 통해 교역자들이 교회의 전체적이고 총제적인 일과 연관되어야 하는데, 현실적으로는 그 일이 교회 전체의 목회 차원에서 이루어지기보다는, 교인 관리라는 명분으로 기계적인(내용 없는) 작업으로 축소되어 있다. 그래서 심방을 주로 담당하는 여교역자들 또한 하찮은 존재로 취급되고 있는 것이다.

이와 같이 여교역자들은 자신이 희망하는 대로 청빙받기가 어려우며, 충분한 능력을 갖추고 있음에도 불구하고 역량을 발휘하지 못하는 경우가 많다. 결국, 이러한 현황에서 알 수 있는 것은 기존 교회에서 여성 교역자가 현저하게 성차별적 대우를 받고 있다는 것이다. 여기에는 여러 원인이 있겠으나, 본 연구팀에서는 그것을 크게 회중의 성차별적 인식, 남교역자들의 여교역자들에 대한 인식, 여교역자 자신의 정체성 문제 그리고 교회의 제도 등 그 밖의 문제들로 나누고 각각에 대해 그 대안을 모색하고자 한다.

2. 회중의 여성 교역자에 대한 인식 문제

한국 교회의 성차별적 의식 구조는 한국 사회의 유교적 가부장제와 잘못된 성서 해석 그리고 복음을 전파했던 선교사들의 보수성 등에 의해 비롯되고 심화되었다. 즉 한국 사회의 가부장적인 문화·제도·이데올로기와 맞물려, 그리스도교는 교회 내에서 남성 중심적인 메시지의 선포나 차별적 교육 구조, 성분업적인 교회 직분·제도 등에 의해 끊임없이 가부장적인 의식을 재생산해 왔다. 여기에서는 이러한 인식이 교회 내에서 어떻게 형성되며 어떤 형태로 드러나는지를 구체적으로 살펴보고자 한다.

(1) 설교의 예화에서 드러나는 여성상

성차별적 요소를 그 내용으로 하는 설교는 남성 중심 교회에서 교회 여성들에게 해방적 기능이 아닌 억압적 기능을 강화하는 측면이 있다. 이제 6개 교단에서 선포된 설교집(기장, 감리교, 예장 통합, 예장 합동, 순복음, 침례교)의 분석 사례를 살펴보자.

설교 분석 사례

	목사	여성 본문	예화	설교종류	여성 관점	기타
전통적 교회	김선도		11/29	예화	자녀 양육자	차별적 예화, 부부 강조, 가정 주제 설교
	이광복	1/17		알레고리 강해	자녀 양육자	음녀로 묘사, 배타성, 부정적 측면
	변우상	4/39	3/39			축복 관련 제목 많음
	이중표	7/33		강해	가정 양육자	편견 (유혹, 해악)
	박찬섭	1/30	2/30	제목, 예화	자녀 양육자 어머니상	남성 중심적 예화 죄인의 관점에서 이해
민족	홍근수	2/33		주석	포괄적 이해	특별한 언급 안함
	장기천		13/60	강해		
민중교회	염동권	3/51	7/51	강해	여성 신학적 관점 가부장적 용어	주석 불충분
	김동완	3/4		강해	여성 신학적 관점	여성 중심적 설교
	김대수	1/9		강해, 상황	여성 신학적 관점	
	박병규	1/3	2/3	강해	여성 신학적 관점	

＊그리스도교여성평화연구회에서 현재 진행 중인 설교 분석, 미발표, 1991

표를 분석해 보면, 민중 교회에서는 비교적 여성 신학적 관점이 반영된 설교를 하고 있는데, 이것은 피억압자인 여성과 민중이 갖는 동질성 때문에 가능하리라고 본다. 전통적 교회의 설교에서는 교단의 차이와는 무관하게 비슷한 관점을 보이는데, 여기에서는 여성들은 남성보다 열등한 존재이며 여성의 역할은 주로 사적 영역에 국한되어 공적 역할은 배제되고 있음이 나타난다.

주님의 교회 일구기·가꾸기

즉 여성을 '가정'에 한정시켜 무조건적 인내와 희생을 요구하거나, 아담인 남자를 돕는 부수적 역할을 강조하여 성역할 구분을 강화시키는 데 영향을 미친다. 또한 음녀 등 부정적 이미지의 부각으로 여성의 총체적 인간성을 부정하거나 축소·왜곡한다. 따라서 이러한 설교들은 회중들에게 남성 중심의 권위주의를 팽배하게 하는 역할을 하여 회중들이 교회 내에 여교역자나 동료 여성 회중을 바라보는 데 부정적 영향을 미치게 되는 것이다. 흔히 목회자의 설교는 신언을 대신한다는 일반적인 통념 때문에 신적 권위로 작용하여 평신도의 의식 구조를 형성하는 데 큰 영향을 미치므로, 이러한 설교 예화는 시급히 시정되어야 할 것이다. 여성이 배제되지 않고 파트너십을 이루어 공동체를 건설할 수 있도록 힘을 주는 설교가 연구되어야 한다.

(2) 직분 문제

교회 구성에서 여성의 비율은 60-70%에 이른다. 그러나 여장로나 여목사는 극소수에 불과하며 당회에서 행하는 교회 정책의 입안·의결 등의 결정권에서 여성들이 배제되고 있는 실정이다. 또한 교회 내의 각 조직을 살펴보면, 여신도회는 주요 사업이 식당 봉사 및 교회 잔치의 뒷손질에 머물고 있음을 본다. 또한 성가대 지휘자는 주로 남자이며 청년회 및 학생회조차도 지도자 직분은 남성에게 돌아가고 여성은 부수적인 존재로 위치하는 것이 대부분이다. 이같은 현상에서 볼 수 있듯이, 교회의 지도적 인물로 여성을 부정하는 견해는 여성은 늘 피교육자라는 인식, 남녀를 동등하게 인정하지 않으려는 태도, 여성의 지도력이 열등하다는 관념 등이 낳은 성역할의 고정 관념 결과라고 할 수 있다. 두 가지 예로 구체적 사례를 살펴보겠다.

① ㅇ교회에서 성가대 지휘를 하고 있는 지휘자가 사임을 하게 되었다. 후임자를 물색하던 중 기존 성가대원 중에서 정규 음악대학을 나온 지휘에 적임자라 생각되는 여성이 있어 지휘자로 추천하였다. 그런데 이 일을 놓고 대부분의 여성 성가대원들이 "어떻게 여자가 지휘를 할 수 있느냐? 가정을 가진 여자가 남자와

주님의 교회 가꾸기

같은 리더십을 발휘하기는 힘들다."라는 이유를 들며 반대하여 결국 이 의견은 부결되었다.

　② ㅊ교회의 중·고등부에서 회장 부회장을 뽑게 되었다. ㅊ교회에는 그 교회에 오래 다녀 전반적으로 교회 사정을 잘 알고 일을 할 수 있을 만한 여학생이 몇 명 있었는데, 여학생들은 회장 추천조차 받지 못하고 그 교회에 나온 지 1년도 채 되지 않은 남학생이 회장이 되었다. 총회 후에 한 여학생이 말하기를 "어떻게 남자가 여자 밑에서 일할 수 있겠어요."라고 말했다고 한다.

첫번째 사례를 분석하면, 불평등한 교회 구조 속에서 똑같이 차별당하는 여성들조차도 가부장적 이데올로기에 매몰되어 남녀 성역할의 고정 관념에 사로잡혀서 자신들의 권리를 스스로 포기하고 있다는 것을 알 수 있다. 여성 스스로가 여성이 지도자로서 사회 생활을 하는 데 대해 부정적 견해를 가지고 있다. 사회 생활 속에서 좌절감을 느꼈던 자신들의 경험이 많이 반영되어 나타난 결과로 보인다. 이러한 문제는 가사 노동에 대한 새로운 평가와 가사 노동의 사회화가 수반되어야 극복될 수 있을 것이다. 두 번째 사례에서는 중·고등부 전체 학생 대부분이 여학생이 회장이 될 수도 있다는 생각은 하지 못하고 있었으며, 능력·경험·신앙 상태보다는 당연히 남자는 회장, 여자는 부회장이라고 하는 도식적 관념에서 벗어나지 못하고 있음을 보여 주고 있다.

　이렇듯이 회중의 인식 속에 확고한 벽으로 자리잡고 있는 성역할의 고정 관념은 교회 전반적인 활동이나 구조 및 직분 문제에 큰 영향을 미치고 있다. 따라서 동등성과 상호 의존성으로 올바른 질서를 회복하고 민주적 해방 공동체가 되기 위해서는 지속적인 교육과 강단에서 선포되는 설교가 남녀가 하나가 되는 공동체를 지향하는 메시지로 바뀌어, 그러한 해방의 복음을 실천할 때 가능할 것이다.

(3) 교육 문제

앞에서 살펴보았듯이, 한국 교회가 가지고 있는 성차별적 요소는 이러한 모순을 계속 유지시켜 주는 가부장제에 기반한 사고 방식들의 결과라고 볼 수 있다. 따라서 회중들의 기존 인식을 바꿔 민주적이고 해방을 향해 열린 인식을 형성하기 위해서는 구체적이고도 지속적인 교육이 요청된다. 목적 의식을 지닌 우리의 교육을 효과적으로 달성하기 위해서는 현재의 교회 상황으로 볼 때 전문 교역자는 아니지만 평신도를 교육할 수 있는 중간 지도자가 많이 양성되어 침식된 여성상을 복원시키는 작업이 절실히 필요하다 하겠다. 또한 이들을 통해 회중들의 의식 변화를 도모하는 교육 프로그램이 시급히 개발되어야 하며, 이러한 중간 지도자들은 교회 밖의 여권주의자들과도 연대하여 한국의 사회·문화·정치·경제 구조 속에서 가져야 할 여성의 위상과 더불어 교회 갱신을 위한 교육을 강화시켜야 한다. 그리고 구체적 교육 내용으로 여성 신학적 작업의 결과물들을 사용하여 성서 연구를 하는 등 교회 내의 모든 조직(구역 예배, 여신도회, 청장년회 등)에 있어서 전반적인 의식의 전환을 이룰 수 있도록 해야 한다.

3. 남성 교역자의 여성 교역자에 대한 인식

여성 교역자들이 교회 내에서 자리잡지 못하는 데는 여성 교역자에 대한 회중의 그릇된 인식뿐만 아니라 기존의 남성 교역자들의 여성 교역자에 대한 생각이나 태도도 문제가 된다. 남성 교역자는 여성 교역자와 동역자로서 늘 목회의 여정에서 긴밀한 관계에 있을 뿐만 아니라, 위의 회중의 인식 문제에서도 살펴본 것처럼 강단에서 선포되는 메시지가 회중들의 인식 형성에 결정적인 영향을 주기 때문이다. 대부분의 남성 교역자들은 여성 교역자들을 동역자로 간주하지 않고 사회에서의 잘못된 성역할의 고정 관념대로 보조자나 여비서로 생각하는 경우가 많다.

어느 교단의 교역자들 모임에서 남성 교역자들이 여성 교역자들을 선배나 동료로 생각하지 않고 단순히 여비서 정도로 생각하여, 훨씬 나이가 적고 학교 졸업으로도 후배이며 자신이 직접 차를 마실 수 있는 상황인데도 불구하고 자신들은 앉아 선배 여성 목회자에게 차 한잔 갖다 달라는 말을 전혀 미안해함 없이 당연하게 이야기했다고 한다.

또한 똑같은 학력과 경력의 소지자로서 여성이 남성의 거의 절반밖에 되지 않는 월급을 받고 있는 사회 현실이 그대로 교회에 들어와 남성 교역자의 사고에 여성 교역자에게는 사례비를 많이 주지 않아도 된다는 생각이 지배적이다. 혼자 사는 여성 교역자는 혼자 살기 때문에 생활비가 많이 들지 않아서 사례비가 적어도 되고, 결혼한 여성 교역자는 남편이 생활 능력이 있으므로 전적으로 생계 유지를 책임지지 않아도 되기 때문에 사례비가 적어도 된다는 생각이 남성 교역자들 그리고 교회 정책을 결정하는 당회원들 사이에 일반화되고 있다.

ㅎ교회의 경우, 미혼 남성 교역자와 기혼 여성 교역자가 똑같은 시기에 청빙되었는데, 처음에는 사례비가 미혼 남성 교역자가 기혼 여성 교역자보다 약간 많았고, 이 미혼 남성 교역자가 결혼을 하게 되자 부인이 직장 생활을 하고 있음에도 불구하고 가장으로서 생계를 유지해야 된다고 하여 기혼 여성 교역자보다 많이(10% 인상) 책정된 사례가 있다.

여성 교역자는 사례비를 많이 주지 않아도 된다는 이러한 생각이 대학 졸업자나 대학원 졸업자에게는 사례비를 많이 지급해야 된다는 생각(준목이나 목사들은 대우를 잘해 주어야 된다는 생각도 포함)과 결합하여, 지금까지 여성 교역자 청빙에 있어서 타교단 신학교, 지방 신학교, 선교 교육원 출신들이 대부분 청빙되고 있는 실정이다. (일부 교단 같은 경우, 여성이 목사 안수를 받을 수 없으므로, 또한 그나마 여성 교역자의 역할이나 대우가 모 교단이 낫다고 생각하기 때문에, 타교단 신학교 졸업자들이 현재 교단을 옮겨 많이 일하고 있다.) 이들은 또한 준목이나 목사 안수의 기회가 위탁 교육을 받지 않으면 불가능하기 때문에 평생 전도사로 일해야 하고, 남성 교역자 쪽에서 보면 평생 전도사 대우를 해주면 되기 때문에 더더욱 대졸, 대학원 졸업자보다 훨씬 더 이들을 선호하는 경향이 있다. 이러한 생각은 현재 여성 교역자들의 불평등한 지위와 역할의 구조를 더욱 심화시킨다.

이러한 사실들로 판단하건대, 결국 모든 여성 교역자들이 남성과 같은 학력과 경력·능력을 가졌음에도 불구하고 한국 교회에서 자리잡지 못한 데에는 교회 회중의 성차별적 인식과 아울러 남성 교역자의 여성 교역자에 대한 가부장적 인식과 태도에도 그 원인이 있다 하겠다.

4. 여성 교역자 자신의 정체성

교회 내에서 여성의 교역을 방해하는 요인으로는 회중의 잘못된 인식, 남성 교역자들의 편견 외에도 여성 교역자 자신의 정체성 문제를 들 수 있다. 여성 교역자들의 자기 정체성은 세 가지 측면을 고려할 수 있다.

첫째는, 앞으로 언급할 다른 것들과 마찬가지로 일반 여성들의 자기 정체성과 관련된다. 여성 중에는 그 동안의 가부장제 사회 속에서 사회가 요구하는 여성상에 자아상을 맞추는 사람들이 있듯이, 여교역자들 중에도 교회 분위기에 여성 교역자상을 맞추어 남성 교역자와 회중의 요구와 기대에 부응하기 위해 최선을 다하며, 남성 교역자의 보조 역할을 하거나 주변적인 일을 하는 데 여교역자 자신이 자족하는 경우이다.

ㅎ교회 ○전도사의 경우를 보면, 신학대학 과정을 마치고 십수 년째 오직 ㅎ교회에서만 일을 해 온 그는 "어떻게 한 교회에서 그렇게 오래 일할 수 있었느냐?"고 묻는 사람들에게 "누구나 자기 생각이 있고 그 생각대로 살고 싶은 법이지만 교회에선 그저 입조심하고 자신을 억제하는 태도가 필요하지요."하고 대답한다.

자신은 교회에서 그렇게 하고 있다는 말이 이 대답 뒤에 숨어 있다. 이렇게 말하는 그의 얼굴엔 불만스러운 기미가 전혀 없었는데, 말하자면 그는 한 교회에서 오랜 버틸 수 있는 비결을 말하고 있는 것이었다. 그는 담임 교역자와 회중이 보는 데서 기존 교회가 설정한 여교역자의 이상형를 실행하고자 열과 성을 다해 왔다고 봐야 할 것이다. 그는 심방만을 천직으로 알고 50 가까운 나이가 되도록 자신이 예배·설교를 맡고 싶다는 욕심을 부려본 적이 없다고 한다. 딱히 ㅇ 전도사를 두고 하는 말이 아니지만, 이런 유형의 여교역자는 실은 주도권을 잡고 일하는 것에 부담감을 느끼고 책임이 막중한 일을 피하려 하며 자기에게 주어진 상황에서 한 발짝 더 나아가려 하지 않는 경우가 많다. 이는 남성 교역자나 회중들의 눈에 거스르지 않게 보조 역할을 충실히 이행함으로써 얻어 놓은 순정적이라는—— 찬사에 가까운—— 평가와 계속되는 주위의 기대에 도취되거나 그것을 유지하려는 마음의 반영이기도 하다.

이러한 태도의 문제는, 자신을 체제 유지적 세계관에 맞춤으로써 자신과 공동체의 창조적 삶을 꾸려가는 데 전혀 관심을 가지지 않는 데 있다. 뿐만 아니라 창조적 변화를 꾀하는 다른 여교역자들의 노력을 허사로 만드는 데 소극적으로 나쁜 영향을 준다. 물론 이러한 태도가 그 동안 교회가 여교역자에게 기대해 온 여교역자상에 여교역자들이 길들여진 결과임은 두말할 나위도 없다. 이는 때때로 모험을 동반하는 새로운 삶에 대한 의지와 용기를 가질 때만 달라질 수 있다. 받은 은사를 최대한 활용하는 일이야말로 소명에 응답하는 것임을 인식하고, 남녀가 공히 인간적 삶을 회복한다는 관점에서 여교역자 자신이 성차별 의식을 수정하고 새 삶을 향해 나아가야 한다. 두 번째로 언급하고자 하는 여교역자의 자기 정체성도 일반 여성들의 자아 정체성과 관계되는 것으로, 자신을 그다지 중요하지 않은 일을 하는 사람으로 생각하는 것이다. 이것 역시 여교역자들이 하는 일을 주변에서 어떻게 평가하는가와 관련된다.

35세된 ㅂ 전도사가 그 대표적인 예인데, 그는 교회에서 무슨 일을 하느냐고 물으면 준비해 놓은 답안지를 내어놓듯 이렇게 말한다. "나요? 그야 뭐 심방이죠. 교회에서 여전도사야 심방이나 하지 별거 있나요?" 물론 질문하는 이도 어

주님의 교회 일구기·가꾸기

떤 답이 나올 줄 알고 의례적으로 묻고 있는 것이다.

조금 비약된 비유가 될지 모르지만, 이 자기 정체성은 주부들이 종종 자신을 '노는 사람'이라 말하는 것과 비슷하다. 대부분의 주부들이 가사, 자녀 양육, 교육 등 실로 중대한 일을 하고 있으면서도 자기가 밖에서 일하는 남편에 비해 중요치 않은 일을 하고 있다고 생각하는 것처럼, 많은 여교역자들은 설교 또는 이른바 중심적인 일을 맡고 있는 남성 교역자들에 비해 자신은 심방 따위의 보잘것없는 일을 하고 있다는 자아 개념을 떨쳐 버리지 못한다. (그렇다고 설교 등에서 여교역자가 소외돼도 좋다는 얘기는 결코 아니다!) 이런 낮은 자기 평가는 여교역자들이 받는 보수가 남성 교역자들의 보수에 비해 상대적으로 적다는 데서도 온다. 현대는 돈이 그 존재의 무게를 가늠하는 시대가 아닌가? 이런 가치 기준이 옳다는 것이 아니라 낮은 대우는 적게 인정한다는 것과 통한다는 것, 적게 인정받은 사람은 자기 기대도 적다는 말이다.
이 경우도 앞서의 '순종형'의 경우처럼 여교역자의 미래를 흐리게 한다. 자기 일에 대한 과소 평가로 의기 소침해지고, 한편으로는 소신껏 교역에 임하지 못하고 자기 역할을 계발하는 일에 소홀해지기 쉽기 때문이다. 여기서 짚고 넘어가야 할 것은, 보조하는 자리이기 때문에 중요치 않다는 생각도 문제거니와 도대체 교회 공동체에 보조가 있고 주가 있다는 발상 자체가 문제라는 것이다. 결국 타의 또는 제도에 의해서 갖게 된 여교역자의 이런 낮은 자기 평가는, 합력해서 선을 이루는 교회 공동체의 본질에 관해서 깊이 고찰해서 얻어낸 새로운 교역의 비전과 가치관과 소신으로 극복할 수 있다.
세 번째로 적극적이고 창조적인 여교역자로서의 자아 개념을 들 수 있다. 이런 자아 개념을 가진 사람은 여교역자에게 불리한 갖가지 여건 속에서, 부조리한 현실을 인식하고 이에 대면하며 이러한 현실이 달라질 수 있다는 희망을 갖는다. 이들은 순종적 여교역자상은 여교역자에게나 한 인간에게나 표준도 이상형도 될 수 없다고 생각하며 성차별적 생각이나 행동을 거부한다. 성차별적 관행·제도·성서 해석에 이의를 제기하고, 자신에게 맡겨진 일을 통해 대안을 모색하고 그것을 실천하고자 한다. 일반 여성 중에 성차별 현실을 직시하고, 자신의 개인적 삶과 이러한 삶을 가능케 하는 사회 분위기·제도를 개혁하려고 안간힘을 쓰는 이들이 있는데, 이 세 번째의 자기 정체성을 가진 여교역자들도 그와 같은 노력 속에 자신을 던진다.

ㅇ전도사는 ㅎ교회에서 중·고등부 교육 전도사로 2년 동안 일했다. 그는 신학대학 시절부터 자신이 앞으로 몸담아 일할 교회 현장이 교회 밖 사회만큼, 아니 어떻게 보면 그보다 더 성차별적 의식과 관행으로 굳게 다져져 있음을 인식하고, 이에 대해 문제 의식을 공유한 몇몇 동료들과 모임을 가지고 토론을 벌이면서 교회 속에서 여성 교역자로서 해야 할 일을 모색해 왔다. ㅎ교회에서 일하면서 그는 교육 프로그램을 통해, 또는 다른 교역자들이나 교인들과의 대화에서 자신의 의견을 표현하고 때때로 의견차가 생길 때 자신의 의견의 타당성을 적극적으로 설명하여 부분적으로나마 그것을 관철시키기도 했다. 그런데 ㅇ전도사 앞에선 불만의 표시도 여타의 충고도 하지 않던 다른 교역자와 교인들은 "여자가 너무 나댄다."든가 "목사 말대로 하면 되지, 여전도사가 뭘 안다고 북치고 장구치고 그러냐?"며 수근거리고 차츰차츰 ㅇ전도사를 멀리하고, 심지어 하던 프로그램을 그만두게까지 했다. 이런 분위기가 계속되자, ㅇ전도사는 '그래도 참고 끈기있게 나아가야 한다.'고 다짐하였으나, 결국 한계를 느끼고 ㅎ교회에서 나오고 말았다. 그는 담임 교역자와 교인들이 늘 '제발 나가 주시오'하는 것 같았다며 "그러니 내가 나왔다기보다 그들이 날 내쫓은 것"이라고 털어 놓았다.

이처럼 교회 밖의 선도적 여성들과 마찬가지로 적극적인 여교역자들은, 그들의 생각과 급진성 때문에 주변 사람들에게서 소외되고, 특히 기득권자인 기존 지도자들의 눈총을 받게 된다. 게다가 아직은 이런 교역자가 소수이므로, 개교회에서 외롭게 어려운 현실을 견디어야 하는 실정이다. 그럼에도, 이들은 교회 밖 여권주의자들과 연대하여 제도 개혁과 회중의 의식화를 위한 갖가지 작업을 끊임없이 하고 있다. 그러나 이들의 자원이 교회 안에서 효율적으로 발휘되지 못하는 것은 방법상의 미숙한 탓이기도 하다. 급진적인 생각을 수용

주님의 교회 일구기·가꾸기

할 준비가 되어 있지 않은 현실을 어떻게 끌어안고 가느냐가 과제일 것이다.

지금까지 여교역자의 자기 정체성을 세 가지로 구분하여 기술했는데, 실제로 한 사람이 철저히 어느 한 유형에 맞는다고 볼 수는 없다. 단지 어느 것의 빈도수가 많은가로 그 성향을 얘기할 수 있을 것이다. 세 번째의 자기 정체성을 가진 사람이 과거 여성으로 키워지고 길들여지는 과정에서 지니게 된 첫째 둘째의 모습을 보이기도 하며, 첫째 둘째의 경우도 독서 강연 등의 영향으로 셋째의 자아 개념을 일시적으로 가지는 것이다. 몇 가지 여교역자의 자기 정체성을 논하면서, 여교역자들 대부분이 가부장적이고 권위적인 교회 문화 속에서 지극히 제한적으로 그리고 소극적으로 형성된 자아 개념을 가지고 있음을 확인해 보았다. 이렇듯 제한되고 소극적인 자아상이 실제로 일의 결과만을 놓고 볼 때 객관적으로 틀리지 않은 경우도 있다는 것이다. 그러나 이것은 그 동안 리더로서 또는 막중한 책임을 지닌 자로서 일할 기회를 갖지 못했을 뿐만 아니라 주변에서 여성이 나서서 일할 때 믿어 주고 뒷받침해 주기보다 부정적 시각으로 보거나 염려하고 덜 기대하기 때문이다.

객관적 평가라고 하는 것들은 주로 여성 교역자들의 자질 부족(실력), 카리스마적 지도 부족을 내용으로 담기 일쑤이다. 이것은 그 동안 특혜적 위치에 있던 남성 교역자들의 상황 인식을 바탕으로 한 도움과 여성 교역자 자신이 소극적 자아 개념을 벗어던지고 전문 교역자로서 스스로를 훈련함으로써, 그리고 기존의 교역자상과 교회상을 성서가 요구하는 진정한 교회 공동체상과 목회자상으로 수정함으로써 해결될 수 있을 것이다.

5. 그 밖의 문제

앞서 논의된 문제 이외에 여성 교역이 기존 교회에서 자리잡지 못하게 되는 원인 중 간과할 수 없는 문제는 교회의 제도 운영 문제이다. 교단의 헌법 조항을 살펴보면, 교역자의 자격에 관한 한 남녀의 차별을 두는 조항을 찾을 수는 없다. 어떤 교단이 타교단에 비해 일찍부터 여성의 목사 안수를 허락하고 교역자의 자격에서 남녀의 동등권을 부여한다는 것은 교회 공동체가 지향하는 성서적 공동체상을 이룩하는 데 여성 교역이 절실히 요청된다고 하는 교회의 여성 교역의 필요성을 반영한 것으로 생각할 수 있다. 그러나 이러한 교역자의 자격에서 남녀의 동등권 부여만으로는 기존 교회에서 여성 교역이 거의 실현될 수 없다는 데 문제점이 있다. 다시 말해서 여성의 목사 안수는 허락되고 있지만, 안수받은 여성 교역자가 현재의 교회 제도와 운영 하에서는 기존 교회의 교역자로서 자리잡는다는 것이 실제로 거의 불가능하다는 것이다.

교회의 헌법상으로나 관행으로 볼 때, 교회의 정책은 거의 모두가 당회에서 결정되도록 되어 있다. 그렇게 됨으로써 다수의 교인들 특히 여성 교인들이 압도적으로 우위를 점하는 제직회 등 여타 기관의 의견을 정책 결정에서 철저하게 소외시키고 있으며, 당회에서 일방적으로 결정된 정책의 뒷바라지 역할에 머무르고 있는 실정이다. 교회의 정책 결정에서 이처럼 다수 교인들의 의견이 무시됨으로써 교인들이 교회에 대한 무관심하게 된다. 그것은 교회의 정책 결정에서 극소수 당회의 일방성을 심화시키고, 결국 당회의 취향에 반하는 의견은 표출될 수도 검토될 수도 없게 되어 교회의 전체적인 발전에 막대한 지장을 가져온다.

현행 헌법상 조직 교회의 경우, 목사의 청빙시 청빙할 목사의 후보는 당회에서 결정된다. 물론 여기서 교인들의 의사가 전혀 반영되지 않는다고는 볼 수 없지만 청빙할 목사의 후보는 비공개적으로 결정되는 실정이다. 또한 기존 교회의 당회원들 모두가 남성들이며 여성 교역자에 대한 이들의 인식이 매우 부정적인 것을 감안하면, 청빙할 목사의 후보에 여성 목사가 결정될 가능성은 철저하게 배제되고 있는 것이다. 일년 임기의 전도사 임직권도 당회의 권한인바, 전도사의 초빙, 해임 등의 문제도 교인들의 의사와 요청은 거의 개입할 수 없는 형편이다. 한마디로 전도사의 경우, 당회원 중 한 사람의 눈밖에 나면 교회에서 설 자리를 잃게 될 현실에 직면해 있는 것이다. 따라서 기존 교회에서 전도사의 지위를 가진 부교역자 특히 여성 부교역자의 경우, 교회의 여성에 대한 편견과 비민주적인 교회 제도 운영에 의한 성차별적 현실을 우리는 쉽게 짐작할 수 있게 된다.

여성 교역이 기존 교회에서 자리잡으려면 교인들 특히 당회원들의 여성에 대한 인식의 전환과 함께, 교회 행정의 편리성과 능률성을 감안한다 하더라도 극소수의 당회원에게 교회 행정의 권한이 지나치게 편중되어 있는 현재의 교회 제도가 시정되어야만 한다. 교회 제도의 민주화 없이는 여성 교역이 기존 교회에서 자리잡기는 커녕 시도해 볼 기회조차 주어지지 않을 것이다.

여성 교역자가 일반 교회의 교역에 깊게 뿌리내리지 못하는 원인 중 또 하나는 사모와 여교역자와의 관계이다. 개척 교회(작은 교회) 시절에는 교회 규모가 작아서 여러 교역자들과 함께 일할 수 있는 여건이 허락치 않음으로 목회자와 사모가 모든 역할을 분담하여 일하게 되는데, 이 때의 사모는 거의 여교역자가 하는 일——심방에서 교육에 이르기까지——들을 맡게 된다. 그러나 교회가 어느 정도 양적으로 성장하게 되면, 교인들의 요청에 따라 목회자와 동역할 수 있는 여(부)교역자를 두게 된다. 이 때부터 사모는 지금까지의 부교역자 역할을 잃게 되고 설 자리가 없어지게 되어, 이 원인을 은연 중에 여교역자에게 돌리게 된다. 지금까지 사모가 교회 전반의 운영에 대해서 관여했기 때문에, 여성 교역자를 인정하고 그 역할을 찾게 하기보다는 자신의 경험을 이야기하게 되고, 사모와 여교역자의 역할 구분이 명확하지 않아서 마찰과 묘한 갈등이 야기된다. 더우기 평신도들이 여성 교역자를 인정하고 더욱 깊이 신뢰할 때, 사모는 지금까지의 주도적인 역할에서 주변부로 물러나야 하기 때문에 이러한 양상은 더욱 두드러진다. 근래에는 '부교역자들은 사모의 눈밖에 나면 그 자리에 오래 있기 어렵다'라는 말이 부교역자들 사이에서 공공연하게 통용되고 있는 실정이다.

한 예로 ㅈ교회의 경우, 여교역자의 뚜렷한 잘못 없이, 위에서 서술한 대로 사모와 여성 교역자의 역할 구분이 되지 않아서 사모와 여성 교역자 사이에 갈등을 빚게 되고, 이것이 당회장과 여성 교역자의 원할한 동역에 저해 요소가 되어, 결국 여성 교역자는 그 교회에서 쫓겨나듯 교회를 떠나게 되었다. 이 일로

주님의 교회 가꾸기

인해 다른 교회 현장을 찾지 못하고 방황하다가 개척 교회를 세우게 되었다. 그 이후에 ㅈ교회에 들어간 여성 교역자들은 사모와의 관계를 늘 염려하게 되고, 교회 전반의 문제를 사모에게 보고하거나 논의하는 형식을 취하게 되기 때문에, 교회의 발전과 여성 교역자의 역할을 바로 찾기에 커다란 장애가 되는 것 중의 하나가 되었다. (목사 사택이 교회 내부에 있을 때 이런 일들은 더욱 심각한 문제가 되고 있는데, 여성 교역자가 사모 개인의 사적 심부름까지 해야 하는 경우도 있다.)

이러한 문제를 해결하기 위해서는 지금까지의 사모에 대한 전통적인 기대를 탈피하고 사모에 맞는(평신도들의 역할과 같은) 역할을 찾게 하며, 여성 교역자와 사모가 독자적으로 서로의 역할을 인정해 주며 격려해 주는 형태가 되어야할 것이다. 그래야 여성 교역자가 일반 교회의 교역에 소신있게 자신의 역량들을 발휘할 수 있을 것이다.

6. 전망 및 결론

여교역자의 차별에 대한 여러 원인 분석은 여교역자의 대우를 개선하는 방향에 도움을 주려하기 위한 것이라기보다는, 한국 교회의 상황에서 여성 교역이 교회의 갱신과 공동체적 삶의 지향이라는 목표를 위해서 절실히 요청된다는 전제 하에서 이루어졌다. 이런 전제 하에서 이루어진 지금까지의 논의를 가지고 몇 가지 전망을 하면서 우리의 결론을 대신하고자 한다.

(1) 회중의 인식에 관하여

여성 교역자들에 대한 부정적인 인식은 남성 중심의 목회를 모형으로 교육받아 온 역사적 결과이며, 가부장적 상황 인식과 맞물려 있다. 때문에 교역에 있어서 여성이 주변적 존재로 남아 있는 한, 어떠한 경우에도 여성과 남성 사이의 불평등은 계속될 것이다. 그러므로 회중들이 여성 교역자의 교역을 충분히 가능한 것으로 보게 하는 우선적 과제는 여성 신학적 논의를 통해 여성 교역의 가능성을 발견할 수 있도록 회중에게 다양한 질문을 던져 주는 일이다. 또한 지속적인 인내의 자세 속에서 회중의 인식이 변화될 수 있도록 교육하는 여교역자 자신의 노력이 필요하다고 하겠다. 여기서 전제되어야 할 것은 여성 교역자에 관한 편협된 사고의 극복이 남성 교역자들에 대한 저항이나 도전의 의미보다는 오히려 평등과 평화 공동체를 지향하면서 회중과 교역자들이 함께 이루어가야 할 과제라는 점이다.

(2) 남성 교역자의 여성 교역자에 대한 인식에 관하여

계급적이고 가부장적인 교회 구조 속에서 자기 권위를 누려온 남성 교역자들은 여교역자들이 처한 불평등한 여건을 인식하지 못하거나 방치해 왔음이 사실이다. 이것을 극복하기 위해서는 남성 교역자들 스스로가 자신의 잘못된 신학적 이해를 변화시키려는 노력이 있어야 하며, 동시에 여성 교역자들은 남성 교역자들이 가지고 있는 지위가 불평등 구조 위에 근거하고 있음을 인식시키고, 다양한 인간의 삶에 있어서 여성 교역이 가지고 있는 장점을 발견할 수 있도록 도와야 한다. 교역의 다양성을 인정하고, 남녀 교역자들이 서로 협력하게 될 때, 한국 교회에서 여성 교역이 올바로 자리잡을 수 있을 것이다.

(3) 여교역자 자신의 정체성 문제에 관하여

소극적 자아 개념('순종형,' '낮은 자기 평가')은 여성 교역자로 하여금 창조적이지 못하게 하고, 순종이라는 개념 안에 자신의 역할을 축소·왜곡하게 한다. 이러한 소극적 자아 개념의 극복은 모험을 동반하는 새로운 삶에 대한 의지와 용기를 가질 때 이루어질 수 있다. 하나님이 여성 교역자들에게 주신 능력을 최대한 활용하는 일이야말로 소명에 응답하는 것임을 인식하고, 남녀가 공히 인간적 삶을 회복한다는 관점에서 여성 스스로 성차별 의식을 수정하고 새 삶을 향해 나가야 한다. 한편 타의나 제도에 의해 지니게 된 여교역자의 낮은 자기 평가는, 합력해서 선을 이루는 교회 공동체의 본질을 깊이 고찰해서 얻어낸 새로운 교역의 비전과 가치관과 소신으로 극복해야 한다. 그 외에도 여교역자들은 자신이 일하고 있는 구조가 여전히 위계적 구조임을 인식하고, 그러한 구조가 어떻게 작용하는가를 살펴봄으로써 자신의 정체성을 구조적으로 파악하는 작업도 필요하다. 그 파악된 결과를 가지고 여교역자는 어떤 교역의 방향이 가장 필요한지를 깨달을 수 있을 것이다.

(4) 제도 문제에 관하여

위에서 말한 여러 제안들은 제도와 긴밀한 관계를 맺고 있다고 하겠다. 교회의 권위적 계급 구조에 대한 제도적 개혁이 이루어지지 않는 한, 여성 교역은 교회 내에서 자리잡을 수 없을 것이다. 다시 말하면 남성이 지배적인 위치를 점하는 당회의 일방적 정책 결정과 권한 집중이 극복되지 않는 한, 여성 교역은 보조적인 교역자의 위치를 벗어날 수 없을 것이다. 따라서 교회 제도의 민주화, 개방된 교회 행정의 운영은 여교역자의 차별을 극복하게 하는 데에 가장 필요하다. 이렇게 하기 위해서 당회는 정책 결정 기구라기보다는 자문 기관의 역할을 하고, 다수의 교인이 참석하는 공동 의회나 제직회 등의 기관이 정책 결정 기관의 역할을 할 수 있도록 헌법상 보장되어야 할 것이다.

이미 서론에서 전제한 대로, 한국 교회의 갱신을 위해 여성 교역이 절실함에도 불구하고 현재 한국 교계에서는 여성 교역이 거의 자리잡을 수 없는 실정이다. 이것이 한국 교회의 위기 상황이다. 동시에 한국 교회가 감당해야 할 역할이나 책임을 감당하고 있지 못한 원인이 된다. 따라서 앞에서 살펴본 바대로, 여러 원인에 대한 전망과 대안이 끊임없이 논의되고 부족한 점은 수정되어서 지금까지 한국 교회 내에서 소외되어 온 여교역자들이 자신의 능력을 잘 수행하도록 여성 교역을 긍정적으로 받아들여야 할 것이다. 그럴 때에만 교회가 지향하는 성서적 공동체가 실현될 것이며, 남녀 불평등을 고집하는 한국 사회 속에서 공동체로서의 바람직한 교회상이 정립될 것이다.

10 지교회 갈등 구조의 극복

갈등의 역사는 처음 사람 아담과 하와부터 시작된다. 하나님은 아담과 하와에게 "동산 각종 나무의 실과는 임의로 먹되, 선악을 알게 하는 나무의 실과는 먹지 말라. 먹는 날에는 정녕 죽으리라." 말씀하셨다. 그러나 사단을 상징하는 뱀은 하와에게 "하나님이 참으로 너희더러 동산 모든 나무의 실과를 먹지 말라 하시더냐?"라는 질문을 한다. 이 때부터 아담의 갈등은 시작된 것이다. 그 뒤 성서는 사람과 하나님 사이의 관계, 하나님의 사람과 세상과의 관계, 그리고 신앙 공동체 안에서 사람과 사람 사이의 갈등에 대해 상세히 소개하고 있다. 예수님도 이 세상에서 하나님 나라 운동을 이루실 때 "내가 평화를 주러 온 것이 아니라 검을 주러 왔다."고 하셨다. 이는 교회가 주님의 사역을 바르게 하려 한다면 세상과의 갈등을 각오해야 함을 말씀한 것이다.

전문 교역자가 교역 현장에서 갈등을 피하려 한다는 것은 곧 이 세상을 향한 주님의 사역을 거부하는 것일 수 있다. 교회를 섬기는 전문 교역자는 주님의 교회를 일구고 가꿀 때 나타나는 갈등에 대하여 적극적인 자세를 갖고, 갈등의 결과가 긍정적인 모습을 가져오도록 해야 한다. 갈등의 원인을 분석하고, 복음 안에서 궁극적인 목적을 정하고, 갈등이 해소되어 갈등 관계에 있던 상대방이 주님을 위하여 동역하는 관계가 되도록 해야 할 것이다. 우리 연구팀은 이런 전 이해를 가지고 지교회 갈등 구조의 극복 방안을 살펴보고자 한다.

1. 갈등의 단계

먼저 우리 연구팀이 주목한 것은 갈등의 일반적인 단계를 분석해 보는 일이었다. 일단 갈등이 시작되면 몇 단계의 진행과정을 갖게 된다.

(1) 갈등의 발전

모든 갈등은 관계 속에서 단순한 것으로 시작된다. 갈등은 어떤 사람이 관계 안에서 자유의 상실감을 경험하고 있음을 알려 주는 것이다. 갈등이 공개적으로 허용되거나 처리되지 않는다면, 혼란이 시작될 수 있다. 조화와 생산성은 사라지고 딜레마에 빠지게 된다.

(2) 딜레마

갈등 때문에 스스로 궁지에 빠지는 단계이다. 궁지에서 자신의 역할을 찾기에 분주하다. 의사 소통의 관계가 무너지고 상대를 향해 공격적인 모습이 되기 시작한다.

(3) 부당한 처사 수렴

상대방을 공격하려는 전투에 대비되는 위험스러운 단계이다. 자신의 입장을 정당화하고, 상대편에 책임이 있다고 지적하는 '비난'이 시작된다.

(4) 대립

대립의 영역은 매우 광범위하나, 접촉을 통한 분위기 쇄신에서부터 노골적인 폭력에 이르기까지 다양하게 나타난다. 갈등이 분출되는 현상이다. 이

'접촉'의 단계는 부당한 처사의 수렴이 얼마 동안 진행된 뒤에야 나타난다. 접촉으로 인하여 관계가 단절될 수도 있고, 새로운 관계가 형성될 수도 있다.

(5) 조정

대립을 종결시키기 위하여 만드는 변화이다. 잘 처리된 대립 속에서 이루어진 조정은 재협상된 목표를 갖고 새로운 출발을 하게 될 것이다. 그러나 부정적으로 처리된 대립은 관계 단절이라는 형태를 취할 수도 있다.

갈등의 진행 단계마다 차지하는 시간 또는 기간의 길이는 몇 분 정도로 매우 짧을 수도 있고, 매우 길 수도 있다. 그러나 그 어떤 단계도 생략되지 않는다. 전문 교역자는 주님의 교회 안에서 발생되는 수많은 갈등을 새로운 관계가 형성되도록 그리고 갈등이 오히려 새로운 세계를 열어 가는 계기가 되도록 해야 할 것이다.

2. 지교회 갈등 문제에 대한 접근

우리 연구팀은 지교회 갈등 구조에 대한 접근에 있어서, 성서에서 접하는 신학적이고 신앙적인 문제들이 중요한 위치를 차지하고 있는 건 아니라는 사실을 지적하지 않을 수 없었다. 즉 하나님의 뜻을 제대로 가려내기 위하여 투쟁하는 것도 아니고, 바울 서신에서처럼 구원의 방법을 놓고 갈등하는 것도 아니라는 점이다. 사실 현재 지교회의 갈등이란 사람들끼리 사는 집단이라면 어느 곳에서라도 찾아볼 수 있는 지극히 현실적인 문제들이다.

그 대표적인 문제들은 교역자의 독선적인 행태나 편애 등 여러 가지 자질 부족에서 오는 것이다. 헌금 등 돈에 대한 목사의 집착, 여신도와의 추문 등이 문제의 핵심인 경우가 많다. 오히려 무능력은 목사의 인간적인 면이 진솔하게 드러날 때 그리 문제가 되지 않는 것을 볼 수 있다.

주님의 교회 가꾸기

신도들의 문제도 마찬가지이다. 어찌된 일인지 교역자가 오기만 하면 고리를 걸어서 쫓아내려고 하니 견뎌낼 수가 없는 것이다. 특히 장로들 중에서는, 권력의 헤게모니를 잡자는 것인지 모르겠으나, 자신의 말이 관철되지 않을 경우 여지없이 몰아세우는 현실이니 큰 문제이다. 교회마다 그런 사람들이 하나 둘씩은 있기 마련이니 하나님의 섭리라고나 할까!

어느 사회에나 갈등은 존재한다. 그런데 많은 사람들이 공동체의 갈등을 골칫거리나 피해야 할 것으로, 그리고 숨겨야 할 것으로 간주한다. 이 갈등이 공동체의 혼란을 유발시키며 기존 규범과 가치관을 위협할 수 있기 때문이다. 그러나 공동체 갈등이 그런 부정적인 기능만 가지고 있는 것일까? 아니다. 갈등은 공동체의 개혁을 위한 동기를 제공하기도 하고, 그 대가로 공동체의 정의와 제도의 개선을 가져다 주기도 한다. 이같이 갈등은 공동체의 불의한 것들을 해체해 그 공동체를 새롭게 해주는 긍정적인 요소가 있는 것이다. 만일 이러한 갈등이 없다면 공동체는 변화하는 상황에 적응하지 못하고, 점차 경직되어 가고 말 것이다. 이런 의미에서 갈등은 건강의 표징이며, 갈등 없는 사회란 이미 죽은 사회라 할 수 있다.

3. 지교회 갈등의 요인

(1) 자본주의 영향

현대 사회에서 생기는 갈등의 문제는 자본주의 영향에서 온다. 교회와 신도의 관계를 단순히 금전 관계만으로 말하려 한다. 그리고 개개인의 행복에만 집착한 나머지 공동체를 위한 노력은 없다. 개인적 행복을 구하고자 하는 노력과, 인간 사회에 기여하고자 하는 노력은 개개인의 마음속에서 싸움을 하게 된다. 지금까지 자본주의 사회에서는 항상 개인의 행복을 구하고자 하는 노력이 인간 사회에 공적인 기여를 하고자 하는 노력을 억압해 왔다. 갈등은 바로 여기서부터 싹트는 것이다. 결국 자본주의 문제는 단순한 구조의 모순보다 인

주님의 교회 일구기·가꾸기

간의 본질에서부터 이해되어야 할 것이다.

(2) 가치관의 변화

믿음의 가치를 어디에 둘 것인가 하는 문제이다. 이 사회는 교회로 하여금 물질적 가치에 우선을 두도록 충동질해 왔으며, 교회는 결국 사회의 이런 풍조에 밀려 물질 위주의 기복 신앙에 집착해 온 것이다. 그러나 이제 교회는 더 이상 사회로부터 공신력을 얻을 수 없게 되었고, 교회 지도력도 권위를 잃게 되었다. 가치관의 변화가 불가피하게 된 것이다. 그러나 교인들은 좀처럼 자신들의 가치관을 변화시키는 일에 관심이 없다. 이러한 상황에서 교역자와 교인간의 갈등이 매우 심각해지고 있는 것이다.

(3) 인간성 상실

교회 성장이라는 미명 아래 갖가지 편법을 동원하거나, 무엇이든지 돈으로 다 해결하려 하기 때문에, 인간 존중을 바탕으로 한 교회를 찾아보기 힘들다. 교회마다 기업화되어 경쟁과 자기 중심의 탑이 높아지고, 교인들은 이 교회 저 교회로 철새처럼 떠돌고 있다. 인간 관계가 상실되고, 더 이상 화해나 인내로 인간 관계를 개선하려 하지도 않는다. 교역자들은 교인 쟁탈전을 벌이며, 교역자 사이에서도 생존 경쟁이 치열해지고 있다. 이러한 현실 속에서 교인들의 인격이 인간 존중의 바탕 위에 있을 리 없다. 자기 주장을 관철시키고 자기 실리를 챙기려고 수단 방법을 가리지 않는 현대 사회에서 인간 상실의 문제는 날이 갈수록 심각한 쟁점이 되고 있다.

(4) 성장과 내실의 갈등

지금도 교회나 교역자에게 가장 중압감을 가져다주는 것 가운데 하나는 교회 성장의 과제일 것이다. 이 과제의 달성이 목회의 성공으로 인정되고 있고,

신자들도 큰 교회를 선호하는 경향이 있어, 성장하지 않으면 살아남을 수 없다는 심정으로 뛰고 있다. 비전이 없는 목회, 열정이 없는 교인, 성장을 멈춘 채 자기 만족과 안일에 빠진 교회, 그것은 이미 생명력을 상실한 공동체임을 의미한다. 하지만 오직 성장에만 목적을 둔 목회는 교인들이 목회의 목적이 아니라 성장을 위한 수단이 되기 쉽다. 어느 하나라도 등한시할 수는 없지만, 한 쪽에 치우칠 경우 교회의 교회다움을 상실하고 말 것이다. 여기서 서로의 관심이 어디에 있느냐에 따라 교역자와 교인들 사이에, 교인들과 교인들 사이에 커다란 갈등이 생길 수 있다.

(5) 개인 구원과 사회 구원

교회가 사회의 손가락질을 당하는 이유는 교회 바깥의 어려움에 무관심하기 때문이다. 사회의 구원을 위한 일, 교회 예산을 사회로 돌리는 일에 교회가 인색하다는 비판이 끊임없이 제기되고 있다. 그러면 비판받는 교회 쪽에서는 교회의 존재 목적이 사회 봉사에 있지 않고 전도에 있다고 변명한다. 개인이 구원을 받아야 사회 구원도 가능하다고 하면서, 사회 구원을 주장하는 교회는 교회도 아니라고 비판한다.

교회 안에서도 교역자의 설교가 사회 지향적이면 심령의 뜨거움을 갈망하는 신도들은 싫어한다. 교회가 부흥이 안된다고 장로들이 반대를 한다. 반대로 교역자가 개인 심령의 뜨거움을 강조하면 의식있는 교인이나 청년들은 교역자를 신뢰하거나 존경하려 하지 않는다. 이것이 갈등의 요인이다.

개인의 진정한 거듭남이 없이는 외적인 제도나 법을 통하여 사회의 행복이 달성될 수 없을 것이다. 그리고 니버가 말한 대로, 사회가 악하면 개인이 선하게 살기 어렵다는 것도 사실이다. 교회나 교역자들의 고민은 여기에 있다. 무엇이 올바른 선교인가? 다양성 속에서 일치와 통합을 이룰 수 있는 지혜의 길은 어디에 있는가? 우리 연구팀은 이러한 문제 제기에 멈추지 않고 갈등의 종류와 해결 방안들을 계속 탐구해 보기로 했다.

4. 지교회 갈등 구조의 종류

다음에 소개되는 것은 공동 작업 과정 속에서 우리 팀이 지교회 공동체 안에서 흔히 일어날 수 있는 갈등의 경우를 나열해 본 것이다. 우리 스스로 갈등의 진행 단계를 설정하고, 그 진행 단계에 따른 대처 방안을 더 심층적으로 연구한다면 주님의 교회를 섬기는 데 큰 도움이 될 수 있을 것이다.

(1) 교역자와 장로의 갈등

교역자와 장로는 협조 체제 속에서 하나님의 사역을 감당해 나가야 한다. 때로 장로는 교역자로 하여금 바른 목회를 할 수 있도록 하기도 한다. 교역자와 장로 관계가 불협화음이 있다고 하더라도, 때로 그 갈등은 성장의 기회가 되기도 한다.

한편 오랫동안 교역자가 자주 바뀌고 교인들이 상처를 받아서인지 요즘 교인들은 교역자를 신뢰하거나 존경하지 못한다. 그래서 교역자에게 순종적인 사람은 곧잘 따돌림을 당하고, 교인들 자신도 그것을 꺼린다. 사실, 이런 배타적인 분위기를 교회에 오래 터를 잡고 있던 장로나 권사가 조장하기도 한다. 그래서 일단 교역자는 자기 색깔을 드러내지 않고 조심하는 경우가 대부분이다.

(2) 담임 교역자와 부교역자의 갈등

부교역자는 각 부서에서 자신이 책임지고 이끌어야 할 일이 있다. 그러나 대부분의 경우, 담임 교역자의 잔심부름 내지 비서 정도의 역할에 머무르고 있는 것 아닌가? 양쪽에서 협의체적 모임이 만들어져, 서로의 책임과 일 배분 등을 통일성있게 이끌어가야 하리라고 본다.

(3) 부교역자들 사이의 갈등

연구팀에서 제기된 문제들 가운데 또 하나 심각한 것이 있다면, 부교역자들 사이에 만연되어 있는 긴장과 알력 관계들이다. 서로 담임 목사에게 충성을 다하려 하는 것은 좋으나, 그러다 보니 교회가 무슨 일을 하더라도 협조가 원활하게 되지 않고, 서로 자기에게 이로운 쪽으로만 물꼬를 열려고 하며, 자기 일이 아니면 옆 교역자가 아무리 다급해 해도 전혀 협조를 해주지 않는다. 그리고 교인들 사이에서 서로 인기를 독차지하려고 장로들이나 힘있는 집사들에게 붙어 아부떠는 꼴은 또 어떤가? 서로 흠을 잡아 거꾸러뜨리려 하고, 자기가 가지 못할 길은 남도 못 가게 훼방놓는 젊은 부교역자들의 삶이 너무나 꼴불견이다.

왜 신학을 정통으로 했다는 이들이 이렇게 현장에만 들어가면 세상 가치에 현혹되어 교인들을 시험에 빠뜨리는가? 존경할 만한 교역자들이 딱히 없는 이 땅의 현실에서, 젊은 부교역자들만이라도 정신을 차려 원칙과 정도의 길을 걸어가야 되지 않겠는가? 예수 그리스도의 길을 따라 걷는다는 게 과연 무엇인지 심각하게 물어야 할 상황이다. 한국 교회의 미래는 당장 부교역자 또래들의 생각과 가치와 헌신에 달려 있다고 보아도 과언이 아니기 때문이다.

(4) 교역자 · 부교역자 · 장로의 삼각적 긴장 관계

부교역자는 담임 목사를 보필하기 위해서 존재한다. 그래서 담임 목사는 자신의 목회 스타일에 적절한 사람을 선택함으로 그 일이 시작되기 마련이다. 그런데 부교역자와 장로들과의 관계가 지극히 개인적인 일로 인하여 원만하지 않을 때, 장로들은 칼자루를 쥔 입장에서 담임 목사에게 부교역자의 사직을 은근히 권고한다. 담임 목사와 장로들과의 관계를 생각할 때에, 담임 목사는 자신의 의사와는 상관없이 장로들의 권고를 들을 수밖에 없고, 부교역자는 그런 상황에 순응하면서 결국 삯꾼 목회자의 길을 선택하여 변모해 가는 모습이 아쉽기만 하다.

주님의 교회 일구기·가꾸기

(5) 사모와 여교역자 사이의 갈등

이 문제도 무시할 수 없는 현실이다. 교회가 작을 때는 사모가 교회 일에 많이 참여하여 남편을 도왔지만, 점점 교회가 커지면서 여교역자들이 들어오고 나면 교회나 교역자 구조에서 볼 때 사모의 위치가 부담스러워지기 마련이다. 이 때 지혜로운 사모들은 자신들의 역할을 다시 자리매김하면서 새로운 사모 이미지를 일구고 가꾸어 가는데, 그렇지 못한 경우, 사모들은 많은 스트레스를 스스로 이겨내지 못한 채 안으로 우울증이 걸리거나 밖으로 공격성과 분노를 터뜨리게 된다. 그럴 때마다 만만한 첫번째 희생자가 바로 그 교회의 여교역자이다. 온갖 험담을 퍼뜨려 여교역자를 내쫓는가 하면, 교인들 사이에서 여교역자를 왕따시키려다 자기가 그 꾀에 빠져 남편도 자신도 피해를 보게 되는 경우가 있다. 사모의 현명한 역할 설정으로 이러한 필연적 갈등 구조를 잘 헤쳐갈 수 있었으면 한다.

(6) 당회 내부의 갈등

이것은 아마 한국 교회를 병들게 하는 가장 큰 문제점일 것이다. 인격적으로나 신앙적으로 자질을 갖추지 못한 사람들이 장로로 뽑혀 당회에 들어가게 되면, 그 때부터 교회는 심하게 썩어 가는 것이다. 여기에는 여러 가지 원인이 있겠지만, 먼저 이들을 신앙면에서 올바로 지도하지 못한 교역자들에게 일차적인 책임이 분명히 있다. 또한 민주주의 사고가 정착되지 못한 우리 현실에 장로 제도가 들어오면서 원래의 긍정적인 측면보다는 가부장적인 부정적 측면이 강조되었다. 마치 교회의 모든 권한을 거머쥐고 있는 듯한 장로들의 역기능적인 모습이 되레 교회의 모습을 왜곡하고 있는 것이다.

또 문제는 이들이 서로 파벌을 이루어 교회를 갈라놓는다는 점이다. 장로 투표에서부터 각종 행사에 이르기까지 사사건건 자기 계보들을 동원하고 다른 쪽 사람들과는 말도 못하게 하는 작태들이야말로 우리네 정치판과 다를 게 없다. 교회가 무슨 씨족 사회인가? 교회 행사가 무슨 자기들 집안 잔치인가?

너무 한심한 갈등 구조를 장로들이 태연하게 자극하고 있으니 할 말이 없다.

치료책으로서, 장로로 안수받기까지의 과정이 좀더 강화되고 보강되어야 할 필요가 있다. 교역자들에게 많은 문제가 있는 것이 사실이나, 최근 각 교단마다 목사 안수를 받기까지 수학 기간도 늘이고 거기 따르는 전문 교육도 계속적으로 강화함으로써 교역자 자질에 많은 향상이 이루어지고 있다고 생각된다. 같은 차원에서 당회원들에게 대한 전문적인 교육도 강화되어야 한다. 아니 지금은 아예 없으니 그런 제도를 속히 신설해야 할 것이다. 지교회 선거에 따라서만 뚝딱뚝딱 안수를 받고마는 이런 장로 제도는 개선될 때가 되었다. 장로가 변화지 않는데, 어떻게 교인들이 변할 수 있겠는가? 그들이 갈등을 푸는 법을 모르는 데, 어떻게 교인들이 본을 받아 화해의 삶을 살 수 있겠는가? 당회가 달라져야 교회가 산다.

(7) 교인들 내부의 갈등

어느 교회는 지난 몇 년 동안 교역자 없이 지내면서 교회 내부에 심한 갈등을 지니고 있었다. 결국 싸움은 그쳤지만, 그 후유증은 여전하여 앙금이 그대로 가라앉은 상태이기 때문에, 교역자가 회중의 힘을 필요로 할 때 그 힘의 안배에 관한 문제가 언제나 대두되곤 한다. 한 쪽이 만족스러워하면 다른 한 쪽은 항상 불만을 품게 되는 악순환의 고리가 끊이지 않고 있다.

(8) 보수와 진보의 갈등

어떤 교회는 교역자와 청년들이 매우 진보적인 활동 경험을 갖고 있다. 물론 청년들은 교회 제도에 구속되는 면이 더 적기 때문에 훨씬 자유롭다. 교역자도 이런 청년들을 보호해 주려고 한다. 그런데 이 청년들이 대부분 외부에서 들어와 중년 신자들과 관계도 없는 데다, 그들이 교회 교육 활동을 장악하고 있으므로 신뢰도 형성되어 있지 않다. 그래서 이것이 교인들의 목사 공격에 악용되곤 한다.

(9) 교역 업무의 갈등

교역자의 업무는 너무 과중하다. 설교와 행정 사이에서 갈등이 크다. 한 주일에 설교만도 평균 10여 편을 준비해야 한다. 그러나 보니 행정이 딸릴 수밖에 없다. 반대로 행정에 좀 매달리다 보면 설교 준비가 부실해질 수밖에 없어, 교인들 사이에 설교가 도마 위에 오르내리기도 한다. 갈등의 요인이 충분히 되고도 남는다.

또 교역자의 교회 안 업무와 교회 밖(시찰이나 노회) 업무 사이에도 갈등은 존재한다. 목회를 소홀히함으로써 교인들과 갈등이 되기도 한다. 그리고 부교역자와 담임교역자 사이에 업무 분담이 잘 안되어서 갈등의 씨앗으로 작용할 수 있다.

(10) 교회 교육의 갈등

대형 교회를 비롯해서 거의 모든 교회가 올바른 교회 교육을 하는 것이 어려운 지경이다. 성장 위주의 교육 일변도 때문이다. 신앙 교육은 지식과 삶의 관계 속에서 올바로 진행되어야 한다. 농촌 또는 작은 교회에서는 일할 사람이 없어서 문제가 되고 있다. 그리고 교역자가 교회의 자질구레한 일부터 큰 일까지 모든 일을 혼자 다 감당해야 한다는 것도 문제이다.

특히 교회 안에는 교육하는 사람과 목회하는 사람이 따로 있는 듯하다. 교육에 대한 이해도 제한되고 있는 것 같다. 그리스도인은 그 연령에 상관없이 한 사람 한 사람 죽음의 때에 이르기까지 하나님의 마음과 뜻을 계속 살피고 배워 나가야 할 '학습자'라는 점이 진지하게 수용되지 못하고 있다.

또 교육에 대한 관심을 가지지 못함으로 교회의 양적인 성장에만 치우쳐서 개인의 이기적인 신앙만 키우다 보니, 섬김과 봉사의 삶을 사는 사람보다는 타인을 짓누르고 지배하려고 하는 사람들이 늘어나게 되었다.

주님의 교회 가꾸기

(11) 정서와 비전의 갈등

어떤 교회에서는 젊은 교역자와 나이가 60~70세 정도로 많은 교우간에 정서적인 불일치로 갈등이 심화되기도 한다. 기본적으로 협의 과정에서 좌절을 겪으므로, 교회 일을 하는 데 교역자 사기가 말이 아닌 경우가 생기는 것이다.

(12) 새신자와 기신자의 갈등

교회 공동체 안에 새신자가 처음으로 나오는 경우가 점차 줄어들고, 다른 교회에 출석했던 경험을 가진 이들이 많아지고 있다. 자꾸만 교회와 교회간의 이동 교인이 늘고 있는 현실이다. 그러다 보니, 자기 신앙 공동체에 대한 책임이 없다. 그리고 오랫동안 교회에서 신앙 생활을 해온 교인과 새로 나온 교인간에 갈등이 안 생길래야 안 생길 수가 없는 것이다. 기신자의 텃새도 신앙 공동체라는 이름이 무색할 정도로 심하여 후진적인 집단의 특성을 보여 주고 있으며, 새신자도 한 자리에서 적응하기까지 침착하지 못하고 자꾸만 문젯거리를 유발하여 교회를 불안하게 하는 경향도 지적하지 않을 수 없다. 다른 교회에서 그들이 뛰쳐나왔거나 쫓겨 나온 이유가 분명히 있다는 것을 알게 해주는 대목도 그들의 공통된 행태에서 어렵지 않게 발견된다. 성격적 결함이나 배타적 신앙, 어울리지 못하는 외톨이 교인들이 바로 그들이 아닌가 잘 살펴보고, 그들이 떠돌이 생활을 청산하고 진정으로 신앙 공동체 안에서 보람과 소속감을 느끼며 주님과 교제를 나눌 수 있도록 이끌어 가는 목회적 배려가 필요하다고 생각한다.

(13) 제직 임명의 갈등

우리 연구팀 가운데 한 명이 이런 이야기를 했다. 흔히 그렇듯이, 교인이 20명 미만인 소형 교회 입장에서 교인 한 사람은 매우 소중한 존재가 된다.

주님의 교회 일구기·가꾸기

그리고 교회 분위기는 항상 교역자가 사정하고 간청해야 되는 아쉬운 입장이다. 교회가 도처에 너무 많이 있다 보니 더욱 그렇다.

이런 소형 교회 입장에서 집사를 임명할 때 누구를 임명해야 하는가? 인색하고 다소 신앙이 없다 할지라도, 교회 일꾼이 없기에 조금이라도 필요성이 있다고 생각되면 집사로 임명하곤 한다. 거기에는 자격이 있어서가 아니라, 앞으로 열심히 해서 집사 자격을 갖추라는 권면의 의미도 들어 있다. 임명을 안하면 교회에 나오지 않을 것 같고, 임명을 하자니 너무 자격 미달이고 ……. 십일조도 안하고, 돈이 드는 행사는 쏙 빠져 버리는 이름뿐인 집사들 ……. 그들 중 상당수는 새벽 기도회는 물론이거니와 아예 저녁 기도회도 잘 나오지 않는다. 그러면서도 교회에서 무슨 일을 한다고 하면 사사건건 시비요 트집이다. 교역자에게 무거운 짐만 안겨 주는 집사들이다. 교역자는 그들만 생각하면 안타깝기도 하고 속이 터지기도 한다.

(14) 지역적 배경의 갈등

교회 공동체의 구성원을 출신별로 분류해 보면, 고향이 거의 비슷한 이들끼리 모이고 흩어진다. 마음으로 가까워지다 보니 그럴 수도 있다. 서울에 있는 큰 교회에서 교역자 청빙을 할 때, 특정 지역 출신은 상당히 소외된다. 결혼도 그런데, 교회나 신앙인마저도 다른 게 하나 없다. 왜 이렇게 되었을까? 미국의 노예 제도 폐지 문제보다 더 심각한 우리네 현안이 바로 교회 안에 퍼져 있는 이 지역 갈등 구조이다. 부목사 채용시, 담임 목사와 동향 사람들이 대부분 채용되는 걸 보라. 채용 공고가 형식처럼 느껴지는 때가 한두 번이 아니다.

이상으로 우리 연구팀이 공동 작업을 하는 과정에서 논의된 사실들을 열거해 보았다. 무엇이라고 딱히 꼬집어서 결론을 내릴 수 있는 성질의 것은 없다고 볼 수 있다. 미완성의 형태로 끝을 맺을 수밖에 없는 현실이 아쉽기만 하

주님의 교회 가꾸기

다. 그러나 분명한 것은, 파벌이나 갈등이 우리 문화에서 어쩔 수 없는 상황이라는 것이다. 정치·경제·사회, 어느 분야를 보아도 마찬가지이다. 교회도 거기서 예외일 수가 없다.

그렇다면 이러한 갈등의 고리들을 부정적으로만 볼 것인가? 아니다! 이러한 지교회의 갈등 구조를 선한 구조로 포용해서 승화시켜 갈 수 있는 교역의 전문적인 기술이 필요하다. 하나님의 선한 의지 속에서 '다양성 속의 일치'를 이룰 수 있는 창의적 대안 마련이 시급하다고 할 수 있다. 우리 문화의 이런 현실을 적극 수렴하여, 이제는 바야흐로 21세기 포스트 모던 사회에 걸맞은 창조적 포용의 신학을 주님의 교회 안에서 함께 일구고 함께 가꾸어 가야 할 때가 온 것이다.

자료

[1] 은사 활용 봉사 지원서 양식
[2] 수강자 평가서 양식(개인용 · 그룹용)
[3] 수강자 평가 내용(개인 · 그룹)

〔자료 1〕

은사 활용 봉사 지원서

주님의 평강이 여러분에게 함께 하길 기원합니다.

몸에 여러 지체가 있어 몸을 유지하며 일을 하듯이, 교회는 여러분들의 헌신과 봉사를 통하여 건강한 몸으로 유지되고, 하나님의 귀한 뜻이 이루어집니다. 성령은 각 사람에게 은사를 주셔서 주님의 교회를 섬기게 하셨습니다. 교회에 몸과 시간을 들여 섬기므로 자신의 믿음이 자라고 하나님의 나라가 확장되는 것입니다. 여러분의 은사를 확인하시고 봉사의 결단을 하시기 바랍니다.

이름 :

1. 교육을 위한 봉사

교회학교 교사 — 유치부(   ), 어린이부(   ), 중등부(   ), 고등부(   ),
　청년부(   ), 보조교사(   )

2. 예배를 위한 봉사

강단을 중심한 봉사 — 강단 꽃장식(   ), 강단 꽃관리(   ), 강단 미화(   ),
　강단 음료(   ), 강단 청결(   ), 화분 관리(   ), 의자 정돈(   ),
　교회당 내 헌금봉투 정리(   ), 성찬을 위한 봉사(   ), 동시통역 봉사(   ),

외국인 안내 및 영접(   ), 찬양밴드 봉사(   )

오디오 관계 — 오디오실 봉사(   ), 강단마이크 관리(   ), 설교테입 녹음(   ),
   각종 마이크 및 스탠드 관리(   ), 설교테이프 복사(   ), 설교테입 발송(   ),
   설교테입 보급(   )

비디오 관계 — 비디오 녹화(   ), 비디오 복사(   ), 비디오 보급(   )

3. 전도를 위한 봉사

전도지 수집 및 제작(   ), 전도지 배포 및 관리(   ), 노방 전도(   ),
문서 전도(   ), 매스콤 전도(   ), 전도테이프 배포(   ), 교회전단지 배포(   )

4. 친교를 위한 봉사

식사준비 및 배식(   ), 친교실 정리(   ), 친교실 청소(   ), 분실물 관리(   ),
생일카드 발송(   ), 병문안카드 발송(   )

5. 관리를 위한 봉사

건물 관리 — 전기(   ), 목공(   ), 철공(   ), 페인트(   ), 상하수도 배관(   ),
   냉 · 온방기(   ), 교회출입문 관리(   ), 각 방 전기 및 문 관리(   ),
   창문 관리(   ), 창고 관리(   ), 수거물통 관리(   )

정원 관리 — 화단 관리(   ), 잔디밭 관리(   ), 주차장 관리(   ),
   교회간판 관리(   ), 제설 관리(   )

6. 새가족을 위한 봉사

새가족 영접(   ), 새가족 사진촬영 및 보관(   ), 새가족 환영회(   ),
새가족부 봉사(   )

7. 청결을 위한 봉사

교회당 청결 — 본당(   ), 교실(   ), 사무실(   ), 화장실(   ),
   주차장 청결(   ), 식당(   )

8. 교역을 위한 봉사

주보발송(   ), 결석자 설교테잎 발송(   ), 목회실 음료(   )

9. 행사를 위한 봉사

교회인쇄물 제작(   ), 광고문안 및 도안(   ), 행사사진 촬영 및 보관(   ),
대외홍보 담당(   ), 신문광고 및 라디오, TV관계 홍보(   ),
세(침)례장 관리(   ), 교회행사 현수막(   ), 무대 장치(   )

10. 상조, 구제를 위한 봉사

교인 구제(   ), 사회 구제(   ), 상조-장례 봉사(   )

11. 교우를 위한 봉사

교회버스 운전 봉사-주일낮예배(   ), 삼일밤기도회(   ), 주일밤기도회(   ),
금요기도회(   ), 부흥회 및 특별행사(   ), 교회학교(   ), 학생회(   ),
의료 봉사(   ), 병문안 심방(   ), 결석자 심방(   )

12. 결석자 또는 전도대상자에게 신앙 권면의 글 보내기(   )
13. 테이프 복사(   )
14. 컴퓨터 통신(   )
15. 미용 선교(   )
16. 엘리베이터 안내(   )
17. 주차 안내(   )
18. 식당 청소(   )
19. 성가대(   )

〔자료 2-1〕

수강자 평가서 (개인용)

작성일 : 19　　．　　．

과목 : 교회행정개발론

담당교수 :

학기 : (　　)　　　수강자의 전공 : (　　　　　)

　수강자들에게 — 이 평가서는 익명으로 작성되기 때문에 작성자에게 불이익이 돌아가지 않습니다.

1. 본 과정을 통해 교회 행정의 현장 이해에 도움이 되었습니까?

　　① 매우 도움이 되었다.
　　② 조금 도움이 되었다.
　　③ 보통이다.
　　④ 도움이 되지 않았다.

2. 그룹형성을 통한 교수방법이 본 과정 연구에 얼마나 도움이 되었읍니까?
　　① 매우 도움이 되었다.
　　② 조금 도움이 되었다.
　　③ 보통이다.
　　④ 도움이 되지 않았다.

3. 본 과정을 연구하면서 목회에 대한 소신에 어떤 변화가 있었습니까?

　① 목회에 대한 확신이 증가되었다.
　② 별로 변화가 없었다.
　③ 오히려 목회에 대한 확신이 감소되었다.

4. 앞으로 목회를 한다면 '교회행정개발'에서 연구한 사항을 실천할 용의가 있습니까?

　① 전적으로 실천할 용의가 있다.
　② 조금은 실천할 용의가 있다.
　③ 그저 참고만 하겠다.
　④ 별로 실천할 용의가 없다.

5. 본 과정이 한국 교회 갱신에 도움이 된다고 생각하십니까?

　① 매우 도움이 된다고 생각한다.
　② 조금은 도움이 된다고 생각한다.
　③ 별로 도움이 되지 않는다고 생각한다.
　④ 오히려 방해요소가 된다고 생각한다.

6. 본 과정 중에서 어떤 측면이 가장 유익했다고 생각하십니까?

7. 지도하는 이들에게 바라는 점이 있으면 간략하게 적으십시오.

〔자료 2-2〕

수강자 평가서 (그룹용)

작성일 : 19   .   .

과목 : 교회행정개발론

담당교수 :

학기 :

　그룹원들에게 ─ 이 평가서는 익명으로 작성되기 때문에 그룹원에게 불이익이 돌아가지 않습니다.

1. 본 과정 연구에 있어서 그룹운영의 기여도와 발전적인 그룹운영에 대한 의견

2. 본 과정 연구에 있어서 현장목회자의 기여도와 발전적인 역할에 대한 의견

3. 한국 교회 갱신의 입장에서 본 과정 학과목 진행에 대한 발전적인 의견

〔자료 3-1〕
여기에 어느 한 해 평가내용을 소개한다.

수강자 평가 내용 (개인)

작성일 : 19   .   .
과목 : 교회행정개발론

1. 본 과정을 통해 교회 행정의 현장 이해에 도움이 되었습니까?

    ① 매우 도움이 되었다. ·· (7)
    ② 조금 도움이 되었다. ·· (11)
    ③ 보통이다. ·· (2)
    ④ 도움이 되지 않았다. ·· (0)

2. 그룹형성을 통한 교수방법이 본 과정 연구에 얼마나 도움이 되었습니까?

    ① 매우 도움이 되었다. ·· (9)
    ② 조금 도움이 되었다. ·· (11)
    ③ 보통이다. ·· (1)
    ④ 도움이 되지 않았다. ·· (0)

3. 본 과정을 연구하면서 목회에 대한 소신에 어떤 변화가 있었습니까?

    ① 목회에 대한 확신이 증가되었다. ························· (12)
    ② 별로 변화가 없었다. ·· (9)

③ 오히려 목회에 대한 확신이 감소되었다. ················· (0)

4. 앞으로 목회를 한다면 '교회행정개발'에서 연구한 사항을 실천할 용의가 있습니까?

　　① 전적으로 실천할 용의가 있다. ····················· (8)
　　② 조금은 실천할 용의가 있다. ····················· (12)
　　③ 그저 참고만 하겠다. ····························· (1)
　　④ 별로 실천할 용의가 없다. ························· (0)

5. 본 과정이 한국 교회 갱신에 도움이 된다고 생각하십니까?

　　① 매우 도움이 된다고 생각한다. ····················· (6)
　　② 조금은 도움이 된다고 생각한다. ·················· (12)
　　③ 별로 도움이 되지 않는다고 생각한다. ············· (2)
　　④ 오히려 방해요소가 된다고 생각한다. ············· (0)

6. 본 과정 중에서 어떤 측면이 가장 유익했다고 생각하십니까?

　토론 시간(2), 목회 고민을 시작함(2), 구체적 교회 현장 이해(3),
　가상의 교회를 만들어 가는 과정(10), 헌법·회의 진행법·내규 등(4),
　목회에 대한 비전(1)

7. 지도하는 이들에게 바라는 점이 있으면 간략하게 적으십시요.

　계속 연구가 되었으면(1), 강의 시작 전 사전 안내가 구체적이었으면(1),
　교회 모델을 미리 제시해 주었으면(1), 주입식 교육이 어느 정도 있었으면(1),
　토론이 집중될 수 있었으면(1), 그룹 편성을 같은 성향끼리 했으면(1),
　과제물이 너무 많았다(1), 전문적이고 실제적인 지식 전수가 있었으면(1),
　그룹이 좀더 작은 그룹이었으면(1),
　토의 전 교수의 기본 방향이 제시되었으면(1),
　발제를 줄여 충분한 토론 시간이 있었으면(1)

〔자료 3-2〕
여기에 어느 한 해 평가내용을 소개한다.

수강자 평가 내용 (그룹)

과목 : 교회행정개발론

1. 본 과정 연구에 있어서 그룹운영의 기여도와 발전적인 그룹운영에 대한 의견

  1) 그룹운영의 기여도
  · 민주적 운영으로 의견수렴을 할 수 있었다.
  · 그룹이 같은 성향끼리 형성되었으면.
  · 시간이 충분치 못해 제시된 과제에 이르지 못했다.
  · 그룹운영은 수업 진행과정에서 꼭 필요한 것이라 생각했다.
  · 서로 다른 의견을 지닌 그룹원들이 교회를 이루어 가는 노력이 좋았다.
  · 현장에 대해 좀더 밀접하게 접근하지 못한 것이 아쉽다.
  · 많은 사람이 능동적으로 참여되어 좋았다.
  · 다양한 의견을 접할 수 있었다.
  · 졸업 후 막연했던 진로가 어느 정도 정리된 것 같다.

  2) 발전적인 그룹운영
  · 교회상이 같은 사람끼리 그룹이 형성되었으면.
  · 그룹을 중간에 다시 형성했으면.
  · 그룹인원이 너무 많았다.
  · 토론에 많은 시간이 할애되었으면.
  · 발제의 책 선정이 좀더 구체적인 것이었으면.

· 발제의 분량이 많았다.

· 독서 전에 목적과 동기 의식이 사전 지식으로 제시되었으면.

· '교회헌장'등 실제적인 예가 제시되었으면 좋겠다.

2. 본 과정 연구에 있어서 현장목회자의 기여도와 발전적인 역할에 대한 의견

1) 현장 목회자의 기여도

· 현장을 간접적으로 접할 수 있었다.

· 기술적이 면에 도움이 되었다.

· 교회현장 자료 구성이 좋았다.

2) 발전적인 의견

· 교수님과 목사님과의 관계가 원칙과 적용에 있어 긴장이 필요하다.

· 목사님을 여러분 초빙해서 넓은 경험이 되었으면.

· 특수 목회자도 같이 있었으면.

· 여러 현장 사례가 체계적으로 제시되었으면 좋겠다.

3. 한국 교회 갱신의 입장에서 본 과정 학과목 진행에 대한 발전적인 의견

· 성공한 교회 사례를 2주 간격으로 선정해 공부했으면 좋겠다.

· 특징있는 교회를 준비하는 사람을 위한 과목이 개설되었으면.

· 개척교회를 위한 과목이 개설되었으면.

· 수업 전체 참여자가 실험 정신을 갖고 임하도록 지도되었으면.

· 한국교회의 문제점이 토의 과정에서 드러날 수 있도록 했으면.

· 교회 갱신으로만 한정하지 않고 다방면의 전문화된 접근이 필요하다.

참고문헌

1. 박근원 엮음, 〈교역의 전문화 교육〉, 대한기독교서회, 서울 1985.

2. 박근원, 〈교회와 선교〉, 종로서적, 서울 1988.

3. 박근원, 〈오늘의 교역론〉, 대한기독교출판사, 서울 1982.

4. 박근원, 〈오늘의 목사론〉(증보판), 대한기독교서회, 서울 1993.

5. 박근원, 〈한국교회 성숙론〉, 대한기독교출판사, 서울 1986.

6. 박근원, 〈현대신학 실천론〉, 대한기독교서회, 1998.

7. D. O. Aleshire, *Faith Care,* Philadelphia : Westminster Press, 1988.

8. A. D. Bos, *A Practical Guide to Community Ministry,* Louisville : Westminster/John knox Press, 1993.

9. D. S. Browning, *A Fundamental Practical Theology.* Minneapolis : Fortress, 1991.

10. J. M. Buchanan, *Being Church-Becoming Community.* Louisville : Westminster, 1996.

11. C. S. Dudley, *Basic Steps Toward Community Ministry,* New York : The Alban Institute, 1991.

12. E. Farley, *Theologia.* Philadelphia : Fortess, 1983.

13. D. Forrester. ed., *Theology and Practice.* London ; Epworth Press,

1990.

14. C. R. Foster, *Educating Congregations,* Nashville : Abingdon Press, 1994.

15. J. W. Fowler, *Faithful Change,* Nashville : Abingdon Pess, 1996.

16. H. F. Halverstadt, *Managing Church Conflict,* Louisville : Westminster/John Knox Press, 1991.

17. P. Hudgson, *Revisioning the Church.* Philadelphia : Fortress, 1988(박근원 역. 〈교회론의 새 지평〉. 도서출판 진흥, 1997).

18. A. Lindgren, *Foundations for Purposeful Church Administration,* s, Nashviiie : Abingdon Press, 1965(박근원 역, 〈교회 개발론〉, 대한기독교출판사, 서울 1977).

19. L. B. Mead, *Transforming Congregations for the Future.* New York : The Alban Institute, 1994.

20. L. S. Mudge/J. N. Poling, ed. *Formation and Reflection.* Philadelphia : Fortress, 1987.

21. K. Pohly, *Transforming the Rouch Places : The Ministry of Supervision,* Dayton : Whaleprints, 1993.

22. J. N. Poling/D. E. Miller, *Foundations for a Practical Theology of Ministry,* Nashville : Abingdon, 1985(박근원 역, 〈교역 실천론〉, 대한기독교출판사 1987).

23. R. W. Richardson, *Creating a Healthier Church.* Minneapolis : Fortress Press, 1996.

24. N. Shawchuck/R. Heuser, *Leading the Congregation,* Nashville : Abingdon Press, 1993.

25. L. Sofield/C. Juliano, *Collaborative Ministry,* Notre Dam In. : Ave Maria Press, 1987.

26. R. P. Stevens/P. Collins, *The Equipping Pastor,* New York : The

Alban Institute, 1993.

27. B. Wheeler, ed., *Shifting Boundaries.* Louisuille : Westminster, 1991.

28. E. E. Whitehead, *Community of Faith : Crafting Christian Communities Today,* Mystic : Twenty-Third Pub., 1992.

29. J. D. Whitehead, *Promise of Partnership,* San Francisco : Harper & Row, 1990.

30. R. Worley, *Change in the Church : A Source of Hope,* Philadelphia : Westminster, 1971(박근원 역, 〈교회의 조직 갱신〉, 한신대 출판부, 오산 1983).

● 지은이

박근원

한신대학교 실천신학 교수

김병국

동원교회 담임목사

박이석

한강교회 담임목사

주님의 교회, 일구기 가꾸기

초판1쇄인쇄 1999년 9월 25일
초판1쇄발행 1999년 10월 1일

지은이 박근원 · 김병국 · 박이석
펴낸이 길청자
펴낸곳 도서출판 아침
등록 제7호(1999.1.7)

기획 열린마당
제작 삼덕미디어

주문처(총판)생명의 샘
　　　서울 · 송파구삼전동 65
　　　전화 419-1451
　　　팩스 419-1452

* 정가는 뒷표지에 표시되어 있습니다. * 잘못만들어진 책은 책방에서 바꾸어 드립니다.

* 가까운 책방에 책이 없을 때에는 080-365-7878(수신자 부담 전화)로 전화주시면
  송료 본사부담으로 책을 보내드립니다.

ISBN 89-88764-10-2   33230